REFERENDA

7

MARCOS BAGNO

Uma história da LINGUÍSTICA

TOMO 1

da Antiguidade ao Iluminismo

parábola

Direção: Andréia Custódio
Capa e diagramação: Telma Custódio
Revisão: Marcos Marcionilo

CIP-BRASIL. CATALOGAÇÃO NA FONTE
SINDICATO NACIONAL DOS EDITORES DE LIVROS, RJ

B134h

Bagno, Marcos, 1961-
Uma história da linguística / Marcos Bagno. - 1. ed. - São Paulo : Parábola, 2023.
320 p. ; 24 cm. (Referenda 7)

Inclui bibliografia
"Volume 1 : da Antiguidade ao Iluminismo"
"Volume 2 : do século 19 ao limiar do século 20"
ISBN 978-85-7934-306-3 (tomo 1)
ISBN 978-85-7934-305-6 (tomo 2)

1. Linguística - História. 2. Linguística histórica. I. Título.

23-83276 CDD: 410
CDU: 81'1

Meri Gleice Rodrigues de Souza - Bibliotecária - CRB-7/6439

Direitos reservados à
PARÁBOLA EDITORIAL
Rua Dr. Mário Vicente, 394 - Ipiranga
04270-000 São Paulo, SP
pabx: [11] 5061-9262 | 5061-8075 | fax: [11] 2589-9263
home page: www.parabolaeditorial.com.br
e-mail: parabola@parabolaeditorial.com.br

ISBN: 978-85-7934-306-3

1ª edição, 1ª reimpressão: março de 2024.

Aos meus pais, Ilma e Alaor,
que me permitiram conhecer a linguagem.

Sumário

Nota do editor

Esta breve nota é apenas um convite à leitura detida e consequente dos dois tomos de *Uma história da linguística* — tomo 1: *Da Antiguidade ao Iluminismo*, tomo 2: *Do século 19 ao limiar do século 20.* Dividida em dois volumes, esta *História* registra o resultado depurado da mente inquisitiva do autor e resulta da prática diária de leitura, pesquisa e escrita em que ele persevera "*manu diurna, manu nocturna*".

Finalmente, depois das hesitações produzidas pela insegurança e instabilidade da pandemia de covid-2019, vemos vir à luz um projeto adiado, mas agora cuidadosamente editado. Mesmo sempre envoltos em incertezas, eis-nos aqui, autor e editora, abrindo ante os olhos de nossas.os leitoras.es o convite-livro para um longo trajeto centrado na história da linguística, mas com grande-angular escancarada para a aventura do conhecimento inteira. Estamos diante de *Uma história da linguística* aberta, abrangente. Bagno situa os estudos da linguagem, em todas as suas áreas e subáreas, contra o grande pano de fundo das ciências em geral, em absoluta aproximação com a filosofia, aqui tornada a filosofia da linguagem dos pensadores selecionados para figurar nesse panorama histórico.

Enquanto produzíamos o livro, demos a esse projeto um carinhoso apelido: HistLing! A certo momento, ficou clara a proximidade dessa abreviatura com o termo "estilingue", e há intenção nisso: *Uma história da linguística* é um estilingue tensionado contra a compartimentação e nos faz desejar que sua leitura leve novos termos e referências ao moinho da pesquisa e à compreensão de nosso público leitor. Nossa HistLing, a primeira história da linguística escrita diretamente em português, é um panorama fecundo. Também inventamos para os textos laterais o nome "laterários", em mais uma aproximação, para dizer: há muita, muita, muita literatura especializada e inspiradora nas laterais deste livro, assim como em seus boxes. Deixem não de lê-los. Também não deixem de, durante a leitura, abrir os QR-codes para verem em cor o que ali estiver indicado.

Em síntese, esta é uma daquelas iniciativas que justificam a existência de uma editora, de um editor. A par de ser uma história vibrante da linguística escrita à perfeição, este livro assume posição: o autor não se contenta em descrever, não se engana com a possibilidade impossível duma inviável neutralidade. Estamos diante de uma obra que toma do martelo e bate pregos para fixar os cenários do que se faz e fará em línguas/linguagens na contemporaneidade como efeito da história aqui descortinada. E isso sempre contra os dogmatismos. Uma história que se ancora por instantes em Milton Santos antes de fazer seu grande périplo não poderia nos propor menos que isso. Nos termos do autor,

> este é um manual de **história da linguística**, isto é, uma narrativa que pretende contar de que modo a linguagem e as línguas têm sido examinadas e concebidas ao longo dos séculos [...]. O historiador não é alguém que "conta a verdade" sobre os fatos, mas é alguém que *elabora um discurso sobre os acontecimentos*, uma elaboração discursiva que se vincula às opções teóricas, às concepções filosóficas, às filiações ideológicas do narrador, ao tempo, ao lugar e à cultura em que vive [p. 32].

Uma história da linguística é um fruto maduro que nos convida a expor ao atrito com o conhecimento nossa invencível ignorância. Falta a nossa resposta de leitoras.es: nos aventurarmos a extrair, em variada medida, o sumo que escorre dessa fruta de um saber carregado de sementes.

Marcos Marcionilo
São Paulo, 23 de maio de 2023

Primeiras palavras

É sem hesitação alguma que me coloco entre aquelas pessoas incapazes de nomear qualquer outro objeto de fascínio e arrebatamento intelectual que não seja a linguagem humana. Esta exclusividade da nossa espécie, que para a grande maioria é tão natural quanto respirar, a ponto de quase não merecer uma reflexão mais detida, constitui para mim, ao contrário, uma verdadeira mania, uma obsessão vivida na tranquilidade ansiosa dos apaixonados. É uma esfinge que não precisa nos desafiar, conscientes que somos de nossa impossibilidade inerente de decifrá-la, mas nem por isso dispostos a nos deixar devorar — até porque essa esfinge está em cada um de nós, é constitutiva de cada um de nós. Quando, ainda adolescente, descobri que existia uma seita desses fanáticos chamada *linguística*, logo tratei de aderir a ela com uma fé quase infusa e tão cedo adquirida que jamais me faria falta ser arrebatado ao terceiro céu para me dobrar em metanoia. Essa mesma devoção integral à linguagem está na raiz da minha relação com a escrita, relação que transcende os sentidos da própria palavra *relação*, escrita que defino como uma forma de existência: *scribo, ergo sum*. Escrever a linguagem, escrever na linguagem, escrever sobre a linguagem — todas essas transitividades me são necessárias e a todas me entrego na certeza fingida de que vale a pena tomar a nuvem por Juno, se Juno for sinônimo de vida.

Escritor, tradutor, linguista e professor: esses quatro avatares de uma mesma obsessão é que me têm obrigado, cada um a seu modo e todos de um modo só, a tentar preencher ao menos alguns dos incontáveis vácuos bibliográficos que tanto nos deixam, a nós todas e todos que vivemos em português, em doloroso atraso com respeito a quem lida com o mundo de dentro de outras línguas-culturas. Este livro é mais uma dessas tentativas.

Depois de ter começado a escrever esta *História*, a ideia de querer dar conta, num único livro, de mais de dois milênios de interrogações e de respostas provisórias acerca das línguas e da linguagem ergueu uma barragem contra a fluidez ilusória com que vinha empreendendo a tarefa até o momento. Aos poucos, no entanto, fui compreendendo a verdadeira razão daquele bloqueio: o século 20. É que não me saía da lembrança o que certa vez tinha me dito o mestre e amigo Ataliba de Castilho: "O século 20 é uma explosão". Como enfrentar aquela irrupção de escolas, de subdisciplinas, de construtos teóricos, de rupturas e reinaugurações? O travamento perdurou até o dia em que o amigo e mestre Carlos Alberto Faraco, com a serena lucidez dos sábios inquietos, sugeriu que o melhor seria desdobrar a narrativa em dois volumes: um que avançasse até o século 19, outro que contemplasse do século 20 até hoje. Aquelas palavras dotadas de asas, como teria escrito Homero (se tivesse escrito alguma coisa), fizeram dissolver-se no ar o peso maciço desses últimos cem anos de história da linguística que me oprimiam, muito mais difíceis e perigosos de tourear do que os vinte e cinco séculos precedentes. O alívio provocado por aquela sugestão oportuna me permitiu levar adiante e a cabo a tarefa — ainda que me tenha faltado a coragem de cumpri-la por inteiro, uma vez que este volume (repartido em dois tomos) está fadado a ser filho único, sem a mais remota possibilidade de vir a conhecer o irmão que nunca terá. Para diminuir ao menos um pouco a impressão de evidente covardia no enfrentamento da missão que a mim mesmo me impus, não me detive no século 19, mas adentrei as duas primeiras décadas do século 20, por acreditar que sintetizam de algum modo tudo o que tinha sido produzido até então no terreno das reflexões e das práticas. É uma história que se encerra em 1921 — há pouco mais de cem anos —, ano da morte de Hermann Paul, bicentenário de nascimento de August Schleicher, dois nomes que constituem etapas fundamentais na história da linguística moderna (linguística moderna que, ao contrário da mitologia bem tecida pelos estruturalistas, não tem o *Curso de linguística geral* como sua certidão de nascimento). Em 1921 se publica o volume *Linguistique historique et linguistique générale*, em que Antoine Meillet reuniu alguns de seus muitos artigos publicados na década anterior em revistas científicas — é com essa publicação, cujo título duplo revela a filiação sólida do autor à linguística praticada no século 19 e, ao mesmo tempo, sua vontade de levar os estudos da linguagem a ultrapassar as fronteiras um tanto restritivas daquela tradição, que encerramos nosso relato. O fato de Meillet, nascido em 1866 e morto em 1936, ter vivido exatamente metade da vida no século 19 e a outra metade no século 20, também influiu — já num nível simbólico — sobre a decisão de encerrar esta história com seu trabalho.

O primeiro subtítulo aventado para esta obra foi "*de Platão a Saussure*", porque, a exemplo de tantas outras histórias da linguística, a ideia inicial era tratar da chamada tradição ocidental. Mais uma vez, porém, uma nova intervenção amiga, a de Orlene Lúcia de Saboia Carvalho, com quem tenho a alegria de conviver há quatro décadas, me fez recuar no tempo e no espaço e me aventurar em outras tradições e outros terrenos, fora da cansadíssima Europa. Ao saber que pretendia escrever este livro, Orlene me emprestou os dois primeiros dos quatro volumes da fundamental história da linguística organizada pelo italiano Giulio Lepschy — tão fundamental que mereceu uma cuidadosa edição em inglês, que foi a que me serviu de base principal para esta empreitada. Justamente o primeiro deles examinava antigas tradições não europeias de reflexão sobre a linguagem, dentre as quais selecionei a da Mesopotâmia — por ser o berço da civilização, tal como a entendemos —, e as tradições hindu, árabe e judaica, pelo impacto que tiveram sobre o desenvolvimento da linguística no chamado Ocidente.

Se decidi recuar alguns milênios antes de chegar a Platão, também resolvi avançar alguns poucos anos para além da publicação, em 1916, do *Curso de linguística geral*, atribuído — apocrifamente? — ao aristocrata calvinista suíço que veio a receber, *à son insu*, o título — que hoje me parece injustificado — de "pai da linguística moderna". Tendo empreendido uma nova tradução do *Curso* (publicada pela Parábola em 2021) e, no tempo que durou a elaboração desta história, entrado em contato com uma cada vez mais crescente bibliografia historiográfica de crítica à suposta originalidade das ideias expostas naquela vulgata e de desmitificação de um ineditismo facilmente desmontável, preferi concluir a narrativa, como já dito, com o exame da obra de Antoine Meillet, que representa uma ponte intelectual entre as duas épocas mais importantes para a consolidação da linguística como uma área de conhecimento autônoma, dotada de seus próprios instrumentos heurísticos. Ao intitular *Linguistique historique et linguistique générale* seu livro de 1921, Meillet executava, precisamente graças à conjunção *et*, o gesto de não desprezar o importante empreendimento da gramática comparada, vinculando-a, porém, explicitamente, à necessidade de, a partir do conhecimento obtido pelo exame de línguas particulares, aventurar-se pela investigação da possível contribuição desse conhecimento para a formulação de princípios de explicação gerais para fenômenos observáveis, como ele escreve, em "*todos os tempos*" e em "*todas as línguas*". De igual modo, a visada sociológica de Meillet, que ficaria submersa sob o maremoto do estruturalismo imanentista que inundou a primeira metade do século 20, seria recuperada (e cada vez mais valorizada) pelo desenvolvimento da sociolinguística e da sociologia da linguagem a partir da década de 1960, assim como suas investigações pioneiras dos fenômenos de gramaticalização frutificariam, a partir da década de 1990, na profusão de estudos empreendidos sobre esta que é — ao lado das regularidades fonéticas e da analogia (dois instrumentos heurísticos postulados pelos Jovens Gramáticos na década de 1880 e desde então jamais abandonados, apesar de todas as polêmicas suscitadas por eles) — uma das causas e consequências mais importantes da mudança linguística. Se para conhecer melhor o *Curso de linguística geral* não hesitei em traduzi-lo, também, para ganhar maior intimidade com Meillet, selecionei, traduzi e anotei vários de seus artigos, que reuni no volume *A evolução das formas gramaticais*, publicado pela Parábola em 2020.

Se Meillet ainda tem o que nos ensinar, o mesmo, como se sabe, não se poderia dizer das teses expostas no *Curso de linguística geral*. Se é que, de fato, traziam em germe os postulados centrais do estruturalismo (embora muitos intérpretes nossos contemporâneos prefiram dizer que foram os estruturalistas que tentaram encontrar ali uma origem nobre para suas próprias ideias), ainda assim não resistiram ao descrédito em que caiu o estruturalismo sob as críticas de tantas correntes de pensamento linguístico que resgataram o social, o histórico, o cultural e o ideológico do limbo a que tinham sido lançados pela obsessão de estudar *a língua em si e por si mesma*, obsessão esta já presente nas primeiras obras publicadas dentro do paradigma histórico-comparativo inaugurado por Bopp em 1816, exatamente um século antes da publicação do *Curso*. Segundo Bopp, as línguas que seu livro aborda são examinadas "*ihrer selbst*", tanto quanto o livro atribuído a Saussure encerra-se felicitando-se por ter tratado da língua "*en elle-même et pour elle-même*" — mesmo que essa frase final seja hoje reconhecida como uma interpolação dos editores do livro (mas qual frase ali não é?), o fato de ter sido incluída na obra de 1916 justifica que nos perguntemos onde está a famosa ruptura que alegadamente inaugurou a "linguística moderna".

Por fim, ainda que com o risco de parecer óbvio, creio que vale a pena justificar o título *Uma história da linguística*. Esse *uma* delimitador funciona como salvaguarda íntima contra qualquer veleidade de produzir um relato exaustivo, dado que a exaustividade é, por natureza, incompatível com o ofício historiográfico em qualquer área de conhecimento. Toda história é uma história, é aquela que o autor quis ou conseguiu escrever, com a parcialidade inevitável a qualquer empreendimento humano, com os recursos que estavam a seu alcance e com os critérios de seleção e exclusão que inventou como verdade para si mesmo. Nada disso, evidentemente, o exime da crítica que, no entanto, ela também, será sempre uma e parcial.

Quero registrar aqui um agradecimento particular a Carlos Eduardo Deoclecio, que me ajudou a obter, em formato eletrônico, e desde seu confinamento involuntário em Santiago de Compostela, uma série de textos fundamentais aos quais — nas difíceis circunstâncias materiais em que este livro foi concluído — muito dificilmente eu teria tido acesso. Outro agradecimento incontornável vai para Carlos Alberto Faraco que, além de ter desatado o nó górdio que por um tempo travou o caminho para a conclusão desta obra, fez uma leitura atenta e devidamente crítica da seção do último capítulo dedicada a Saussure, decerto a de mais difícil e temerária elaboração.

A parte final deste livro foi escrita no período em que o mundo enfrentava, atônito, a irrupção e propagação da covid-19, uma doença que pôs em xeque todos os fundamentos movediços da fase atual da civilização humana, apoiada num regime econômico homicida, que mais do que econômico é sobretudo um regime político de evidente autoritarismo e criminosa concentração de riqueza nas mãos de pouquíssimos homens brancos, responsáveis pela devastação do planeta e pelas desigualdades que condenam a imensa maioria da humanidade à fome, à indigência e ao desespero. Não bastasse essa tragédia planetária, o Brasil enfrentava sua tragédia particular, a de ser desgovernado por uma criatura em tudo desprezível, grotesca, incapaz de um mínimo de empatia e solidariedade, disposta a exterminar o povo e o país desde que fossem satisfeitos seus interesses particulares e os de sua família de criminosos confessos, auxiliados por uma corja selecionada entre o que pode haver de pior na espécie humana. Em meio a tudo isso, e dilacerado entre opções que definiriam meu destino pessoal, o abrigo que encontrei na residência paulistana de Marcos Marcionilo foi o que me proporcionou o mínimo de estabilidade emocional para, com o trabalho, fazendo aquilo que sei fazer, não atender ao chamado do abismo da desesperança, aprofundado dia após dia por uma realidade duplamente cruel: a de uma crise sanitária sem precedentes e a de uma crise política capaz de demolir a mísera democracia construída a tão caro preço pelas brasileiras e pelos brasileiros que resistem a todos os tipos de terrorismo de Estado acionados há séculos pelas classes dirigentes do país, talvez as mais perversas do mundo. Se hoje este livro chega às mãos de seu público leitor, é graças ao amor que "*nos junge*", como diria Marcos Marcionilo com o humor que se vale de um léxico refinado e de uma sensibilidade ímpar e invejável. Não é todo escritor que pode dizer, na tranquilidade dos afetos consolidados, que tem um editor que é também, e principalmente, a pessoa mais importante de sua vida.

INTRODUÇÃO

Estou falando, logo existo!

A **linguagem** é a marca registrada, o selo de exclusividade, o traço distintivo da espécie humana. Outros animais também desenvolveram sistemas complexos de comunicação, como as abelhas, os pássaros, os golfinhos e os macacos, mas nenhum deles é tão sofisticado, maleável, flexível e poderoso quanto a linguagem humana, decerto porque somos dotados de um cérebro que, segundo muitos cientistas, é a coisa mais complexa existente no universo. Nenhuma linguagem animal permite a seus usuários fazer referência não só ao aqui-agora, mas também ao que já foi, ao que supostamente virá a ser e ao que nunca foi nem será. Além disso, somente a linguagem humana permite a abstração, a **simbolização** mais radical possível, como a criação de mundos imaginários e de entidades transcendentais, como os espíritos e as divindades, tão poderosamente criadas pela linguagem que conseguem levar tantas pessoas a acreditar que tais entidades existem de fato, fora da cerebração humana.

Não admira, portanto, que desde os primórdios da civilização, os seres humanos, já fixados em ambientes urbanos e podendo dedicar seu tempo a outros afazeres além da busca de alimento e da defesa de suas vidas, tenham se dedicado a refletir sobre essa capacidade misteriosa que permite a alguém produzir determinados sons pela boca e ser compreendido por outra pessoa, que recebe e processa esses sons atribuindo-lhes sentido. Assim, a investigação em torno da linguagem é tão antiga quanto a civilização e, sem

A tradução convencional da fórmula cartesiana "*cogito, ergo sum*" ("*je pense, donc je suis*" em francês) — "penso, logo existo" — obscurece em certa medida a força de seu enunciado: o latim e o francês não dispõem, como o português (e o espanhol, o italiano e o inglês) de uma expressão particular para o aspecto contínuo de um estado de coisas, de modo que o presente simples (*cogito*; *je pense*) é empregado tanto para o que é habitual, normal, quanto para o que está se passando no momento da fala. Por isso, Ben Dupré (2007: 17) afirma que "a força do argumento só pode ser veiculada pela forma contínua do tempo presente", ou seja, em inglês, "*I am thinking, therefore I exist*", e em português "Estou pensando, logo existo". Assim, não é o fato de pensar, a faculdade da razão, que garante minha existência, mas o ato de eu estar pensando neste momento aqui. O mesmo vale para "Estou falando, logo existo" — não é a faculdade da linguagem que garante minha existência, mas sua concretização efetiva aqui e agora: para existir, não basta poder falar, é preciso estar falando.

dúvida, teve papel fundamental na própria estruturação da vida em sociedade, vida cada vez mais complexa à medida que, graças também à linguagem, as façanhas tecnológicas e o acúmulo de conhecimento iam avançando em progressão geométrica.

Ser humano é ser na linguagem. Parafraseando Descartes, poderíamos dizer, simplesmente: *Lŏquor, ergo sum / Je parle, donc je suis* — **Estou falando, logo existo**!

■ Os três grandes "problemas" dos estudos da linguagem

Não seria exagerado dizer que as reflexões sobre língua e linguagem na tradição ocidental derivam essencialmente das tentativas de dar conta de três principais "problemas":

(1) **a origem (e a natureza) da linguagem e das línguas**;

(2) **a relação entre linguagem e pensamento;**

(3) **a mudança linguística**.

Os pensadores que se debruçaram sobre uma dessas questões foram inevitavelmente levados a se perguntar sobre as outras. Desses três grandes "problemas" derivam as principais perguntas que têm sido feitas ao longo dos vinte e cinco séculos de história da linguística:

- quando e onde surgiu a linguagem?
- todas as línguas derivam de uma única língua original ou surgiram em diversos lugares e épocas?
- existem línguas mais desenvolvidas que outras?
- a língua é um dom divino ou deriva de outra fonte?
- a diversidade das línguas é um castigo divino ou uma inevitabilidade da diversidade cultural?
- as palavras (ou os signos linguísticos) derivam da natureza das coisas ou são convenções humanas — isto é, os signos são naturais ou arbitrários?

- as regras da gramática refletem as regras da lógica (isto é, do pensamento), dependem destas (ou vice-versa), ou não existe relação entre elas?
- as línguas apresentam características universais ou são radicalmente diferentes umas das outras?
- como e por que as línguas mudam?
- a língua muda por si mesma ou pela ação dos falantes?
- a língua é uma "coisa em si" ou uma instituição social?
- a mudança linguística é uma decadência, um progresso ou nenhuma das duas coisas?
- se a língua dá conta das necessidades de interação de seus falantes, por que precisa mudar?
- etc.

É fácil entender, então, por que as mesmas questões reaparecem regularmente, sob nova roupagem filosófica, a cada período da história das reflexões sobre língua e linguagem. A questão da **arbitrariedade** do signo linguístico, por exemplo, surge entre os gregos antigos, é tratada por Agostinho na Antiguidade tardia, por Dante Alighieri na Idade Média, por Locke e Leibniz na Modernidade clássica, é a base do pensamento linguístico de Whitney no século 19 e chega ao início do século 20 estampada no *Curso de linguística geral*, publicado sob o nome de Saussure em 1916, sem que esta obra mencione toda essa longa tradição multissecular.

As indagações levantadas por esses problemas serão tratadas quase sempre por meio da rivalidade entre correntes de pensamento, uma rivalidade que, de certo modo, é inaugurada pelos sistemas filosóficos de Platão e de Aristóteles (que teria dito: "Sou amigo de Platão, mas sou mais amigo da verdade" — declaração que, mesmo não sendo autêntica, simboliza bem essa rivalidade). Assim é que se oporão, na Idade Média, o **nominalismo** e o **realismo**; na Idade Moderna, o **empirismo** e o **racionalismo**; no século 19, o **catastrofismo** e o **uniformitarismo**; no século 20, o **funcionalismo** e o **formalismo** etc. Pelo fato de ser um "objeto escondido", a língua não é diretamente acessível à observação empírica e só pode ser abordada por meio da **teorização**, o que implica, inevitavelmente, concepções diferentes do mundo, do ser humano, da sociedade e das relações entre essas três entidades. A história da linguística será, então, a história da formulação dessas concepções e dos embates entre elas, como veremos mais adiante.

> "A maioria dos estudiosos acredita que a escrita foi inventada de forma independente pelo menos três vezes: na Mesopotâmia, em torno do Tigre e do Eufrates por volta de 3.000 AEC; na China, não mais tarde do que 1500 AEC; e na América Central, três ou quatro séculos AEC. É possível que a primeira invenção tenha sido única. Alguns especialistas sustentam essa opinião porque os princípios básicos dos três sistemas são extraordinariamente semelhantes. Contudo, não conseguem explicar como esse conhecimento particular foi transmitido do Iraque atual à China sem deixar qualquer vestígio pelo caminho, ou como ele singrou pelo Atlântico ou talvez pelo Pacífico cerca de dois mil anos antes de Colombo. Na minha opinião (e na da maioria dos outros), parece mais razoável supor origens autônomas" (Janson, 2015: 63).

■ Escrita, Estado, estudo

O evento que marca, tradicionalmente, a separação entre a **pré-história** e a **história** é a invenção da **escrita**, que muitos estudiosos consideram simplesmente a maior proeza tecnológica da humanidade de todos os tempos. De fato, a própria noção do que é uma **língua** depende estreitamente da presença da escrita numa sociedade: povos que não desenvolveram sistemas de escrita costumam não apresentar, em sua cultura, o conceito (muito ocidental) de "língua", e diversos pesquisadores narram que os indivíduos dessas comunidades, ao serem indagados: "Que língua você fala?", respondiam simplesmente: "Não sei". Isso ocorreu, por exemplo, quando os primeiros europeus tentaram catalogar as línguas faladas pelos **sã** (antigamente chamados de *boxímanes*) do sul da África ou por diversas populações da Polinésia. A escrita, como demarcadora do início da História, com inicial maiúscula, também assinala o surgimento do **Estado** como entidade política complexa, hierarquizada, centralizada e centralizadora, a guiar o destino dos indivíduos e da sociedade mais ampla.

É sempre bom enfatizar, no entanto, que a consideração do surgimento da escrita como linha de delimitação entre história e pré-história é um critério eminentemente *ocidental*, estabelecido por historiadores *europeus*, em sociedades profundamente *grafocêntricas*, ou seja, sociedades em que a cultura considerada legítima é exclusivamente a que se registra por escrito. Se esse critério fosse aplicado com rigidez absoluta, as comunidades linguísticas contemporâneas que não fazem uso da escrita (a maioria das línguas existentes no mundo) teriam de ser classificadas como "culturas pré-históricas", o que seria um absoluto disparate. Conforme escreveu o historiador britânico **Edward Hallett Carr** (1892-1982):

> Em trabalhos historiográficos, é de rigor mencionar sempre, junto ao nome da pessoa citada, a data de nascimento e morte, como fazemos aqui com E. H. Carr. Essa convenção será estritamente seguida neste livro, menos nesta Introdução, a menos que se trate de um nome que não será retomado nos capítulos seguintes, como é o caso aqui.

A linha de demarcação entre tempos pré-históricos e históricos é cruzada quando as pessoas deixam de viver só no presente e se interessam conscientemente tanto por seu passado quanto por seu futuro. A história se inicia com a transmissão da tradição; e tradição significa levar os hábitos e lições do passado para o futuro, começar a manter registros do passado para o benefício das gerações futuras (1961: 108).

Ora, o registro do passado e a transmissão das tradições podem ser feitos, não somente pela escrita, mas também pela literatura oral, por desenhos, pinturas, gravuras, tecidos, joias, armas, esculturas, túmulos, danças, músicas, vasos, barcos e outros **monumentos** (palavra de origem latina que significa "recordação, lembrança, memória"). Com isso, muitas sociedades sem escrita, como as aborígines australianas, as da África subsaariana, as do continente americano etc., sempre zelosas de seu passado e interessadas na transmissão cultural para o futuro, pertencem plenamente à História.

Por sua vez, na investigação histórica dos estudos sobre a linguagem e as línguas, a importância da escrita é bastante óbvia: é simplesmente impossível planejar um sistema de escrita sem uma reflexão mínima a respeito de como os sons da fala são produzidos. Os sistemas de escrita organizados segundo os sons individuais ou as sílabas da língua exigem, de fato, uma **análise linguística** e são, em muitos aspectos, uma **teoria sobre a língua**:

> Os falantes, habitualmente, não fazem nenhuma ideia sobre a natureza de sua língua ou sobre o que estão fazendo quando estão falando. Mas quando uma língua é escrita, ela é *conscientemente* escrita, e todo sistema de escrita encarna uma análise de sua língua. E essa análise é conhecida não só pelo criador do sistema de escrita (por mais grandiosa que possa ser a façanha de criar um sistema de escrita), como também — conscientemente — por qualquer um que aprenda a escrever, e mesmo a ler, esse sistema de escrita. Portanto, cada sistema de escrita nos informa sobre a "análise do falante nativo" de cada língua escrita, e esta tem atingido praticamente todos os níveis de análise conhecidos pela linguística moderna (Daniels, 2013: 54).

■ A língua hipostasiada

A fixação da fala na escrita deu à língua, por assim dizer, um "rosto" ou, até mesmo, um "corpo" completo. Passou a ser possível "ver" e "tocar" a língua, "levá-la" de um lugar para o outro, transmiti-la a gerações futuras por meio do ensino sistemático oferecido às crianças, bem como a pessoas que falavam outros idiomas, dar a ela a concretude máxima ao ser inscrita na pedra. Todo esse processo sociocultural e sociopolítico provocou um fenômeno que se prolonga até hoje: a língua (ou melhor, *a língua tal como representada pela escrita*) se transformou numa **hipóstase**. O que é isso? Na terminologia da filosofia contemporânea, trata-se da "atribuição de existência concreta e objetiva (existência substancial) a uma realidade fictícia, abstrata ou meramente restrita à incorporalidade do pensamento humano", conforme definição do *Dicionário Houaiss da língua portuguesa*.

A hipostasiação é um "equívoco cognitivo", quer dizer, uma interpretação errônea da realidade. A linguagem só existe "na incorporalidade do pensamento humano", ou seja, no nosso processamento mental, e a única coisa concreta e objetiva a que temos acesso são os **sons** produzidos pelo chamado aparelho fonador (língua, dentes, palato, úvula, cavidade bucal, cavidade nasal, laringe, faringe, pregas vocais, pulmões etc.), por isso mesmo chamados de **substância fônica** — de fato, o termo grego *hypóstasis* foi traduzido em latim por *substantia*. Como bem sabemos, essa substância fônica pode ser gravada, copiada, preservada em diferentes mídias etc., precisamente porque tem existência concreta, física, material. Aparelhos cada vez mais sofisticados permitem analisar os sons da língua em seus mais sutis pormenores, permitem até observar a produção da fala no momento mesmo em que se realiza. As outras propriedades atribuídas à língua — morfologia, sintaxe, semântica, pragmática, textualidade, discursividade etc. — só podem ser estudadas dentro de um **aparato teórico**, conforme já dito.

A escrita assim hipostasiada produziu o interessante fenômeno cultural da **inversão** da análise da realidade: as pessoas passaram a considerar a forma escrita da língua como "a língua em si" e, um passo adiante, como a maneira "correta" de usar a língua — a fala seria, nessa forma de ver as coisas, uma realização "imperfeita" da escrita. Isso levou, e ainda leva, inúmeras pessoas a querer analisar a fala **a partir da escrita**, como se a fala fosse dependente da escrita desde sua origem, quando de fato foi o contrário que aconteceu: os seres humanos passaram muitos milhares de anos apenas falando, antes que ocorressem as primeiras tentativas de registrar a fala por meio de símbolos.

Já encontramos, por exemplo, num livro didático, a seguinte questão, feita após a leitura de um poema que tentava reproduzir uma fala supostamente "caipira" e em que apareciam as formas *trabaiá* e *zóio*: "O que ocorreu com as letras *lh* das palavras *trabalhar* e *olhos*? Por que, na sua opinião, isso acontece?" Ora, não ocorreu nada com as "letras" L e H, mas com a *consoante lateral palatal* que elas representam, um *som* que perdeu seu traço lateral e conservou somente seu traço palatal, ou seja: passou de [ʎ] para [j̠] (ver Bagno, 2013).

Essa inversão está presente, por exemplo, no pensamento linguístico dos gregos e de seus imitadores, os romanos |cap. 2|. Os gregos elaboraram o primeiro **alfabeto**, isto é, o primeiro sistema de escrita em que se tentou uma correspondência símbolo-som, ao contrário dos sistemas anteriores, que tentavam reproduzir ideias, palavras inteiras, sílabas complexas ou apenas as consoantes. Uma vez estabelecido, esse alfabeto (uma palavra grega: ἀλφάβητος) decerto provocou um grande fascínio entre seus usuários: não é mesmo genial que o símbolo **O** represente o som que produzimos com a boca aberta exatamente nesse formato de círculo? Assim, nos estudos sobre a língua e a linguagem, a palavra *grámma* (γράμμα), em grego, e sua correspondente latina *littĕra* designavam, ao mesmo tempo, o *símbolo gráfico* e o *som*. Essa concepção ainda persiste com força entre as pessoas em geral e, infelizmente, mesmo entre docentes de língua. No entanto, a separação nítida entre *grafema* (letra, sinal gráfico) e *som da fala* é o pré-requisito básico para quem deseja se iniciar em qualquer estudo sério sobre a linguagem em geral ou sobre uma língua em particular (se esta língua, é claro, for dotada de uma tradição escrita).

Afinal, o desenho de um gato *não é* um gato real, assim como o desenho **j** *não é* o som [ʒ] que, em português, representamos por ele (como em *jujuba*) e que, por exemplo, em russo é representado por **ж** e em tcheco por **ž**. Além disso, o mesmo **j** em línguas como o alemão, o finlandês, o húngaro e várias outras representa o som do nosso **i** em *vaia*.

Isso para não mencionar as línguas, como o chinês, cujo sistema de escrita, originalmente, não buscou reproduzir os sons, mas as ideias contidas em seus símbolos: 中, que se pronuncia *zhōng*, é "centro; meio", como o desenho mesmo tenta mostrar. Por isso, esses símbolos são chamados **ideogramas** ("escrita das ideias", por assim dizer), embora essa designação não seja totalmente satisfatória, já que eles também podem ser empregados para indicar sons.

Uma das principais rupturas provocadas pela chamada linguística moderna com a tradição dos estudos gramaticais (sempre inspirados na escrita literária) foi precisamente sua concentração nos fenômenos da **fala**, que, conforme já advertimos, é a única *substância concreta* à qual temos acesso para investigar a linguagem. Foi graças a essa opção que se tornou possível, por exemplo, estudar as línguas dos povos que não dispõem de sistema de escrita — as quais representam, na verdade, três quartos do total de línguas conhecidas na atualidade (só no Brasil, por exemplo, são mais de duzentas).

A escrita é conservadora

Outra característica sociocultural da escrita é seu inerente e inevitável **conservadorismo**. A escrita, desde o início de sua história, foi destinada a registrar **formas antigas da língua**, conservadas nos textos religiosos sagra-

Neste livro, vamos empregar as siglas AEC (Antes da Era Comum) e EC (Era Comum) para nos referirmos a períodos de tempo histórico. Os anos e séculos equivalem estritamente aos que usamos habitualmente, mas essas siglas evitam a referência a qualquer sistema religioso, ainda que se baseiem no chamado calendário gregoriano, o que é usado nas culturas cristãs ocidentais. Além disso, optamos por escrever os séculos em algarismos arábicos (século 12 AEC) e não em romanos (XII) porque, em plena era digital, não faz muito sentido preservar essa grafia nada prática.

dos e/ou literários consagrados, quando não **línguas extintas**, consideradas como patrimônios culturais merecedores de estudo e preservação. Foi assim na Mesopotâmia, onde a língua suméria, mesmo depois de substituída por outras línguas, continuou como língua de cultura na região por mais de dois mil anos. Foi assim com o chamado hebraico bíblico, que deixou de ser falado por volta do século 3 **AEC**, mas permanece até hoje como a língua clássica do povo judaico |cap. 1|. Apesar do desmoronamento do Império Romano, no século 5 EC, o latim continuou, por mais de mil anos, a ser a única língua empregada na teologia, na filosofia e na ciência, a única ensinada nas universidades etc., principalmente por ser a língua oficial da Igreja católica romana: o inglês **Isaac Newton** (1642-1727), por exemplo, em pleno século 17, ainda optou por escrever em latim sua obra fundamental, os *Principia Mathematica*, publicados em 1687, num país onde o latim jamais tinha sido falado pela população e que, àquela altura, tinha sua própria Igreja nacional (a Anglicana), separada de Roma desde 1534.

Observe:

LATIM CLÁSSICO	PORTUGUÊS CLÁSSICO (séc. 16)
amo	*amo*
amas	*amas*
amat	*ama*
amamus	*amamos*
amatis	*amais*
amant	*amam*

A semelhança é mesmo grande, mas essa conjugação portuguesa, viva quinhentos anos atrás, não descreve a realidade atual da língua, que apresenta, por exemplo, *você ama, a gente ama,* além do abandono total e completo, ao menos no Brasil, das formas correspondentes ao pronome *vós*.

Conforme vamos ver |cap. 4|, o processo de padronização e codificação das línguas nacionais europeias no período renascentista — com seus resultados mais conhecidos: uma **norma ortográfica** e uma **norma gramatical** —, um processo inovador, também foi movido, entretanto, por um espírito conservador, na medida em que os gramáticos tentavam aplicar às suas línguas os mesmos princípios de análise e prescrição que tinham servido, durante quinze séculos, ao ensino e aprendizado do latim. É isso que explica, por exemplo, a insistente presença, até hoje, nos compêndios gramaticais normativos e livros didáticos de português, de um quadro de conjugação verbal que não corresponde a nenhuma das variedades realmente faladas nem em Portugal, nem no Brasil, nem em qualquer outro país de língua oficial portuguesa, um quadro de conjugação que remete ao século 16.

▪ Ensino, religião e ensino da religião

A escrita possibilitou duas atividades que estiveram desde sempre muito relacionadas à reflexão sobre a linguagem: o **ensino de língua** e a **preservação de textos sagrados**. Assim foi na Mesopotâmia, na China, na Índia, na tradição judaica, na tradição árabe etc. O vínculo entre língua e religião fica muito evidente na designação *Povos do Livro* (*'Ahl al-Kitāb*), empregada na teologia muçulmana para designar os judeus e os cristãos, que teriam recebido, diretamente da divindade, revelações na forma de **textos escritos**. Na concepção muçulmana, o Corão (*al-Qur'ān*) é a revelação final, definitiva, que conclui a mensagem divina inicialmente transmitida a Adão, a Abraão, a Moisés, aos profetas judeus, a Jesus e concluída com Maomé.

> A relação dos muçulmanos com seu livro sagrado é tão forte que até hoje a única modalidade de língua ensinada sistematicamente é o chamado *árabe clássico*, a língua em que o Corão foi escrito no século 7 EC, uma língua extremamente arcaica, em nada semelhante às múltiplas variedades de árabe moderno faladas nos diferentes países do norte da África e do Oriente Médio — seria algo semelhante, por exemplo, a não ensinar português, francês, espanhol, italiano, mas somente a modalidade de latim preservada na tradução da Bíblia feita por são Jerônimo no século 5 EC, a chamada *Vulgata*.

No mundo ocidental, a partir do trabalho dos gregos |2.12|, a investigação linguística também se vinculou com muita força ao ensino e à preservação de textos, não religiosos propriamente ditos, mas mitológicos-ficcionais, com os poemas atribuídos a Homero (*Ilíada* e *Odisseia*) no posto mais alto, quase sagrado também, da cultura helênica. A codificação da língua grega na forma de uma **gramática** obedeceu sobretudo a imperativos **políticos**: impor o grego aos povos orientais conquistados durante as campanhas militares de Alexandre Magno no século 4 AEC. Afinal, como afirma Andrew Linn (2013: 363): "A escrita da gramática é motivada por necessidades extralinguísticas. Ninguém escreve uma gramática apenas para se divertir, mas sim para responder a algum imperativo social". E quando esse imperativo é a conquista e o domínio de outras terras e outros povos, a motivação parece ainda mais premente.

▪ Contra a hipóstase, outro exagero: a primazia da língua falada

Na ânsia de transformar a linguística numa ciência digna deste nome e, para tanto, com um **objeto** de investigação bem definido e, de preferência, exclusivo, alguns linguistas do início do século 20, como o suíço **Ferdinand de**

Saussure (1857-1913) |6.8| e o estadunidense **Leonard Bloomfield** (1887--1949), tentaram *expulsar a escrita* do campo de interesse da ciência que pretendiam fundar. Para Saussure (ou, melhor, segundo o que aparece no *Curso de linguística geral* atribuído a ele), a linguística tinha de se libertar da "tirania da letra" e se dedicar única e exclusivamente ao estudo da produção oral. O argumento usado, bastante tradicional, é o de que a fala é "natural", enquanto a escrita é "artificial". Por isso, sustenta ele, é preciso excluir a escrita do que ele chama de "sistema interno da língua". No entanto, conforme sublinha Florian Coulmas (2014: 18):

> Sem entrar nos detalhes sobre o que é o sistema interno da língua, pode-se dizer que a escrita, a menos que fosse um código gráfico totalmente independente, tem de estar relacionada com o sistema interno da língua de um modo ou de outro; do contrário, não poderia ser interpretada em termos linguísticos, o que, porém, parece ser exatamente o caso. A escrita tem de ser legível, e isso significa interpretável com base em relações associativas mais ou menos sistemáticas entre som, significado e sinal gráfico dentro do quadro de uma dada língua. Assim, por mais deficiente e complicada que seja, a escrita se relaciona, sim, com o sistema interno da língua.

Um exemplo muito simples pode esclarecer melhor a afirmação de Coulmas. Na história do português, surgiram vogais nasais que nunca tinham existido em latim. No entanto, por mera subserviência à tradição *escrita* do latim, continuamos a escrever as consoantes **m** e **n** depois das vogais. Por isso, escrevemos INCOMPETENTE e não *ĩcõpetẽte*, escrevemos COM, BEM, SIM, RUM e não *cõ, bẽ, sĩ, rũ*. Mas, sem nada que justifique, quando a vogal final é **a**, ela vem enfeitada com um til: FÃ, RÃ, MAÇÃ. Ora, na palavra UM, o **m** é mera marca gráfica da nasalidade da vogal, de modo que a palavra se pronuncia [ũ]. Quando, porém, a regra ortográfica foi aplicada ao feminino UMA, a pronúncia da palavra, que deveria ser ['ũa], passou a ser, ao menos entre as pessoas mais letradas, ['ũma], com seu [m] bem emitido. Isso alterou, portanto, o "sistema interno da língua", uma vez que o par de palavras, que deveria ser [ũ] / ['ũa] se tornou, de fato, [ũ] / ['ũma], por causa da forma *escrita* da palavra (e o mesmo se aplica a ALGUM/ALGUMA, NENHUM/NENHUMA).

Outro exemplo: os verbos que hoje escrevemos com -SC- (*crescer, descer, nascer* etc.) eram escritos sem o S até o século 16: CRECER, DECER, NACER (em Camões, por exemplo, encontramos "[filhos] em tanto amor gerados e *nacidos*" [*Lus.*, V, 47]). A partir daquela época, no entanto, com o intuito de aproximar a grafia do português à do latim, passou-se a escrever, como hoje, CRESCER, DESCER, NASCER. Mas foi uma reforma "latinizante" que não incidiu sobre todos os verbos terminados em -ECER: na ortografia atual, existem 53 verbos com *-escer* e 220 com *-ecer* (*aborrecer, conhecer, parecer* etc.). Ora, no português europeu o grupo -SCE- soa como o XE- de XERETA, de modo que as terminações de *nascer* e *aborrecer* têm pronúncias diferentes. Se não tivesse havido a inserção daquele S, os verbos *crescer, descer, nascer* e outros não apresentariam o som [ʃ] que têm hoje no português europeu. Mais uma interferência da escrita no "sistema interno da língua".

Vale também lembrar que em meados do século 14 a grafia do adjetivo DINO, para ficar mais próxima da forma original latina (*dignus*), ganhou um G e passou a ser DIGNO, e somente por isso é que, até hoje, pronunciamos esse adjetivo com um [g] bem audível. A palavra LUVE ("amor") do inglês medieval passou a ser grafada com um **o** para que, na escrita manual, o **u** não se confundisse com o **v**. Esse pequeno artifício caligráfico acabou fazendo surgir a palavra LOVE, pronunciada com uma vogal [ə] na primeira sílaba, muito diferente do [u] original.

Mesmo em línguas com ortografias reconhecidamente "irracionais" ou "ilógicas", como o inglês e o francês, a escrita só pode existir se for, como afirma Coulmas, "legível" e essa legibilidade exige uma relação entre escrita e pronúncia (mesmo quando, em silêncio, lemos um texto sem emitir som algum).

Outro problema na suposta oposição "natural" *vs.* "artificial" é que ela pressupõe uma diferenciação — tradicional na filosofia do Ocidente — que, de fato, pode ser contestada com base no argumento, não dualista, de que, uma vez que o ser humano é uma espécie animal em meio a tantos milhares de outras e, portanto, um resultado dos processos evolutivos *naturais*, tudo o que diz respeito ao ser humano, incluindo suas artes e invenções, pertence ao universo da *natureza*. Além disso, o que se chama tradicionalmente de **natureza** não é uma "coisa" concreta, mas uma *ideia* que tem variado enormemente ao longo da história da filosofia — ou seja, a Natureza, com inicial maiúscula, é um *conceito*, um modo completamente *humano* de ver e tentar compreender a realidade do mundo físico em que a espécie está inserida.

O adjetivo "natural" sempre tem sido invocado quando se tenta defender alguma ideia, crença ou atitude que é, de fato, puramente social, cultural, ideológica. Por exemplo, a homossexualidade, documentada desde sempre na história da humanidade, tem sido condenada por ser "contra a natureza". No entanto, se ela não fosse "natural" ela simplesmente não existiria... o que parece muito óbvio, mas não para as ideologias que buscam, sempre, "naturalizar" aquilo que é de fato cultural, político e social.

A insistência do *Curso de linguística geral* e de Bloomfield na primazia — ou, melhor, no lugar exclusivo — da fala nos estudos linguísticos se transformou num quase-dogma da linguística moderna, estampado em praticamente todos os manuais de introdução a esta ciência. Coulmas (2014: 23), porém, conclui sua crítica a essa postura afirmando:

> Hoje em dia, ela já não pode nos guiar, pois existem muitas coisas sobre as línguas que não podemos entender sem estudar sua forma escrita: o sistema de escrita, o efeito das normas escritas, o contato linguístico mediado pela escrita e as atitudes linguísticas, por exemplo. A invenção da escrita, embora tenha ocorrido em época relativamente recente na história da espécie humana, revolucionou o modo como a língua pode ser usada. A escrita pode ser adequada, por exemplo, para induzir o comportamento cooperativo para além do alcance da voz. É preciso reconhecer esse aspecto da interação natureza-cultura que caracteriza a linguagem humana.

Com isso, os estudos mais avançados da contemporaneidade — sobretudo depois das importantes contribuições dos antropólogos em torno do conceito de **letramento** — tentam fazer uma investigação equilibrada da língua em sua plenitude semiótica, como fala e como escrita, principalmente numa época, como a nossa, em que os espetaculares avanços tecnológicos têm mostrado a quase impossibilidade prática de distinguir essas duas modalidades.

O termo *letramento* é antigo na língua portuguesa, com o sentido de "escrita" ou "representação da língua por meio de sinais", mas ganhou novos sentidos ao ser escolhido pela linguista brasileira Mary Kato (1986) como tradução para o inglês *literacy*. Desde então, a palavra vem sendo amplamente usada no Brasil, principalmente no campo da educação linguística. Em Portugal, o termo empregado é *literacia*, mais próximo do inglês, assim como o francês *littéracie*.

Entende-se por *letramento* um conjunto de noções:

(i) o *processo* por meio do qual um indivíduo é introduzido na *cultura letrada*;

(ii) o *estado* ou *condição* em que se encontra esse mesmo indivíduo depois de sua inserção na cultura letrada;

(iii) um conjunto de *práticas socioculturais* em que a **escrita** tem papel central.

Uma das definições mais difundidas do termo se encontra na obra da educadora Magda Soares (1932-2023): "Estado ou condição de quem *não só* sabe ler e escrever, **MAS** exerce as práticas sociais de leitura e de escrita que circulam na sociedade em que vive, conjugando-as com as práticas sociais de interação oral" (destaques da autora; 1999: 3).

▪ A ciência linguística

Muito embora desde bem cedo na história tenham surgido, em muitas sociedades, especialistas em ensino e estudo da língua, o campo de conhecimento que hoje designamos com o termo **linguística** só se constituiu a partir do século 19, com os importantes trabalhos dos chamados **comparatistas**, entre os quais se destacaram os alemães |cap. 6|. Durante séculos a fio, sobretudo no Ocidente, a reflexão sobre a linguagem em geral e as línguas em particular foi empreendida pelos **filósofos**, enquanto a atividade didática, de ensino das línguas, ficou a cargo dos **filólogos**, ou **gramáticos**. No Renascimento, os chamados **humanistas** |4.2| também se dedicaram a investigações linguísticas, ao lado de seus interesses em áreas tão diversas quanto a medicina, a lógica, a matemática, a arquitetura etc. Podemos dizer que o **linguista**, como especialista exclusivamente dedicado ao estudo da linguagem, é uma figura muito recente na cultura ocidental.

Na segunda metade do século 19, quando ganhou predominância a escola de pensamento chamada **positivismo** |6.1.2| — de fato, uma *filosofia da ciência* —, surgiu um impulso para que os estudos voltados para a investigação do ser humano e da sociedade adquirissem caráter *científico*, ou seja, deixassem de ser meramente especulativos e "metafísicos" e passassem a ser feitos com base em dados empíricos (coletados da realidade) e métodos rigorosos de análise. Foi assim que surgiram as chamadas **ciências humanas** e **sociais**, que se firmaram como disciplinas independentes justamente nessa época: a psicologia, a antropologia, a sociologia e a **linguística**, principalmente. Isso se verifica no próprio nome da disciplina: o primeiro registro de *linguistique* em francês é de 1826; de *linguistics* em inglês, de 1847; e de *linguística*, em português, de 1858. Graças ao rigor metodológico adquirido pelos estudos linguísticos na virada do século 19 para o 20, a linguística serviu de modelo a ser seguido pelas demais áreas de investigação dos fatos e fenômenos da sociedade e do indivíduo, a ponto de ter sido rotulada de "ciência-piloto" das ciências humanas e sociais.

▪ Como evitar a inevitável interdisciplinaridade

O caso da linguística, no entanto, como ciência humana ou social é muito peculiar. A linguagem, além de ser um **fenômeno sociocultural** evidente, também é uma **atividade cerebral** de recepção, processamento e produção de conhecimento, inscrita, portanto, na **biologia** de cada indivíduo. Essa natureza sociobiológica da linguagem exige que seu estudo também inclua outras disciplinas científicas, além das humanidades. Por isso é que o linguista Claude Hagège escreveu (1982: 33):

> O estudo da linguagem não pertence somente ao linguista. Se não tiver o poder ou o desejo de ir mais longe, ele deve pelo menos se manter na escuta permanente
>
> - dos lógicos, que, entre outras coisas, descobrem pressuposições sob cada enunciado, umas (locais) ligadas a áreas socioculturais, as outras (gerais) próprias a todos os homens como seres dotados de linguagem;

- dos sociólogos, que estudam as situações concretas, as relações sociais e as circunstâncias contra cujo fundo se dá a comunicação, todos esses fatores exercendo um papel essencial na produção de sentido;
- dos psicólogos e psicanalistas, interessados no investimento, sobre a enunciação, de um sentido não consciente, que não poderia ser negligenciado, sob pena de uma redução inaceitável do sentido à intenção.

Assim, o linguista está condenado a se sentar no topo de uma pirâmide com três arestas, da qual ele só pode manter sob o olhar uma face lateral a cada vez, ao passo que as línguas se desdobram sobre as três ao mesmo tempo: as línguas pertencem, por um de seus lados, às ciências da natureza (as mensagens são objetos naturais); por outro, a uma axiomática lógico-matemática (as operações que fundam a enunciação são formalizáveis); e, por último, às disciplinas psicossociais (as línguas são faladas por indivíduos no interior de grupos):

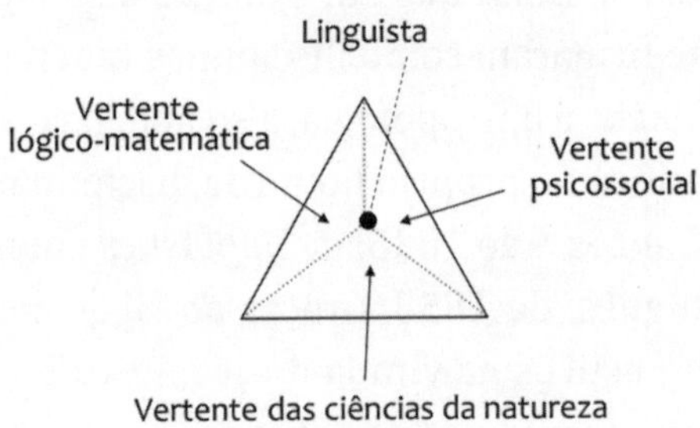

Nesse texto, publicado em 1982, Hagège antecipava o que as pesquisas deste início de século 21 têm demonstrado, graças aos trabalhos empíricos muito importantes de psicólogos, biólogos e antropólogos: **a coevolução de linguagem, pensamento e cultura**.

Quando, porém, a linguística, no auge do positivismo, se firmou como campo de estudo ou "ciência" independente, seus praticantes se recusaram a incluir nela o que não fosse estritamente vinculado à produção dos sons da fala (**fonética** e **fonologia**) e à organização desses sons em unidades mínimas de significado (**morfologia**). Era, então, a única maneira, na visão deles, de garantir à linguística um lugar só seu entre as demais ciências. Afinal, se subirmos um degrau a mais na organização linguística, temos de abordar a **sintaxe**, que sempre foi alvo da especulação dos lógicos. Se tentarmos entrar no campo da **semântica**, então, o território dos significados e dos sentidos, é imprescindível fazer reflexões sobre as relações entre as palavras e a realidade, um tipo de estudo que escapa da "língua em si e por si mesma". Por isso, a fonologia e a morfologia se tornaram os únicos objetos de estudo dos primeiros linguistas, que se consideravam cientistas da linguagem.

A linguística também apresenta uma característica única em comparação com as demais ciências. Em todas as áreas de conhecimento, a língua/linguagem serve de ferramenta importantíssima para o desenvolvimento da pesquisa, da teorização — do saber, enfim. É por meio da língua/linguagem, por exemplo, que o físico elabora seus cálculos, exprime suas teses, produz suas teorias, testa suas hipóteses, redige suas fórmulas. **Albert Einstein** (1879-1955) só pôde afirmar que $\mathbf{E = mc^2}$, isto é, "a energia é igual à massa multiplicada pelo dobro da velocidade da luz no vácuo", porque tinha à sua disposição os símbolos e os conceitos da linguagem para formalizar a ideia, além da capacidade de traduzir esses símbolos e conceitos em palavras ordenadas numa frase, que pode ser expressa em qualquer língua do mundo.

Esse distanciamento entre *objeto/fenômeno* e *expressão do objeto/fenômeno* não é possível na ciência da linguagem. Por que não? Porque nessa ciência *a linguagem é, ao mesmo tempo, o objeto/fenômeno e a expressão desse objeto/fenômeno*. Nós usamos a língua para falar da língua, seja usando ideias do senso comum ("A juventude de hoje tem um vocabulário pobre e fala muito errado!"), seja usando termos técnicos ("Em latim, o *sujeito* da *oração* se expressa no *caso nominativo*"). Nas demais ciências, os estudiosos criam uma **metalinguagem**, isto é, um conjunto de termos com definição bem precisa, para organizar sua área de conhecimento. No caso do linguista, porém, a língua é sua própria metalinguagem.

■ Universal ou particular? Linguagem ou língua? Histórico ou geral?

Ao longo da história, as reflexões e teorizações sobre a linguagem — sem pretensões de se tornar uma "disciplina" ou uma "ciência" autônoma — entraram em confronto, em cada período, fazendo surgir duas vertentes específicas de investigação. O linguista italiano Giorgio Graffi (2019: 23) as define como uma tradição "alta" e uma tradição "baixa". A tradição "alta" é a que se construiu graças ao trabalho dos **filósofos**, que se dedicaram a investigar a linguagem de modo mais amplo, enquanto a tradição "baixa" representa os empreendimentos dos **gramáticos**, menos interessados em temas metafísicos e dedicados à tarefa prática de descrever uma língua específica, analisar seu funcionamento e propor normas de uso e diretrizes para o ensino. No período medieval, essas duas tradições serão rotuladas como ***grammatica speculativa***, a dos filósofos, e ***grammatica positiva***, a dos gramáticos propriamente ditos |3.6|. Essas duas correntes acabarão por formar duas grandes disciplinas, devidamente institucionalizadas a partir do século 19: a **filosofia da linguagem** e a **linguística**. Mas a separação é menos rígida do que pode parecer: ninguém descreve nem normatiza uma língua sem ter, no fundo, uma *concepção de língua/linguagem*, mesmo que implícita e inconsciente, assim como para empreender reflexões mais amplas sobre a linguagem humana é preciso sempre recorrer a dados de línguas particulares, para comprovar ou refutar as hipóteses aventadas.

Os primeiros filósofos gregos, por exemplo, concebiam a linguagem como uma entidade inteiramente psíquica, cuja organização seria um reflexo do funcionamento da mente humana, que por sua vez refletiria o funcionamento da natureza, que por seu turno refletiria o funcionamento do mundo |2.3|. Mais adiante, no período helenístico, os primeiros gramáticos propriamente ditos se empenharão em descrever a língua grega e dotá-la de instrumentos de análise |2.12|. Séculos antes de Platão, os gramáticos hindus descreviam meticulosamente a fonologia e a morfologia do sânscrito (língua dos textos sagrados de sua religião) como um sistema computacional com centenas de regras para a geração das sentenças |1.2|. Na primeira metade do século 20, a psicologia behaviorista sustenta a tese de que a mente humana é uma *tábua rasa*, uma página em branco, e que todos os comportamentos, incluindo o comportamento linguístico, são resultantes de *condicionamentos* provocados pela famosa dupla *estímulo-reflexo*. Já no final da década de 1950, **Noam Chomsky** (n. 1929) vai (re)propor a tese da linguagem como uma faculdade inata, constitutiva da genética humana.

Desse modo, no decorrer de sua história, os estudos da linguagem apresentam uma trajetória em forma de onda, em que se alternam, na superfície, ora o interesse pelo que é **universal**, ora o interesse pelo que é **particular**, enquanto o outro membro do par fica relegado por algum tempo à profundeza oculta, mas sem desaparecer por inteiro.

Esse vaivém da maré investigativa não é acidental: ele se integra nos fluxos e contrafluxos dos desenvolvimentos filosóficos, técnicos e científicos que se sucederam na história, junto com as transformações sociais, revoluções políticas e embates ideológicos. A concepção de linguagem de Platão, por exemplo, é perfeitamente coerente com todo o resto de seu sistema filosófico: metafísica, política, estética, ética etc. Os gramáticos alexandrinos, no século 3 AEC, vão se concentrar numa língua em particular, o grego, em consonância com uma política linguística bem definida |2.13|. No século 13, o filósofo inglês Roger Bacon vai declarar: "*Grammatica una et eadem est*" — "a gramática é uma e a mesma" em todas as línguas. Já no Renascimento, as grandes línguas nacionais (o espanhol, o francês, o português, o inglês etc.), instrumentos políticos dos Estados coloniais, são descritas em compêndios gramaticais com vistas ao estudo e ao ensino, até então reservados ao latim, e também à imposição dessas línguas às populações dos outros continentes "descobertos" e "conquistados" pelos europeus |4.9|. Pouco adiante, no século 17, os filósofos franceses de Port-Royal |5.4| vão retomar a ideia de que as línguas apresentam características universais que podem ser descritas segundo fórmulas lógicas, racionais...

Quando uma tendência intelectual, uma ideologia ou uma escola de pensamento se tornam dominantes durante um período histórico, é costume empregar o termo inglês *mainstream* ("corrente principal") para designar esse predomínio. Na primeira metade do século 20, por exemplo, a linguística *mainstream*, a mais praticada, era a que se fazia segundo os postulados das teorias *estruturalistas*. Assim, enquanto uma tendência está "na crista da onda", as outras ficam esquecidas "no fundo do abismo", até serem resgatadas de novo pelas mudanças do clima intelectual que vão se sucedendo.

As diferentes ideologias **estéticas** também apresentam, ao longo da história, esse mesmo movimento pendular, em consonância com as demais áreas de conhecimento e de atividade humana de cada período. Assim, durante a Idade Média, a arte e a filosofia giram em torno da religião, numa fase histórica essencialmente chamada **teocentrismo**, isto é, tendo a divindade no centro. No Renascimento — início da Idade Moderna —, com o resgate dos valores da Antiguidade clássica, surge o **humanismo**, voltado para um maior conhecimento do ser humano em todos os seus aspectos |4.2|. Em seguida, no **barroco**, presencia-se um retorno das ideias místicas e do ideal religioso, impulsionado pelo movimento da Contrarreforma, uma reação da Igreja católica ao surgimento e desenvolvimento das doutrinas protestantes |4.8|. Os excessos da arte barroca e as extravagâncias de sua fase final, o *rococó*, são repudiados logo depois pelo **neoclassicismo** (que na literatura se exprime pelo chamado **arcadismo**, corrente estética de clara inspiração pagã), mais uma vez orientado pelos ideais da Antiguidade clássica de simplicidade e sobriedade, assim como na ideologia política anticlerical do **Iluminismo**, fonte de inspiração para a Revolução Francesa (1789), tida como marco histórico do início da Idade Contemporânea |5.8|. No final do século 18 até boa parte do 19 vigora o **Romantismo** |6.1.1|, de novo centrado em valores místicos, subjetivos, no amor casto e inacessível (não por acaso chamado de "amor platônico"), na idealização de um passado nacional tido como mais "puro" e "autêntico". Contra essa ideologia, e sob influência dos avanços científicos e das perturbações sociais decorrentes dos desenvolvimentos do capitalismo industrial, o **realismo** (e, derivado dele, o **naturalismo**), na parte final do século 19 e início do 20, tenta mostrar a existência humana por um prisma o mais objetivo possível, sem esconder as cruezas e crueldades da vida em sociedade. Já no final do século 19, o **simbolismo** reage contra essas tendências estéticas, voltando a dar primazia ao espiritual, ao subjetivo, ao idealizado. É fácil perceber nesse percurso o vaivém entre o *ideal* e o *real*, entre o *subjetivo* e o *objetivo*, entre o *inconsciente* e o *racional* — algo que remete à já mencionada "rivalidade" filosófico-ideológica inaugurada pela dupla Platão e Aristóteles.

Nos estudos linguísticos, esse movimento ondular, além de trazer à superfície ora o universal, ora o particular, também pode ser descrito em termos do binômio **linguagem** e **língua**. Quem se preocupa(va) com a linguagem como ingrediente psíquico, cognitivo, biológico, busca(va) encontrar o que se supõe haver de comum em todas as línguas, ou seja, o que haveria nelas de *universal*. Já quem se interessa(va) pela descrição (e também pela prescrição) pormenorizada de um único idioma não se incomoda(va) muito com universalismos, pois o objetivo é ressaltar as diferenças entre as *línguas particulares* e, sobretudo, a "beleza", a "elegância", a "perfeição" de seu próprio idioma.

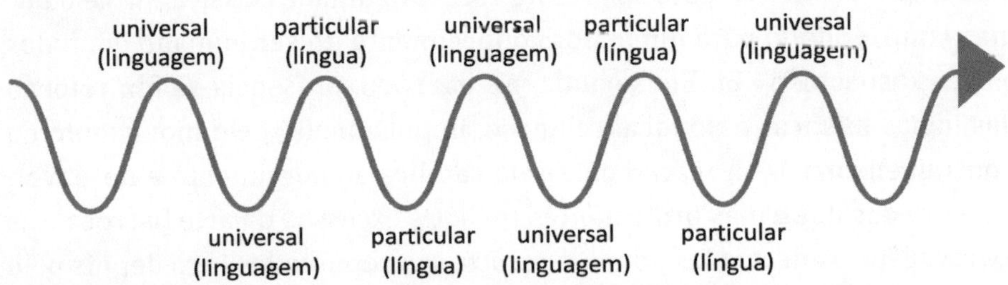

No século 19, vemos essa flutuação na dicotomia **linguística histórica *vs.* linguística geral**. A linguística histórica (ou histórico-comparativa) se estabeleceu graças aos estudos das chamadas "famílias linguísticas", com destaque (aliás, quase exclusividade) para a família indo-europeia |cap. 6|, e foi a partir desse trabalho que começou a fase propriamente "científica" da linguística, que se descolou da lógica e da filosofia mais geral. Mas nem por isso as investigações acerca do que é geral ou universal nas línguas humanas foram deixadas de lado naquele período: basta citar o nome de **Wilhelm von Humboldt** |6.4.1| e de alguns de seus discípulos (como **Georg von der**

Gabelentz e **Heymann Steinthal**) para verificar isso. No início do século 20, o francês **Antoine Meillet** |6.9| vai publicar um livro chamado *Linguistique historique et linguistique générale* ("Linguística histórica e linguística geral"), no qual reivindica o uso dos dados obtidos pela linguística histórica para a formulação de princípios que possam ser aplicados ao estudo de todas as línguas humanas. Com a publicação, em 1916, do *Curso de linguística geral*, atribuído a **Ferdinand de Saussure** |6.8|, a linguística histórica é forçada a se retirar para os bastidores, enquanto a linguística geral ocupa a frente do palco, graças às formulações teóricas do **estruturalismo**, que atingirão seu ápice universalista na obra do já citado Chomsky, cuja influência permanece forte até este início de século 21.

■ Formalismo *vs.* funcionalismo

O vaivém dos interesses intelectuais pela linguagem/língua também corresponde a outra alternância sempre muito presente na história da linguística dita moderna: a polarização entre uma concepção **formal** e uma concepção **funcional** do objeto de estudo, polarização a que já fizemos referência.

Uma concepção **formalista** se caracteriza por considerar a língua como um sistema operacional encerrado em si mesmo, cujas regras de funcionamento independem de fatores externos. Nesse sistema, os elementos que o formam ocupam lugares específicos e se opõem uns aos outros numa relação essencialmente *negativa*: onde A aparece, B não pode aparecer. Pensemos, por exemplo, nas regras de emprego do *artigo* e dos *demonstrativos*: só podemos dizer *o gato* ou *este/esse/aquele gato*, mas nunca **o esse gato* ou **esse o gato*. É o que se chama de *distribuição complementar*: dois elementos não podem ocupar o mesmo lugar ao mesmo tempo.

> Nos estudos linguísticos, o asterisco (*) tem duas utilizações possíveis:
> (1) indicar uma forma histórica *reconstruída*, ou seja, hipotetizada pelos estudiosos: por exemplo, a palavra *ciúme* poderia ter origem numa forma latina **zelume-*, mas essa forma não aparece em nenhum texto conhecido;
> (2) indicar uma forma que não corresponde às regras de bom funcionamento de uma dada língua, ou seja, uma forma *agramatical*, como nosso exemplo **esse o gato*.

O formalismo se vincula muito fortemente à concepção da língua como veículo do *pensamento*, ou seja, como uma entidade psíquica, biológica, cognitiva etc. Sem preocupações com o que é externo à mente, o formalismo tenta demonstrar o caráter **universal** dos processamentos da linguagem por cada um dos seres humanos, considerados como dotados das mesmas capacidades e habilidades mentais e cognitivas.

Para alcançar seus objetivos, os estudos formalistas recorrem amplamente à **abstração**, procedimento que permite, com base em ocorrências concretas, estabelecer uma forma única hipotética da qual todas as demais seriam ocorrências empíricas.

Por exemplo: a partir das formas *poder, posso, possamos, pode, pôde, pude, potente* etc., o linguista vai concluir que existe em português um morfema *pod-*, que se realiza concretamente, em circunstâncias variáveis, como [pɔs-] / [pos-] / [pɔd-] / [pod-] / [pod͡ʒ-] / [pɔd͡ʒ-] / [pud-] / [pud͡ʒ-] / [pot-] etc. — o morfema, entidade abstrata, é considerado único porque é uma unidade mínima de significado que se opõe a outras presentes na língua (como *pov-* [*povo, povoar* etc.] ou *ped-* [*pedir* etc.]). As formas de realização concreta, verificáveis, são chamadas *alomorfes*. A variação das ocorrências concretas é considerada como um fenômeno sem maior importância (um *epifenômeno*), um "acidente de percurso" na busca, muito mais relevante nessa corrente de pensamento, das entidades discretas e opositivas entre si que compõem o sistema. As concepções formalistas estão presentes na história desde a filosofia de Platão |2.4| (onde a palavra Forma é tão importante que se escreve com inicial maiúscula), alcançam alguns escolásticos medievais |3.7|, ganham destaque com os lógicos de Port-Royal |5.4| e assumem a dianteira no estruturalismo do século 20, sobretudo na gramática gerativa inaugurada por Noam Chomsky na segunda metade do século. São, portanto, mais de 2.500 anos de investigação!

Já a concepção **funcionalista**, como o próprio nome indica, procura reconhecer as *funções* da língua, isto é, o papel "que a língua desempenha para os homens, na comunicação de sua experiência uns aos outros", conforme definição do linguista francês André Martinet (1994: 13, *apud* Neves, 1997: 2). Para as diversas escolas que se agrupam sob o rótulo de funcionalistas, a língua serve primordialmente à comunicação, à interação social dos membros de uma comunidade e, por isso mesmo, ela não pode ser concebida como um sistema autônomo, exclusivamente mental-individual, uma espécie de idioma "mentalês" que cada pessoa emprega do mesmo modo como emprega os mecanismos físicos da respiração, da digestão, da visão, da audição etc. Para a linguística funcional, existe uma corrente de transmissão ininterrupta entre o psíquico e o social, entre a interação comunicativa e a cultura, entre variação e mudança, entre aquisição individual da língua e evolução da língua num meio sociocultural. Assim, o esforço de abstração empreendido para a descrição do sistema da língua só tem validade na medida em que esse sistema for considerado, já de saída, como intrinsecamente *instável, variável, mutante, provisório, emergente*, por sofrer a todo instante o impacto do **uso** que dele fazem os falantes reais, em suas interações autênticas em ambientes sociais, culturais e ecológicos concretos. Conforme escreve a funcionalista brasileira **Maria Helena de Moura Neves** (1931-2022), a gramática, assim concebida,

> é funcional porque não separa o sistema linguístico e suas peças das funções que têm de preencher, e é dinâmica porque reconhece, na instabilidade da relação entre estrutura e função, a força dinâmica que está por detrás do constante desenvolvimento da linguagem (1997: 3).

Para o formalismo (tomado aqui de modo amplo) os aspectos **universais** da linguagem (e, por extensão, das línguas) estão, por assim dizer, "embutidos" na mente/alma/espírito do ser humano — mais recentemente, com Chomsky, esses universais seriam de ordem biológica, genética. É o que se chama **inatismo**: "Doutrina que afirma o caráter inato das ideias no homem, sustentando que independem daquilo que ele experimentou e percebeu após o seu nascimento" (*Dicionário Houaiss*). O termo *inato* provém do latim *innatus*, formado da preposição *in* ("em") e do particípio *natus* ("nascido"), ou seja, *inato* é o que já "nasce dentro" da pessoa. Assim, por exemplo, todas as línguas do mundo apresentam a distinção entre *nome* e *verbo* |2.6|, expressam o *sujeito*, a *transitividade*, a *recursividade* etc., propriedades que já estariam no cérebro, geneticamente herdadas.

Para o funcionalismo, os universais linguísticos existem, mas decorrem da interação incessante entre as capacidades cognitivas da espécie humana e a realidade empírica, da interação com o mundo. Os seres humanos precisam reagir às experiências vividas, representar e simbolizar essas experiências por meio da linguagem (e não só das línguas), e é isso que explica por que as línguas humanas, apesar de apresentarem tantas diferenças entre si, também apresentam características comuns. Por exemplo, o fenômeno chamado **gramaticalização** |6.9.2|: nas mais diferentes línguas do mundo, palavras que designam partes do corpo humano (*olho, mão, boca, pé, cabeça* etc.) acabam por se transformar em instrumentos gramaticais (preposição, conjunção, advérbio, desinências...), justamente porque o corpo é nosso meio de contato primário com o mundo físico ao redor — o exemplo mais claro é o da palavra inglesa *back*, que significa "costas, dorso", mas também é uma preposição, um advérbio e um verbo. A ordem das palavras na frase também resulta dessa interação cognição-mundo: a ordem SVO (sujeito-verbo-objeto, como em *Pedro viu o gato*) vem sendo adotada por cada vez mais línguas ao longo da história (ou melhor: adotada pelos *falantes* das mais diferentes línguas), porque permite maior flexibilidade sintática (o verbo no "meio" pode receber mais facilmente elementos à "direita" e à "esquerda") e tem caráter *icônico*, isto é, procura simbolizar, na cadeia falada, os eventos da realidade empírica: em *Pedro viu o gato*, a ordem das palavras "retrata" o que aconteceu, partindo do sujeito, transitando pelo verbo e alcançando o objeto |6.9.2|. Por essa razão é que o psicólogo e linguista estadunidense **Michael Tomasello** (n. 1950) escreveu (2003: 18-19):

> É claro que existem universais linguísticos. Só que não são universais de forma — isto é, não são tipos particulares de símbolos linguísticos, categorias gramaticais ou construções sintáticas —, porém, bem mais, são universais de comunicação, cognição e fisiologia humana. Uma vez que todas as línguas são usadas por seres humanos com vidas sociais semelhantes, todas as pessoas têm a necessidade de resolver em suas línguas certos tipos de tarefas comunicativas, tais como referir-se a entidades específicas ou predicar coisas sobre essas entidades. Todos os seres humanos têm também as mesmas ferramentas básicas para realizar tais tarefas — símbolos linguísticos, marcadores sobre esses símbolos, ordenação de símbolos, padrões prosódicos, e certos processos recorrentes de gramaticalização. É isso que leva a alguns universais linguísticos: dispor, por exemplo, de nomes e verbos para a expressão da referência e da predicação. Tais universais são fenômenos emergentes, fundados, em última instância, nos universais da cognição humana, das necessidades comunicativas humanas, do processamento vocoauditório humano [...]

■ Teoria *vs.* doutrina

Além do binômio *universal/particular*, para um bom entendimento da história das ideias convém evocar um outro par de conceitos, aquele que opõe **teoria** a **doutrina**. Um dos mais importantes intelectuais brasileiros, o geógrafo **Milton Santos** (1926-2001), assim enunciou essa oposição:

> A doutrina nasce para ficar, a teoria nasce para morrer. O autor de uma teoria sabe que o que está produzindo tem data, tem um prazo para viver e morrer, ou, do contrário, pretende tornar-se doutrinário. [...] A doutrina é imposta, por isso permanece. As teorias morrem, porque são informadas pelo movimento histórico, mas enquanto vivem são válidas, eficazes, porque verdadeiras (Santos, 2000: 48-49).

Essa oposição é fundamental, no nosso caso, para entendermos a história dos estudos da linguagem. Vamos examinar cada termo mais detidamente.

O termo grego θεωρία (*theoría*) pode ser traduzido, hoje, por "ponto de vista", ou seja, "lugar de onde se olha para alguma coisa" (da mesma raiz grega provém o termo *teatro*). Uma **teoria** é, por assim dizer, a **visão** que um pensador particular ou uma escola de pensamento tem a respeito de determinado **objeto**. Teorizar é fundamental para toda e qualquer ciência (na verdade, para toda e qualquer atividade humana: nós teorizamos intuitivamente o tempo todo). Não existe nenhum campo de conhecimento humano, nenhuma ciência, que não seja palco de enfrentamento de diferentes *teorias*, elaboradas para dar conta do objeto específico dessa ciência. As teorias não são fruto da imaginação fantasiosa dos estudiosos: com base em dados empíricos, em induções, deduções e abduções, em provas materiais, em intuições, em registros históricos etc., os teóricos lançam suas hipóteses para, com trabalho futuro, serem confirmadas ou não.

Não é mera coincidência que o termo *visão* (do latim *visione-*) nos remeta com frequência à ideia de "compreensão, entendimento". O radical latino *vid-/vis-* compartilha a mesma raiz indo-europeia (**weid-*) do inglês *wise* ("esperto, sagaz"), do verbo alemão *wissen* ("saber"), do grego arcaico *widea* ("ideia"), do sânscrito *veda* ("conhecimento ritual") etc. Como três quartos do nosso conhecimento nos entram pelos olhos, a relação entre "ver" e "conhecer, saber" se fixou desde muito cedo nas mais diferentes línguas do mundo.

Ao já mencionado Saussure, que vai merecer muita atenção de nossa parte |6.8|, atribui-se uma declaração muito famosa: "*O ponto de vista cria o objeto*". Se o cientista tem diante de si um objeto de estudo, o *ponto de vista* (ou seja, a *teoria*) que ele assume vai marcar profundamente a análise, a descrição e a interpretação desse objeto. Assim, conforme a teoria adotada, cada estudioso da língua/linguagem vai completar de modo diferente a sentença "A língua/linguagem é...", ou seja, para cada um deles, o objeto de estudo vai *ser* uma coisa diferente, porque cada um vai *olhar* para o objeto desde um *ponto de vista* diferente. No caso da língua, como já vimos, tudo o que está a nosso alcance são os sons que emitimos pela boca e que, de algum modo, são captados e interpretados pelo(s) nosso(s) interlocutor(es). Com isso, para *falar da língua*, para dizer, por exemplo, que existem *substantivos, adjetivos, verbos, preposições* etc., ou que as orações podem ser *coordenadas* ou *subordinadas*, que as palavras *heart* ("coração") do inglês e *cordis* do latim derivam de uma mesma raiz pré-histórica |6.3.5|... foi preciso muito esforço intelectual, muita reflexão, muita *teorização*.

Por sua vez, o termo latino *doctrina*, de onde provém a nossa palavra **doutrina**, tem, no texto de Milton Santos, um sentido muito diferente, quase antônimo, do de *teoria*. A raiz da palavra é a mesma do verbo latino *doceo* ("eu ensino"), que tem muitos derivados em português: *docente* ("referente ao ensino"), *dócil* ("aquele que se deixa ensinar"), *documento* ("ensino, lição, modelo, aviso") e, com a transformação do radical *doct-* em *dout-*, temos *douto* ("instruído, sábio"), *doutor* ("aquele que ensina") e, por fim, *doutrina* ("ensinamento"). A presença da noção de "ensinar" na palavra *doutrina*, desde sua origem, revela que estamos no campo daquilo que é *transmitido* de uma(s) pessoa(s) para outra(s) — *ensino* provém de *in + signo*, "colocar um sinal, deixar uma marca em" alguém. O latim *doctrina* muitas vezes foi usado para traduzir o termo grego κατήχησις (*katékhesis*), de onde provém o português *catequese*, com tudo o que essa palavra significa.

O termo *doutrina* é empregado em vários campos da atividade humana — "doutrina militar", "doutrina jurídica", "doutrina política" etc. —, mas sua origem mais remota está no campo da **religião**, de onde se expandiu para os demais. As religiões institucionalizadas são, basicamente, conjuntos de *dogmas* que formam uma *doutrina* que deve ser seguida à risca pelas pessoas que pretenderem se filiar a elas. Na doutrina católica, por exemplo, a concepção de Jesus por sua mãe Maria se deu sem intercurso sexual, por obra e graça do Espírito Santo, de modo que só pode se dizer católica a pessoa que acreditar na virgindade de Maria antes, durante e depois do nascimento de Jesus. A virgindade de Maria é, portanto, um *dogma* da doutrina católica, um ponto de fé indiscutível, jamais sujeito a debate ou controvérsia dentro dessa doutrina.

A semelhança entre o radical latino *doc-* e o radical grego *dok-* (presente na forma *dog-* em *dogma*) não é mera coincidência. Ambos provêm de uma raiz indo-europeia **dek-*, "tomar, receber, aceitar". Na forma *dox-*, o radical grego está presente em *ortodoxia*, "doutrina correta", um termo técnico muito empregado no discurso religioso (e, mais recentemente, na economia, verdadeira "religião" do mundo contemporâneo).

▪ Teoria, doutrina e a fogueira da Inquisição

O conflito entre *teoria* e *doutrina*, da maneira como vem formulado no texto de Milton Santos, marcou profundamente a história do Ocidente, sobretudo a partir do período conhecido como nascimento da ciência moderna, ou **Revolução Científica** (termo proposto pelo filósofo francês de origem russa **Alexandre Koyré** [1892-1964]), revolução que se inicia no século 16 |4.6|. A data simbólica de nascimento da ciência moderna costuma ser fixada em

1543, quando foi publicado o livro de **Nicolau Copérnico**, *De revolutionibus orbium cœlestium* (*Da revolução das esferas celestes*), considerada a obra fundadora da moderna astronomia. Se 1543 é a data de nascimento da ciência moderna, também é a data de morte do mesmo Copérnico (Mikołaj Kopernik, polonês, nascido em 1473) e essa coincidência se deve à própria atitude do astrônomo, que tinha consciência de que suas teorias heliocêntricas (que colocavam o Sol no centro e não a Terra, como era a doutrina oficial da época) provocariam uma intensa polêmica e fariam cair sobre ele a reação violenta da Igreja católica (à qual ele mesmo pertencia, já que era sacerdote). Por isso, só permitiu que o livro fosse publicado quando sentiu que estava para morrer (diz a lenda que ele segurou o primeiro exemplar impresso e, logo em seguida, expirou).

E o temor de Copérnico tinha fundamento. No ano de 1600, por exemplo, o pensador italiano **Giordano Bruno** (nascido em 1548) foi queimado pela Igreja na fogueira da Inquisição por defender a teoria heliocêntrica copernicana. E o astrônomo e físico italiano **Galileu** (Galileo Galilei, 1564-1642), um dos gênios da moderna ciência, teve de enfrentar diversas vezes os tribunais eclesiásticos, que se opunham veementemente às suas teorias sobre o universo e as leis da física.

Copérnico e Galileu são nomes que representam grandes rupturas na história intelectual do Ocidente: com eles, tudo o que se acreditava acerca do nosso planeta e do universo foi demolido para, em seu lugar, se erguer um novo conhecimento, construído segundo o que se passaria a chamar de **método científico**. Outra ruptura importante foi operada pelo médico inglês **William Harvey** (1578-1657) que, com suas descobertas sobre a circulação do sangue bombeado pelo coração, enterrou para sempre a medicina tradicional, inspirada nas teses do romano **Galeno**, que viveu no século 1 EC. Também se destaca a ruptura causada por **Isaac Newton** (1643-1727), que fez desaparecer a mecânica clássica aristotélico-ptolomaica. Como se vê, foram necessários, em todos esses casos, mais de quinze séculos para que as velhas doutrinas sobre astronomia, física, medicina e mecânica fossem pulverizadas por um novo modo de ver o mundo e produzir conhecimento. Com o surgimento, na mesma época da Revolução Científica, das religiões protestantes, os cientistas que viveram e trabalharam nos países onde essas religiões passaram a predominar também tiveram de enfrentar a perseguição das novas igrejas. Quando o inglês **Charles Darwin** (1809-1882), em pleno século 19, elaborou sua teoria da evolução, as reações religiosas não tardaram a aparecer, estigmatizando o grande biólogo, enquanto jornais publicavam caricaturas em que ele era apresentado como um macaco.

No campo da teoria e do método científico, não faz sentido falar de "certo" e de "errado". Digamos que a ornitóloga N. lê num livro escrito há muito tempo que a espécie de ave *p.*, que vive no Canadá, migra anualmente, no início do inverno, para as florestas da Venezuela. N. vai até o hábitat canadense das aves *p.*, o inverno já está bem avançado e nada delas saírem do lugar. Se N. fosse guiada pelo espírito da doutrina — isto é, se acreditasse que o que foi escrito por uma autoridade antiga é suficiente para dar conta da realidade das coisas —, ficaria irritada com as aves, gritaria com elas e diria que estão todas "erradas", porque já deviam ter começado sua migração para o Sul e ainda estão ali, saltitantes e felizes. É óbvio que essa não é a atitude de uma cientista. Como boa zoóloga, nossa amiga N. vai procurar investigar as causas do atraso da migração das aves *p.*, vai observar o ambiente, coletar dados no terreno, fazer inferências, lançar hipóteses: enfim, vai teorizar sobre o que está acontecendo com aquela espécie e tentar comprovar sua teoria por meio da investigação da realidade. É assim também que procuram agir as (os) **linguistas**, que se dedicam a investigar a linguagem humana em geral e as línguas particulares. Mas as características peculiares da linguagem como objeto científico, como temos examinado aqui, complicam muito mais essa tarefa para elas(es) do que para as (os) demais cientistas!

▪ O certo, o errado e o científico

Outro aspecto que distingue radicalmente a *teoria* da *doutrina* é o dos **juízos de valor** lançados sobre os objetos com que elas vão trabalhar. No campo da *doutrina* vigoram com muita força as noções de *certo* e de *errado*, muitas vezes traduzidas por termos como "ortodoxia" (*vs.* "heresia"), "virtude" (*vs.* "pecado") na doutrina religiosa; "legal" (vs. "ilegal"), "crime", "atentado" (na doutrina jurídica); "corrupção", "vício" (na doutrina moral); "belo" (*vs.* "feio") na doutrina estética etc. Observe-se que todas essas palavras são frequentemente aplicadas pelos defensores do **purismo** linguístico |5.8| para qualificar usos linguísticos que eles consideram contrários a seus dogmas.

Por que é que estamos tratando de todas essas coisas, aparentemente tão distantes do tema principal deste livro, a história da linguística? Porque, ao longo dos séculos, os estudos da linguagem têm se dividido exatamente em dois grandes campos:

I. o campo **teórico**, da especulação filosófica, da postulação de hipóteses, da elaboração de princípios explicativos para os fenômenos linguísticos; campo das escolas de pensamento filosófico e científico voltadas para os estudos da linguagem;

II. o campo **doutrinário**, da enunciação de supostas verdades incontestáveis sobre a língua, do ensino de uma terminologia com suas definições fixadas como se fosse para sempre, da propagação de uma ideologia linguística baseada em noções totalmente arbitrárias e dogmáticas de "certo" e de "errado", em tudo parecidas com as noções religiosas de "ortodoxia" e "heresia", de "virtude" e "pecado".

No primeiro campo — o da *teoria* — atuaram, no passado, os filósofos que se debruçaram sobre a linguagem e atuam, hoje, os **linguistas** e outros cientistas (psicólogos, biólogos, antropólogos, sociólogos) que dedicam sua vida profissional à investigação dessa impressionante faculdade humana, investigação conduzida pelo uso de instrumentais teóricos consistentes que podem, e devem, ser aplicados para, em seguida, se for o caso, sofrer reajustes, reformulações ou mesmo abandonados por completo. É assim que se faz ciência. Nesse mesmo campo foi que também surgiram as primeiras elaborações filosóficas sobre a linguagem, sobre o funcionamento da língua, investigações inauguradas pelos pensadores gregos alguns séculos antes do início da Era Comum. Em seguida, na Idade Média, no Renascimento e na Idade Moderna, muitos estudiosos também se interessaram pelas línguas particulares e pela linguagem em geral, em busca de explicações para o seu funcionamento.

No segundo campo — o da *doutrina* — vêm atuando as incontáveis pessoas que, ao longo do tempo, se apoderaram das primeiras elaborações teóricas dos filósofos antigos e, transformando-as em *dogmas*, em ditames que não admitem contestação, fizeram da tradição gramatical uma *doutrina*, um conjunto fechado de princípios, regras e leis que, como tal, deve ser transmitido intacto de uma geração à outra e obedecido quase cegamente.

Ora, como escreveu o inglês **John Lyons** (1932-2020) num clássico manual de introdução à linguística:

> Os verdadeiros continuadores dos gramáticos clássicos e escolásticos não são aqueles que tentam preservar intacto todo o edifício da gramática tradicional, e sim, bem mais, os que empreendem investigação livre e crítica sobre o papel e a natureza da linguagem dentro do contexto do pensamento científico contemporâneo, e com o mais extenso conhecimento hoje disponível sobre línguas e culturas. [...] Várias das descobertas obtidas pelos gramáticos clássicos foram valiosas e reveladoras, mas exigem reformulação em termos mais gerais e mais empíricos (Lyons, 1968: 18).

■ A neutralidade científica é um mito

A diferença entre teoria e doutrina não deve nos levar, porém, ao pensamento equivocado (muito divulgado, infelizmente, no senso comum) de que a ciência é sempre lógica, racional, objetiva, neutra, exata etc. Nada disso: como toda e qualquer atividade humana, a ciência não está isenta do impac-

No século 19, por exemplo, as línguas foram classificadas segundo alguns tipos: as flexionais, as polissintéticas, as aglutinantes e as isolantes |6.4.1| Como as línguas europeias das grandes potências coloniais são flexionais, esse tipo passou a ser considerado o mais "evoluído" e "sofisticado", enquanto os demais tipos de línguas eram considerados nada menos do que "selvagens", "atrasados" ou "bárbaros". Essa foi uma das diversas teses do chamado "racismo científico" |6.2|, usadas para justificar a exploração, a escravização e mesmo o genocídio de populações inteiras.

Um exemplo claro de **prescrição** é o seguinte: "Na fala vulgar e familiar do Brasil é muito frequente o uso do pronome *ele(s), ela(s)* como objeto direto em frases do tipo: *Vi ele. Encontrei ela.* Embora esta construção tenha raízes antigas no idioma, pois se documenta em escritores portugueses dos séculos XIII e XIV, deve ser hoje evitada" (Cunha e Cintra, 1985: 281). O traço característico do discurso prescritivista é a ausência de explicação: por que "deve ser hoje evitada" uma construção que existe na língua há tantos séculos? Já o tratamento dado ao mesmo fenômeno pelo *Dicionário Houaiss* é uma **descrição**: "[ele] **2.** aparece esporadicamente, em textos arcaicos, mormente com valor enfático, na função de objeto direto; no port. do Brasil, tal uso é extremamente normal na variante informal do idioma, tanto de pessoas não escolarizadas como das escolarizadas, embora condenado pela gramática normativa: ‹ *eu vi ele* › ‹ *Maria ama ele ardorosamente* ›. **3.** emprega-se como pronome cópia (anafórico), correferente do tópico, em frases em que o sujeito foi topicalizado: ‹ *o José, ele não devia ter feito isto* ›".

to que sobre ela exercem as crenças pessoais, os preconceitos, superstições, juízos de valor e ideologias do cientista.

A diferença entre teoria e doutrina repousa no fato de que o trabalho teórico deve ser sempre conduzido, como escreveu Lyons, numa perspectiva "livre e **crítica**", isto é, ele se faz com base na testagem, confirmação ou refutação de hipóteses e postulados estabelecidos para, a partir desse processo, reforçar, rejeitar ou reformular os construtos teóricos anteriores. O trabalho científico se faz também por meio da observação criteriosa, da coleta de dados, da experimentação, ou seja, de tudo aquilo que se tem convencionado chamar de *método científico* (termo singular que engloba, na verdade, uma pluralidade de procedimentos). Uma grade bem definida de critérios permite avaliar a *cientificidade* de uma teoria, de um experimento, dos resultados de uma pesquisa. Outra característica das *teorias*, como afirmou Milton Santos, é sua *provisoriedade*: enquanto puder responder de modo satisfatório às questões que ela mesma se propôs investigar, uma teoria será válida; no momento em que for desafiada por questões e problemas até então não contemplados, ela será revista, reformulada, descartada etc.

■ Descrição e prescrição

A diferença entre *teoria* e *doutrina* também fez surgir, nos estudos da linguagem, uma divisão bastante conhecida entre **descrição** e **prescrição**. Os manuais de introdução à linguística costumam começar sua exposição estabelecendo uma diferença entre a postura *descritivista* do cientista da linguagem e a postura *prescritivista* dos gramáticos e dicionaristas apegados à tradição. Que diferença é essa?

Já se tornou habitual dizer que a *descrição* apresenta os fatos como eles *são*, enquanto a *prescrição* nos diz como eles *devem ser*. O trabalho do descritivista tenta ser o mais objetivo possível, uma exposição detalhada de *tudo* o que está diante do investigador, sem enunciar juízos de valor, gostos pessoais etc. Se é preciso estudar as baratas, é ótimo que existam pessoas que se dedicam a isso, o que não significa que gostem especialmente desses insetos. O trabalho do prescritivista é, ao contrário, guiado pela vontade de *seleção* prévia de alguns aspectos dos fenômenos observados para que esses aspectos venham à luz como os únicos legítimos, dignos de nota, merecedores de apreço e valorização positiva. Como todos sabemos, qualquer trabalho de *seleção* implica, obrigatoriamente, um trabalho simultâneo de *exclusão*. Por isso, tudo o que o prescritivista deixa de mencionar em sua obra fica relegado à caverna escura e fria do "erro" e do silêncio ou, por exemplo, no caso da gramática normativa, à categoria do "isso não é português".

No entanto, como já alertamos acima, a descrição também está sujeita aos objetivos (conscientes ou não) e às crenças (explicitadas ou não) do cientista, uma vez que, repetindo o já dito, *não existe ciência neutra*. E a linguista britânica **Deborah Cameron** (n. 1958) é muito explícita a esse respeito ao escrever:

> *Tanto* o prescritivismo *quanto* o antiprescritivismo invocam certas normas e fazem circular noções particulares acerca de como a língua deveria funcionar. É claro que as normas são diferentes (e, no caso da linguística, são frequentemente dissimuladas). Mas ambos os conjuntos se alimentam dos argumentos mais gerais que influenciam ideias cotidianas sobre a língua. Neste nível, 'descrição' e 'prescrição' revelam ser aspectos de uma única (e normativa) atividade: *uma luta por controlar a língua ao definir sua natureza* (1995: 8, grifos nossos).

Por seu turno, os prescritivistas sempre deixam claros seus objetivos conscientes e suas crenças explícitas, muitas vezes enunciadas na forma de pesados preconceitos sociais.

Tudo isso só reforça o caráter complexo da linguagem (e das línguas) como objeto de investigação, um objeto que é, ao mesmo tempo, como vimos, biológico, sociológico, político, cultural e por aí vai...

▪ Eurocentrismo, colonização e racismo

A área de conhecimento chamada **linguística** (como, aliás, todas as demais áreas de conhecimento da cultura dita "ocidental") foi — e em grande parte ainda é — um construto cultural **masculino, branco e europeu (ou europeizado)**. Com exceção do primeiro capítulo, que trata de outros continentes, todos os nomes que aparecem neste livro, desde os primeiros filósofos gregos até os linguistas em atuação no limiar do século 20, ou seja, ao longo de 2.500 anos, são nomes de homens brancos europeus ou descendentes de europeus — fazemos referências ao trabalho de diversas mulheres, historiógrafas e linguistas, mas todas em atividade de meados do século 20 para cá. As consequências disso são bem conhecidas: o multissecular racismo, o impregnado machismo e a justificação do colonialismo sob pretexto de levar uma civilização "superior" para as terras em que viviam populações "selvagens" e "primitivas". Num livro produzido no século 21, depois de duzentos anos de lutas sociais (e de conquistas políticas) contra toda forma de discriminação, não teria cabimento deixar de mencionar e criticar serenamente essa pesada herança — e assim fazemos, entre outros momentos, em |6.2|.

Já entre os gregos antigos, prevalecia essa visão de mundo: a única língua digna desse nome era a grega, porque os demais povos, chamados **bárbaros**, se serviam de balbucios grosseiros, de meias línguas, incapazes de serem veículos de qualquer sofisticação intelectual |2.5|. A partir da chamada Idade Moderna, com a expansão colonial, os europeus vão entrar em contato com incontáveis línguas africanas, americanas, asiáticas e oceânicas. A curiosidade e o interesse por essas línguas não serão suficientes para dissipar a ideologia da suposta superioridade dos idiomas europeus sobre os demais.

No século 19, as tentativas de formulação de uma **tipologia** das línguas |6.3.1| serão impregnadas da certeza de que as línguas do tipo *flexional* — ou seja, das línguas indo-europeias, como se fosse uma coincidência — são superiores às línguas de outros tipos (isolantes, aglutinantes e polissintéticas). A descoberta do parentesco entre o **sânscrito** e as línguas europeias servirá para solidificar essa visão preconceituosa: o sânscrito é uma língua indiana, certo, mas é "irmã" (quando não a "mãe", segundo alguns linguistas) das europeias, de modo que pertencem todas elas a uma grande "família" flexional e... superior.

Quando descrevem e analisam línguas "exóticas", os estudiosos europeus extrapolam a investigação gramatical e acreditam ser capazes de interpretar o que se passa na cabeça das pessoas que falam tais línguas. Assim, por exemplo, Humboldt, ao tratar do tupi (que ele chama de "língua brasileira"), escreve:

> Será sempre muito difícil compreender que uma nação possa alcançar por si mesma, com base em tal língua, um alto nível de conhecimentos científicos. Neste caso, o espírito não recebe da língua o que precisa, nem ela dele, e o fru-

to da influência mútua, para ser benéfico, deveria ocasionar uma mudança na própria língua (2021: 31).

Como é que um alemão (que jamais pisou no Brasil, diga-se de passagem) pode saber que "o espírito não recebe da língua o que precisa" se ele mesmo não é falante da língua em questão?

A linguística não escapou, portanto, do chamado **racismo científico**, conjunto de ideias que prevaleceu durante muito tempo, especialmente a partir do Renascimento e com forte desenvolvimento ao longo do século 19. Com base em supostas comprovações científicas (como a classificação das "raças" segundo o formato do crânio), buscava-se justificar a exploração, a escravização (quando não o genocídio puro e simples) de populações inteiras. O ápice do racismo científico foi alcançado na Alemanha nazista, quando milhões de seres humanos foram exterminados sob a alegação de pertencerem a raças inferiores. A ideologia nazista se apoiou, entre outras coisas, nos desenvolvimentos da linguística do século 19 e início do 20 |6.3.6|. O nazismo se valeu do postulado central da linguística histórico-comparativa — a existência, em tempos pré-históricos, de uma língua da qual se originou a maioria dos idiomas atuais falados na Europa — para fazer uma associação, em tudo descabida, entre essa língua original e uma suposta "raça ariana" que, por falar uma língua "superior", só poderia ser também uma raça "superior". Apesar de todos os veementes desmentidos, solidamente argumentados, feitos pela ciência depois da Segunda Guerra Mundial (1945), ainda hoje vigora no senso comum a noção de "línguas primitivas", supostamente faladas por povos "primitivos" (todos, evidentemente, não brancos), responsáveis, essas línguas, pelo "atraso" dessas populações — um círculo vicioso de concepções que não resistem ao menor confronto com dados da realidade.

Além de racista, a tradição europeia de estudos da linguagem também sempre foi, como se sabe, sexista. Um caso exemplar é o da alegação, feita por **Dante Alighieri** em seu ensaio *De vulgari eloquentia* (1302-1305), de que, *apesar do texto bíblico dizer o contrário*, a primeira criatura a fazer uso do dom da palavra não poderia ter sido uma mulher, "a muito presunçosa Eva":

> No entanto, embora as Escrituras narrem que foi a mulher quem primeiro descobriu a fala, nos parece mais razoável crer que o homem tenha sido o primeiro a falar, pois seria inconveniente pensar que um ato tão nobre do gênero humano proceda de uma mulher e não de um homem (2021: 53).

Somente a partir do final do século 20, quando linguistas — mulheres e homens — falantes de línguas não europeias, especialmente africanas e ameríndias, além das chamadas línguas "crioulas" |6.6.3|, conquistaram o direito à voz na comunidade científica é que se começou a desconstruir o velho edifício das teorias linguísticas formuladas por tantos europeus que tentavam descrever de forma enviesada idiomas que não lhes pertenciam e aos quais queriam impor as categorias gramaticais de suas próprias línguas — categorias que, se não encontradas nas línguas "selvagens", eram usadas como provas de sua inferioridade. Essas e esses linguistas, no entanto, e infelizmente, ainda são em número reduzido, mas já se associam ao grande movimento **descolonial**, levado adiante por intelectuais não europeias/europeus (ou, mais amplamente, não ocidentais), que visa precisamente construir novas categorias de análise e interpretação da realidade produzidas em contraponto com as formações epistemológicas impostas aos povos subjugados durante séculos pelo empreendimento colonial e ainda majoritariamente presentes nas correntes culturais dominantes, por exemplo, nas universidades.

■ Língua, linguagem, linguística... conceitos que é preciso construir

Embora este não seja um *manual de linguística*, mas um manual de **história da linguística**, isto é, uma narrativa que pretende contar de que modo a linguagem e as línguas têm sido examinadas e concebidas ao longo dos séculos, é importante deixar claro que — como já dissemos acima — não existe "discurso científico neutro" nem, muito menos, "discurso histórico neutro". O historiador não é alguém que "conta a verdade" sobre os fatos, mas é alguém que *elabora um discurso sobre os acontecimentos*, uma elaboração discursiva que se vincula às opções teóricas, às concepções filosóficas, às filiações ideológicas do narrador, ao tempo, ao lugar e à cultura em que vive.

Pensemos, por exemplo, no conceito de **classe social**. As classes sociais não existem como dados concretos da realidade: o que existe são pessoas que vivem num dado território e interagem umas com as outras de diferentes maneiras. É o cientista social que, observando aquelas pessoas, encontra semelhanças e diferenças em seus comportamentos, crenças, hábitos, atitudes, modos de falar, acesso à educação formal, à habitação, ao trabalho etc. A partir dessas semelhanças e diferenças, o investigador escolhe alguns critérios para classificar os indivíduos, para agrupá-los em tipos, categorias, ordens, classes etc. Desse modo, cientistas sociais diferentes podem analisar uma mesma comunidade humana e encontrar nela duas, três, oito ou quinze "classes sociais". Tudo vai depender dos critérios de classificação escolhidos e do rigor metodológico com que esses critérios são elaborados e aplicados.

Em boa medida, essas mesmas observações também valem para cientistas que trabalham em outros campos, como as chamadas ciências "exatas" ou "da natureza". Durante muito tempo, por exemplo, aprendemos e ensinamos que Plutão era um "planeta" como os outros do nosso sistema solar. No entanto, novas descobertas proporcionadas pelos avanços tecnológicos levaram os astrônomos a reformular seus critérios de classificação. Assim, em 2006, Plutão deixou de ser considerado um planeta e passou a integrar uma nova categoria, a dos *planetas anões*, que inclui não só Plutão, mas também outros corpos celestes do mesmo tamanho e até maiores que ele (Ceres e Éris). Desse modo, a afirmação científica "Plutão é um planeta" deixou de ter validade e entrou para os anais da história da astronomia. Isso não significa, nem de longe, que a astronomia tenha se tornado uma ciência pouco confiável, insegura ou sujeita a equívocos: é porque, repetimos, assim é que se faz ciência.

A mesma coisa tem ocorrido com a linguística, e não poderia ser diferente. Quando examinamos, por exemplo, a doutrina tradicional das **classes de palavras**, encontramos uma série de problemas e contradições, devidas ao modo como os estudiosos da antiguidade criaram e aplicaram seus critérios de classificação. Muitas das intuições dos antigos valem até hoje, mas outras tantas não se sustentam mais. Um exemplo bem simples pode ajudar a esclarecer isso.

Há séculos, as palavras *eu* e *tu* têm sido classificadas como "pronomes". No entanto, a definição de **pronome**, na própria doutrina clássica, não poderia se aplicar a *eu* e *tu*. Se o pronome "substitui o nome" (uma simplificação quase folclórica de um processo sintático mais complexo), onde está o "nome" supostamente substituído quando alguém diz: "*Eu* sou brasileira"? Se, no lugar de *eu*, colocarmos um nome, a frase muda completamente de forma e de sentido: "*Janaína* é brasileira". Aqui não temos mais uma pessoa falando de si mesma, mas um enunciado que fala de outra pessoa. Se alguém disser, porém: "*Janaína* é brasileira, mas *ela* passou a infância e a juventude na Itália" — aí, sim, temos um verdadeiro pronome, porque *ela* recupera anaforicamente (está em correferência com) *Janaína*. Em meados do século 20, um importante linguista francês, **Émile Benveniste** (1902-1976), chamou a atenção para esses fatos e propôs que as palavras *eu, tu, nós, vós* (e também, no caso do português, *você/vocês* e *a gente*) fossem classificadas como **índices pessoais**, porque elas *indicam*, isto é, mostram, apontam para a cena da enunciação, para o que está *fora* do enunciado, para o mundo real, concreto. Justamente por apontarem para *fora* do enunciado, *eu* e *tu* não recuperam nem "substituem" nenhum nome: eles apontam, indicam as pessoas do discurso. Por isso, Benveniste também propôs que *ele/ela* e seus plurais sejam classificados como **pronomes da não-pessoa**, porque essas palavras, na grande maioria dos casos, dependem de algo que foi dito antes, *no discurso, no texto falado ou escrito*, e representam algo ou alguém que não participa do discurso, que é o *assunto* do discurso ("aquele ou aquilo de quem se fala"), discurso que é sempre e inevitavelmente posto em ação por duas pessoas (*eu* e *você*). Em termos técnicos, dizemos que *eu/tu/você/a gente/nós/vós/vocês* são **dêiticos**, enquanto *ele/ela/eles/elas* são **anafóricos**.

Essa análise da antiquíssima classe dos pronomes não é mais "certa" nem mais "errada", nem "melhor" nem "pior" do que a análise tradicional: é apenas uma tentativa de observar o fenômeno de outro ângulo, de outro ponto de vista, com novos aportes conceituais, filosóficos e teóricos. No fim das contas, ela parece mais coerente e explica mais satisfatoriamente as coisas do que a definição clássica. Mas nada impede que, no futuro, outras análises também venham a contestar essa novidade...

■ A história que este livro conta

Esta obra, dividida em dois tomos, faz um percurso histórico que começa na Antiguidade mesopotâmica e termina em 1921, um ano marcado por três efemérides importantes: o bicentenário de nascimento de **August Schleicher** (1821-1868), a morte de **Hermann Paul** (1846-1921) e a publicação do primeiro volume de *Linguistique historique et linguistique générale*, de **Antoine Meillet** (1866-1936). Por que vamos nos deter no trabalho de Antoine Meillet, que viveu a mesma quantidade de anos no século 19 e no século 20, representando assim uma importante *ponte* entre os dois períodos?

A linguística conheceu, no século 20, uma verdadeira explosão de teorias e métodos, um fervilhamento de disciplinas e subdisciplinas, especialmente as que conectaram o estudo da linguagem com outras áreas de conhecimento (*sociolinguística, neurolinguística, psicolinguística, antropologia linguística, linguística computacional, linguística forense*, para ficar só nessas). Contar essa história exigiria, na prática, um outro volume, talvez até mais extenso do que este. Todo esse florescimento dos estudos da linguagem no século 20 (que prossegue no 21), no entanto e felizmente, vem sendo objeto de uma vasta produção bibliográfica, tanto no exterior quanto no Brasil. A história de tudo o que precedeu esse florescimento, porém, desde a Antiguidade até o início do século 20, não tem recebido, entre nós, a atenção merecida, a não ser em trabalhos pontuais sobre períodos específicos. Por isso é que decidimos empreender a tarefa (nada fácil, diga-se logo) de contar essa história, com a finalidade principal de demonstrar que *ex nihilo nihil fit*, como diz a locução latina: "Nada foi feito de nada", isto é, tudo tem uma origem, procede de algo que já existia antes.

No caso da linguística, as fascinantes teorizações elaboradas no século 20 têm raízes no passado, mesmo quando os teóricos "se esquecem" de reconhecer sua dívida para com seus antecessores — uma crítica que faremos ao empreendimento saussuriano em |6.8|, na tentativa de fazer dissipar um pouco da névoa de mitificação que tem atribuído ao linguista suíço o rótulo de "pai da linguística moderna".

O caso mais emblemático, talvez, do vínculo com o passado, e no qual não há "esquecimento" nenhum, é o de Noam Chomsky, que deu a um de seus livros o título de *Linguística cartesiana* (*Cartesian Linguistics*, 1966) e que formulou o *problema de Platão*, isto é, "como podemos saber tanta coisa se nossa experiência prévia é tão limitada?", a conhecida tese da *pobreza de estímulo*: como é possível que uma criança, tendo acesso a tão poucos dados empíricos, consiga, em tão pouco tempo, dominar inteiramente a gramática, isto é, o funcionamento de sua língua materna (e às vezes até de mais de uma língua, no caso das crianças bilíngues)? Com isso, Chomsky se vincula explicitamente a uma tradição de reflexões sobre a linguagem que remonta a 2.500 anos atrás, à qual se vincula o próprio Descartes! O mesmo vale, em maior ou menor medida, para todas as correntes teóricas dos séculos 20 e 21.

De todo modo, embora nosso relato se interrompa com o trabalho de Meillet, tentamos, no Epílogo |tomo 2|, traçar um panorama sucinto dos desdobramentos mais importantes da linguística no século 20, muitos dos quais prosseguem neste início de século 21.

CAPÍTULO 1

Antigas tradições orientais

"Ofereçamos, desçamos e misturemos seus lábios
para que o homem não entenda mais o lábio de seu companheiro."
IHVH os dispersa de lá sobre as faces de toda a terra:
eles param de erguer a cidade.
Com isso, ele grita seu nome: Babel,
sim, lá, IHVH misturou o lábio de toda a terra,
e de lá IHVH os dispersou pelas faces de toda a terra
(Gênesis, 11: 5-9,
a partir da tradução de André Chouraqui, 1985)

Introdução

A maioria dos livros que contam a história da linguística costumam se concentrar na trajetória que as reflexões sobre a linguagem têm percorrido desde os gregos antigos até os dias de hoje. Quando muito, fazem alguma referência à tradição de estudos linguísticos da Índia, uma vez que o contato com ela teve influência decisiva na ciência linguística ocidental. No entanto, como é fácil imaginar, todas as grandes civilizações tiveram de enfrentar e resolver os problemas da representação de suas línguas na **escrita** e de **ensino** dessas línguas, mesmo que reservado a uma reduzida parcela de sua população.

Neste livro, vamos proceder de um modo um pouco diferente. Antes de contar a história da linguística no chamado Ocidente, examinaremos de que modo a análise linguística, junto com o planejamento do ensino (ou mesmo por causa dele), se desenvolveu em algumas tradições mais antigas no Oriente. Começamos pela

Mesopotâmia, passamos à **Índia** e depois retornamos ao **Oriente Médio**, para conhecer um pouco das tradições linguísticas dos árabes (e dos muçulmanos de modo mais amplo) e dos judeus. Uma característica comum a essas tradições é o fato de terem surgido em torno da tarefa de ensino e preservação de línguas que já não eram mais faladas no período em que se sentiu precisamente a necessidade de ensiná-las e preservá-las por terem se tornado as línguas "clássicas" de suas respectivas culturas: **sumério**, **sânscrito**, **hebraico bíblico** e **árabe corânico**.

1.1 Mesopotâmia

A escrita cuneiforme tem esse nome porque seus caracteres apresentam a forma de cunhas. O nome da Mesopotâmia, por sua vez, deriva de duas palavras gregas: *meso-*, "meio", e *potamo-*, "rio". O berço da civilização foi a fértil região situada entre os rios Tigre e Eufrates, tão importantes na era antiga que aparecem na Bíblia localizados no Paraíso, o jardim do Éden (Gênesis, 2: 14).

A criação e o estabelecimento de um sistema de escrita só podem ocorrer junto com uma *análise linguística*. O sistema de escrita mais antigo conhecido é o **cuneiforme**, que surgiu na **Mesopotâmia**, uma região hoje situada no sul do Iraque, por volta de 3200 AEC.

Essa região é, portanto, o **berço da civilização** humana, tal como tradicionalmente definida pelos historiadores. Por ter se desenvolvido ali o primeiro sistema de escrita, a Mesopotâmia também é o ponto inicial da História, na concepção ocidental.

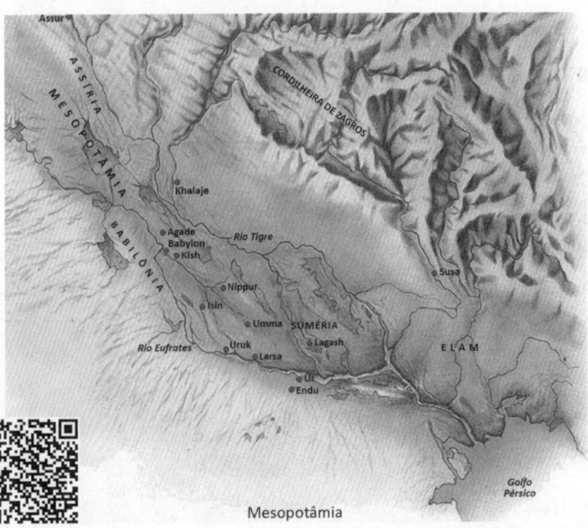

Mesopotâmia

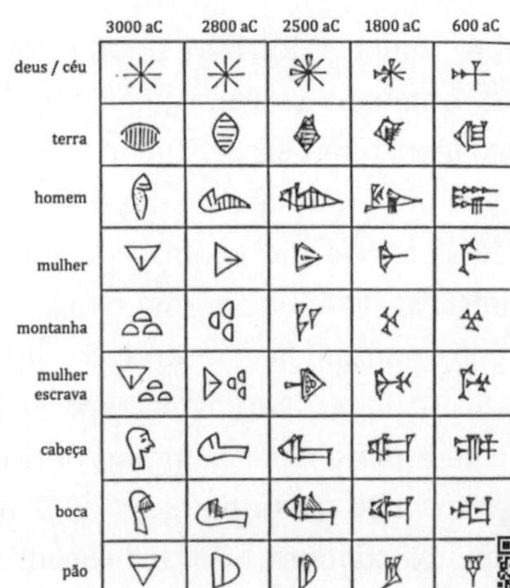

Evolução da escrita

O sistema cuneiforme foi empregado durante seus 3.000 anos de história para escrever diversas línguas do Oriente Médio, várias delas sem nenhum parentesco entre si: sumério, acadiano, elamita, eblaíta, hatita, hitita, hurriano, luviano, urartiano, persa antigo.

Escrita cuneiforme proveniente de Dur Sharrukin (atual Khorsabad, no Iraque), capital da Assíria durante o reinado de Sargão II (721-705 AEC).

A escrita dos sumérios, em seus primórdios, empregava sinais convencionais para representar conceitos mais ou menos complexos. Assim, um desenho de cabeça de boi designava um boi; uma espiga significava "cevada". Para dar maior especificidade aos caracteres, os escribas associavam mais de um sinal para compor um novo. Desse modo, "mulher" e "montanha" passavam a designar, juntos, "a mulher trazida da montanha", ou seja, a escrava. Fazer traços curvos na argila fresca não era cômodo e podia deixar rebarbas. Assim, com o tempo, houve uma mudança de técnica: os sinais passaram a ser inscritos com um cálamo (uma haste de junco chanfrada). Os sinais também foram assumindo progressivamente formas abstratas. Esses desdobramentos mostram com clareza a dependência do sistema de escrita para com seu **suporte**: no caso, as chamadas **tabuinhas de argila**.

A mesma evolução ocorreu na escrita chinesa, como nos exemplos abaixo, em que o primeiro sinal remete ao período 1400-1100 AEC, enquanto o segundo é sua forma contemporânea:

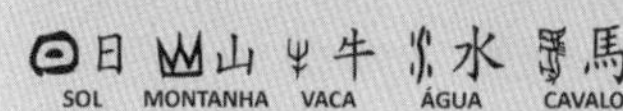

Na língua suméria, como em qualquer língua, uma mesma palavra de uma só sílaba — por exemplo [ti] — podia ter significados totalmente diferentes: "flecha" e "vida", no caso. Existia um sinal para "flecha", objeto concreto de fácil representação pictográfica, mas nenhum para um conceito abstrato como "vida". A solução encontrada foi o emprego do mesmo sinal para as duas palavras. Com isso, alguns **ideogramas** (sinais que representam conceitos ou objetos concretos de fácil representação) passaram a ser empregados como **fonogramas** (sinais que representam sons).

A complexidade da escrita cuneiforme demandava um ensino sistemático e eficiente para poder ser transmitida de uma geração à outra. A Mesopotâmia sempre foi uma área caracterizada pelo multilinguismo, e as línguas registradas na escrita muitas vezes não eram o idioma corrente, o **vernáculo** empregado na vida cotidiana. A língua **suméria**, a que aparece nos textos mais antigos, provavelmente deixou de ser falada por volta de 2000 AEC, ou mesmo antes disso, mas permaneceu como a língua da cultura cerimonial, sacra, científica e literária da Mesopotâmia até o primeiro século da nossa era. Desse modo, o ensino implicava não somente o aprendizado da tecnologia da escrita como também o de uma língua estrangeira ou, pelo menos, de uma versão "culta" do vernáculo. Com isso, a reflexão sobre o funcionamento da língua teve, desde o início, uma motivação prática, pedagógica, tanto quanto uma motivação teorizante, especulativa.

O **sumério** é uma língua isolada, isto é, sem parentesco com nenhuma outra língua conhecida. O **acádio**, ou acadiano, é a mais antiga língua conhecida do grupo **semítico** (que inclui o árabe e o hebraico, entre outras). Seu nome provém da cidade de Akkad, no sul da Mesopotâmia, que foi o centro de um importante reino entre 2334 e 2154 AEC. A língua acadiana foi adotada por outros povos, como os babilônios e os assírios. Só deixou de ser falada por volta de 800 AEC, mas permaneceu como língua escrita erudita até o século 1 EC.

O sistema escolar da antiga Mesopotâmia apresentava uma coleção de materiais que hoje são denominados *textos lexicais* ou *listas lexicais*. Esses textos, que se incluem entre os mais antigos documentos mesopotâmicos (±3100 AEC), estão organizados por tema, isto é, de acordo com princípios semânticos, ou então pela forma dos sinais do cuneiforme ou por sequências fonológicas. As listas são monolíngues, predominantemente em sumério, ou bilíngues, com termos sumérios explicados em traduções para o **acádio**. Nas listas multilíngues, a escrita é organizada em colunas paralelas sobre tabuinhas de argila. Em alguns textos provenientes da Ásia ocidental, outras línguas eram acrescentadas, como o ugarítico, o hitita, o eblaíta ou o hurrita. Além disso, alguns vocabulários isolados da língua cassita e de empréstimos em acádio são explicados por traduções acadianas. Por volta de ±2000 AEC, foram compostos novos textos lexicais que, embora ordenados com o sumério à esquerda e o acádio à direita, são de fato organizados com base nas raízes das palavras acadianas.

Os textos lexicais eram um componente essencial do ensino da escrita e por isso são encontrados em todos os territórios onde a escrita cuneiforme foi empregada: Irã, Síria, Turquia e até no Egito. Cronologicamente, os textos são atestados ao longo de toda a história da escrita cuneiforme. Embora existam textos importantes mais antigos, o primeiro grupo significativo de textos lexicais que inclui traduções acadianas é atestado a partir do período do babilônio antigo, ±1700 AEC. O maior número de textos, porém, é do primeiro milênio AEC. Pouco depois da ascensão do império selêucida, alguns indivíduos de língua grega aprenderam a escrita cuneiforme: eles nos legaram algumas tabuinhas de argila que incluem transliterações em grego de caracteres cuneiformes. A última tabuinha cuneiforme datada é um texto astronômico da Babilônia de 75-76 EC.

O império selêucida foi uma das entidades políticas surgidas depois que Alexandre Magno morreu (em 323 AEC) e seus generais dividiram entre si as terras conquistadas. Um destes foi Seleuco, que dominou a área hoje correspondente ao Irã e ao Iraque, além de parte da Turquia e da Palestina. O império selêucida durou de 305 a 64 AEC.

Relacionados a esses textos lexicais são seus antigos *comentários*. Trata-se de um gênero relativamente tardio: nenhum exemplo conhecido é anterior a 1000 AEC. Os comentários eram explicações de termos difíceis presentes em textos literários, incluindo as listas. Alguns oferecem simplesmente sinônimos ou traduções de palavras individuais; outros incluem citações de uma diversidade de fontes literárias, junto com etimologias e explicações de palavras.

Essas listagens, primordialmente lexicográficas, também contêm evidências de análises morfológicas. Já em ±3000 AEC, os paradigmas verbais das raízes sumérias são atestados num texto cuneiforme proveniente de Ebla (na Síria), que é sem dúvida alguma de origem mesopotâmica. Além disso, algumas das listas contêm explicações de grafemas sumérios que eram usados para expressar fronteiras de morfemas. O sistema mais desenvolvido de análises morfológicas, porém, se encontra em listas dedicadas exclusivamente a tal propósito, que os pesquisadores atuais chamam de *textos gramaticais babilônicos*. Esses textos, com uma única exceção, são bilíngues, com o sumério à esquerda e o acadiano à direita. Existem três categorias básicas de textos gramaticais: os com paradigmas verbais (na ordem 3ª, 2ª e 1ª pessoa); os com pronomes e advérbios, assim como locuções pronominais e adverbiais; e os com morfemas individuais.

A grande maioria das palavras são compostas de diferentes **morfemas**, isto é, unidades mínimas de significado. Em português, por exemplo, em *recontávamos*, temos cinco morfemas: *re-cont-á-va-mos*, mas eles não são indicados graficamente. Em sumério, no entanto, havia caracteres especiais (grafemas) que demarcavam as fronteiras entre os morfemas.

Outra fonte de informação sobre a linguística mesopotâmica é uma composição intitulada "Texto de Exame A". É um diálogo humorístico entre um professor e um aluno. O professor diz ao aluno que ele não aprendeu nada nos três anos que passou na escola e se põe a interrogá-lo sobre a arte do escriba. O texto é bilíngue, com cada linha apresentada em sumério e em acadiano. Entre as perguntas, estão as pertinentes à interpretação linguística. O aluno é indagado se conhece textos lexicais e bilíngues, os vários termos gramaticais e os elementos pronominais e morfemas listados nos textos gramaticais. O diálogo parece amplamente estruturado em torno de elementos paradigmáticos ensinados nas escolas. Os manuscritos existentes da composição datam todos do primeiro milênio AEC, embora se tenha sugerido que a composição original seja muito anterior. A datação é importante porque o "Texto de Exame" inclui exemplos de análise morfológica e de terminologia gramatical babilônica. Embora a maioria dos estudiosos argumente que esse tipo de análise se desenvolveu depois do segundo milênio AEC, informações mais recentes confirmam que já antes disso eram empregados. A terminologia gramatical consiste em dezoito palavras de compreensão muito difícil: sua interpretação tem sido objeto de muita especulação.

A teoria gramatical mesopotâmica tem de ser interpretada dentro do quadro maior da cultura escrita da região. Não existem afirmações explícitas de regras ou análises polêmicas porque

(i) os textos gramaticais serviam apenas como exercícios escritos e dispositivos mnemônicos para os aprendizes; o ensino oral oferecia as explicações e os comentários;

(ii) esses textos seguem o padrão interpretativo mesopotâmico normal em que tudo é apresentado por meio de uma série de exemplos, frequentemente de complexidade crescente, com todas as possíveis variantes de uma dada situação.

Desse modo, os exemplos gramaticais não são muito diferentes de outros gêneros, como os oráculos em que o futuro é previsto por meio de partos incomuns: primeiro, dá-se um exemplo de um bezerro com duas cabeças, em seguida com três, quatro etc. De modo semelhante, os exercícios matemáticos demonstram que, no segundo milênio AEC, os mesopotâmicos já tinham conhecimento do que chamamos de teoria pitagórica; mas ela nunca foi enunciada, ao menos na escrita, na forma de um teorema. Devemos supor que as listas lexicais e paradigmas gramaticais são meros exemplos de uma rica tradição linguística que floresceu já no terceiro milênio AEC, senão antes. É importante acentuar, contudo, que a análise linguística era debatida e transmitida primordialmente por meio da tradição oral que acompanhava a tradição escrita escolar. Os textos lexicais e gramaticais contêm apenas material exemplificador; jamais conseguiremos reconstruir em pormenor as teorias gramaticais dos antigos mesopotâmios e seus vizinhos.

A Mesopotâmia também foi o berço da **literatura**, no sentido de obras *escritas*. A **Epopeia de Gilgamesh** é considerada a primeira grande obra literária da história humana. É a narrativa da vida e dos feitos grandiosos do rei Gilgamesh, que governou a região de Uruk em algum momento entre 2800 e 2500 AEC. Os primeiros relatos se encontram em poemas sumérios, mais tarde compilados em língua acadiana. A última e mais completa versão do épico foi realizada pelo sacerdote babilônio Sîn-lēqi-unninni em ±1200 AEC. Um dos pontos altos da epopeia é o **Grande Dilúvio**, que será recontado mais tarde na Bíblia hebraica tendo o patriarca **Noé** como personagem central — o próprio nome do patriarca (*Noakh*) é de provável origem suméria.

O chamado Antigo Testamento só começou a ser posto por escrito depois que os judeus retornaram de seu exílio na Babilônia (587-518 AEC), para onde grande parte da população do reino de Judá tinha sido exilada após a conquista do território por **Nabucodonosor II** (634-592 AEC). Durante esse período, os judeus letrados entraram em contato com as antigas tradições religiosas e literárias mesopotâmicas, que deixaram sua marca nos textos bíblicos. É o que se verifica, por exemplo, no relato do Jardim do **Éden**, um nome que tem sua provável origem numa palavra aramaica com o significado de "frutífero, bem regado" e que remonta a um mito mesopotâmico de um rei, o primeiro homem, posto num *jardim divino* para cuidar da Árvore da Vida. O texto bíblico menciona, como rios do Éden, o Tigre e o Eufrates. De igual modo, o relato da Torre de **Babel** (nome hebraico da Babilônia) é reminiscência dos célebres zigurates (pirâmides com escadas) característicos da arquitetura monumental dos povos mesopotâmicos. Além disso, o primeiro grande patriarca bíblico, Abraão, é natural de **Ur**, uma importante cidade-Estado mesopotâmica, numa área ocupada por diversos povos desde a pré-história.

O Zigurate de Ur foi construído para o deus da lua, Nanna, entre os anos de 2113 e 2096 AEC, e é um dos que se conservam em melhor estado, graças a Nabucodonosor II, cujo reinado durou entre 605 e 562 AEC, que ordenou sua reconstrução depois que os acádios o destruíram. É a provável inspiração para o mito da torre de Babel.

1.2 A tradição hindu

Os estudos gramaticais da Índia constituem a mais antiga tradição linguística de todas. No entanto, ela só se tornou conhecida no Ocidente no final do século 18 e, a partir de então, tem exercido forte influência sobre os pesquisadores das mais diferentes correntes de investigação, como os comparatistas do século 19 e os estruturalistas estadunidenses do século 20. As análises foné-

Até hoje, quando estudamos, por exemplo, a história da formação do português, utilizamos termos de origem indiana como *suarabácti* (*svarabhakti*, "separação por meio de vogal") ou *sândi* (*saṃdhi*, "ligação") para rotular processos de mudança fonética ou fenômenos sonoros contemporâneos. Ocorreu suarabácti, por exemplo na mudança do latim *blatta* para o português *brata* e, em seguida, com a inserção de uma vogal, *barata*. Um exemplo de sândi é o que se dá quando, na sequência *nem eu*, surge uma consoante palatal [ɲ] que nos leva a pronunciar a sequência como se fosse escrita '*nenheu*'.

ticas dos gramáticos indianos, praticadas há mais de 2.500 anos, revelaram uma sofisticação que nenhum estudo ocidental alcançaria antes do século 19.

Tal como em outras tradições, a gramática indiana se concentrava numa língua antiga, o **sânscrito**, e formulava regras para a melhor preservação possível e para a pronúncia correta dos textos sagrados do **hinduísmo** — considerado por muitos historiadores como a mais antiga de todas as religiões do mundo. No final do segundo milênio AEC já existiam grandes coleções de textos em verso e em prosa aprendidos de memória, dos quais o mais antigo é o **Rigveda** (*Ṛgveda*, "sabedoria [*veda*] em versos [*ṛc*]"). Técnicas mnemônicas tinham se desenvolvido para a conservação dos textos e para seu entendimento. Assim como se viu acerca do sumério, com o passar do tempo as mudanças linguísticas naturais e inevitáveis foram aos poucos tornando a língua dos textos sagrados cada vez menos familiar para os que se encarregavam de sua preservação. Isso levou, em meados do primeiro milênio AEC, à elaboração de seis ramos de conhecimento auxiliares para o trabalho com os textos védicos. Quatro se concentravam em análises linguísticas: a métrica (*chandas*), a etimologia (*nirukta*), a fonética (*śikṣā*) e a gramática (*vyākaraṇa*).

A tradição linguística indiana tem como seu maior nome o de **Pāṇini**, que viveu no século 4 AEC. É ele o autor da *Aṣṭādhyāyī* ("oito capítulos"), uma gramática que apresenta cerca de 4.000 regras e oferece uma descrição precisa e pormenorizada do sânscrito védico tardio. Pāṇini se valeu do trabalho de estudiosos que o precederam, dos quais cita nominalmente dez. No entanto, nenhum tratado gramatical anterior ao de Pāṇini sobreviveu, de modo que seu compêndio é a fonte de todos os desdobramentos gramaticais posteriores.

A gramática de Pāṇini é estritamente **sincrônica** e **formal**, isto é, não recorre a fases anteriores da língua para estabelecer suas regras (o que seria um trabalho *diacrônico*) e enuncia essas regras (chamadas *sūtras*) em fórmulas extremamente concisas e altamente abstratas, muito semelhantes às que são usadas atualmente para a construção de linguagens computacionais. Por exemplo, para a geração da frase "Devadatta cozinha" (*Devadattaḥ pacati*), a gramática prevê uma série de passos, assim formalizados (Scharf, 2013: 237):

A. 1.4.54 *svatantraḥ kartā*

A. 3.2.123 *vartamāne laṭ*
A. 3.4.78 *tiptasjhi...*
A. 1.3.78 *śeṣāt kartari parasmaipadam*
A. 1.4.22 *dvyekayor dvivacanaikavacane*
A. 1.4.108 *śeṣe prathamaḥ*
A. 3.1.8 *kartari śap*
A. 4.1.2 *svaujhas...*
A. 1.4.22 *dvyekayor dvivacanaikavacane*
A. 2.3.46 *prātipadikāthaliṅgaparimāṇavacanamātre prathamā*
A. 1.4.14 *suptiṅantam padam*
A. 8.2.66 *sasajuṣo ruḥ* (padasaya 8.1.16)
A. 8.3.15 *kharavasānayor visarjanīaḥ* (padasaya 8.1.16)

```
//COBUCLG  JOB CLASS=A,MSGCLASS=A,MSGLEVEL=(1,1)
//HELOWRLD EXEC COBUCLG,PARM.COB='MAP,LIST,LET'
//COB.SYSIN DD *
  001  IDENTIFICATION DIVISION.
  002  PROGRAM-ID.  'HELLO'.
  003  ENVIRONMENT DIVISION.
  004  CONFIGURATION SECTION.
  005  SOURCE-COMPUTER.  IBM-360.
  006  OBJECT-COMPUTER.  IBM-360.
  0065 SPECIAL-NAMES.
  0066     CONSOLE IS CNSL.
  007  DATA DIVISION.
  008  WORKING-STORAGE SECTION.
  009  77  HELLO-CONST   PIC X(12) VALUE 'HELLO, WORLD'.
  075  PROCEDURE DIVISION.
  090  000-DISPLAY.
  100      DISPLAY HELLO-CONST UPON CNSL.
  110      STOP RUN.
//LKED.SYSLIB DD DSNAME=SYS1.COBLIB,DISP=SHR
//             DD DSNAME=SYS1.LINKLIB,DISP=SHR
//GO.SYSPRINT DD SYSOUT=A
//
```

Compare as regras da gramática de Pāṇini com os procedimentos exigidos pela linguagem computacional COBOL para produzir a frase "Hello, world!" ("Alô, mundo!"):

Esses mesmos procedimentos de formalização das regras de *geração* de enunciados aceitáveis na língua (enunciados *gramaticais*) serão empregados, a partir dos anos 1960, pela **gramática gerativa**, elaborada por **Noam Chomsky** (n. 1928).

O propósito da gramática de Pāṇini é produzir formas fonológicas, morfológicas e sintáticas corretas. Ela pressupõe a fonética e deixa o significado lexical para o uso. Previa-se que fosse transmitida oralmente e memorizada, o que se evidencia pelo sistema de referências cruzadas.

Entre as características mais notáveis da gramática de Pāṇini, estão algumas sem as quais a linguística comparativa indo-europeia, que examinaremos no capítulo 6, simplesmente não teria surgido. Por exemplo, o reconhecimento que nela se faz da gradação vocálica (chamada *apofonia* ou *Ablaut*, de seu nome em alemão, como no inglês *s**i**ng-s**a**ng-s**u**ng-s**o**ng*) |6.3.4| assim como a diferenciação entre raízes, bases e afixos (prefixos ou sufixos). Outros procedimentos são essenciais para os métodos modernos de descrição, como a técnica de substituição que Pāṇini emprega, o conceito de zero (provavelmente anterior a seu uso na matemática) e suas preocupações com a ordenação das regras.

Na primeira versão de sua gramática gerativa, Chomsky propunha para a geração da sentença "*The man takes the books*" ("O homem pega os livros") a seguinte sequenciação:

(1) (i) Sentence → NP + VP
(ii) VP → Verb + NP
(iii) Verb → Aux + V
(iv) NP → {$NP_{singular}$, NP_{plural}}
(v) $NP_{singular}$ → T+ N + Ø
(vi) NP_{plural} → T + N + *S*
(vii) Aux → C (M) (*have + en*) (*be + ing*)
(viii) T → *the*
(ix) N → *man, ball* etc.
(x) V → *hit, take, walk, read,* etc.
(xi) M → *will, can, may, shall, must*

Essa sequência também podia ser escrita em forma de regra linear:
The man takes the books.
{Sentence, NP+VP, NP+Verb+NP, NP+Aux+V+NP, $NP_{singular}$+Aux+V+NP, $NP_{singular}$+Aux+V+NP_{plural}, T+N+Ø+Aux+V+NP_{plural}, T+N+Ø+Aux+V+T+N+*S*, T+N+Ø+C+V+T+N+*S*,. . ., *the*+*man*+Ø+C+*take*+*the*+*books*+*S*}

O impacto da descoberta da tradição gramatical hindu é assim reconhecido por J. E. Joseph:

> Nenhuma análise de complexidade comparável existiu na Europa ou em qualquer outro lugar da Ásia até o século 20, ou seja, antes que Pāṇini se tornasse conhecido da linguística mundo afora. As mais importantes figuras do desenvolvimento da linguística no último século, incluindo Leonard Bloomfield e Noam Chomsky, reconheceram prontamente sua dívida metodológica e intelectual para com Pāṇini (Joseph, 2010: 84).

A complexidade da gramática de Pāṇini e de seu estilo algébrico, assim como o modo tradicional de transmissão via oral e recorrendo à memorização, exigia que as regras, demasiado sintéticas, recebessem um comentário mais extenso. O primeiro conjunto de comentários preservado por escrito (os anteriores devem ter existido na forma de tradição oral) foi o de **Kātyāyana**. Seus "comentários críticos" datam aproximadamente de 250 AEC. Eles foram incorporados na obra *Mahābhāsya* ("grande exegese"), de ±150 AEC, da autoria de **Patañjali**. Kātyāyana produziu 4.293 comentários a 1.245 regras das 3.983 da gramática de Pāṇini. Os comentários de Patañjali, por sua vez, incidem sobre mais 468 e fazem alusões a outras. Os dois autores fazem referências a comentadores anteriores. Algumas de suas observações são suscitadas pelas mudanças ocorridas no sânscrito, mas a grande maioria delas trata de questões técnicas. Ambos, em atitude respeitosa, porém crítica, buscam testar a validade e a consistência das regras paninianas. Esses três autores — Pāṇini, Kātyāyana e Patañjali — formam a *munitraya* ("trindade de sábios"), os mais importantes gramáticos da tradição indiana.

O *Mahābhāsya* é uma obra complexa e escrita num estilo claro e elegante. Além de examinar as regras de Pāṇini e os comentários de Kātyāyana, Patañjali se dedica, sobretudo na introdução, a discussões de conteúdo semântico e filosófico. Dois autores citados por Kātyāyana, mas cujas obras se perderam, são Vājapyāyana e Vyāḍi, que tinham iniciado uma escola indiana de **filosofia da linguagem**.

Essa tradição filosófica atinge o ápice com o *Trikāṇḍī* ("tratado em três livros") ou *Vākyapadī* ("estudo da frase e da palavra"), de autoria de **Bhartṛhari** (segunda metade do século 5 EC), uma obra escrita em versos aforísticos, inteiramente dedicada à filosofia da linguagem. Bhartṛhari aceita a teoria de seus antecessores de que a relação entre os itens linguísticos e seus significados é permanente e necessária. Além disso, sua tese fundamental é de que a fala é a própria essência de *brahman*, o princípio essencial e eterno do qual tudo procede. Assim, a linguagem está na base de toda cognição, e é por meio da gramática — que ensina o uso correto — que se pode alcançar o estágio final do conhecimento, no qual **significante** e **significado** |6.8.4| não se distinguem mais. Bhartṛhari confere primazia à frase que, para ele, é uma entidade indivisível não redutível à soma de seus elementos. Embora a frase seja uma unidade indivisível com um significado indivisível, existem unidades indivisíveis de nível inferior com significado indivisível. É graças a essa teoria da unidade linguística indivisível (*sphoṭa*, literalmente "explosão" ou "descerramento") que Bhartṛhari se tornou muito conhecido, embora nem sempre bem compreendido.

Os métodos da tradição gramatical do sânscrito concorreram para o surgimento de outras tradições gramaticais, como as das línguas descendentes dele (o **pácrito** e o **páli**), mas também de línguas de outras famílias, como o **tâmil** e o **tibetano**. A gramática hindu, de igual modo, teve grande impacto sobre o progresso da linguística ocidental moderna, mas só quando esta adotou métodos sincrônicos e formais, a partir do **estruturalismo**. O linguista estadunidense **Leonard Bloomfield** (1887-1949) se valeu das técnicas paninianas ao descrever as línguas indígenas **menomini** e **ojibwa** ocidental, faladas nos Estados Unidos. Como já se mencionou acima, os métodos paninianos têm sido associados às gramáticas gerativo-transformacionais.

Em contraste com a linguística desenvolvida na tradição ocidental greco-romana |2.3|, a gramática na Índia antiga floresceu independentemente da **lógica**, com a qual veio mais tarde a interagir. Além disso, também em contraste com o primeiro pensamento gramatical ocidental, desde os tempos mais remotos os gramáticos indianos conceberam a gramática como um conjunto de regras inter-relacionadas que serviam para descrever o uso através de procedimentos derivacionais. Isso exigiu da parte deles a consideração de detalhes sobre como as regras poderiam se relacionar umas com as outras e como aspectos particulares da semântica se vinculam às expressões linguísticas. Por conseguinte, vê-se que determinados aspectos da linguagem e de suas regras eram conhecidos e debatidos na Índia muito antes de estudiosos de outros lugares obterem um entendimento claro dessas questões. Por exemplo, o modo como Pāṇini deriva enunciados exigia que ele levasse em conta o fato de que aspectos particulares da semântica precisam ser convocados quando se lida com categorias e operações gramaticais, enquanto outros não precisam. O interesse por diversas facetas da linguagem, tanto formais quanto semânticas, continuou firme dentro do campo da gramática e outras áreas de conhecimento na Índia, século após século. A consequência disso é que a Índia provavelmente detém as tradições mais ricas e sofisticadas de pensamento linguístico do que qualquer outra região do mundo. Segundo George Cardona (1994a: 51), "a maneira como as regras da *Aṣṭādhyāyī* se relacionam entre si reflete uma sofisticação com respeito aos princípios que governam os sistemas gramaticais que dificilmente pode encontrar paralelo, mesmo em tempos modernos".

Na língua sânscrita, objeto de descrição da tradição gramatical indiana, está escrito o mais longo poema de toda a literatura mundial, o **Mahābhārata**, com mais de 200.000 versos e 1,8 milhão de palavras. Isso é nada menos do que dez vezes a extensão da *Ilíada* e da *Odisseia* combinadas. É um poema épico que narra uma guerra entre duas famílias nobres, Kaurava e Pandava, mas também contém reflexões filosóficas e religiosas. Suas origens remontam provavelmente ao século 8 AEC, mas sua forma escrita definitiva deve ter se fixado por volta do século 4 EC.

1.3 A tradição árabe

O **árabe** é uma língua do grupo semítico (aparentada, portanto, ao hebraico, às antigas línguas mesopotâmicas — assírio, babilônio —, ao fenício, ao aramaico, ao siríaco etc.). Seu núcleo original é a vasta área desértica que compõe a Península Arábica, ocupada hoje em dia por diferentes Estados independentes (Arábia Saudita, Iêmen, Omã, Emirados Árabes Unidos, Bahrein, Qatar, Kuwait). Seus falantes iniciais eram os **beduínos**, que levavam uma existência nômade no deserto, como criadores de camelos, por volta dos séculos 5 e 6 EC. Na vida desses beduínos, a poesia era um elemento cultural de grande importância. Mesmo depois do surgimento e da expansão do islamismo, a poesia tradicional beduína conservou sua importância simbólica como fonte da língua "original" e "pura".

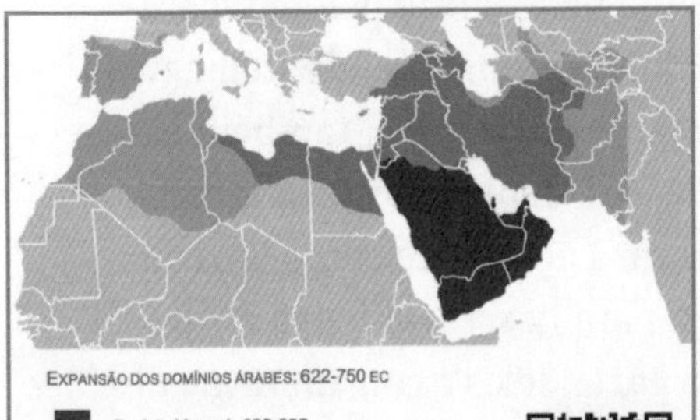

EXPANSÃO DOS DOMÍNIOS ÁRABES: 622-750 EC

O poeta ocupava um lugar de destaque na vida da tribo. Era o defensor da honra da tribo por meio do louvor e da sátira. O louvor enaltecia a tribo, seus chefes, suas façanhas, suas qualidades. A sátira visava ridicularizar as tribos inimigas através do sarcasmo, da humilhação e até mesmo de insultos.

O poeta era "um homem de conhecimento especial, extraordinário (é o *šā'ir*, 'o sábio'), em contato com o mundo dos poderes invisíveis, mediante um gênio familiar que o inspira" (Fleisch, 1994a: 165), o que fazia dele uma pessoa importantíssima para sua tribo.

A cultura do deserto era eminentemente oral. Um grande poeta tinha geralmente a seu serviço um pequeno grupo de homens especializados em memorizar suas composições: os *ruwāt* (singular, *rāwī*), "recitadores". Repetiam os poemas nos acampamentos e garantiam que as composições fossem difundidas. Como na maioria das grandes tradições literárias do passado, a memorização era um talento fundamental para a preservação e divulgação do patrimônio literário.

A morte do profeta **Maomé** (*Muḥammad*, c. 570-632 EC) assinalou o início de uma longa série de campanhas militares empreendidas pelos árabes. Elas tinham como objetivo propagar a nova religião fundada por ele, o **Islã** (*islām*, "submissão, resignação [a Deus]"). Num curto espaço de tempo, essas investidas expandiram o islamismo e a língua árabe por um vastíssimo território que ia do extremo ocidental da Europa (Portugal e Espanha) até o norte da Índia. Em muitas dessas regiões o árabe se firmou como a língua da maioria da população, como foi o caso da África do Norte e do Oriente Médio. Na Península Ibérica, o árabe não suplantou as línguas românicas ali faladas, e o mesmo se deu no Irã, no Afeganistão e no Paquistão atuais, onde o árabe se tornou língua ritual e religiosa, mas não língua falada pela maioria da população.

A aprendizagem irregular da língua por parte dos novos falantes era considerada pelos gramáticos árabes como uma forma de "corrupção" do idioma, e foi essa avaliação pessimista que fez surgir a disciplina gramatical entre os **muçulmanos**. O objetivo dos gramáticos pioneiros, mais uma vez, era produzir um modelo correto de língua para os novos falantes de árabe.

Por menos que pareça à primeira vista, o termo *muçulmano* é da mesma família que *islã*. O primeiro vem do árabe *muslim*, particípio ativo do verbo *aslama*, "submeter-se (a Deus)", de onde também deriva o substantivo *islām*, "submissão". No árabe, como no hebraico, as diversas palavras de uma mesma família derivam de um radical composto por três consoantes, no caso ***slm***, ao qual são acrescentadas vogais e outras consoantes para formar derivados: *aslama*, *islām*, *muslim*.

Considera-se que o lendário Primeiro Gramático, **'Abū l-'Aswad ad-Du'alī** (m. 688?), postulou três partes do discurso: o nome (*ism*), o verbo (*fi'l*) e a partícula (*ḥarf*), divisão que se tornaria canônica na gramática árabe. Não existem documentos desse período inicial, mas sabe-se que nos dois primeiros séculos da expansão islâmica havia eruditos ocupados na exegese (interpretação e explicação) do **Corão** (*al-Qur'ān*, "a recitação"), com vistas a elucidar para os crentes o significado subjacente do texto sagrado. Essa exegese tinha motivação semântica (isto é, cuidava dos significados e sentidos do texto) e alguns dos termos empregados nos comentários provavelmente se desenvolveram em termos técnicos da gramática.

Os primeiros grandes gramáticos árabes foram **al-Halīl ibn 'Aḥmad** (m. 791) e seu discípulo **Sībawayhi** (m. 793?). Al-Halīl é o autor presumido do primeiro dicionário da língua árabe, o *Kitāb al-'ayn* (Livro da [letra] 'ayn], que agrupava as palavras da língua numa organização fonética. A importância de Al-Halīl para o desenvolvimento dos estudos linguísticos é demonstrada pelas numerosas citações de seu trabalho feitas no primeiro compêndio gramatical do árabe, produzido por seu discípulo Sībawayhi. Persa de origem, ele codificou toda a língua árabe num extenso tratado intitulado simplesmente *Kitāb Sībawayhi* ("O Livro de Sībawayhi").

O tratamento dos fenômenos gramaticais que Sībawayhi estabeleceu em sua obra representou uma importante mudança de rumo nos estudos linguísticos do mundo islâmico. No lugar de uma filologia concentrada na explicação do Corão, surge uma análise de base sistêmica, com foco nas características formais da língua. Essa nova disciplina passou a se chamar *'ilm an-naḥw* ("ciência gramatical") para se distinguir de *'ilm al-luġa* ("ciência da língua"), que era de fato a lexicografia. O objeto do *Kitāb Sībawayhi* era a língua idealizada dos beduínos, que supostamente falavam o árabe mais "puro" (*fushā*), e suas análises incidiam sobre a poesia pré-islâmica e o texto do Corão. Assim, o *Kitāb* não é uma gramática "descritiva" que apresenta o modo como as pessoas realmente falam — isso exigiria descrever os vários e diferentes dialetos falados na Arábia. No entanto,

> não era isso que o mundo muçulmano esperava. Ele precisava de um livro que o guiasse, que explicasse as regras da língua correta, em suma, uma gramática "normativa". O *Kitāb* era precisamente esse livro: ele mostrava "como se deve falar". O resultado foi uma normalização da língua árabe tão bem-sucedida que forneceu ao mundo muçulmano um instrumento novo, uma língua cultural comum [...] (Fleisch, 1994a: 172).

De fato, o trabalho inaugurado por Sībawayhi e levado adiante por uma sucessão de gramáticos fez nascer uma língua de cultura importantíssima até os dias de hoje. É o que se convencionou chamar de **árabe clássico**. Trata-se de um fenômeno histórico, cultural, político e linguístico muito estudado porque demonstra de que modo as línguas estão inseparavelmente entremeadas com todos os aspectos da vida das pessoas e das comunidades que as falam.

BOX 1A: QUANTAS LÍNGUAS ÁRABES?

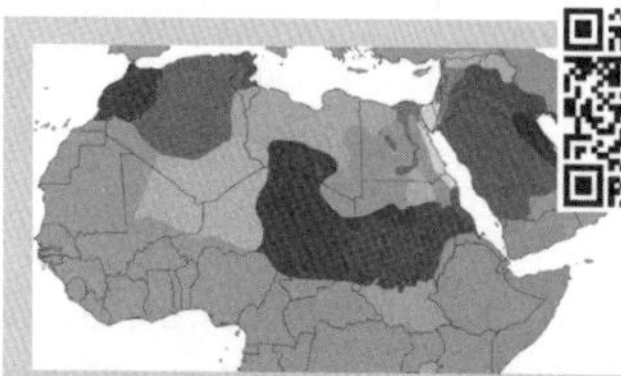

Os chamados "dialetos" do árabe são de fato variedades tão distintas entre si que não permitem a compreensão total entre seus falantes. Um marroquino, por exemplo, não conseguirá se fazer entender na Arábia Saudita se utilizar seu "dialeto" característico. O emprego de uma língua padronizada comum a todos os países é o que permite a intercomunicação entre os diferentes povos chamados "árabes". No mapa, cada tonalidade indica um "dialeto" com características próprias.

É comum empregar o termo "árabe" para designar uma língua que, à primeira vista, seria uma só, falada atualmente por cerca de trezentos milhões de pessoas num extensíssimo território ocupado por mais de vinte Estados independentes nos continentes africano e asiático. Esse rótulo único, no entanto, é enganoso. Nessa grande área já foi possível identificar mais de 25 formas diferentes de falar, chamadas "dialetos", embora sejam, na verdade, línguas tão diferentes entre si como, por exemplo, o português e o italiano. São todas derivadas de um árabe ancestral, assim como todas as línguas românicas atuais derivam do latim, falado originalmente numa pequena zona central da Itália. Por força da tradição religiosa, nos diferentes países de língua "árabe", o que as pessoas falam em sua vida cotidiana, em suas interações informais, é um desses muitos "dialetos". Na escrita formal, no entanto, e no sistema escolar da maioria desses países, a única língua que se ensina e aprende de maneira sistemática é o árabe clássico, aquele modelo idiomático idealizado que teve por base a poesia dos antigos beduínos e o texto sagrado do Corão. É uma situação parecida com a que prevaleceu durante muitos séculos na Europa após o colapso do Império Romano: o latim clássico, língua eminentemente empregada na escrita literária e formal, foi por mais de mil anos a única língua digna de ensino e de aprendizado sistemático, a única empregada no universo religioso do catolicismo e na produção científica, teológica e filosófica. Novas línguas foram surgindo nos antigos domínios romanos da Europa Ocidental, mas eram consideradas meras deturpações do latim e só a partir do Renascimento |4.9| é que os chamados "vulgares" ou "romances" passaram a ser objeto de descrição e prescrição por parte dos gramáticos.

Como se diz "agora" em árabe?

ÁRABE CLÁSSICO	ʔalʔāna
MARROQUINO	dába
ARGELINO	delwóq / druk
TUNISIANO	tawwa
EGÍPCIO	dilwaʔti
SAUDITA	daħħīn(a)
SÍRIO	hallaʔ

Hoje em dia, a língua de prestígio é o chamado árabe padrão moderno, um idioma literário e de emprego formal, que se diferencia em muitos aspectos do árabe clássico propriamente dito, mais antigo. É uma das línguas oficiais da Organização das Nações Unidas (ONU), ao lado do inglês, do francês, do espanhol, do russo e do chinês. As diferenças entre o árabe clássico e os chamados "dialetos" regionais são muitas em todos os níveis linguísticos (fonologia, morfossintaxe, léxico). Para se ter uma pequena ideia dessas diferenças, e somente no campo do vocabulário, observe-se a tabela ao lado (o símbolo fonético [ʔ] representa uma consoante glotal, desconhecida em português).

O trabalho dos gramáticos árabes a partir de Sībawayhi se concentrou exclusivamente na análise da língua clássica. Nessas obras, não se fazia nenhuma referência às mudanças ocorridas, e as variantes vernaculares ("dialetais") não eram objeto de nenhuma teorização por parte dos gramáticos: de fato, eram consideradas erros que precisavam ser corrigidos. Surgiu um gênero específico de manuais de correção, chamados *laḥn al-ʿāmma*, "erros das pessoas comuns".

A tradição linguística árabe surgiu para a análise, descrição e prescrição de uma única língua, aquela que teria sido escolhida pela divindade para oferecer sua revelação final à humanidade, na forma do Corão. Isso acarretou uma quase absoluta falta de interesse por outras línguas, mesmo as línguas semíticas aparentadas, como o hebraico e o siríaco. Em toda essa longa tradição gramatical islâmica, só se encontra uma exceção: o gramático andaluz **'Abū Ḥayyān** (m. 1344), de Granada (Espanha), que publicou uma gramática do turco. Apesar dessa falta de interesse, o modelo da gramática árabe foi usado por outros povos do mundo muçulmano para descrever e analisar suas próprias línguas, como o hebraico, o persa, o turco, o copta, o siríaco e o malaio.

Uma versão completa em português e minuciosamente anotada foi publicada no Brasil em quatro volumes, entre 2005 e 2012, traduzida diretamente do árabe por **Mamede Mustafa Jarouche** (n. 1963).

E em árabe foi redigida uma das obras-primas da literatura mundial, **As mil e uma noites**. Seu título em árabe é *kitāb 'alf layla wa-layla*, "o livro das mil noites e uma noite". Tem prováveis raízes em tradições muito antigas do Egito, da Pérsia e da Índia, mas seu conteúdo, seus temas e suas tramas são essencialmente islâmicos. A influência dessas histórias sobre a cultura ocidental tem sido enorme. Curiosamente, algumas das histórias mais conhecidas no Ocidente não pertencem de fato à coletânea original: "Aladim e sua lâmpada maravilhosa", "As viagens do marujo Sindbá", "As aventuras de Ali Babá e seus quarenta ladrões" foram enxertadas na versão em francês e produzidas por **Antoine Galland** (1646-1715) no século 17. Não se sabe se de fato pertencem ao folclore do Oriente Médio ou se foram inventadas pelo próprio Galland, mas o certo é que não se incluem entre os contos originais das *Mil e uma noites*.

1.4 A tradição judaica

Apesar de nunca ter sido uma língua falada por uma população numerosa, o **hebraico** tem ocupado lugar de destaque na cultura ocidental por ser a língua em que foi redigida a coletânea de textos que acabou por se tornar o que hoje a tradição cristã chama de **Antigo Testamento** e a tradição judaica, de **Tanakh**. Esses textos, que abrangem uma grande diversidade de gêneros literários (revelações divinas, profecias, poesia, relatos históricos, códigos de leis etc.), foram reunidos, após o advento do cristianismo, ao que se convencionou chamar de **Novo Testamento** (evangelhos, epístolas etc.) para compor a **Bíblia**, fundamento literário da teologia cristã. O Antigo Testamento está redigido na maior parte em hebraico (com alguns trechos em **aramaico**), enquanto o Novo Testamento foi integralmente redigido em **grego**, a língua de cultura internacional que prevaleceu no Oriente Médio e no Egito desde as conquistas de Alexandre Magno (século 4 AEC) até a expansão árabe no século 7 EC. Embora fossem judeus sob domínio político do Império Romano, os autores do Novo Testamento recorreram ao grego por ser essa, na época, a língua mais empregada para a difusão de ideias na parte oriental do império, além de ser cultivada como língua de erudição pela aristocracia romana.

O impacto da língua do Antigo Testamento sobre a cultura europeia se demonstra, por exemplo, na afirmação do poeta **Dante Alighieri** (c. 1265-1321) de que "foi portanto hebraico o idioma que encontrou realização nos lábios do primeiro falante" (*De vulgari eloquentia*, I), sendo o primeiro falante Adão, conforme o relato do Gênesis. De fato, durante um longo período, prevaleceu a crença de que o hebraico tivesse sido a primeira língua falada na Terra e até mesmo a língua da própria divindade, e que a diversidade das línguas humanas deriva do castigo imposto aos homens que tentaram alcançar o céu ao construírem a Torre de Babel. É comum, porém, a diversas tradições religiosas considerar a língua dos textos sagrados como o idioma da divindade criadora, o que tem colaborado para a tentativa de preservação dessa língua em sua forma mais "original" e "pura", como já se viu aqui no caso das tradições gramaticais da Índia e do mundo islâmico.

O papel central ocupado pelos textos religiosos fez com que filologia, filosofia e teologia se fundissem numa única disciplina na tradição judaica. O caráter sagrado atribuído ao hebraico exigia um estudo mais apurado do ensinamento e da lei transmitidos pela divindade em lugar do funcionamento da língua em si mesma.

Embora os livros bíblicos façam referência a possíveis eventos históricos que remontam aos séculos 13-12 AEC, foi somente no século 5 AEC, após o retorno dos judeus de seu **exílio na Babilônia**, que se iniciou a compilação, por escrito, do grande repertório tradicional, transmitido durante séculos por via oral e também, em parte, por escrito.

A **Torah** (do hebraico: "doutrina, lei, instrução"), chamada pelos cristãos de **Pentateuco** (de uma palavra grega que significa "cinco livros"), deve ter recebido sua forma escrita atual entre 600 e 400 AEC. São os cinco primeiros livros da Bíblia, conhecidos no cristianismo pelos nomes de *Gênesis, Êxodo, Levítico, Número* e *Deuteronômio*, que recebem em hebraico nomes que correspondem às primeiras palavras de cada um: *Bereshit* ("No princípio"), *Shemot* ("Nomes"), *Vayikra* ("Ele chamou"), *Ba Midbar* ("No deserto") e *D'varim* ("Palavras"). Sua autoria é tradicionalmente atribuída a **Moisés**, um personagem mítico que muito possivelmente nunca teve real existência histórica. O consenso dos estudiosos hoje em dia é de que a Torah tem múltiplos autores e que sua composição levou vários séculos. As análises textuais revelam que o primeiro esboço abrangente do Pentateuco foi composto no final do século 7 ou início do 6 AEC, tendo sido mais tarde expandido pelo acréscimo de diversas narrativas e códigos de leis, até se configurar no conjunto que conhecemos hoje em dia. As histórias que compõem a Torah procedem de quatro fontes escritas diferentes, reunidas para compor os cinco primeiros livros da Bíblia. Cada uma dessas fontes ou tradições textuais apresenta características próprias que permitem identificá-las dentro do conjunto dos textos.

A fonte de mais fácil identificação é a que forneceu uma moldura de conjunto ao Pentateuco — é a chamada tradição **sacerdotal**. Caracteriza-se por sua predileção pelos números, pelas genealogias, pelas listas de nomes e por seu marcado interesse pelo culto e pela liturgia. Decerto provém de um ambiente sacerdotal e é designada pelos estudiosos com a letra **P** (do alemão *Priester*, "sacerdote"). A primeira narrativa da criação que aparece no *Gênesis* (1,1 a 2,3) decorre dessa tradição

Uma segunda tradição textual é a chamada **deuteronomista** (representada pela letra **D**) e, como o próprio nome indica, é a responsável pela elaboração do livro chamado *Deuteronômio* (palavra grega que significa "segunda lei", sendo a primeira lei a que está codificada no *Levítico*). Além do livro que lhe dá nome, essa tradição textual está presente também em *Josué, Juízes, Samuel, Reis* e *Jeremias*.

Uma terceira fonte, mais antiga, recebe o nome de **javista** (indicada por um **J**), porque nela a divindade é chamada de *Yahweh* (ou *Javé*, em forma aportuguesada), que é o nome próprio do deus único dos hebreus. A ela devemos o segundo relato da criação (Gênesis 2,4-2,24). Por fim, existe a chamada tradição **eloísta** (letra **E**), assim chamada porque nela a divindade é referida como *elohim*, um substantivo comum plural ("deuses") cujo singular é *eloah* ("deus"). A essa tradição se deve a história do sacrifício de Isaac e uma grande porção da história de José (ambas no *Gênesis*).

Uma das grandes tarefas dos **rabis** (*rabbi*, "meu mestre") foi estabelecer a leitura correta do texto bíblico. O sistema de escrita do hebraico (como também o do árabe), herdado do fenício, só registra as consoantes das palavras. Para evitar interpretações errôneas ou contrárias à doutrina, sábios autorizados se dedicaram a fixar a pronúncia correta dos textos.

O texto consonantal da Bíblia hebraica tinha sido fixado, em sua essência, desde pelo menos o século 2 EC. Para a fixação do sentido, contribuíram os eruditos chamados **massoretas**, assim chamados por terem se ocupado da **Massorá** (*Masorah*, "tradição"), "conjunto de comentários críticos e gramaticais (soletração, vocalização, divisão em orações e parágrafos etc.) sobre a Bíblia hebraica, feitos por doutores judeus com o objetivo de determinar a forma correta do texto escrito, mantendo-lhe a pureza e evitando que ocorram alterações em sua transmissão" (*Dicionário Houaiss da língua portuguesa*).

Os massoretas, que desenvolveram seu trabalho entre 750 e 900 EC, trataram de superpor, em seus códices, um sistema de símbolos para indicar a pronúncia exata e correta. Para tanto, eles se inspiraram em precedentes cristãos. A igreja de língua aramaica, estabelecida na Síria, se preocupou com o declínio do conhecimento dessa língua diante da expansão do grego e, mais tarde, do árabe. Para garantir a leitura dos textos religiosos em aramaico, desenvolveu-se um sistema que usava sinais diacríticos e/ou três letras vogais gregas dispostas em torno da palavra para orientar as pessoas que, sem grande domínio do aramaico, iam ler os evangelhos em voz alta. O códice mais antigo que se conhece com essas marcas data de 411, e o sistema foi gradualmente estendido para toda a versão em **siríaco** (dialeto do aramaico) da Bíblia, conhecida pelo nome de **Peshiṭta**.

A partir do texto bíblico hebraico estabelecido pelos massoretas, **André Chouraqui** (1917-2007) empreendeu uma tradução para o francês que se distancia muito dos textos mais conhecidos, especialmente o grego da LXX (*Septuaginta*) e o latino da *Vulgata*. A tradução de Chouraqui aproxima o leitor de hoje da forma original, em versos, assim como da sintaxe e do léxico do hebraico antigo. Como se vê na epígrafe que escolhemos para este capítulo, no lugar do tradicional "língua", Chouraqui emprega "lábio" (*lèvre*, em francês), deixando transparecer a metáfora hebraica, obscurecida pelas traduções que se firmaram na cultura ocidental. É verdade que *língua* também é uma metáfora (do órgão muscular, concreto, para o sistema abstrato de regras que comandam um idioma particular), mas ela já se banalizou na cultura ocidental, ao contrário de *lábio*, que oferece uma imagem inusitada para representar tanto "língua" quanto "idioma".

Os massoretas se agrupavam em diferentes escolas, mas uma delas terminou por ganhar proeminência, a que teve à sua frente **Aaron ben Moses**

ben Asher, da cidade de Tiberíades (morto em ±960). Os estudiosos dessa escola produziram, no ano de 930, um texto completo da Bíblia hebraica, devidamente anotado. À margem dos textos, esses massoretas anotaram tudo o que diz respeito às palavras e ao vocabulário, com as variantes de acentuação, as anomalias etc., assim como deixaram indicações sobre a pronúncia. Para assinalar a pronúncia, inseriram pontos-vogais nas letras dos textos que, como já vimos, se compunham só de consoantes, e também acrescentaram a acentuação. A partir desse trabalho crítico, passa a existir uma única maneira de ler o texto. Ao mesmo tempo, as anotações assinalam o ritmo e a entonação adequados para essa leitura e permitem recuperar a maneira de salmodiar (recitar) o texto.

Entre 1946 e 1956, foram encontrados, por um lance do acaso, mais de novecentos textos, conservados em onze cavernas próximas da margem ocidental do rio Jordão, na região de um antigo assentamento chamado Qumran. Conhecidos como Manuscritos do Mar Morto, constituem uma das mais importantes descobertas arqueológicas por causa de seu valor histórico, religioso e linguístico. Os textos foram escritos em papiro, pergaminho e chapas de cobre. A maioria deles está em hebraico, alguns em aramaico e uns poucos em grego. Compreendem trechos das escrituras hebraicas tradicionais (40%), além de outros textos até então desconhecidos. A datação mais aceita é a que situa os manuscritos entre 408 AEC e 319 EC. Desde sua descoberta, têm sido analisados, editados e traduzidos por estudiosos de várias nacionalidades.

Os manuscritos de Alepo (Síria), datados de 930, e o de São Petersburgo (Rússia), concluído em 1008, têm por base o trabalho da escola de Ben Asher. A primeira edição completa do Antigo Testamento hebraico veio à luz na Itália em 1488, mas ainda sem a divisão em capítulos e versículos. Somente em 1661 surgirá uma Bíblia hebraica equipada com a numeração de capítulos e versículos, adotada da Bíblia cristã latina (a **Vulgata**). A numeração dos capítulos aparece pela primeira vez na Bíblia latina no século 13, em Paris. A subdivisão em capítulos é obra do erudito francês **Robert Estienne**, em sua impressão da Bíblia de 1557 |4.7|.

A mais antiga versão grega do **Antigo Testamento** foi empreendida no **Egito**, decerto em Alexandria, no período **helenístico** |2.11|, utilizando a **coiné**, ou seja, o "grego comum" que se constituiu depois da expansão da língua e cultura gregas graças às conquistas de **Alexandre Magno**. Uma narrativa tradicional conta que a tradução foi encomendada por **Ptolomeu II Filadelfo** (285-247 AEC), rei do Egito de origem grega, a setenta rabinos — segundo uma versão — ou a seis rabinos de cada uma das doze tribos de Israel, o que daria um total de 72 tradutores, razão pela qual essa tradução é conhecida como **Bíblia dos LXX** ou

Septuaginta, em latim. Os cinco primeiros livros (o **Pentateuco**) foram traduzidos em meados do século 3 AEC e o restante do Antigo Testamento, entre 200 AEC e 50 EC. Essa tradução exerceu forte impacto cultural na Antiguidade, especialmente depois que o hebraico deixou de ser falado: as citações do Antigo Testamento que constam do **Novo Testamento** (todo redigido em grego) provêm dessas traduções antigas.

BOX 1B: O HEBRAICO ONTEM E HOJE

O hebraico é uma língua que apresenta uma história muito peculiar, reflexo da história conturbada do próprio povo judeu. No ano de 597 AEC, o exército do rei **Nabucodonosor II**, soberano do chamado Império Neobabilônico, conquistou a cidade de **Jerusalém**, capital do reino de Judá. A cidade foi arrasada, e grande parte da população do reino foi obrigada a partir rumo ao **exílio na Babilônia**. Durante o cativeiro babilônico, muitos judeus aprenderam o **aramaico**, uma língua semítica aparentada ao hebraico, empregada pelos conquistadores. Mais tarde, em 539 AEC, o rei persa **Ciro I** conquistou os territórios babilônios e permitiu que os judeus regressassem à Palestina. Nessa fase, o aramaico já tinha se tornado uma **língua franca**, isto é, uma língua empregada como meio de comunicação por povos com línguas maternas diferentes. Dela também se serviu o império persa como idioma de administração.

A partir desse período, começa o declínio do hebraico como língua falada no cotidiano das pessoas. A língua tende a ficar cada vez mais confinada aos usos litúrgicos, à leitura dos textos sagrados e a outros empregos mais formais.

No início da Era Comum, o aramaico era a principal língua falada pelos judeus de Samaria, da Babilônia e da Galileia, enquanto os judeus letrados falavam e escreviam em grego. **Jesus Cristo** certamente pregou em aramaico. Algumas comunidades judaicas, como os saduceus, os fariseus, os escribas, os zelotes e os sacerdotes se apegavam ao hebraico e insistiam em seu uso, e a maioria dos judeus preservava sua identidade através de cânticos em hebraico e de citações proverbiais extraídas dos textos bíblicos.

Entre 132 e 136 EC, os judeus se revoltaram contra a dominação romana. Liderados por **Simão Bar Kokhba**, conseguiram sustentar a rebelião por cerca de dois anos. A resposta do imperador **Adriano** foi implacável: um grande exército romano foi enviado à Judeia, os revoltosos foram eliminados e centenas de milhares de judeus morreram na guerra. A província ficou devastada. Os sobreviventes foram obrigados a se dispersar, proibidos de ir a Jerusalém. Assim teve início a longa história da **diáspora** judaica e das perseguições, discriminações e campanhas de extermínio sofridas pelo povo judeu nos diferentes territórios em que se estabeleceu, história que teve seu trágico apogeu no genocídio promovido pelo nazismo durante a Segunda Guerra Mundial (1939-1945), em que milhões de judeus da Alemanha, França, Polônia, Hungria, Rússia e outros países foram assassinados em campos de concentração.

Depois de muitos séculos relegado a usos litúrgicos, o hebraico conheceu um verdadeiro renascimento, sobretudo na primeira metade do século 19, quando um movimento chamado **Haskalah** ("Iluminismo"), centrado na Alemanha, se dedicou a transformá-lo em língua literária. Já no final do mesmo século, o ativismo de **Eliezer Ben-Yehuda** (1858-

-1922, nascido na atual Bielorrússia numa região então pertencente à Lituânia) se empenhou em fazer do hebraico uma língua moderna falada.

O principal resultado do empenho literário dos intelectuais judeus durante o século 19 foi uma modernização do léxico hebraico. Palavras e expressões novas foram adaptadas como neologismos extraídos do amplo patrimônio escrito da língua, a começar do Pentateuco e dos demais livros bíblicos. Também houve empréstimos tomados do árabe, do aramaico antigo e do latim. Muitas palavras novas vieram diretamente de línguas europeias, ou foram adotadas com adaptações, sobretudo do inglês, do russo, do alemão e do francês. O hebraico moderno se tornou uma das línguas oficiais da Palestina sob controle britânico em 1921, ao lado do inglês e do árabe. Quando, em 1948, foi criado o Estado de **Israel**, essa língua revivificada se tornou a oficial no novo país.

O ressurgimento do hebraico ou, mais precisamente, sua transformação de língua ritual e quase apenas escrita em idioma falado no dia a dia das pessoas para toda sorte de interação verbal é um caso excepcional na história das línguas humanas.

CAPÍTULO 2

Grécia e Roma

da filosofia à gramática e além

> Os gregos foram os primeiros europeus a estudar a língua sistematicamente, e não apenas isso: identificaram várias das questões que têm ocupado os linguistas até os dias de hoje — a origem da linguagem, a natureza do signo linguístico, a relação entre língua, pensamento e realidade, a relação entre som e sentido, as causas da mudança linguística e a análise e descrição da estrutura linguística. É extraordinário que no espaço de três gerações um pequeno grupo de pessoas tenha podido estabelecer a pauta para boa parte da história intelectual subsequente no Ocidente e da linguística ocidental em particular.
>
> Vivien Law (2003: 13)

Introdução

Como praticamente todas as demais áreas de conhecimento que se instituíram na Europa, os estudos linguísticos nessa parte do mundo também se iniciaram com os gregos. Quando fazemos uma rápida lista dos termos técnicos empregados até hoje fica evidente o profundo impacto que o pensamento grego exerceu (e ainda exerce) sobre os estudos da linguagem: *alfabeto, gramática, fonema, morfema, sistema, semântica, pragmática, sintaxe, léxico, retórica, lógica, dialética, metaplasmo, ortografia, analogia, metáfora, metonímia, sinônimo, antônimo, homônimo, crase, síncope, paradigma, sintagma*... sem contar todos aqueles que nos foram legados pelos latinos mediante traduções literais do grego.

2.1 A revolução do alfabeto

As origens da civilização grega remontam ao século 12 AEC, mas esse período inicial é pouco conhecido. A partir do século 9 AEC, os gregos

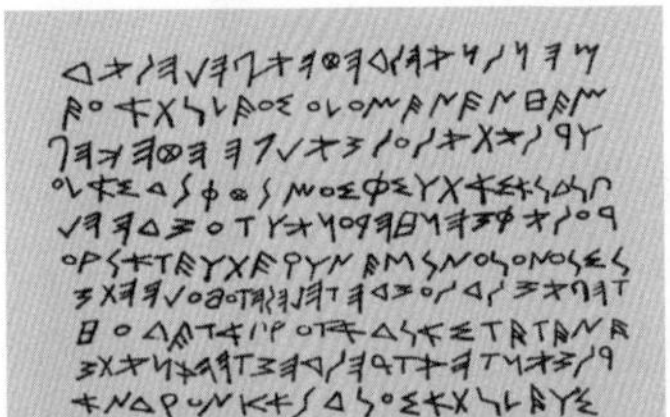

Reconstituição hipotética dos primeiros cinco versos da Ilíada no alfabeto grego primitivo. A primeira linha era lida da direita para a esquerda; a segunda, da esquerda para a direita, e assim por diante. Esse trajeto da leitura era chamado *bustrofédon* ("a volta do boi") porque se assemelhava ao movimento dos bois que puxavam o arado nas plantações. Esse alfabeto arcaico deve ter sido adotado entre os séculos 9 e 8 AEC. No ano de 403 AEC, foi adotada uma nova versão, ancestral do moderno alfabeto grego em que se reproduz, a seguir, os sete primeiros versos da Ilíada, lidos da esquerda para a direita, como fazemos hoje:

Μῆνιν ἄειδε, θεά, Πηληιάδεω Ἀχιλῆος
οὐλομένην, ἣ μυρί' Ἀχαιοῖς ἄλγε' ἔθηκε,
πολλὰς δ' ἰφθίμους ψυχὰς Ἄϊδι προΐαψεν
ἡρώων, αὐτοὺς δὲ ἑλώρια τεῦχε κύνεσσιν
οἰωνοῖσί τε πᾶσι· Διὸς δ' ἐτελείετο βουλή·
ἐξ οὗ δὴ τὰ πρῶτα διαστήτην ἐρίσαντε
Ἀτρεΐδης τε ἄναξ ἀνδρῶν καὶ δῖος Ἀχιλλεύς.

"Canta, ó deusa, a cólera
de Aquiles, o Pelida
(mortífera!, que tantas dores
trouxe aos Aqueus
e tantas almas valentes de
heróis lançou no Hades,
ficando seus corpos como
presa para cães e aves
de rapina, enquanto se cumpria
a vontade de Zeus),
desde o momento em que
primeiro se desentenderam
o Atrida, soberano dos homens,
e o divino Aquiles."

Tradução de Frederico Lourenço (2013)

adotam e modificam o sistema de escrita inventado pelos fenícios e criam o primeiro **alfabeto**, que servirá de modelo para os diversos alfabetos posteriores, com especial destaque para o *alfabeto latino* que é, hoje em dia, aquele empregado no maior número de países. Os gregos foram os primeiros a elaborar um verdadeiro *alfabeto*, capaz de registrar os diferentes sons da língua (consoantes e vogais). Os fenícios, que inventaram a escrita alfabética, não representavam as vogais (como se faz até hoje em outras línguas semíticas, como o hebraico e o árabe |1.3; 1.4|), mas somente as consoantes, deixando para o leitor a tarefa de deduzir, pelo contexto da palavra, as vogais que deveriam estar ali representadas:

> Os gregos não podem alegar ter inventado a escrita; mas ao elaborar um alfabeto, no sentido moderno do termo, representando separadamente todos os segmentos distintivos, tanto vogais quanto consoantes, eles podem reivindicar ter aberto um terreno novo em sua aplicação na ciência linguística. O que os gregos fizeram, essencialmente, foi empregar certos símbolos consonantais do sistema fenício para sons consonantais não usados distintivamente em grego e com eles representar sons vogais do grego. Assim, 𐤀 (aleph), que representava /ʔ/ se tornou a letra grega *A* (*alpha*) para o fonema vogal /a/. Esse evento histórico muito importante tem registro mítico: conta-se que Cadmo trouxe a escrita de além-mar, um reconhecimento portanto das origens estrangeiras do alfabeto grego histórico (Robins, 1967: 12-13).

Além da representação das vogais, o sistema de escrita dos gregos também possibilitou, com o passar do tempo, representar graficamente vários dos pormenores fonéticos da língua: a sílaba tônica, o *espírito rude* ou *brando* de uma vogal inicial (isto é, se era precedida ou não de uma aspiração), a crase (fusão de duas vogais numa só), a diérese (não ditongação das semivogais [i̯] e [u̯] quando juntas de outras vogais) etc. Esses sinais especiais são chamados **diacríticos** (termo derivado do verbo grego *diakrínō*, "separar, distinguir"). Todo esse aparato gráfico permitiu a tomada de consciência não só da **fonologia** (o conjunto dos sons distintivos), mas principalmente da **morfologia** (a formação das palavras) da língua, graças precisamente à visibilidade que ela adquiriu ao ser registrada por escrito. Veja na página anterior os sete primeiros versos da *Ilíada* de Homero em edição moderna e observe os diversos sinais que aparecem sobre as vogais (semelhantes aos nossos acentos).

Para se ter uma melhor ideia da importância da escrita alfabética para a reflexão consciente sobre o funcionamento da língua, uma comparação com a **escrita chinesa** pode ser muito instrutiva. Desde seus primórdios documentados (século 12 AEC), a língua chinesa tem sido escrita por meio de **logogramas**, isto é, símbolos que representam uma palavra, ao contrário da escrita alfabética, que se vale de **fonogramas**, símbolos que tentam representar os sons da língua:

申 (*shēn*) = explicar

Observe a diferença entre o logograma chinês e a palavra escrita *explicar*. Em *explicar*, cada letra tenta reproduzir os sons individuais presentes na palavra, tanto que (neste caso, mas nem sempre, como se sabe), a cada letra corresponde um som: *explicar* [esplikah]. Além disso, é possível dividir a palavra em seus morfemas:

(i) o radical *explic-*;
(ii) a vogal temática *-a-*, característica da 1ª conjugação verbal;
(iii) a terminação *-r*, própria dos infinitivos verbais.

O mesmo radical aparece em *explic-o, explic-a-ção, explic-a-va-s, explic-a-d-inh-a-s* etc. Em chinês, no entanto, o símbolo não deixa ver nada disso. Desse modo,

> O estudo da morfologia e o da sintaxe têm um papel insignificante na linguística tradicional chinesa. É interessante notar que a primeira gramática sistemática *chinesa* da língua chinesa só apareceu em 1898 (*Mashi wentong*: a gramática abrangente de

Além da impossibilidade de visualização dos componentes da palavra em seu sistema de escrita, é preciso lembrar também que a língua chinesa é praticamente desprovida de morfologia. A palavra *shēn*, na verdade, não corresponde apenas ao infinitivo "explicar", mas a todas as dezenas de formas possíveis que esse verbo pode assumir em português. Em chinês, a grande maioria dos morfemas são monossilábicos. Essa característica da língua, combinada com seu sistema de escrita, decerto contribuiu para o pouco interesse de seus estudiosos nativos pela investigação morfossintática. O filósofo da linguagem alemão **Wilhelm von Humboldt** (1767-1835) |6.4.1| defendeu a tese de que a escrita alfabética era "superior" a outros sistemas gráficos exatamente por permitir a representação das transformações que as palavras sofrem nas línguas flexionais, línguas que, também na sua opinião, eram mais "desenvolvidas" que as outras dos tipos aglutinante e isolante (como o chinês). São opiniões, não há dúvida, derivadas de um claro etnocentrismo, próprio da visão ocidental acerca das culturas e das línguas não europeias.

Ma Jianzhong) e que ela representa uma tentativa bastante exitosa de aplicar as categorias da gramática latina ao chinês. A falta de interesse da parte dos linguistas tradicionais chineses pela pesquisa sistemática da estrutura interna das palavras e pelas funções das palavras na sentença é, sem dúvida, condicionada pela natureza logográfica da escrita, que não oferece nenhuma pista para a análise interna da palavra (Malmqvist, 1994a: 2).

Ao contrário, em grego, a percepção, por exemplo, das diferenças entre as formas *οἰκί-ᾱ, οἰκ-ᾱς, οἰκί-ᾳ, οἰκί-ᾱν, οἰκί-αι, οἰκι-ῶν, οἰκί-αις* permitiu deduzir a existência de um radical *οἰκί-* ("casa"), ao qual eram acrescentadas terminações que variavam de acordo com o **caso** gramatical da palavra, isto é, se ela exercia, na sintaxe, as funções de sujeito, objeto direto, objeto indireto, adjunto adverbial etc. Esse exercício de análise terá fundamental importância na constituição da disciplina gramatical, que se apoia (até hoje) em paradigmas de declinação dos nomes e de conjugação dos verbos, com a apresentação dos radicais e das terminações que podem receber. Embora estejamos muito habituados a esse procedimento didático, ele constituiu uma inovação teórica extremamente original, na medida em que permitiu a **abstração** de formas "subjacentes", que só existem como entidades virtuais: *οἰκί-* não existe como realização concreta na língua, mas é o processo de **dedução**, a partir dos usos empíricos *οἰκίᾱ, οἰκίᾱς, οἰκίᾳ, οἰκίᾱν, οἰκίαι, οἰκιῶν, οἰκίαις* que permitiria formalizar, mais tarde, em termos exclusivamente **noéticos**, o conceito de *radical* ou *raiz*. Esse exercício intelectual foi o movimento que pôs em marcha toda a reflexão gramatical posterior no Ocidente. Muito embora os gramáticos gregos e, depois deles, os latinos não tenham desenvolvido análises morfêmicas nem postulado o conceito de **morfema** propriamente dito, que se firmará no século 19 |6.72|, o estudo sistemático que fizeram das declinações dos nomes e das conjugações verbais demonstra que, intuitivamente, tinham percebido o modo como as palavras se compunham.

Noético: relativo ao intelecto, à mente; racional; caracterizado pela atividade intelectual. O conceito de *raiz* surgirá no período renascentista sob influência do hebraico e do árabe |4.4|.

Dois importantes fatos históricos vão transformar radicalmente os destinos da civilização de língua grega. O primeiro deles é a vitória dos gregos sobre os persas na **batalha de Salamina** em 480 AEC. O segundo é a campanha de conquistas levada adiante por **Alexandre Magno**, morto em 323 AEC.

Precisamente entre essas duas datas simbólicas é que a civilização grega atinge uma fase conhecida como Idade de Ouro ou Época Clássica de sua história. São as "três gerações" a que se refere a historiadora britânica da linguística **Vivien Law** (1954-2002) na epígrafe deste capítulo. É pouco mais de um século e meio, mas o florescimento intelectual é enorme e vai deixar marcas profundas na cultura ocidental. Se recuarmos esse período um pouco mais para trás e o remontarmos até o final do século 6 AEC, é nele que vamos encontrar em atividade os maiores nomes da ciência, da filosofia e da literatura gregas: **Heráclito, Protágoras, os sofistas, Pitágoras, Sócrates, Platão, Aristóteles**, na filosofia; **Sófocles, Ésquilo, Eurípides** e **Aristófanes,** na dramaturgia; **Heródoto, Tucídides e Xenofonte**, na historiografia; **Sólon** e **Péricles**, na política; **Hipócrates**, na medicina; **Anacreonte, Safo** e **Píndaro**, na poesia lírica; **Demóstenes** e **Isócrates**, na retórica...

E é também nesse período de apogeu da civilização grega clássica que surgem as primeiras reflexões em torno da linguagem humana em geral e da língua grega em particular (linguagem e língua que, para os gregos, que consideravam sua cultura superior às demais, eram na verdade uma coisa só).

2.2 A palavra *gramática*

São os gregos também que vão nos legar a palavra γραμματική (*grammatiké*), derivada de *grámma*, termo geralmente traduzido por "letra". É importantíssimo ressaltar, porém, que os gregos (e, depois deles, os romanos) tinham concepções bem particulares da natureza do *grámma* (em latim: *littĕra*), tido como a menor unidade da fala (latim: *vox*; grego: *phoné*).

A palavra latina *littĕra* (tal como *grámma* em grego), apesar de estar na origem da nossa *letra*, não pode ser confundida com o conceito que designamos hoje em dia com ela. Para nós, *letra* é um simples sinal gráfico, mas para os antigos o termo representava uma entidade bem mais complexa. A *littĕra/grámma* tinha três propriedades: seu nome (por exemplo, *beta*), sua forma <β> e seu valor sonoro [b].

> Encontrar um único equivalente para *littĕra* ou *grámma* em alguma língua moderna é, portanto, quase impossível. Em momentos diferentes, os termos correspondiam a 'som da fala', 'fonema', 'letra' e 'grafema', ou a tudo isso ao mesmo tempo (Law, 2003: 61).

A mesma autora, no entanto, alerta que os antigos conseguiam distinguir a "letra" do "som da fala", quando tinham interesse em fazer a diferença. Para isso, restringiam o sentido de *littĕra* ao que chamamos "letra" e o contrastavam ao sentido do termo *elementum* (em grego: *stoikheion*), "elemento, unidade mínima". Assim, não é correto alegar que os autores da Antiguidade confundiam letra e som: "Na maioria dos textos antigos, fica bastante claro o que se quer dizer" (*id. ibid.*). Ainda no século 19, quando tem início a fase dita "científica" da linguística, a maioria dos autores continuava a usar *letra* indiferentemente para o som e para o sinal gráfico — somente no final desse século, com o desenvolvimento da fonética e da fonologia e com a criação e uso do termo *fonema*, é que se traçará definitivamente a linha divisória entre som da fala e sinal da escrita |6.7|. Não admira, portanto, que até hoje a grande maioria das pessoas não distinga essas duas entidades e diga coisas como "ele troca o L pelo R", quando o que se troca é o som [l] pelo som [r] — até porque a letra <r>, em português brasileiro por exemplo, pode representar diversos sons bem diferentes entre si.

Assim, embora seja comum dizer que a palavra *grammatiké* (em geral qualificando *tékhnē*, "arte", em *tékhnē grammatikḗ*, "arte da gramática") possa ser traduzida como "estudo da língua escrita", essa tradução só é válida, como vamos ver, para a **gramática alexandrina**, surgida no século 3 AEC. Os filósofos anteriores a esse período — Platão, Aristóteles, os estoicos — usavam o termo *grámma* para designar ao mesmo tempo *unidade da fala* e *unidade da escrita* e elaboraram refinadas teorias filosóficas para explicar a relação entre essas duas entidades, relação que para eles estava longe de ser simples e direta, mas comportava implicações psíquicas, lógicas e até metafísicas.

2.3 O lugar da linguagem na filosofia grega

A complexidade do pensamento dos filósofos gregos acerca da linguagem fica bem evidente no termo que eles empregavam para tratar do tema: λόγος (*lógos*). A partir das formulações de **Heráclito** (540?-480? AEC) e do tratamento dado ao termo *lógos* pelos filósofos posteriores a ele, essa palavra pode significar, a cada ocorrência, e até ao mesmo tempo, "razão", "inteligência universal", "lei do pensamento", "regra lógica", "lei cósmica", "discurso", "fala", "palavra", "frase com significado completo", "estudo" etc. Para os filósofos gregos, esse *lógos* era apenas o ponto de partida para um empreendimento intelectual muito mais ambicioso e, no entendimento deles, muito mais nobre. Investigando o funcionamento da linguagem, eles acreditavam ser possível desvendar

A partir dessa noção de "inteligência cósmica", o *lógos* vai ser identificado pelos teólogos cristãos com o próprio Verbo divino, a Palavra de Deus que cria o mundo e tudo o que existe nele. Assim, o primeiro versículo do evangelho de João declara: "*En arkhé en ó lógos, kai ó lógos en prós ton Théon, kai Théos en ó lógos*" / "*In principio erat Verbum, et Verbum erat apud Deum, et Deus erat Verbum*" / "No princípio era o Verbo, e o Verbo se voltava para Deus, e o Verbo era Deus".

o funcionamento da ψυχή (*psykhé*: "alma", "espírito", "pensamento"), ou seja, decifrar a organização da **mente** humana. O *lógos* tinha, assim, uma dupla natureza: era *linguagem* e era também *pensamento*, de modo que, nos estudos linguísticos, a frase com sentido completo será chamada *lógos*, enquanto, nos estudos da mente, a **lógica** (palavra derivada do mesmo *lógos*) é a disciplina "que trata das formas do pensamento em geral (dedução, indução, hipótese, inferência etc.) e das operações intelectuais que visam a determinação do que é verdadeiro ou não" (*Dicionário Houaiss*). Este mesmo dicionário define *lógos*, na concepção heraclitiana, como "conjunto harmônico de leis que comandam o universo, formando uma inteligência cósmica onipresente que se plenifica no pensamento humano", pensamento que se concretiza e se exterioriza na forma de palavra, fala, discurso:

> **Estrangeiro**: Ora bem, **pensamento** [*diánoia*] **e discurso** [*lógos*] **são a mesma coisa**, só que o primeiro, que é uma conversa silenciosa e íntima da alma consigo mesma, recebeu o nome especial de *pensamento*. Não é verdade?
>
> **Teeteto**: É verdade.
>
> **Estrangeiro**: E a corrente que sai dela pela boca, por meio de sons, recebe o nome de discurso [*lógos*] (Platão, *Sofista*, 263ε; negrito nosso).

Os filósofos gregos acreditavam que o entendimento da organização da linguagem (*lógos*) permitiria o acesso à organização da mente (*psykhé*) e que, por sua vez, a compreensão do funcionamento da mente poderia levar a um entendimento da organização do mundo natural (φύσις, *phýsis*) e daí, à organização do próprio universo (κόσμος, *kósmos* — palavra que significa, originalmente, "harmonia", "ordem", em oposição a

O orador, filósofo e político romano **Marco Túlio Cícero** (106-43 AEC), ciente da ambivalência do termo grego único *lógos*, subdividiu-o em dois termos-conceitos latinos: *ratio* (de onde provém o português *razão*, "atividade mental, raciocínio") e *oratio* (de onde provém o português *oração*, com o sentido de "discurso, atividade de linguagem"):

Est enim primum quod cernitur in universi generis humani societate. Eius autem vinculum est ***ratio et oratio****, quae docendo, discendo, communicando, disceptando, iudicando conciliat inter se homines coniungitque naturali quadam societate, neque ulla re longius absumus a natura ferarum, in quibus inesse fortitudinem saepe dicimus, ut in equis, in leonibus, iustitiam, aequitatem, bonitatem non dicimus; sunt enim* ***rationis et orationis*** *expertes* (*De officiis*, I, 50).

O primeiro princípio é o que se encontra na conexão subsistente entre todos os membros da raça humana. E esse vínculo são o raciocínio e a linguagem, que pelos processos de ensino e aprendizagem, de comunicação, discussão e juízo associam os homens e os unem em uma espécie de fraternidade natural; em nenhum outro particular estamos mais distantes da natureza dos animais; pois admitimos que eles podem ter coragem (cavalos e leões, por exemplo); mas não admitimos que eles tenham justiça, equidade e bondade; pois não são dotados de raciocínio ou linguagem (*Dos deveres*, I, 50).

χάος, *kháos*, o "caos", a desordem, o vazio). Como escreve, por exemplo, Maria Helena de Moura Neves a respeito da reflexão linguística de Aristóteles, "o ponto fundamental da teoria aristotélica das categorias é o pensamento da estrutura da língua como *correspondência* da estrutura do mundo" (1987: 69).

Haveria portanto, entre os diferentes níveis de análise, uma relação *especular* (do latim *spéculu-*, "espelho"), em que a organização e o funcionamento de cada um dos objetos investigados seria um *reflexo* da organização e do funcionamento dos demais objetos, numa gradação hierárquica.

Por ser de acesso mais imediato, o *lógos*, o discurso (linguagem portadora de razão), será o ponto de partida da investigação, a entidade menos nobre da hierarquia dos filósofos gregos. De fato, no que diz respeito a Platão, por exemplo, como nos explica M. H. M. Neves (2002: 19-20),

> a linguagem não é o fim último da investigação platônica. Pelo contrário, na filosofia platônica, a linguagem é considerada apenas como um fraco auxiliar para se chegar ao *autó*, isto é, à própria 'coisa', ao objeto verdadeiramente real e cognoscível. Entre os cinco elementos que tornam possível o conhecimento [...], o nome ocupa o degrau inferior, e o *lógos* (que é a definição, a proposição), o degrau imediatamente seguinte. Por eles (isto é, pela linguagem) se chega à imagem (o *eídolon*), terceiro degrau, e só então se sobe à ciência (*epistéme*), à inteligência (*noûs*) e à opinião verdadeira (*alethés dóxa*), que estão na alma, não possuem modo sensível de existência e, por isso, escapam ao mutável (que está no nome, que está no *lógos*, que está na imagem); aí beiram a essência imutável, verdadeira, estável, sempre idêntica a si mesma, que é a própria coisa (o *autó*). Isso quer dizer que a linguagem já supõe a existência das coisas, e nem nome, nem *lógos*, nem imagem tem nenhuma fixidez. [...] E a linguagem é, pois, algo inferior.

Assim, nas palavras do próprio filósofo (*Carta VII*, 342e):

> os quatro [fatores que conduzem ao conhecimento] manifestam tanto a qualidade quanto o ser de cada coisa *por meio da debilidade da linguagem* [*dia to tōn logōn asthenes*] [grifo nosso].

Relegar a linguagem ao plano mais baixo, como o mais fraco dos instrumentos que permitem o acesso à essência verdadeira das coisas, é perfeitamente coerente com os princípios da filosofia platônica, na qual o conhecimento mais importante não é aquele que pode ser captado pelos sentidos físicos, mas somente o que pode ser apreendido pela inteligência.

Os três primeiros degraus se encontram no mundo concreto, no mundo sensível-sensual-sensorial, daquilo que pode ser percebido pelos sen-

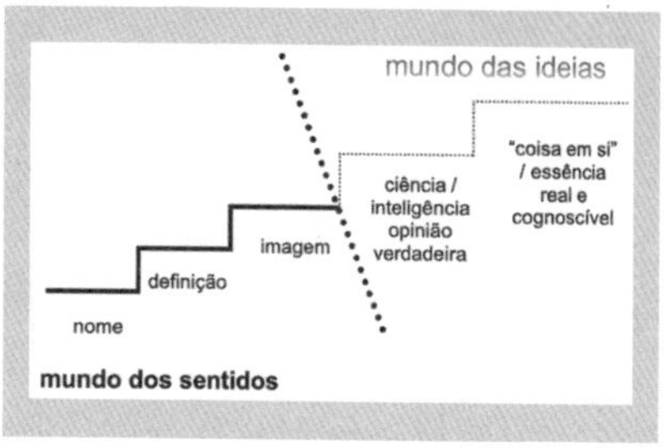

tidos — ou seja, o mundo dos *fenômenos* (do grego φαινόμενον, *phainómenon*, termo derivado do verbo *phaíno*, "aparecer, revelar-se, ser perceptível"). Os dois últimos se encontram no mundo inteligível, do espírito, ao qual só se tem acesso por meio do exercício intelectual, do raciocínio, da abstração, mundo onde habitam as Formas Ideais da filosofia platônica — ou seja, o mundo dos *númenos* (do grego νοούμενον, *noúmenon*, particípio presente do verbo νοέω, *noéo*, "pensar", "raciocinar"), que o filósofo alemão **Immanuel Kant** (1724-1804) vai chamar de "coisa em si" (*Ding an sich*) |6.1.2|. A oposição *corpo* x *alma* também pode ser incluída nessa hierarquia platônica, como faz, aliás, o próprio filósofo. Para ele, a realidade sensível é como a imagem, a figura, que representa, de modo imperfeito, a verdadeira essência dos objetos. É preciso ultrapassar essa cópia, essa imitação (*mimésis*), e buscar o *ser* autêntico das coisas. Daí a condenação que Platão faz da poesia: ela não diz a realidade das coisas, apenas a transforma em alegorias, símbolos, metáforas, por meio da linguagem que já é, em si mesma, uma cópia imperfeita do Real.

2.4 Natureza ou convenção?

O projeto de investigação conduzido pelos gregos em torno da linguagem fazia parte, como já dissemos, de um programa filosófico maior. Para cumprir a tarefa de desvendar o funcionamento dos objetos elencados na hierarquia linguagem → mente → natureza → mundo, os filósofos tinham de se decidir, antes de mais nada, acerca de uma questão básica:

Qual a principal força que rege a ordem do mundo, a vida dos homens e suas instituições: a natureza (*phýsis*) ou a convenção (*nómos*)?

Investigando a dinâmica das coisas presentes no mundo em que os seres humanos estão imersos, os primeiros filósofos (chamados **pré-socráticos**, isto é, anteriores a **Sócrates**, o mestre de Platão) tinham identificado duas entidades poderosas: *phýsis*, a **natureza**, conjunto orgânico de forças, movimentos, energias, relações, causas, efeitos etc. que governa o mundo visível e lhe confere ordem e harmonia; e *nómos*, a crença, o costume, a **convenção** ou lei instituída pela ação racional divina ou humana. Os papéis respectivos

Essa oposição vigora até hoje em várias áreas do conhecimento humano, em que se discute os papéis respectivos que se deve atribuir à *natureza* e à *cultura* no entendimento de incontáveis fenômenos. Em inglês, a dicotomia se faz entre *nature* e *nurture* ("criação [de filhos]"). Na psicologia, por exemplo, quanto do comportamento de um indivíduo deriva da *nature* (digamos, de alguma herança genética) e quanto da *nurture* (da criação que recebeu na família)? Em termos de ideologias políticas, também é possível distinguir as correntes que atribuem os males sociais à *natureza* (por exemplo, a suposta inferioridade natural das mulheres ou das "raças" não-brancas), normalmente identificadas com a direita do espectro político, e as que tentam compreender os fenômenos sociais como, de fato, *sociais*, isto é, resultantes das interações dos indivíduos, com tudo o que elas implicam (disputas pelo poder, diferenças culturais, riqueza e pobreza etc.), ideologias alinhadas em geral à esquerda.

de *phýsis* e *nómos* (ou *thésis*, "convenção") em várias esferas da vida humana levantavam para os filósofos vários problemas complexos.

Por exemplo, na política: os Estados surgiam da necessidade natural, eram uma resposta a algum ditame da natureza, ou eram produto dos hábitos e crenças humanos? Se não eram naturais, o que explicava então haver organização política em todas as sociedades humanas? Mas, por outro lado, se os Estados derivam da natureza, por que os sistemas políticos são tantos e tão diferentes entre si? O mesmo se aplicava às leis morais: tinham fundamento na natureza, emanavam da própria realidade, ou eram simples convenções socioculturais? Por que toda sociedade humana tem a sua *ética* e, ao mesmo tempo, por que existe tanta diferença entre o que é considerado moral ou imoral, crime ou virtude, de uma sociedade para outra, de um Estado para outro? Além disso, e de maneira absolutamente inédita em todo o mundo antigo, "os gregos passaram a se perguntar se os deuses existiam por *phýsis* ou se as pessoas concordavam com a existência deles por mera convenção humana" (Law, 2003: 21). Nessa dialética entre natureza e convenção também está o germe de outra importante dicotomia, que percorre toda a história do pensamento ocidental até os dias de hoje: a disputa entre o *universal* e o *particular*, manifesta nas mais diversas concepções de *relativismo* epistemológico e na oposição a essas concepções, incluído o chamado *relativismo linguístico* |6.4.1|.

No plano da linguagem, os gregos se indagavam se a conexão entre as palavras e aquilo que elas denotam provinha da natureza, *phýsei*, ou era imposta pela convenção, *thései*. Existe alguma coisa no objeto de mundo *pedra*, por exemplo, que tenha levado as pessoas, em algum momento, a usar exatamente essa palavra para designar esse objeto? A posição de boa parte da linguística contemporânea é a de que a relação entre os nomes e as coisas é *arbitrária* |6.8.4|, isto é, existe por mera convenção social — e a prova disso é que *pedra*, em português, tem correspondentes em outras línguas que em nada se assemelham a *pedra* (grego: *lithos*; inglês: *stone*; tupi: *itá* etc.). Mas para os filósofos gregos o debate, por ser mais amplo do que a mera discussão sobre a língua, não podia ser resolvido de modo tão simples. Além disso, apesar da tese de que o signo linguístico é arbitrário, também há pesquisadores modernos que investigam os chamados **ideofones** (palavras que tentam representar em seus sons as coisas que elas denotam) e a **teoria do simbolismo sonoro** (Magnus, 2013).

2.4.1 O *Crátilo* de Platão

Essa discussão em torno da origem natural ou convencional das palavras alimenta *Crátilo*, um dos diálogos de **Platão** (428-348 AEC), considerado pelos especialistas como a primeira investigação filosófica em torno da linguagem na história do Ocidente. O subtítulo da obra exprime seu objeto de debate: *Sobre a correção dos nomes*. Nesse diálogo, o filósofo **Crátilo**, defensor da ideia de que os nomes são dados segundo a natureza das coisas, debate com o filósofo **Hermógenes**, partidário do convencionalismo. O debate é intermediado por **Sócrates** (c. 470-399 AEC), o mestre de Platão, que dá voz ao pensamento do próprio discípulo.

Sócrates escuta as defesas de cada um dos pontos de vista e vai tentando extrair de cada uma delas seu conteúdo principal, de modo a torná-lo claro para o próprio defensor. É o famoso método socrático, chamado **maiêutica**, derivado de *maia*, "parteira": Sócrates traz à luz as ideias subjacentes de cada debatedor, assim como uma parteira traz uma criança à luz (segundo a tradição, a mãe do próprio filósofo, Fenarete, exerceu o ofício de parteira). Desse modo, ele demonstra, a cada vez, que as palavras podem realmente ter origem na natureza das coisas, mas que, também, muitas delas parecem derivar de mera convenção. Assim, se ambas as posições têm comprovação, isso significa que ambas estão igualmente equivocadas ao tentar se apresentar como a única explicação possível.

Resta, no entanto, uma questão importante para a investigação filosófica: se existem palavras que refletem a realidade, como isso é possível? A resposta de Sócrates se apoia numa antiga tradição grega: a de que, num passado remoto, seres excepcionais (semideuses ou, principalmente, homens de intelecto altissimamente elevado) criaram as instituições sociais designadas para o bem geral. Cada cidade-Estado, por exemplo, alegava que suas leis próprias foram instituídas por um *nomoteta* ("legislador"), uma figura mítica que tinha organizado os costumes para impor ordem à comuni-

> SÓCRATES: Mas então, meu caro, também o nome, que por natureza se apõe a cada objeto, aquele legislador deve saber compô-lo com os sons e com as sílabas e, fixando aquilo que o nome é em si, deve criar e dispor todos os nomes, se quiser ser uma autoridade na instituição dos nomes. Se, porém, cada legislador não os compõe com as mesmas sílabas, isso não deve causar nenhuma perplexidade: tampouco cada ferreiro forja com o mesmo ferro, embora fazendo o mesmo instrumento, para o mesmíssimo fim. No entanto, desde que lhe imprima a mesma Ideia, ainda que a ponha em outro ferro, o instrumento serve bem, seja ele feito entre nós ou entre os bárbaros, não é?
>
> (Platão, *Crátilo*, 389d-390a)

> SÓCRATES: O modo, então, como devemos aprender ou encontrar as coisas é, talvez, um conhecimento que supera enormemente as minhas e as tuas capacidades. No entanto, devemos nos alegrar por estar de acordo sobre isto: as coisas devem ser aprendidas e buscadas, não a partir dos nomes, mas sim a partir delas mesmas, muito mais que dos nomes.
>
> (Platão, *Crátilo*, 439b)

dade. De igual modo, Sócrates postula que cada língua teve o seu "nomeador", um indivíduo dotado de extraordinária inteligência que lhe permitia ter uma apreensão direta da realidade. Os nomes que esse legislador instituiu refletiam em si mesmos os objetos que eles denotavam, e isso variava de um legislador para outro segundo sua capacidade de percepção e suas habilidades de traduzir suas percepções em sons da fala. Assim se explica a diferença entre as línguas: as diferentes comunidades linguísticas tiveram legisladores que diferiam em seu poder de introspecção na realidade. Assim também se explicam as divergências entre os nomes e os objetos do mundo, tanto no momento em que foram instituídos quanto, ainda mais, com as mudanças introduzidos pelo passar do tempo, devidas a coisas como a preguiça ou a busca da eufonia ("beleza no som").

É dessas conclusões que deriva, então, a posição filosófica platônica com relação à debilidade da linguagem: ela é um espelho imperfeito que desde sempre distorceu a realidade. O legislador era um ser falível, como todo ser humano, e a linguagem, como tudo o mais no universo, está sujeita à mudança. No entanto, o fato de que algumas palavras ainda pareçam refletir a realidade de maneira mais exata tem uma importante consequência epistemológica: é possível obter um conhecimento exato da realidade de forma direta, sem precisar recorrer a esses instrumentos pobres que são as palavras. O fundamental, para o filósofo, é a busca da verdade, e a verdade não está nas palavras, pobres imitações dela.

Assim, embora seja considerado como um texto fundador da filosofia da linguagem, o *Crátilo*

> lida fundamentalmente com um problema epistemológico e só secundariamente com um problema linguístico. "Como alcançamos a verdade?" é a questão básica que percorre a maior parte do pensamento de Platão. No *Crátilo*, ele investiga a alegação de que a língua tem a verdade codificada em suas próprias palavras. Tendo descartado essa alegação como apenas parcialmente verdadei-

ra, Platão segue adiante em busca de outras fontes de conhecimento. A linguagem já não lhe interessa (Law, 2003: 23).

A busca da *verdade* mais remota oculta sob as palavras é o que a filosofia platônica denomina **etimologia**. Embora, na linguística contemporânea, a etimologia seja simplesmente o estudo da origem das palavras, esse termo deriva do grego *étymon*, "verdadeiro, correto", de modo que a etimologia, no *Crátilo*, é a investigação do *sentido verdadeiro original* dos nomes. As hipóteses etimológicas contidas no *Crátilo* se tornaram célebres na história da filosofia e da linguística.

Para começar, Sócrates argumenta que as letras (isto é, como já vimos, os sons da língua) trazem em si mesmas certas propriedades que lhes permitem expressar adequadamente os conceitos:

- *α* [a] e *η* [ē], por serem "pronunciadas longas", são empregadas para reproduzir coisas largas e longas;
- *γ* [g], é usada para expressar "alguma coisa enjoativa", já que o deslizamento da língua é interrompido quando é pronunciada;
- *δ* [d] e *τ* [t], por implicarem "a compressão e a retenção do poder da língua", são adequadas à expressão de palavras que indicam uma falta ou interrupção de movimento;
- *ι* [i], para imitar "todas as coisas pequenas que podem com facilidade penetrar tudo";
- *λ* [l], uma vez que a língua "desliza" ao pronunciá-la, é mais apropriada para nomes que expressem algum tipo de deslizamento;
- *ο* [o] expressa bem o caráter redondo de algo;
- *ρ* [r] é um "instrumento para copiar todo tipo de movimento";
- *φ* [ph], *ψ* [ps], *σ* [s] e *ζ* [dz], uma vez que "todas essas letras se pronunciam com uma ejeção de hálito", são mais apropriadas para imitar "o sopro ou a respiração forte".

Segue-se uma longa enumeração de supostas etimologias de nomes (próprios e comuns), sempre propostas por Sócrates. Uma das mais célebres é a que diz respeito ao termo σῶμα [*soma*], "corpo":

> Sem alterar em nada sua forma atual, vejo mais de uma origem para essa palavra. Alguns chamam o corpo de *túmulo*, σῆμα, da alma onde esta atualmente estaria sepultada; além disso, é pelo corpo que a alma significa tudo o que quer significar e, deste modo, o nome σῆμα, que também quer dizer *signo*, é de igual modo perfeitamente adequado. Mas creio que os discípulos de Orfeu consideram o nome σῆμα relativo à dor que a alma sofre durante sua permanência

dentro do corpo em expiação de suas faltas. Assim, esse recinto corporal seria como que a prisão em que a alma é *mantida*, σώζεται [*sozetai*]. O corpo é, portanto, como indica seu nome, sem que seja necessário mudar-lhe nenhuma letra, *aquilo que conserva*, τὸ σῶμα [*tó soma*], a alma, até que ela tenha quitado sua dívida (*Crátilo*, 400 C-D).

Outro exemplo diz respeito ao nome do sol em grego, ἥλιος [*hḗlios*]:

A palavra ἥλιος se explica facilmente no dialeto dos dórios, que dizem ἅλιος [*hálios*]. Ἅλιος deve vir do fato de o sol *reunir*, ἁλίζει [*halizei*], os homens assim que se levanta, ou ainda de ele *girar perpetuamente*, ἀεὶ εἵλει [*haei eilei*], em torno da terra; quem sabe ainda porque em seu curso ele matiza de diversas cores os produtos da terra, já que *matizar* é αἰολεῖν [*aiolein*] (*Crátilo*, 409 A).

Nenhuma dessas etimologias, evidentemente, corresponde à verdadeira origem das palavras analisadas, mas essa tentativa de relacionar os sons à fonte primordial da designação das coisas continuará em voga durante muitos séculos, como se verá, por exemplo, na obra do filósofo alemão **G. W. Leibniz** (1646-1716) |5.3.2|. É somente no período iluminista que a etimologia perde esse caráter "metafísico" e ganha o rigor científico que tem hoje — o abandono da busca da "verdade" está magistralmente expresso no verbete *etimologia* da grande *Enciclopédia* produzida na França na segunda metade do século 18 |5.9.3|.

2.5 Gregos e bárbaros

A principal crítica retroativa que se costuma fazer aos gregos, no campo da linguagem, é o seu entranhado **etnocentrismo**, isto é, o absoluto desprezo que tinham pelas outras línguas, pelas outras culturas, pelos outros sistemas de crenças. Uma simples comparação entre as palavras do grego e as de qualquer outra língua não evidenciaria relação "natural" entre uma coisa do mundo e a palavra que a designa. Ora, os gregos chamavam de **bárbaro** qualquer indivíduo que não falasse grego — o nome *bárbaro* deixa bem claro seu sentido pejorativo e xenófobo: quem não falava grego, não falava "língua" digna deste nome, mas sim um balbuciar, um *bar-bar-bar* desconexo e confuso. Da onomatopeia "bar-bar" é que surgiu o termo *bárbaro*. Daí para significar (como até hoje), "inculto", "violento", "grosseiro", "desumano", "feroz", "sanguinário", "cruel" foi um passo. E daí também para justificar a escravização dos "bárbaros" (prática institucionalizada na Grécia antiga) não custou muito ("Os bárbaros são, por natureza, mais escravos que os gregos", escreve

Aristóteles na *Política*, 1285a 20). Por isso, para descobrir a origem natural ou convencional das palavras, só a língua dos gregos "civilizados" podia servir de objeto de investigação para os filósofos.

2.6 Platão: *ónoma e rhēma*

Os filósofos gregos não tinham intenção de criar uma *disciplina gramatical*, um conjunto de regras para se falar ou escrever bem, não investigavam a linguagem com nenhum objetivo didático, pedagógico.

Mesmo assim, para empreender o caminho que levava da palavra à essência das coisas, era preciso criar instrumentos de análise que balizassem a trajetória da investigação. E foi o mesmo já citado Platão que inaugurou a descrição e a definição daquilo que até hoje chamamos de **partes do discurso** ou **classes gramaticais**.

É muito instrutivo seguir a trajetória histórica da elaboração dos nomes, conceitos e definições das *classes de palavras* porque, com isso, fica óbvio que se trata de um longo empreendimento intelectual, que os nomes e mesmo a quantidade dessas classes não representam uma verdade perfeita, eterna e imutável como querem fazer crer os defensores da "gramática" como uma doutrina quase religiosa. A distribuição das palavras em *classes* é um empreendimento *teórico*, ou seja, resultante de reflexão, de hipóteses e de testagens e, como todo empreendimento teórico, pode ser contestado, reformulado e até mesmo rejeitado.

Alguns filósofos, porém, tinham esse objetivo — os **sofistas** —, mestres itinerantes, que viajavam de uma cidade para outra, cobrando para educar as pessoas nas artes da **retórica**, isto é, da argumentação bem elaborada para persuadir seu auditório. É dos sofistas que deriva a palavra *sofisticado* que, inicialmente, tinha sentidos pejorativos: "Coisa elaborada com requinte para iludir, enganar, fraudar". Só muito depois na história é que passou a significar "coisa requintada, de bom gosto" etc., por influência do francês. Um sofista famoso foi **Protágoras** (481-420 AEC), que proferiu a célebre máxima: "O homem é a medida de todas as coisas" (πάντων χρημάτων μέτρον ἄνθρωπος), síntese de sua filosofia antropocêntrica (que põe o homem no centro da realidade, e não os deuses, nos quais ele parecia não acreditar). Os sofistas, no entanto, não procederam a uma análise gramatical da língua: seu objetivo era ensinar técnicas de argumentação, refutação, convencimento etc. Serão duramente criticados no diálogo platônico intitulado precisamente *Sofista*.

Platão (em seu diálogo *Sofista*, que trata, mais uma vez, de problemas filosóficos e recorre aos fatos de língua como uma das muitas maneiras de examiná-los) apresenta aquela que é considerada a primeira análise do que viria a ser chamado de "partes do discurso". O diálogo se trava entre **Teeteto** (417-369 AEC; matemático ateniense) e outro personagem designado apenas como Estrangeiro (*Xénos*). E é esse Estrangeiro que vai propor a distinção, no *lógos* ("discurso"), de duas partes principais, o *ónoma* e o *rhēma*:

Estrangeiro: [...] Há duas maneiras de exprimir o ser por meio da voz.

Teeteto: Quais serão?

Estrangeiro: Uma se chama nomes [*onómata*], a outra se chama verbos [*rhémata*].

Teeteto: Defina cada uma.

Estrangeiro: Aos sinais que denotam ação damos o nome de verbo [*rhēma*].

Teeteto: Sim.

Estrangeiro: E o signo vocal aplicado àqueles que desempenham as ações chamamos nome [*ónoma*] (*Sofista*, 261ε-262α).

Sendo o verbo o elemento central da sintaxe, em torno do qual se organizam os demais, sua definição, para ser completa, tem de ser dada numa tripla perspectiva:

1. *Morfossintática*: palavra que dispõe de um radical e de sufixos próprios: radical (raiz + vogal temática) + sufixo modo-temporal + sufixo número-pessoal: *falássemos* = *fal-* + *-a-* + *-sse-* + *mos*.
2. *Semântica*: expressa os estados de coisas, ou seja, as ações, os estados e os eventos de que é preciso dar conta quando se fala ou se escreve.
3. *Discursiva*: introduz participantes no texto; qualifica-os por meio da predicação; constitui os gêneros discursivos, por meio da alternância de tempos e modos.

Assim tem início a longa tradição de definir os verbos como "palavras que indicam ação", uma definição muito restrita, que a linguística contemporânea já reformulou e expandiu, mas que continua empregada no ensino de língua e, daí, impregnada no senso comum. O diálogo prossegue, e o Estrangeiro argumenta que uma simples sequência de verbos ou de nomes não constitui uma frase, mas que essas duas classes de palavras precisam se articular de algum modo:

Estrangeiro: Quando uma pessoa diz "o homem aprende", você concorda que se trata da frase [*lógon*] mais básica e primária?

Teeteto: Decerto.

Estrangeiro: Pois, quando diz isso, ela faz uma declaração sobre aquilo que é ou está se tornando ou será; não dá nomes, simplesmente, mas alcança uma conclusão ao combinar verbos e nomes. Por isso dizemos que ela discursa e não simplesmente dá nomes, e assim damos a essa combinação o nome de discurso [*lógon*] (262ξ-262δ).

Essa primeira divisão é importantíssima, porque revela uma lúcida percepção daquela que é a função primordial das línguas humanas: a **predicação**, ou seja, *falar de X* e *dizer algo sobre X*. Por mais simples ou mais complexo que seja um enunciado linguístico, por mais breve ou mais extenso, a operação fundamental que se realiza nele é a da *predicação*, ou seja, a expressão de um argumento e a atribuição de propriedades/qualidades/estados/ações a esse argumento. Por isso, a frase mais simples, mais básica (*próte symploké*, "primeira combinação") é a que contém esses dois termos, o **argumento** e a **predicação** que incide sobre ele:

↓	↓
Ana	chegou.
Todo homem	é mortal
Essas baleias	se alimentam de krill.
A cidade de Veneza	recebe milhões de visitantes anualmente.

A atividade linguística é basicamente isso: *predicar*. Decerto foi por causa dessa percepção que os gramáticos antigos se detiveram exclusivamente na descrição e na análise da *frase* isolada, sem se preocupar com o resto do *texto* em que essa frase aparece: afinal, todo texto é um encadeamento de *frases*, e toda e qualquer frase é sempre, inevitavelmente, a expressão de *algo* e daquilo que se diz a respeito (que se *predica*) desse *algo*.

$$\text{lógos} = \underbrace{\text{ónoma} + \text{rhēma}}_{\text{predicação}}$$

A divisão entre *ónoma* e *rhēma* não distinguia, como fazemos hoje, entre *categorias lexicais* ("substantivo" e "verbo") e *funções sintáticas* ("sujeito" e "predicado"). Por ser uma análise filosófica — interessada no *sentido* das palavras e não propriamente na *forma* delas —, a divisão platônica recobria simultaneamente essas duas maneiras de considerar os termos da oração.

Para Platão, por exemplo, aquilo que hoje chamamos de **adjetivo** entrava na categoria do *rhēma*, do **verbo/predicado**, portanto (Lyons, 1968: 11). Por quê? Primeiro, porque o ato de predicar é exatamente o ato de atribuir qualidade/propriedade ao *ónoma*, ao nome/sujeito. Quando digo simplesmente "*o homem morre*", estou atribuindo a *homem* a qualidade/propriedade de *morrer*, e seria fácil transformar *morrer* num adjetivo: "O homem é *mortal*".

Em segundo lugar (ou, melhor, ao mesmo tempo), pelo fato de que todo adjetivo traz implícito um verbo, o verbo *ser*: quando digo apenas "*uma mulher inteligente*", estou na verdade querendo me referir a "*uma mulher* [que é] *inteligente*". Se digo "*Ana vive*" posso também dizer: "*Ana* [é alguém que] *vive*". E é justamente por isso que as orações encabeçadas por um pronome relativo (*que*) são chamadas de orações *adjetivas*, porque desempenham a mesma função tradicionalmente reconhecida nos adjetivos, isto é, atribuir uma "qualidade" ao argumento que está expresso na oração principal:

Meu vizinho Ivan, [que nasceu na Rússia,] fala português com um forte sotaque.

Oração adjetiva, qualifica "Ivan"

Além disso, é precisamente com verbos que um grande número de línguas da Ásia, da Melanésia, da África Central e das Américas exprimem a qualidade/propriedade das coisas. Se Platão tivesse podido estudar chinês, descobriria que, nessa língua, simplesmente não existe nada que se compare ao que chamamos, na tradição gramatical do Ocidente, de "adjetivos" e que a expressão de qualidade/propriedade se faz por meio de verbos. Em chinês, uma declaração como "*o céu está azul hoje*" se exprime mais ou menos como se disséssemos, em português, "*o céu* azula *hoje*". Além disso, as palavras que denotam qualidade/propriedade em chinês são negadas com a mesma partícula — *bù* — usada para negar verbos:

tā	***bù***	**kāixīn**	**tā**	***bù***	**chī**	**ròu**
ele/a	não	feliz	ele/a	não	comer	carne
'Ele/a não é feliz'			Ele/a não come carne'			

Observe-se que não existe em chinês o verbo de ligação (o verbo *ser*, também chamado *cópula*), uma vez que ele está, como se disse, implícito em todo e qualquer adjetivo. Do mesmo modo, o chinês emprega a mesma partícula nominalizadora — *de* —, empregada em sintagmas verbais, para formar sintagmas "adjetivais":

kāixīn	***de***	**rén**	**chī**	**ròu**	***de***	**rèn**
feliz	NOMIN.	pessoa	comer	carne	NOMIN.	pessoa
'Gente que é feliz' ou			'Gente que come carne' ou			
'Gente feliz'			'Gente comedora de carne'			

Por causa disso, Li e Thompson (1987: 827, de onde provêm os exemplos acima) afirmam ser mais sensato considerar as palavras que exprimem qualidade/propriedade em chinês "simplesmente como uma subclasse dos verbos".

BOX 2A: SUBSTÂNCIA E ACIDENTE

A divisão nome/verbo que aparece em Platão também é fundamental porque se aplica a todas as línguas do mundo. Muito embora os gregos antigos fossem muito etnocêntricos e só se importassem com a própria língua, muitas de suas intuições filosóficas puderam ser aplicadas (nem sempre com a devida cautela) ao estudo das demais línguas do mundo e da linguagem humana em seus aspectos ditos universais.

Toda e qualquer língua humana, para cumprir a tarefa de expressão do mundo, têm de poder enunciar o que é **essencial** e o que é **acidental**, o que é estático e o que é dinâmico. Por isso, todas as línguas apresentam a chamada oposição verbo-nominal. O *ónoma*, **nome**, designa o que é essencial, aquilo que permanece inalterado em sua **substância** (daí o termo **substantivo**), enquanto o *rhēma*, o **predicado**, dominado por um **verbo**, exprime o que é acidental, os eventos, as mudanças de estado, as ações empreendidas ou sofridas pelo *ónoma*. Numa sequência de enunciados como

[Guiomar Novaes][nasceu em 1894]

[Guiomar Novaes][se apresentou em público pela primeira vez em 1902]

[Guiomar Novaes][foi estudar piano em Paris em 1909]

[Guiomar Novaes][surpreendeu com seu talento de menina o compositor Claude Debussy]

[Guiomar Novaes][se tornou uma grande concertista a partir de 1911]

[Guiomar Novaes][fez recitais nos Teatros Municipais de São Paulo e do Rio em 1913]

[Guiomar Novaes][iniciou sua carreira norte-americana em 1915]

[Guiomar Novaes][se casou em 1922 com Octávio Pinto]

[Guiomar Novaes][foi grande divulgadora da obra de Villa-Lobos]

[Guiomar Novaes][foi aclamada nos anos 1930 pela imprensa estadunidense como a maior pianista do mundo]

[Guiomar Novaes][ficou viúva em 1950]

[Guiomar Novaes][se notabilizou por suas interpretações da obra de Chopin]

[Guiomar Novaes][sofreu um derrame cerebral em janeiro de 1979]

[Guiomar Novaes][morreu em 7 março de 1979],

o nome Guiomar Novaes, que é o **sujeito** de todas as orações (mesmo que não venha expresso ou venha representado por um pronome), é um substantivo porque se refere sempre a uma mesma e única pessoa: desde seu nascimento até sua morte, Guiomar Novaes foi sempre, em sua essência, substancialmente a mesma pessoa, o mesmo ser. Para expressar os eventos que pontuaram sua vida, usamos os verbos que, justamente para poder exercer essa função, trazem marcas formais de modo, tempo e (em algumas línguas) de aspecto.

Para dar conta dessa característica fundamental da linguagem humana é que a teoria gramatical postulou uma dupla classificação para as palavras: a **classificação pela forma** (substantivo, verbo, adjetivo, pronome etc.) e a **classificação pela função** (sujeito, predicado, objeto, predicativo etc.).

A tradição gramatical fixou o par **sujeito/predicado** como os "dois termos essenciais" da oração. Assim, a distinção elaborada por Platão "hoje parece óbvia, trivial, quase ingênua, somente por causa de sua enorme influência na filosofia, na lógica e na gramática, cada uma das quais a interpretou e expandiu de diferentes modos e para diferentes propósitos" (Atherton e Blank, 2013: 285).

2.7 Aristóteles e as impressões na alma

Depois de Platão, é preciso falar de **Aristóteles** (384-322 AEC), que foi seu discípulo.

Esses dois grandes sábios podem ser considerados os fundadores de uma *dicotomia de perspectivas filosóficas* que vai nortear todo o futuro do pensamento e da ciência ocidentais, até os dias de hoje. Quem melhor ilustrou essa dicotomia foi o pintor renascentista italiano **Rafael** (Raffaello Sanzio, 1483-1520) no seu afresco *A Escola de Atenas*, que decora o Palácio do Vaticano.

No centro da pintura, aparecem os dois filósofos: Platão, mais velho, segurando seu livro *Timeu*, aponta para o alto, para o etéreo, o abstrato, o mundo inteligível, acessível somente pelo intelecto; Aristóteles, seu jovem discípulo (de fato, 44 anos mais novo que Platão), carrega a *Ética* e faz um gesto com a mão como quem aponta para o que está à sua frente e diz: "Vamos cuidar primeiro do que está acontecendo aqui e agora!".

Essas duas posições antagônicas vão marcar profundamente toda a trajetória intelectual do Ocidente, onde, a cada período histórico, vão surgir escolas de pensamento rivais, cada uma mais voltada para um dos termos de alguma das diversas dicotomias que podemos remontar aos dois filósofos:

(i) o subjetivo *vs.* o objetivo;
(ii) o universal *vs.* o particular;
(iii) o ideal *vs.* o material;
(iv) o racional *vs.* o empírico;
(v) o abstrato *vs.* o concreto;
(vi) o psicológico *vs.* o sociológico;
(vii) o divino *vs.* o humano...

(viii) e até mesmo, na nossa área de estudos, a *linguagem* (como faculdade cognitiva da espécie humana, portanto universal) *vs.* a *língua* (como idioma particular de uma comunidade específica, concreta).

Aristóteles foi o primeiro pensador a construir um sistema filosófico completo que abrangia moral e estética, lógica e ciência, política e metafísica. Não se limitou à teorização abstrata, também "pôs a mão na massa", realizando pesquisas empíricas, experimentos práticos e mapeando, assim, quase todas as ciências que viriam a se desenvolver depois dele utilizando os nomes e termos técnicos que ele mesmo inventou para elas: física, economia, psicologia, meteorologia, zoologia, biologia, mecânica, poética, lógica e... gramática! Ao examinar o trabalho de Aristóteles e sua influência, o historiador da filosofia britânico **Bryan Magee** (1930-2019) escreveu: "A raça humana não viria a produzir um pensador do calibre de Aristóteles nos dois mil anos seguintes. De fato, é de duvidar que qualquer ser humano jamais tenha tido tanto conhecimento quanto ele" (1999: 34).

Por outro lado, o filósofo inglês **Alfred North Whitehead** (1861-1947) declarou certa vez que "a tradição filosófica europeia é uma série de notas de rodapé a Platão". De fato, o filósofo grego levantou os principais problemas e temas que a filosofia e outras áreas de conhecimento querem resolver e investigar até hoje. Poderíamos, na mesma linha de Whitehead, dizer que o único problema intelectual de verdade se resume a responder a pergunta: "O que fazer com Platão?"

2.7.1 Filosofia aristotélica da linguagem

Para Aristóteles, a linguagem *(lógos)* é fruto da natureza política do ser humano, que ele designa explicitamente como *animal político (zôon polítikon)*. Num citadíssimo trecho de sua *Política*, ele afirma: "Aquele que não consegue viver em sociedade, ou que não precisa porque é autossuficiente, só pode ser um animal ou um deus". Para cumprir com essa natureza de animal gregário, social, *político*, os seres humanos precisam da linguagem para manter suas relações uns com os outros. Daí que, para Aristóteles, o *lógos* tem um caráter marcadamente político.

A relação entre os nomes e as coisas é incompleta: existem mais coisas no mundo do que nomes para representá-las, o que provoca o fenômeno da **homonímia**, tão debatido até hoje entre os semanticistas e lexicólogos.

Palavras homônimas são aquelas que têm a mesma pronúncia (*homófonas*) e/ou a mesma forma escrita (*homógrafas*), mas com significados diferentes: *cobre* (do verbo *cobrir*; do verbo *cobrar*; nome de um metal); [kasah] (verbos *caçar* ou *cassar*).

Como o *ser* próprio das coisas é inacessível, não podemos estudá-las diretamente: só podemos estu-

Veremos em |6.8.5| que o *Curso de linguística geral* (1916), atribuído a F. de Saussure, retoma essa longuíssima tradição sem, no entanto, mencionar nenhum dos pensadores que se dedicaram a ela durante mais de dois mil anos: Aristóteles, os estoicos, Agostinho, Dante Alighieri, os empiristas e racionalistas do século 17-18, Wilhelm von Humboldt... É uma distorção do ponto de vista histórico, portanto, considerar que a fórmula *signo = significado + significante* seja uma intuição original e inédita da parte do linguista suíço.

dar os *nomes* que as representam, nomes que Aristóteles chama de *símbolos*.

Aristóteles vai dar um primeiro passo importante na formulação do conceito da *arbitrariedade* do signo linguístico, que Saussure, no início do século 20, vai retomar e transformar em postulado-base de sua ciência da linguagem. A famosa dicotomia saussuriana *significado/significante* recupera as reflexões de Aristóteles, sem mencioná-las, porém. Para o filósofo grego, as coisas que estão no mundo (*prâgma*) são objetivamente idênticas para todos os seres humanos e causam as mesmas impressões na alma (*pathémata tês psykhês*) de cada ser humano, gerando um conceito (*nóema*), que também é o mesmo para todos. No entanto, a expressão desses estados de alma através de um signo (*semeîon*) ou nome (*ónoma*) se faz por meio de uma convenção, não-natural, que gera o *símbolo*, diferente para os diferentes seres humanos. Precisamente pela nossa incapacidade de apreender as coisas em si mesmas, em sua natureza verdadeira, somos forçados a designá-las por meio de sinais falados ou escritos, sinais artificiais, símbolos, criações humanas.

Em |6.8.6| criticaremos essa noção de que os "conceitos" são os "mesmos" para todos os seres humanos. As árvores, por exemplo, entre os gregos e os romanos não eram meros vegetais, mas entidades vivas dotadas de espírito próprio (as *dríades*); o vento, para os falantes de sânscrito, não era um fenômeno natural, mas um deus que intervinha diretamente na vida humana etc.

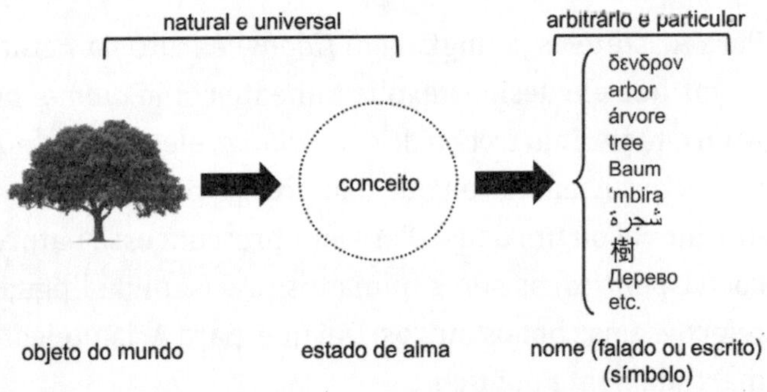

2.7.2 Origem do termo "sujeito"

No que diz respeito à análise do enunciado, Aristóteles acrescentou uma terceira classe de palavras às duas de Platão: além de *ónoma* e *rhēma*, ele trata de *sýndesmos*, termo que nos livros de história da linguística vem geralmente traduzido por "conjunção", mas que abrangia, na visão de Aristóteles, todas as palavras que, ao contrário do *ónoma* e do *rhēma*, não têm significado próprio, não são *partes do discurso*, mas servem para articular entre si os elementos internos de uma oração e as diferentes orações entre si. O conceito aristotélico de *sýndesmos* estaria mais próximo, talvez, do que hoje designamos por *coesão*, tanto no sentido da qualidade de um todo coerente quanto no de uso de palavras específicas usadas para obtê-la (o que hoje chamaríamos de *conectivos*). Aristóteles também dedicou especial atenção à categoria do *tempo*, expressa pelas palavras que hoje chamamos de *verbos*.

Ele também foi o primeiro, que se saiba, a se referir ao **sujeito**, chamado por ele em grego de *hypokeîmenon*. Essa palavra significa, literalmente, "algo que está por baixo". Os romanos traduziram o termo grego por *subjectum*, com o mesmo significado: "Algo que se lança por baixo". Trata-se de um conceito da *metafísica* transferido mais tarde para a disciplina gramatical como termo técnico, para definir o elemento da frase sobre o qual recai a predicação, expressa pelo verbo.

O que "está por baixo" do sujeito? O que está por baixo de uma coisa é a sua *essência*, o seu *ser*, aquilo que permanece o mesmo, "lá no fundo", "lá embaixo", a despeito das mudanças que essa coisa venha a sofrer com o tempo. Quando analisamos, mais acima, a série de enunciados sobre a pianista Guiomar Novaes, vimos que, do nascimento até a morte, Guiomar Novaes se manteve *essencialmente* a mesma: bebê, menina, adolescente, mulher, pianista, solteira, casada, viúva, mãe, idosa, magra ou gorda, feliz ou infeliz, doente ou sadia, viva ou morta etc., tudo isso são *acidentes* que não afetam "aquilo que está por baixo", aquilo que *subjaz* em Guiomar Novaes (o nosso verbo *subjazer* é derivado direto do verbo latino *subjácere* da mesma família de *subjícere*, cujo particípio passado é exatamente *subjectum*), o seu *ser*, a sua *essência* (o termo *essentia* deriva do verbo *esse*, "ser").

Justamente por isso é que o termo que exerce a função de *sujeito* recebe o nome de **substantivo**, porque ele é o portador da *substância* — do latim *substantia*, formado de *sub-*, "sob, por baixo", e *-stare*, "estar, ficar". Assim como o sujeito é "aquilo que jaz embaixo", o substantivo também representa aquilo que "está embaixo". Por isso é que, na tradução do termo grego *hypokeîmenon*, os estudiosos da metafísica alternam entre *sujeito* e *substância*. Por isso, também, a tradição de ensino que apresenta primeiro o substantivo e só mais tarde o sujeito promove uma separação que, como se vê, é indevida, até mesmo pelo significado semelhante que as duas palavras tinham como conceitos filosóficos.

Do latim *subjectu-* provém o *sujeito*, e de *objectu-*, o nosso *objeto*. Por ser uma palavra de uso muito mais antigo e mais amplo na língua, inclusive na linguagem cotidiana, o latim *subjectu-* sofreu as mudanças regulares que, na história do português, levaram o grupo consonantal latino *-ct-* a se transformar em *-it-*, como em *octu- > oito; nocte- > noite; pectu- > peito; lectore- > leitor* etc. As primeiras ocorrências de *sujeito* em português datam do século 13. Por seu turno, a palavra *objeto* (que já foi grafada *objecto*), mais restrita à linguagem erudita, se manteve mais próxima de seu étimo latino, e seus primeiros registros na língua datam do século 15.

2.7.3 Origem do termo "objeto"

Outra palavra que vem sempre associada a *sujeito*, ambas formadas com o mesmo radical, apesar da diferença de forma em português, é **objeto**.

Se o *sujeito* é "o que está embaixo", o *objeto* é "o que está diante, em frente". A preposição latina *ob* tinha, como sentido primeiro, "em frente a, diante de". É essa noção que está em jogo, por exemplo, no verbo *opor* (de *ob + pôr*), isto é, "pôr na frente, diante de", na palavra *obstáculo* ("aquilo que está diante de"), em *obstruir*, em *obrigar* (de *ob-ligare*, "ligar ao que está diante") etc.

Assim como traduziram o termo filosófico grego *hypokeîmenon* literalmente por *subjectum* ("aquilo que subjaz, que está por baixo"), os romanos fizeram o mesmo com *antikeîmenon* ("aquilo que está diante"), traduzido como *objectum*. Ambas são palavras cunhadas e empregadas por Aristóteles em seus escritos metafísicos.

Enquanto o *sujeito*, por ser o que "está por baixo", representa a *essência profunda*, a *substância*, e, por conseguinte, é um conceito, digamos, abstrato, o *objeto* é aquilo que está diante de nós, que se oferece aos nossos sentidos, que se apresenta, que se expõe. Talvez possamos dizer que o conceito de sujeito é *metafísico* (que está para além do mundo físico, sensível), enquanto o objeto é um conceito *físico*, uma entidade que pode ser apreendida pelos sentidos. Assim, pensando em termos platônicos, por exemplo, o *sujeito* é apenas inteligível (*numênico*), enquanto o *objeto* é sensível (*fenomênico*) — muito embora, com o passar do tempo e com a constituição das diferentes escolas filosóficas, mesmo as coisas abstratas podem, segundo algumas teorias, ser chamadas de *objetos*, na medida em que elas "existem" psiquicamente, como entidades no nosso espírito.

Essa oposição entre *sujeito* e *objeto* na filosofia é que explica os usos antonímicos que fazemos dos termos *subjetivo/subjetividade* (íntima, interna, particular, individual, teórica, "abstrata") e *objetivo/objetividade* (geral, externa, universal, prática, "concreta").

Quando, na teoria gramatical, classificamos um termo da oração como *objeto*, estamos nos referindo a algo que "se apresenta diante" do *sujeito* para permitir que ele "desempenhe" a "ação" designada pelo verbo. Por isso é que se diz, tradicionalmente, que o objeto "sofre" a ação do sujeito: *Eu comi a maçã* — a maçã estava lá, "lançada à minha frente", como um *objeto* concreto para satisfazer minha fome.

2.8 Os estoicos

A escola filosófica chamada **estoicismo** tem sua data de fundação tradicionalmente estabelecida no ano 301 AEC, quando **Zenão de Cítio** (*c.* 334-*c.* 262 AEC) começou a ensinar filosofia debaixo da *Stoa Poikile*, "o Pórtico Pintado", uma colunata que se situava na *Ágora*, o grande espaço público no centro de Atenas. Do nome *Stoa* é que a escola tirou seu nome (*stoikismós*). Seu impacto vai ser enorme e se prolongará por vários séculos, exercendo influência profunda na vida cultural e intelectual não só do mundo grego, mas também da Roma antiga, avançando até os cinco primeiros séculos da Era Comum (o imperador romano **Marco Aurélio** [121-180 EC], por exemplo, foi um pensador da corrente estoicista).

Os estoicos vão retomar a dicotomia *natureza/convenção*, que mencionamos acima, para se posicionar claramente em favor da *natureza*. Para eles,

> o discurso linguístico é, pois, metalíngua do discurso natural, é linguagem de uma linguagem das coisas. Há um discurso linguístico que coincide com um discurso natural. Num e noutro, há significante e significado e, entre ambos, há uma relação de significante (discurso linguístico) e significado (discurso natural). Os estoicos descobriram, pois, um significante na própria natureza, estendendo, assim, para além da linguagem, a relação significativa (Neves, 1987: 88).

Ora, se o mundo natural é regular e ordenado, também o mundo da linguagem, que, na crença dos estoicos, corresponde ao mundo natural (sendo sua tradução linguística), deve apresentar regularidade e ordenamento. Investigando a língua, porém, os filósofos encontram *anomalias*, isto é, desvios, irregularidades. Com isso, os estudiosos da linguagem no mundo grego antigo se agruparam em dois partidos diferentes: o dos **analogistas**, que acreditavam que a língua é, principalmente, regular e ordenada, como a natureza; e o dos **anomalistas**, que consideravam a língua como um sistema intensamente marcado pelas irregularidades. Para os analogistas, as formas irregulares se devem à "perversão" que prejudicou a relação direta entre linguagem e natureza. Esse debate ecoa as discussões platônicas já presentes no *Crátilo*, conforme se viu acima.

Por exemplo: observando a 3ª pessoa do presente do indicativo da grande maioria dos verbos em português, depreendemos uma regularidade: *ama, bate, come, deve, fala, gosta, joga, liga, manda, nada, parte, rasga, solta, trata, volta, xinga*... Em todas essas formas, se percebe o radical do verbo acrescido da vogal *-a* ou *-e* (que, de fato, são morfemas de pessoa-número-tempo-modo). No entanto, também existem em português formas como *dá, faz, quer, diz, vê, tem, vem, vai, lê,* que rompem com aquela regularidade. Aquelas primeiras formas são chamadas regulares ou, na terminologia dos filósofos gregos, *analógicas*. As segundas são irregulares ou *anômalas*.

A disputa entre os analogistas e os anomalistas era, mais uma vez, filosófica e se vinculava à concepção que eles tinham da relação linguagem → mente → natureza → mundo. Por isso, não se resolveria com uma análise exclusivamente *linguística*, com uma investigação demorada em torno do que é ou não regular numa língua e do quanto de irregularidade se encontra nela, como faria um linguista nos dias de hoje.

Uma observação importante para o futuro da gramática é que os analogistas, em busca das regularidades da língua, foram os primeiros a propor a fixação do que chamaram (e chamamos até hoje) de **paradigmas** ("exemplos", "modelos"), isto é, de quadros de regularidades que poderiam servir de base para a dedução de outras formas linguísticas regulares: existe, portanto, um paradigma de verbos da 1ª conjugação (*fala, canta, manda* etc.) e um de verbos de 2ª e 3ª conjugações (*come, parte, vende, fere* etc.), com terminações próprias. A função didática dos paradigmas é evidente, e eles vão desempenhar grande papel no estabelecimento da gramática como disciplina: basta pensar no modo como tradicionalmente apresentamos a conjugação verbal e na fixação que fazemos de alguns *paradigmas* a partir dos quais é possível depreender as formas de inúmeros outros verbos.

Os anomalistas não negavam a existência de regularidades na língua, mas chamavam a atenção para a grande quantidade de formas anômalas, para as quais o recurso aos paradigmas não tinha qualquer serventia. Apontavam, por exemplo, o fato dos nomes das cidades *Atenas* e *Tebas* estarem no plural (em grego), embora designem uma coisa só. Também viam anomalia nas palavras do gênero feminino que podiam designar seres do sexo masculino (como em português *a criança, a vítima, a pessoa, a testemunha* etc.) e vice-versa (*o indivíduo, o ente, o ser, os pais*). Consideravam anômalas as palavras que tinham forma positiva para indicar uma privação ou carência (*sofrimento, cegueira, pobreza*) e palavras de forma negativa para uma significação positiva (*imortal, destemido, impávido*). E viam como grande comprovação da irregularidade da língua — isto é, de seu desvio com relação ao mundo natural — a existência da **sinonímia** (duas ou mais palavras para um mesmo significado: *começo, início, princípio*) e da **homonímia** (uma única forma com mais de um significado: *muda* [de planta], *muda* [mulher que não fala], *muda* [do verbo *mudar*]).

Para os anomalistas, a melhor análise da língua tinha de se basear no *uso*, por mais "irracional" que ele fosse, isto é, por mais que nele se detectasse "perversões" e "desvios" ("ilogicidades") com relação à "natureza" das coisas.

No entanto, serão os analogistas os verdadeiros fundadores da disciplina gramatical. Os filólogos alexandrinos — os primeiros gramáticos no sentido moderno do termo, interessados no funcionamento da língua e não nos aspectos transcendentais, metafísicos da linguagem em sua relação com a natureza/mundo — serão membros destacados do partido analogista.

Conforme escreve Robins (1967: 21), "o argumento dos anomalistas parecia, de início, mais convincente quando não se fazia nenhuma distinção adequada entre flexão e derivação dentro das variações gramaticais de forma das palavras". De fato, a **flexão** tende a apresentar sempre muito mais regularidade (e, portanto, formas analógicas) do que a **derivação**. Em português, por exemplo, a flexão dos verbos apresenta muito mais regularidade do que irregularidade, tanto que é possível estabelecer paradigmas de conjugação: assim, todo e qualquer verbo no futuro simples em português apresentará as terminações *-ei, -ás, -á, -emos, -eis, -ão*, e todas elas sempre são antecedidas de um *-r-* (*fala-r-ei, fala-r-ás* etc.), sem exceção; todas as palavras no plural terminarão em *-s*. Quando se trata de *derivação*, ao contrário, as formas derivadas costumam apresentar grande variação e irregularidade: por exemplo, na formação de substantivos derivados de adjetivos, não é possível prever qual das muitas terminações disponíveis na língua será empregada; afinal, de *alto* temos *altura*, mas de *baixo* temos *baixeza* (e nunca **baixura*); de *belo* temos *beleza*, mas de *feio* temos *feiura* ou, menos comum, *fealdade*, e assim por diante. Por isso, a distinção entre *flexão* e *derivação* é um dos pontos mais importantes no estudo da *morfologia* nas línguas que apresentam esses processos de formação de palavras.

2.8.1 Contribuições estoicas à teoria gramatical

Os estoicos foram muitos e produziram muitas reflexões importantes. Infelizmente, nenhuma das obras dos primeiros representantes do estoicismo grego chegou até nós na íntegra, e só dispomos dos textos dos filósofos estoicos tardios, sobretudo romanos. Assim, quase tudo o que sabemos a respeito dos primeiros estoicos se deve a citações feitas por filósofos (e gramáticos) posteriores. Por isso, embora sejamos tentados a reunir tudo o que eles propuseram de teoria linguística num grande pacote, a verdade é que entre os diferentes estoicos houve (ou parece ter havido) divergências e dissonâncias. Mesmo assim, vale a pena tentar uma síntese.

Como vimos, Platão dividiu o *lógos* (oração) em *ónoma* e *rhēma* (*substantivo/sujeito + verbo/predicado*). A essas duas entidades Aristóteles acrescentou os *sýndesmoi* ("coesivos": artigos, pronomes, conjunções). Os estoicos vão refinar o sistema de classificação das *partes do discurso*, estabelecendo alguns dos termos e definições que viriam a ser empregados até os dias de hoje.

Os primeiros estoicos, ao que parece, propuseram quatro classes: **nome, verbo, conjunção** e **artigo** (*árthron*). Hesitavam na classificação do **particípio**: alguns autores o incluíam entre os nomes — já que o particípio se flexiona em caso (nas línguas com declinação), gênero e número, tal como os nomes —, enquanto outros o lançavam entre as formas do verbo, ainda que reconhecendo seu caráter especial como *nome verbal, verbo participial* ou *verbo com casos*. O nome grego dessa forma verbal é *metokhé,* que os latinos traduzirão por *participium*, "particípio", uma vez que ela *participa* tanto da classe dos nomes quanto da classe dos verbos. Embora hoje em dia incluamos os particípios entre as formas verbais, reconhecemos seu caráter especial ao incluí-los entre as chamadas formas *nominais* do verbo (junto com o infinitivo e o gerúndio), formas verbais que podem exercer, na sintaxe, funções semelhantes às exercidas pelos *nomes*, além de compartilharem com eles (no caso do particípio) a flexão em gênero e número.

Os estoicos vão retomar os "coesivos" de Aristóteles, mas dando a eles um tratamento diferente. Para começar, incluem nessa classe o que hoje chamamos de **conjunções** e **preposições**, que para eles tinham papel importantíssimo na lógica, por causa de seu valor de conexão entre as palavras e entre as orações. Sublinhando esse valor conectivo das "conjunções", os estoicos excluem dessa classe os pronomes, nela incluídos por Aristóteles. Chamam também a atenção para o caráter *indeclinável* dessas palavras (a nomenclatura atual diria que elas são *invariáveis*). Essas palavras serão distribuídas pelos estoicos em onze tipos: *prepositivas, disjuntivas, subdisjuntivas, comparativas, causais, continuativas, subcontinuativas, ilativas, copulativas, conclusivas* e *completivas* ou *expletivas*. Como é fácil ver, essa tipologia das conjunções pouco se parece com a que empregamos hoje (***coordenativas**: aditivas, alternativas, adversativas;* ***subordinativas**: causais, comparativas, concessivas, condicionais, conformativas, consecutivas, finais, modais, proporcionais, temporais*).

Na classe chamada *árthron*, estavam incluídas as palavras que *articulam* as partes do discurso entre si. Nada mais justo, portanto, que entre os "artigos" estivessem... os pronomes pessoais. E de fato os estoicos faziam uma separação entre artigos definidos (*horisména*), que são o que hoje chamamos de pronomes pessoais e possessivos; e artigos indefinidos (*aoristóde*), que compreendiam os nossos artigos definidos e os demais pronomes. A denominação "artigos definidos" para os pronomes pessoais e possessivos se explica pelo fato desses pronomes sempre se referirem a uma pessoa gramatical *definida* no discurso, ao passo que os demais pronomes não têm essa referência.

O quadro das classes de palavras dos estoicos passou também a incluir o *epírrhema*. A tradução latina é bem fiel ao grego, pois o *epírrhema* é o que está junto (*epi-*) ao *rhēma*, e se traduzimos *rhēma* por *verbo*, o *epírrhema* será o *ad-vérbio*. O **advérbio** será, para o verbo, o que o **adjetivo** (*epítheton*) é para o nome: um modificador, um qualificador. Mais uma vez, o termo latino traduz com precisão o termo grego: se o *epítheton* é "colocado (*theton*) junto (*epi*)" ao nome, essa é bem a tradução da palavra *ad-*("junto a") *-jectivus* ("lançado"). Observe-se, porém, que os estoicos classificavam o *epítheton* como um dos tipos possíveis dos *nomes*, de modo que para eles, ao contrário do que fazemos hoje, não existia uma classe gramatical exclusiva para os adjetivos.

Os estoicos deram passos fundamentais para a evolução dos estudos linguísticos:

> Pela primeira vez, o *lógos*, entendido como uma manifestação da racionalidade humana e definido como "expressão linguística significativa", foi sistematicamente dividido e situado na interseção do físico e do não físico: de um lado, as letras-sons ou "elementos" (*stoikheia*) do *lexis* e as "partes do discurso" (*ta tou logou merê*) [...]; do outro, as "significações" incorpóreas das sentenças e de algumas partes das sentenças. Essa nova classificação da matéria, tanto de modo geral quanto em seus detalhes, refletia um entendimento novo do escopo da investigação filosófica e uma concepção inédita do alcance e da estrutura ideais do conhecimento humano (Atherton; Blank, 2013: 285).

Foram os primeiros, portanto, a distinguir a substância física da língua (sons, palavras, frases) e a significação (metafísica) do material linguístico: *forma* e *conteúdo*, *significante* e *significado*.

2.8.2 A categoria gramatical de "caso"

A palavra **caso** vem diretamente do latim *casu-*, particípio passado do verbo *cado* ("eu caio"), ou seja: *caso* quer dizer "caído". Sabe-se que os romanos traduziram literalmente os termos que os filósofos gregos criaram para teorizar o funcionamento da língua. Os gregos chamaram *ptôsis* ("queda") o que os gramáticos latinos traduziram por *casus*. A palavra *ptôsis* deriva do verbo *pípto* ("eu caio"). Hoje em dia, é termo da medicina: *ptose* é "a queda ou a localização anormalmente baixa de um órgão". O que caía, afinal?

Mais uma vez, é o estudo atento da *filosofia* que explica essa queda. Para Aristóteles, o *sujeito* é o nome por excelência, em sua forma primordial, essencial. Já vimos que a palavra *sujeito* significa "aquilo que subjaz, que está por baixo", e que é o *ser*, em sua *essência* fundamental, o que está "por baixo" no sujeito. Ora, se o *sujeito* é o *ser* (a coisa essencial), a forma que o termo da oração chamado sujeito assume vai ser a *retidão*, porque ele é o próprio nome, em sua forma original e em sua função precípua (justamente a de sujeito).

Partindo dessa ideia, todas as demais formas que o nome adquire por força da sintaxe serão formas *oblíquas*, ou seja, correspondem a "quedas" que o nome sofre desde sua *retidão* primordial, essencial. É exatamente por isso que se fala de *declinação* quando se estuda grego, latim, russo, alemão e outras línguas em que as palavras mudam de forma segundo a função sintática que exercem. As palavras declinam, isto é, "decaem", de sua posição reta original (a de sujeito) para posições menos nobres (objeto direto, objeto indireto, complementos e adjuntos etc.). E também é exatamente por isso que, nas línguas com declinação, se chama de *nominativo* (ou seja, próprio do *nome*) o caso gramatical da palavra quando ela é sujeito...

Como fica claro, a teoria gramatical (como, aliás, toda teoria) recorre a *metáforas* para fixar seus postulados. Aqui, a metáfora de algo que está inicialmente em pé, ereto e que vai "caindo", ficando oblíquo... O latim *obliquus* traduz o termo grego *plágios*, de onde provém o nosso *plágio* e o verbo plagiar... De metáfora em metáfora é que se constrói a língua.

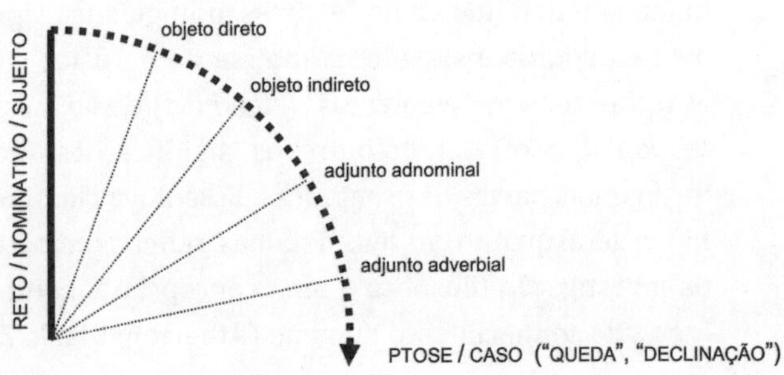

Para Aristóteles, no entanto, a categoria de *caso* se aplicava não somente aos nomes, mas também aos verbos. Para ele, o único tempo verdadeiro é o presente, os demais são "quedas" com relação ao presente. Por isso, o termo *ptôsis* é aplicado por ele também à flexão verbal. Além disso, uma vez que o nome verdadeiro é o que desempenha a função de sujeito, a forma do nominativo não é, para ele, um "caso", já que nessa função o nome está *(e)reto*.

São os estoicos que vão dar uma configuração definitiva ao conceito de *caso*, restringindo essa categoria aos nomes (substantivos e adjetivos), pronomes e artigos. E assim é até hoje. Para eles, mesmo o nominativo era um "caso", porque todo nome, em combinação com um predicado, denota uma qualidade particular, o que, na teoria deles, é o que vem expresso nos casos. Daí a aparente contradição existente na expressão "caso reto", que se usa para designar os pronomes-sujeitos: se é caso, ou seja, se está "caído", como pode estar (e)reto? Mas para os estoicos não havia contradição alguma: não existe nome sem caso — a verdadeira *retidão* dos nomes deve existir em outra dimensão cognoscível, fora da linguagem falada e ouvida.

A observação de que os adjetivos também alteram sua forma conforme a função sintática e em concordância com os substantivos permitiu aos estoicos retirar os adjetivos da classe dos verbos e incluí-los na classe dos nomes, de onde nunca mais saíram, a não ser para constituir uma classe só sua, o que vai demorar alguns séculos para acontecer. A categoria de *caso* também serviu para dividir as palavras em dois grandes grupos: as *declináveis* (nomes, pronomes, artigos e, para Aristóteles, verbos) e as *indeclináveis* (conjunções, advérbios, preposições). Hoje dizemos que as palavras são *variáveis* (substantivos, adjetivos, artigos, pronomes e verbos) e *invariáveis* (preposições, conjunções, advérbios), sendo que o que *varia* é a flexão da palavra (em gênero e número, no caso dos nomes; em tempo, modo e pessoa, no caso dos verbos).

2.8.3 O tempo e o aspecto nos verbos

Os estoicos também refletiram sobre as características semânticas e sintáticas dos verbos. Eles se aperceberam de que a categoria de **tempo**, postulada por Aristóteles, não dava conta de todas as propriedades verbais. Assim, uma de suas importantes contribuições para o estudo dos verbos foi a percepção do

> Um caso interessante de equívoco terminológico é o do tempo que chamamos em português de *pretérito perfeito composto*, como em "*eu tenho viajado muito ultimamente*". Qualquer falante da língua sabe que esse tempo verbal indica um estado de coisas iniciado no passado e que se prolonga até o momento presente, podendo mesmo prosseguir no futuro. Trata-se, portanto, de um tempo verbal que apresenta um aspecto *imperfectivo*, já que o estado de coisas descrito não se concluiu. Um nome mais adequado poderia ser, por exemplo, *presente imperfeito*. Esse é só um dos diversos exemplos de problemas que existem na terminologia tradicional quando aplicada sem revisão crítica a fenômenos linguísticos que mereceriam outras designações.

aspecto. Se até hoje usamos a terminologia *perfeito*, *imperfeito* e *mais-que--perfeito*, é graças aos pensadores estoicos. Essas designações têm a ver com a *completude* ou a *incompletude* do estado de coisas designado pelo verbo. Quando dizemos *ele falou*, a ação descrita se completou, é pontual, por isso esse tempo é chamado de *pretérito perfeito*. Quando dizemos *ele falava*, a ação se prolonga dentro do passado, por isso é um pretérito *imperfeito*. Em *ele falara*, a ação se concluiu dentro do passado com referência a outro momento do passado, mais recente, por isso esse é o *pretérito mais-que-perfeito*. Os gramáticos latinos importaram essas observações e é deles que herdamos essa terminologia. Os tempos verbais latinos eram divididos em *infectum* e *perfectum*.

BOX 2B

O LONGO PROCESSO DE CONSTRUÇÃO DA DOUTRINA GRAMATICAL

Podemos sintetizar o que vimos até agora no seguinte quadro:

<table>
<tr><th>HERÁCLITO</th><th>PLATÃO</th><th>ARISTÓTELES</th><th>ESTOICOS</th></tr>
<tr><td rowspan="6">1. lógos ("linguagem, razão, natureza, cosmo")</td><td rowspan="3">1. ónoma ("nome"): substantivo/ sujeito</td><td rowspan="2">1. ónoma ("nome")</td><td>1. ónoma ("nome"): substantivos e adjetivos</td></tr>
<tr><td>2. rhēma ("verbo")</td></tr>
<tr><td rowspan="2">2. rhēma ("verbo")</td><td>3. sýndesmos ("conjunção"): conjunções e preposições</td></tr>
<tr><td rowspan="3">2. rhēma ("verbo"): verbo/ predicado</td><td>4. árthron ("artigo"): pronomes retos e pessoais; artigos definidos e demais pronomes</td></tr>
<tr><td rowspan="2">3. sýndesmos ("conectivo"): preposições, conjunções, pronomes</td><td>5. metokhé ("particípio")</td></tr>
<tr><td>6. epírrhema ("advérbio")</td></tr>
</table>

É muito instrutivo acompanhar essa evolução dos nomes e das definições dados às classes de palavras ao longo dos seiscentos anos que separam Heráclito (± 500 AEC), o primeiro a propor a noção de *lógos*, dos últimos gramáticos alexandrinos (herdeiros dos estoicos). Ela revela muito claramente que o foco de interesse dos filósofos (com exceção de Heráclito) não é o que eles chamam de *lógos* ("linguagem"/"razão") — como se fosse uma faculdade sociocognitiva da espécie humana em geral —, mas, sim, de fato, exclusivamente, a língua grega, a única digna de ser estudada.

Com isso, as diferentes "partes do discurso" ou "classes de palavras" correspondem a tentativas de analisar o que existia na **língua grega antiga**, isto é, num idioma particular, falado num lugar particular, por um povo particular — ou melhor, pela reduzida elite intelectual desse povo, usuária de um dialeto próprio e de uma norma própria.

Calcula-se que, no tempo de Aristóteles, a população de Atenas seria de 400.000 pessoas, das quais 300.000 eram escravos, 50.000 eram estrangeiros, o que dá um resto de 50.000; se dividirmos igualmente esses 50.000 entre os sexos, teríamos 25.000 homens e 25.000 mulheres. Como sabemos que, para os gregos, as mulheres eram consideradas tão inferiores quanto os escravos, sobram 25.000 homens, os únicos que poderiam de fato ser chamado de "cidadãos", capazes de votar e de ser votados, na famosa "democracia grega" que, como se vê, era democracia só para muito poucos (homens livres). Desse reduzido grupo de senhores, quantos seriam capazes de ler, escrever e produzir reflexões filosóficas?

Nem de longe, por conseguinte, tudo o que valia para o grego vale para as outras línguas do mundo. Aliás, o que vale para o grego antigo já não vale nem sequer para o grego moderno, falado hoje na Grécia, que dirá para as outras 6.999 línguas catalogadas no mundo. Se é verdade que podemos detectar, em todas as línguas, traços universais em suas estruturas, também é verdade que a classificação proposta pelos filósofos gregos não é a única nem necessariamente a melhor possível para identificar esses traços universais — o que se evidenciará ao longo dos séculos e, mais fortemente ainda, com o surgimento da ciência linguística moderna, que tem demonstrado as muitas incongruências, contradições e falhas da tradição gramatical.

Nas palavras de John Lyons (1968: 10):

> Para aqueles que se familiarizaram, desde os tempos de escola, com as várias categorias gramaticais empregadas nas descrições tradicionais do grego, poderia parecer que o reconhecimento de apenas essas categorias e de mais nenhuma outra se imporia imediatamente a qualquer um que se dedicasse à tarefa de analisar a linguagem. Ora, mesmo o conhecimento mais superficial da história da teoria gramatical grega nos mostra que isso não é verdade. A análise particular refletida nos compêndios gramaticais gregos estava tão longe de ser óbvia que levou quase seis séculos para ser elaborada (do século 4 a.C. até o século 2 d.C.). Além disso, não é a única análise possível, e talvez nem sequer seja a melhor.

2.9 As cidades-Estados e suas colônias

Os gregos foram um povo muito singular na Antiguidade por causa de seu sistema político especial. Ao contrário dos demais povos antigos — egípcios, assírios, hititas, babilônios, persas etc. e, mais tarde, romanos —, os gregos nunca formaram um *império*, isto é, um sistema político baseado num vasto território submetido à autoridade de um único governante todo-poderoso equiparado a uma divindade, o rei ou o imperador. A base da civilização grega clássica foi a **cidade-Estado** (*pólis*), um núcleo urbano circundado por um pequeno território rural, com soberania política, governada segundo regimes diversos, entre os quais a "democracia" de Atenas, a "oligarquia" militar de Esparta, o "despotismo" e a "tirania" de diversas cidades (todas palavras de origem grega). Além dos gregos, no mundo mediterrâneo antigo, somente os fenícios, grandes navegadores e comerciantes, inventores da escrita que dará origem ao alfabeto, também se organizavam politicamente em cidades-Estados.

Isso significa que nunca houve uma unidade política grega, embora os gregos reconhecessem uma unidade cultural, religiosa e linguística, comemorada nos célebres **Jogos Olímpicos** e institucionalizada na **Liga Helênica**, confederação de cidades-Estados que juntaram forças para lutar contra as investidas dos imperadores persas que tentaram conquistar a Grécia no século 5 AEC. Mesmo assim, a história registra inúmeras guerras e conflitos entre as diferentes cidades-Estados.

A civilização grega não se limitava ao território hoje ocupado pela República da Grécia, no sul da Europa, e que os gregos sempre chamaram de **Hélade** (Ἑλλάδα), donde os adjetivos *heleno, helênico, helenístico*. Partindo da Grécia propriamente dita, os gregos fundaram diversas colônias às margens da bacia mediterrânea: o sul da Itália e a Sicília foram grandes centros de cultura grega (juntos, esses territórios eram chamados de **Magna Grécia**, *Megalé Hellás*); a cidade de **Nápoles**, hoje italiana, foi fundada pelos gregos com o nome de *Neápolis* ("cidade nova"); as cidades francesas de **Marselha** e de **Nice** (do grego *Nikaía*, "vitória") também remontam a colônias gregas, assim como a capital da Líbia (país do norte da África), **Trípoli** ("três cidades"), e a cidade de **Empúries**, na Catalunha (Espanha), fundada pelos gregos com o nome de *Empórion* ("mercado").

Diz a lenda que a cidade de **Lisboa** teria sido fundada pelo herói grego Ulisses com o nome de *Ulissipona*, mas os historiadores hoje em dia tendem muito mais a crer numa origem pré-romana, talvez celta, para o nome da capital dos portugueses. Trabalhos de escavação, no entanto, têm comprovado a presença de fenícios na área por volta de 1200 AEC. Mas a tese de que o nome de Lisboa viria de um fenício *Allis Ubbo*, "porto seguro", nunca foi aceita pelos estudiosos.

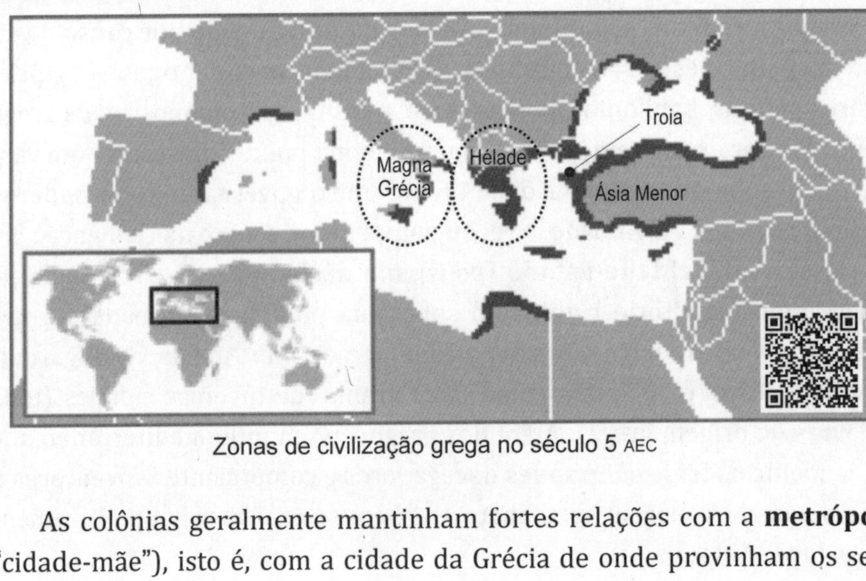

Zonas de civilização grega no século 5 AEC

As colônias geralmente mantinham fortes relações com a **metrópole** ("cidade-mãe"), isto é, com a cidade da Grécia de onde provinham os seus fundadores, venerando os mesmos deuses, adotando o mesmo regime político, falando o mesmo dialeto etc.

Uma importante área de colonização grega foi a **Ásia Menor** (atual Turquia), onde os gregos se fixaram muito cedo, nas zonas costeiras, como prova o relato mítico da Guerra de Troia, imortalizado na *Ilíada* (atribuída a Homero), em que os gregos da Hélade lutaram contra os gregos da Ásia Menor. O poderio de Troia, que suscitou a provável rivalidade com as cidades da Hélade, deve ter ocorrido entre os séculos 15 e 10 AEC.

2.10 As conquistas de Alexandre

A falta de unidade política dos gregos vai selar seu destino. Enquanto lutavam entre si, as cidades-Estados foram se tornando vulneráveis. Ao mesmo tempo, se fortalecia o poderio militar dos governantes da **Macedônia**, que constituíam uma monarquia absolutista na parte mais ao norte da Grécia atual. A origem étnica dos macedônios é discutida, mas seus governantes reivindicavam para si uma ascendência mítica que remontava ao herói Macédon, filho de Zeus e da ninfa Tia, o que fazia deles (em sua própria opinião) membros da civilização grega. Falantes de uma língua talvez remotamente aparentada ao grego dórico, os macedônios adotaram, como língua da corte e da cultura letrada, o dialeto **ático** (falado em Atenas), que gozava do maior prestígio cultural no mundo helênico antigo. Para os gregos, no entanto, os macedônios eram um povo rude, atrasado e inculto, ou seja, "bárbaro".

A palavra grega *dialektos* (*dialeto*) era empregada para designar as diferentes variedades da língua, faladas nas diferentes regiões da Hélade. Os principais dialetos eram o **ático** (de Atenas), o **dórico** (sul e leste do Peloponeso, Creta e outras ilhas), o **jônico** (Jônia, oeste da atual Turquia) e o **eólico** (Tessália, Lesbos, Beócia). Todos tiveram grandes autores. Com o tempo, o ático se tornou o mais importante, por causa do esplendor cultural e literário de Atenas a partir do século 5 AEC.

Sob o reinado de **Filipe II** (382-336 AEC), a Macedônia se transforma em potência militar e imperialista, que vai conquistando todos os demais reinos ao seu redor. Quando Filipe morre (assassinado, aos 46 anos), todas as cidades-Estados gregas, com exceção de Esparta, estão sob controle macedônio.

O trono macedônio é ocupado então pelo filho de Filipe, Alexandre III (356-323 AEC), que entrará para a história como **Alexandre Magno**, isto é, Alexandre, "o Grande", por causa de suas estupendas proezas militares, que lhe permitiram conquistar um território gigantesco num prazo de pouco mais de dez anos. Quando Alexandre morreu, precocemente, aos 33 anos de idade, seu império compreendia a pequena Grécia (com a Macedônia), a Ásia Menor, o Egito, o Oriente Médio e toda a Pérsia (Irã, Afeganistão e Paquistão atuais), além de vastas áreas da Ásia Central (Tajiquistão e Cazaquistão atuais), um território contínuo que cobria mais de cinco milhões de quilômetros quadrados. Embora quisesse ir mais adiante e se aventurar pela Índia, seus soldados, cansados de uma década de lutas incessantes, exigiram que ele se contentasse com o que já tinha conquistado e lhes permitisse voltar para casa. É nesse caminho de volta que o jovem conquistador morreu, talvez envenenado.

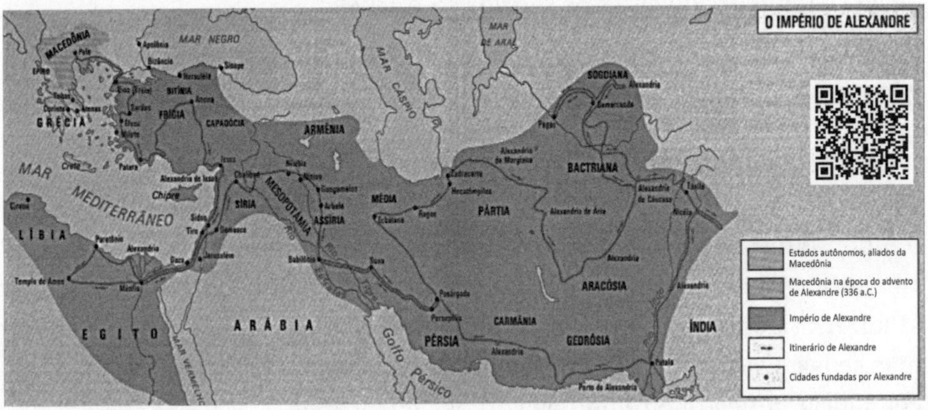

Com a morte de Alexandre, as terras por ele conquistadas vão ser divididas entre seus generais (chamados *diádocos*, "sucessores", ou *epígonos*, "nascidos depois, descendentes"). Estes constituirão reinos independentes que enfrentarão diversas peripécias históricas, guerreando inclusive entre si, até a conquista romana da Grécia e da Ásia Menor (197-190 AEC), da Síria e da Judeia (64-63 AEC) e do Egito (30 AEC), que porá fim ao chamado *período helenístico* da história antiga.

2.11 O período helenístico

Alexandre tinha verdadeiro fascínio pela civilização grega. Teve como mestre na juventude ninguém menos do que o grande Aristóteles, que preparou especialmente para seu discípulo uma edição anotada da *Ilíada*. Alexandre era um estudioso apaixonado e adquiriu grande conhecimento da língua grega literária, da medicina e da matemática de sua época. Conta-se que sabia de cor muitos poemas de grandes autores, além de trechos inteiros das epopeias homéricas. Quando, em 335 AEC, a cidade de Tebas se revoltou contra a dominação macedônia, a resposta militar de Alexandre foi imediata: a cidade foi totalmente arrasada e sua população, escravizada — a única casa que ficou intacta foi a do poeta Píndaro, por quem o jovem rei tinha grande admiração. Na mesma rebelião se levantou Atenas, mas foi poupada da fúria destruidora do jovem monarca macedônio, movido pelo sentimento de grande respeito pela cidade, foco irradiador da civilização que ele tanto admirava.

Ao sair pelo mundo em suas conquistas, Alexandre assumiu como missão a difusão e a implantação da civilização grega (e, por conseguinte, da língua grega) por todo o império que sonhava formar. E terá êxito nessa missão. O período histórico que se inicia com a morte de Alexandre em 323 e termina com a conquista romana da Grécia em 147 AEC é chamado de **período helenístico**, isto é, um período marcado pelo enraizamento da cultura grega em todos os seus aspectos — linguísticos, religiosos, filosóficos, científicos, éticos, estéticos etc. — no grande território conquistado, sobretudo no Egito, no Oriente Médio e na Ásia Menor (Turquia).

A implantação da língua grega no império alexandrino será tão profunda que, mesmo depois da conquista romana, o grego será a língua de comunicação entre diferentes populações e culturas de toda a parte oriental do Império Romano. Além disso, graças ao prestígio da cultura grega entre os próprios romanos, os intelectuais da capital do império (incluindo os imperadores) serão bilíngues em latim e em grego. Assim, embora sob o domínio político-militar de Roma, as classes dirigentes e letradas da Ásia Menor, da Síria, da Palestina e do Egito terão o grego como sua língua veicular. Isso fará do grego a primeira grande **língua internacional** europeia, servindo de ponte cultural entre o Ocidente romano e o Oriente Médio. É o que o poeta romano **Horácio** (65 AEC-8 EC) sintetizou nos versos "*Graecia capta, ferum victorem coepit et artis intulit agresti Latio*": "A Grécia, conquistada, subjugou seu feroz vencedor, levando as artes ao inculto Lácio".

Isso explica, por exemplo, por que o **Novo Testamento**, escrito por *judeus* que viviam sob o jugo *romano* no primeiro século da Era Comum, foi integralmente redigido em **grego**. O apóstolo **Paulo**, que era judeu (seu nome hebraico original era *Sha'ul*, "desejado", que costumamos grafar *Saulo*, e que ele trocou pelo latino *Paulus*, "pequeno", "pouco", em sinal de humildade, depois de sua conversão) e *cidadão romano*, homem livre, portanto, com todos os direitos políticos e civis garantidos pelo Império, fez toda a sua pregação exclusivamente em *grego*, e foi nessa língua que redigiu suas epístolas (palavra grega, por sinal, da mesma raiz de *apóstolo*, ambas formadas com base no verbo *stéllo*, "equipar, preparar, vestir" e, por derivação de sentido, "enviar"). Será preciso esperar até o século 7 EC para que, com a expansão do **Islã** |1.3|

e, junto com ele, da língua árabe, o grego seja suplantado no Oriente Médio e no Egito (e o latim desapareça das outras regiões do norte da África que eram províncias romanas). Na Ásia Menor, a conquista final do Império bizantino pelos **turcos** (vindos das planícies da Ásia Central) se concluirá em 1453, com a tomada de **Constantinopla** e com o estabelecimento da língua turca em todo o território da atual Turquia — e isso no ano que é tido pelos historiadores como o do início da Era Moderna. O grego sobreviverá como língua de uma minoria de cidadãos turcos, cristãos ortodoxos, residentes na antiga capital do império bizantino (a moderna **Istambul**).

2.12 Os gramáticos alexandrinos

Ao longo de sua trajetória de conquistas, Alexandre fundou várias cidades, todas elas batizadas de *Alexandria*, treze no total. Dessas, a que mais se destacou, e que conserva o nome até hoje, foi a **Alexandria do Egito**, fundada no litoral do Mediterrâneo, junto ao delta do rio Nilo. Outra cidade que, segundo algumas hipóteses, ainda guarda o nome do rei macedônio é *Kandahar*, no Afeganistão, redução de *Iskandahar*, derivado da forma persa do nome de Alexandre, *Iskandar*.

Alexandria do Egito se tornou a capital do reino dos Ptolomeus e, em breve tempo, se transformaria na mais importante cidade de cultura grega do mundo antigo, depois que, subjugada pelos macedônios, Atenas perdeu sua importância política e cultural.

Morto Alexandre, em 323 AEC, um de seus mais próximos companheiros de luta, **Ptolomeu**, se apoderou do **Egito** e se autoproclamou *faraó*. Durante trezentos anos — até a morte da última rainha grega do Egito (por suicídio, envenenando-se, e não se deixando picar por uma víbora, conforme a crença mais difundida), **Cleópatra VII** (69 AEC-30EC) —, o reino dos Ptolomeus seria uma das mais importantes potências políticas da Antiguidade. Seu poderio começou a declinar quando teve início a ascensão do poderio romano, ao qual finalmente o Egito se submeteu no ano da morte de Cleópatra — foi assim que, conforme uma antiquíssima expressão, "o Egito saiu da história", depois de ter constituído um Estado independente e uma civilização importantíssima por mais de cinco mil anos seguidos. Somente em 1922, ao se tornar independente do domínio britânico, é que o Egito resgatará sua autonomia política.

O filho e sucessor do fundador do novo reino egípcio, **Ptolomeu II** (309-246 AEC, apelidado de *Filadelfo*, isto é, "amante da irmã", por ter se casado em segundas núpcias com sua irmã Arsinoé, conforme o costume dos antigos faraós), foi responsável por um esplêndido florescimento cultural. Impulsionou a célebre **Biblioteca de Alexandria**, fundada pelo pai, na qual mandou recolher todos os textos escritos de que se tivesse notícia. Mandou mensagem a todos os territórios conhecidos para que enviassem a Alexandria os livros que existissem por lá para serem copiados e traduzidos em grego. Também ordenou que qualquer navio que aportasse em Alexandria entregasse os livros que porventura abrigasse para que fossem copiados e traduzidos — livros, evidentemente, compostos por pergaminhos. A cópia era devolvida ao navio e o original era conservado na Biblioteca. Com isso, a Biblioteca se tornou o repositório de praticamente toda a produção literária e intelectual existente na época, e é graças a ela que conhecemos boa parte do que os gregos produziram de literatura, ciência e filosofia nos séculos anteriores à dominação macedônia, como os poemas atribuídos a Homero, a *Ilíada* e a *Odisseia*, que inauguram a literatura ocidental.

Depois que os macedônios conquistaram a **Palestina**, uma grande comunidade judaica migrou para Alexandria. Seguindo seu projeto de abrigar todo o patrimônio literário conhecido em sua Biblioteca, Ptolomeu II convocou **72 sábios judeus** e encomendou a eles uma tradução de seus livros sagrados para o grego. Essa tradução, conhecida como a **Bíblia dos LXX** (Setenta, ou **Septuaginta**, em latim |1.4|) se tornou um documento (ou melhor, um monumento) fundamental para a preservação da fé judaica, uma vez que a língua hebraica tinha deixado de ser falada pelos judeus desde que o rei babilônio Nabucodonosor II conquistara Jerusalém e deportara seus habitantes para as terras mesopotâmicas em 586 AEC: é o período conhecido, no relato bíblico, como "o Exílio na Babilônia" |1.4|. Todas as referências dos textos do Novo Testamento ao Antigo Testamento são extraídas da célebre tradução grega encomendada pelo rei egípcio. Como os judeus letrados do Egito e da Palestina já não conheciam o hebraico, mas falavam e escreviam muito bem o grego, a *Septuaginta* lhes permitiu ler, estudar e venerar seus textos sagrados.

Depois da derrota do império babilônio pelos persas e da libertação dos judeus, estes já falavam o **aramaico**, língua da família semita que servia de meio de comunicação entre os diversos povos que compunham o grande Império persa. Foi decerto em aramaico que Jesus pregou sua doutrina, e a célebre frase que ele pronunciou na cruz — "Pai, pai, por que me abandonaste?", primeiro verso do Salmo 22 — vem registrada em aramaico pelos evangelistas Mateus (27:46) e Marcos (15:34): "*Eli, Eli, lemá sabacthani?*". Os livros bíblicos de Daniel e Esdras têm grandes porções escritas originalmente nessa língua.

O final do século 3 AEC é o período da emergência de **filólogos** ("amantes do *logos*", isto é, da linguagem) especializados, que compilaram e corrigiram os textos da literatura mais antiga, especialmente a poesia, e que ensinavam estudantes de nível avançado a ler, analisar, usar e imitar tais textos. Os filólogos se dedicavam à análise crítica dos grandes textos literários do passado, com especial destaque para os poemas homéricos, que vinham registrados em diferentes cópias e versões. Era preciso examinar com cuidado essas versões para definir qual ou quais delas eram as mais "fiéis" ao original (supostamente escrito por Homero no século 8 AEC, ou seja, quinhentos anos antes).

Para empreender seu trabalho de crítica e estabelecimento dos textos, os filólogos desenharam aquilo que chamaríamos hoje, na era da informática, de um *sistema operacional* — a **gramática** — dotado de diversas *ferramentas* que lhes permitiam *rodar* os *arquivos* existentes na Biblioteca. É precisamente nesse momento que a gramática deixa de ser uma *especulação filosófica* sobre o funcionamento da língua (e, como vimos, da mente, da natureza e do mundo) e se constitui numa *atividade prática*, numa *disciplina eminentemente linguística*, onde o que importa é a "língua em si" — fonologia, morfologia, sintaxe, léxico — como objeto de estudo, análise, descrição e — principalmente — de *prescrição*. Os gramáticos alexandrinos vão se valer das reflexões e teorizações dos filósofos gregos — sobretudo dos estoicos, seus contemporâneos — para compor não só um aparato técnico para a crítica textual, mas também e principalmente uma *doutrina* portadora de uma ideologia prescritivista fortemente marcada e explicitamente enunciada.

O *Mouseion* (Museu: "palácio das Musas") incluía, além da Biblioteca, outros prédios para estudo e pesquisa, ao estilo das grandes universidades modernas. Empregou um grande número de arquivistas, copistas, tradutores, mestres e pesquisadores. Houve épocas em que mil pessoas trabalhavam ali ao mesmo tempo. Todo esse complexo foi arrasado por um ou mais incêndios, em circunstâncias históricas ainda não esclarecidas, provavelmente no século 3 EC. A destruição do inestimável acervo guardado na Biblioteca de Alexandria é até hoje lamentada como uma das perdas culturais mais trágicas da história da humanidade. Estima-se que na época de Ptolomeu Filadelfo haveria cerca de meio milhão de rolos conservados na Biblioteca. Em 2002 foi inaugurada a nova Biblioteca de Alexandria, um esforço internacional para recordar o prestigioso centro de estudos da era antiga.

Nos primórdios dessa profissão, aparece o nome de **Filetas de Cós** (*c.* 340-*c.* 285 AEC), o primeiro de uma nova geração de poetas que, por volta de 300 AEC, chegaram a Alexandria na qualidade de preceptores da realeza. Foi mestre de **Zenódoto de Éfeso** (330 AEC-260 EC), que se tornou preceptor por sua vez e, em seguida (285 AEC), veio a ser diretor da recém-criada Biblioteca do *Mouseion* da capital do Egito ptolomaico. Zenódoto se concentrou no estabelecimento do texto correto dos poemas homéricos genuínos, o que exigia a comparação de manuscritos, a análise da morfologia e do significado das palavras homéricas, junto com um estudo da sintaxe do Poeta. O projeto foi levado adiante por seu discípulo **Aristófanes de Bizâncio** (*c.* 260-*c.* 185 AEC), que aplicou sua erudição a outros poetas, como Hesíodo, Píndaro, Sófocles e Eurípides. Também produziu estudos sobre palavras e nomes raros ou estrangeiros encontrados nos textos mais antigos.

O mais destacado dos discípulos de Aristófanes que trabalharam em Alexandria foi **Aristarco de Samotrácia** (*c.* 216-*c.* 144 AEC). Seus comentários sobre Homero serviram de base para os estudos de gramáticos posteriores como **Dídimo, Aristônico, Nicanor** e **Herodiano**. Na Antiguidade tardia, os tratados produzidos por esses quatro filólogos foram muito citados e, por isso, se tornaram a base do comentário marginal do grande manuscrito de Homero do século 10 EC — o chamado *Venetus A*, conservado na Biblioteca Marciana de Veneza —, que, por sua vez, se tornou o fundamento da tradição homérica moderna.

Fica evidente, pelo volume de comentários homéricos derivados de Aristarco, que ele tinha acesso a um **sistema de conceitos e categorias gramaticais** plenamente desenvolvido, uma vez que empregou os termos aplicados às oito classes de palavras (que também viriam a ser chamadas de "partes do discurso"), estabelecidas, conforme vimos acima, graças às reflexões dos estoicos: nome, verbo, particípio, artigo, pronome (*antonymia*), conjunção, preposição (*prothesis*) e advérbio. Ele também distinguia os diversos "acidentes" (*symbebekota*, plural de *symbebekos*) como as vozes verbais e os casos dos nomes e das partículas.

Um contemporâneo mais velho de Aristarco, **Crates de Malos**, iniciou uma escola filológica própria na cidade de Pérgamo (Turquia ocidental). Seus discípulos se denominavam **críticos** (*kritikoi*, termo derivado do verbo *krino*, "julgar, avaliar, decidir") e combinavam estudos textuais com uma espécie de abordagem alegórica da interpretação dos poemas homéricos. Crates também contribuiu de modo importante para a teoria poética. Os primeiros **gramáticos** (*grammatikoi*) alexandrinos — como alguns deles se autodesignavam — se concentraram, por seu turno, na crítica textual e sofreram grande influência da filosofia aristotélica e estoica.

É do nome da cidade de Pérgamo que deriva a palavra **pergaminho**. Segundo o historiador romano **Plínio, o Velho** (23-79), o rei de Pérgamo teria introduzido o uso do pergaminho no século 2 AEC em seguida a uma proibição de exportação de papiro decretada pelos egípcios, que temiam que a Biblioteca de Pérgamo se tornasse mais importante que a de Alexandria. Foi justamente na Biblioteca de Pérgamo que se aperfeiçoou a técnica de utilização de peles de animais como suporte da escrita. Por ser um material de alto custo, era comum a reutilização dos pergaminhos: raspava-se a superfície já empregada para que tornasse a ficar lisa para abrigar um novo texto. É o que se chama de **palimpsesto** (termo grego: "raspado de novo").

2.12.1 Dionísio Trácio

As primeiras obras gerais de sistematização da disciplina filológica foram produzidas no final do século 2 AEC por discípulos de Crates e de Aristarco: **Taurisco** (autor de um tratado que se perdeu) e **Dionísio Trácio** (170-90 AEC), respectivamente. A famosa *Tékhnē Grammatikḗ* (*Arte de gramática*) de Dionísio também se perdeu, mas fragmentos da obra são citados por diversos autores posteriores. Esse tratado foi transmitido num grande número de manuscritos, não somente em grego, mas também em siríaco, armênio e outras traduções que serviram de fundamento para a elaboração das primeiras gramáticas dessas línguas. Na verdade, trata-se de um compêndio de regras gramaticais anexado aos parágrafos introdutórios do texto original. Tal como seus predecessores alexandrinos, os preceitos de Dionísio constituem um instrumental para a análise de textos literários. A *Tékhnē* foi impressa pela primeira vez em 1715.

Ocupando-se essencialmente da fonética e da morfologia da língua grega, e sem abordar a sintaxe, a obra reproduz a lista de oito classes gramaticais definida por Aristarco, de quem Dionísio deve ter sido discípulo, e que listamos acima. Os gramáticos alexandrinos, portanto, retiraram os *pronomes* da classe dos *artigos* (onde tinham sido colocados pelos estoicos) e as *preposições* da classe das *conjunções*. O termo **pronome** se dizia em grego *antonymia* ("no lugar do nome"), enquanto a **preposição** se chamava *prothesis* ("o que se põe antes" de outra palavra). Como sempre, os termos que empregamos hoje são as versões latinas das palavras gregas.

Tal como os estoicos, os alexandrinos analisaram os *adjetivos* como um dos tipos possíveis de *nomes*. Na mesma classe dos nomes, Dionísio incluía o que hoje chamamos de *pronomes interrogativos* (*que? quem? qual?* etc.), *pronomes indefinidos* (*qualquer, cada* etc.), os *numerais cardinais e ordinais*. Na classe dos *artigos*, Dionísio incluía os *artigos definidos* (que ele chamou de *protaktikón*, "colocado antes" do nome) e os *pronomes relativos* (*hypotaktikón*, "colocado depois" do nome).

Os pronomes são vistos pelos gramáticos como referidos a pessoas específicas do discurso, de modo que nessa classe eles só incluíam os *pronomes pessoais* e os *possessivos*.

2.12.2 Apolônio Díscolo

Outro nome muito influente na história da tradição gramatical é o de **Apolônio Díscolo** (século 2 EC), natural de Alexandria. Escreveu uma obra *Sobre* *a sintaxe (Perí syntáxeos)*, considerada o primeiro compêndio gramatical a tratar da organização do discurso e não somente das partes do discurso (as classes gramaticais). A doutrina de Apolônio influenciará fortemente o trabalho dos gramáticos romanos de épocas posteriores. Seu apelido *Díscolo* deriva do adjetivo grego *dyskolos*, "mal-humorado, desagradável, irascível". Um aspecto que merece destaque na doutrina de Apolônio é o postulado do **autotelēs lógos**.

De acordo com Apolônio, a língua é um sistema organizado, com uma hierarquia de níveis, que sobe das letras para as sílabas, das sílabas para as palavras (através dos conceitos) até a frase dotada de significação e gramaticalmente bem construída, frase que ele chama em grego de *autotelēs lógos*. Para Apolônio, existe uma equivalência entre os diferentes níveis: sua organização é estruturalmente idêntica, e a combinação (*syntáxis*) ordenada e regular dos elementos a partir de cada nível forma a combinação ordenada e regular dos elementos do nível superior seguinte. A frase completa (*autotelēs lógos*) pode ser formada por palavras porque sobre cada palavra se enxerta um conceito inteligível, um significado que pode ser pensado (*noeton*), e esses significados são os elementos (*stoikheia*, mesmo termo empregado para designar as letras do alfabeto) da frase significativa e completa:

> E assim como os elementos [letras] em sua combinação completam sílabas, também a combinação dos inteligíveis [conceitos] completa as sílabas numa certa direção, através da combinação de palavras. Mais uma vez, assim como a palavra provém das sílabas, assim a frase completa [*autotelēs lógos*] provém da regularidade (congruência simétrica) dos inteligíveis (*Perí syntáxeos*, 1, 3. 3.iiff).

Como vimos ao passar em revista as reflexões dos filósofos gregos acerca da linguagem, para eles a combinação de *ónoma* [substantivo/sujeito] + *rhēma* [verbo/predicado] formava a estrutura mínima, básica da atividade racional-linguística, que chamavam de *lógos*. Uma vez reconhecida essa estrutura, a análise se detinha aí, visto que qualquer texto, por mais longo e complexo que seja, será inevitavelmente formado de uma coleção de *lógoi* encadeados, cada um deles comportando sua própria combinação *ónoma*-*rhēma*. Além disso, o interesse dos filósofos era detectar essa estrutura mínima para elegê-la como mecanismo básico de funcionamento do pensamento racional que, segundo eles, refletia o funcionamento da natureza e, um passo acima, o funcionamento do mundo. E eram esses diversos funcionamentos que interessavam a eles. O programa de investigação dos filósofos, convém insistir, não era *linguístico*, muito menos "gramatical", mas *metafísico* —, e nunca é demais lembrar, como vimos acima, que na opinião, por exemplo, de Platão, a linguagem é débil, sem forças, o mais pobre e mesquinho instrumento de acesso à realidade essencial das coisas, à verdade.

Os gramáticos alexandrinos, mesmo deixando de lado os propósitos metafísicos dos filósofos para se concentrar na língua como objeto primordial de estudo, herdaram deles os conceitos, os termos e até os equívocos surgidos em suas investigações sobre o funcionamento da linguagem. E, para agravar a situação, quando os romanos se apoderaram do aparato filosófico-gramatical grego, não empreenderam uma análise crítica dele — o que seria impensável, já que os romanos tinham veneração pela cultura grega e tratavam simplesmente de *traduzir-transferir* do modo mais fiel possível o que os gregos tinham produzido no campo intelectual. A partir daí, surge o **dogma da frase autossuficiente**, objeto único da análise sintática tradicional: o ponto final de uma sentença escrita é também o ponto final da investigação.

O adjetivo grego *autotelēs* é composto de *auto-* ("em si mesmo", "por si só") e de *-télos* ("acabamento, realização, resultado, consequência, fim, termo, desenvolvimento pleno, formação acabada"), de modo que suas possíveis traduções são "perfeito em si mesmo", "que subsiste por si só", "decisivo, sem apelação". Por isso, traduzimos aqui *autotelēs lógos* por "frase autossuficiente" (usando, por sinal, o mesmo *auto-* do grego adotado por inúmeras outras línguas como prefixo).

Se para a investigação filosófica a consideração da frase como etapa final de reflexão não era problema algum, para a investigação do funcionamento da língua — já não desprestigiada, como na filosofia platônica, mas valorizada como elemento fundador da condição humana — a limitação do foco de análise ao ponto final escrito é simplesmente inadmissível, ao menos para as teorias linguísticas que entendem *língua* como uma **atividade social**, desempenhada por seres humanos que interagem entre si, e não como um sistema abstrato de entidades que "se relacionam" umas com as outras, como se tivessem "vida própria". Considerar a frase (ou oração, ou sentença) como unidade final de análise é um procedimento característico das perspectivas *formalistas* de estudo da língua, enquanto as teorias de caráter *funcionalista* vão sempre se interessar pelo arcabouço maior e mais complexo em que a frase se insere, ou seja, o **texto** (falado ou escrito).

Infelizmente, a desconsideração do aspecto *filosófico* contido na expressão *autotelēs lógos* levou ao que poderíamos chamar de "miséria da sintaxe", ou seja, a limitação da análise linguística à frase, à organização dos elementos na sintaxe. Quando a gramática passa a ser praticada pelos romanos, o equívoco ganha toda a sua evidência, e a frase se transforma numa "coisa em si" quase sem sentido. Explicando, por exemplo, os procedimentos de análise de **Prisciano** — gramático do século VI EC, cujas obras serão os compêndios gramaticais de maior sucesso da história, usados por mais de mil anos —, Michel Casevitz e François Charpin assim se manifestam (2001: 40-41):

> Para os antigos, o essencial da atividade linguística se limita a fazer inventários: o fato aparece claramente em obras como as *Partitiones duodecim uersuum Aeneidos principalium*. Nesta espécie de apostila escolar que procede por perguntas e respostas, Prisciano se propõe analisar o primeiro verso de cada um dos doze cantos da *Eneida*. Em *Arma uirumque cano Troiae qui primus ab oris*, ele reconhece um verso construído sobre um modelo rítmico *(uniformis)*, de tipo dactílico *(specie dactylicus)*, que não concede nenhum lugar a outros tipos métricos *(compositione simplex)*, comportando duas cesuras... Distingue nove partes do discurso: um verbo, cinco nomes, duas conjunções, uma preposição. Analisa minuciosamente cada um desses termos, observando de passagem que *arma* é certamente um acusativo, pois não seria possível substituí-lo senão por uma expressão nominal como *illam rem* ["aquela coisa"], cujo valor de caso não apresenta nenhuma ambiguidade. O método seguido, entretanto, é extremamente espantoso: Prisciano não se terá apercebido de que o primeiro verso da *Eneida* não forma nem uma frase, nem uma oração? Pode se comentar unidades rítmicas sem relacioná-las com unidades gramaticais e, por conseguinte, com unidades de significação? Pode se analisar partes do discurso sem levar em conta relações funcionais que as unem aos outros elementos do enunciado? A sintaxe mal encontra seu lugar no meio de todas essas considerações: diante de um texto preciso, Prisciano é incapaz, tanto

As gramáticas de configuração tradicional, herdeiras diretas da doutrina greco-latina, continuam até hoje a transmitir o dogma de que a frase contém uma totalidade semântica própria, que dispensa uma análise mais ampla do contexto em que ocorre: "*Entre os tipos de enunciados há um conhecido pelo nome de oração que, pela sua estrutura, representa o objeto mais propício à análise gramatical, por melhor revelar as relações que seus componentes mantêm entre si sem apelar fundamentalmente para o entorno (situação e outros elementos extralinguísticos) em que se acha inserido. É neste tipo de enunciado chamado oração que se alicerça, portanto, a gramática [...]*" (Bechara, 1999: 407).
Essa definição de *oração* apresenta problemas evidentes: se destacarmos do trecho acima a sequência "*por melhor revelar as relações*" teremos, sem dúvida, uma *oração (reduzida de infinitivo)*. No entanto, é difícil aceitar a ideia de que essa oração é capaz de "revelar as relações que seus componentes mantêm entre si sem apelar fundamentalmente para o entorno". Se não é preciso apelar para o entorno, como se poderá identificar, por exemplo, o *sujeito* dessa oração?

quanto seus antecessores, de raciocinar sobre o encadeamento dos sintagmas, a não ser de maneira alusiva, imprevisível e muito pontual; se identifica o acusativo *arma*, é incapaz de discernir o conjunto onde se deve substituí-lo.

Para muitos estudiosos modernos da tradição gramatical, o dogma da frase autossuficiente é um dos principais problemas contidos na preservação sem críticas dos preceitos dos gramáticos antigos. Ao longo de mais de vinte séculos, a pedagogia de língua — herdeira direta dessa tradição — se limitou a estudar um idioma por meio da dissecção de frases descontextualizadas, segundo o modelo descrito acima por Casevitz e Charpin. Só muito recentemente, com os desdobramentos da **linguística textual**, da **pragmática**, da **análise do discurso** etc. é que esses procedimentos didáticos passaram a segundo plano, embora conservem obstinadamente seu lugar na maioria dos manuais de língua produzidos até hoje nos mais diferentes países.

2.13 Gramática e ideologia linguística

Os estudiosos alexandrinos tinham consciência das grandes diferenças entre o mundo em que viviam e o mundo em que foram produzidas as grandes obras literárias que eles se empenhavam em preservar. A Idade de Ouro da civilização grega já era um remoto período histórico. Não existiam mais as cidades-Estados autônomas, o mundo grego já não se restringia às metrópoles da Hélade e às suas colônias: o regime monárquico tinha se imposto em todo o gigantesco império conquistado por Alexandre, dividido entre seus generais, que fundaram diversos reinos independentes e rivais. O centro político e cultural se deslocara de Atenas para Alexandria e outras grandes cidades do Oriente, capitais dos reinos helenísticos (Pérgamo, Antioquia, Jerusalém). E a língua grega tinha passado por espetaculares transformações sociolinguísticas.

Transportada para o Oriente por um exército comandado por falantes nativos da língua macedônia — longinquamente aparentado com os dialetos do norte da Hélade e, portanto, bastante diferente do ático, falado e cultivado na escrita em Atenas —, a *língua grega* que Alexandre implanta em seu império é uma **língua comum** (uma *coiné*, do grego *koiné*, derivado de *koinós*, "comum"), resultante da fusão dos diferentes dialetos falados na Hélade e tendo o ático como base. Essa língua comum vai ser o grande veículo cultural do período helenístico, idioma dos descendentes dos soldados e generais greco-macedônios fixados nas terras conquistadas, mas também dos milhares de imigrantes gregos que partiram em direção delas para tentar vida nova e, principalmente, idioma de comunicação internacional adotado pelos muitos diferentes povos (falantes de muitas línguas diferentes) que foram subjugados pelos governantes helenísticos. É nessa coiné, por exemplo, que serão escritos os textos que compõem o **Novo Testamento** da Bíblia cristã.

Ora, qualquer língua que passa a ser empregada num vasto território por uma população etnicamente heterogênea, falante de inúmeras línguas distintas, se vê inevitavelmente sujeita a transformações de toda ordem, e com o grego não haveria de ser diferente. Comparando, então, a língua dos grandes escritores do passado com essa língua comum empregada no novo mundo helenístico, os filólogos alexandrinos só podiam concluir o óbvio: *a língua tinha sofrido mudanças*. No entanto, a partir dessa constatação do óbvio eles estabeleceram *juízos de valor negativos* para aquela transformação: *a língua tinha sofrido mudanças, mas não só. Mudanças para pior!*

A gramática, por conseguinte, se transforma num **instrumento político-ideológico** muito claro. Passa a ser vista como um referencial "técnico", "metódico" e "racional" para estabelecer a pronúncia, a grafia, a morfologia e a sintaxe *corretas*. A correção no uso da língua recebe o nome de *hellenismós*, o grego "bom" e "certo", e sua violação é um *barbarismós*, quando praticada sobre uma única palavra, ou um *soloikismós* (*solecismo*), quando praticada sobre uma combinação de palavras. *Barbarismo* e *solecismo* são termos empregados até os dias de hoje pela tradição normativo-purista para classificar formas variantes ou mutantes. Conforme escrevem Atherton e Blank (2013: 289), o ensino da gramática era um empreendimento totalmente prático e, "sem nenhum pudor, completamente prescritivo".

Segundo John Lyons (1968: 9), essa avaliação negativa da mudança constitui o que ele chama de "erro clássico" no estudo da língua:

> A admiração pelas grandes obras literárias estimulou a crença de que a língua em que estavam escritas era, em si mesma, inerentemente "mais pura", mais "correta" do que a fala coloquial corrente de Alexandria e dos outros centros helenísticos. As gramáticas produzidas pelos eruditos helenísticos passaram, assim, a ter um duplo propósito: combinavam o objetivo de estabelecer e explicar a língua dos autores clássicos com o desejo de preservar o grego da corrupção por parte dos ignorantes e dos iletrados. Essa abordagem do estudo da língua patrocinada pelo classicismo alexandrino implicou em dois equívocos fatais. O primeiro diz respeito à relação entre língua escrita e língua falada; o segundo tem a ver com o modo como as línguas se

desenvolvem. Podemos nos referir a ambos como aquilo que vou chamar de "erro clássico" no estudo da língua.

Os alexandrinos, ao incorrer nesse "erro clássico", também lançaram as sementes do **preconceito linguístico**, conjunto de mitos e crenças populares sobre a(s) língua(s) e seus falantes, que frutificará abundantemente ao longo da história do Ocidente, chegando praticamente intacto aos dias de hoje, quando a maioria das pessoas acredita que existe um modo "certo" e um modo "errado" de falar a língua, que as pessoas sem instrução formal "falam tudo errado", que existe "algum lugar no passado" onde a língua foi falada e escrita "corretamente", que a língua falada é caótica e desregrada e que "só a escrita tem gramática", que as mudanças ocorridas e ocorrendo na língua são "deformações" não só do idioma em si como do caráter de seus falantes...

Os gramáticos alexandrinos cometeram, portanto, dois equívocos fundamentais, ambos derivados da constatação de *fatos óbvios* aos quais, no entanto, eles atribuíram *valores morais negativos*, mas coerentes com sua visão de mundo e seus próprios preconceitos sociais e culturais.

2.13.1 Primeiro equívoco: distorção das relações entre fala e escrita

O primeiro equívoco fundamental reside na comparação entre duas entidades sociolinguísticas completamente distintas:

(1) *a língua falada espontânea contemporânea*;

(2) *a língua escrita literária antiga*.

Variação estilística entre fala e escrita, segundo os estilos ou registros (adaptado de Monteagudo, 2004: 406).

Pela ótica dos estudos mais atualizados sobre as relações entre fala e escrita, não se deve confundir a fala espontânea com a escrita literária, monitorada. Não se trata de defender a rígida separação entre fala e escrita (como fizeram, equivocadamente, os filólogos alexandrinos e que a maioria das pessoas ainda hoje acredita existir), mas sim a impossibilidade de comparar *registros, estilos de uso da língua* completamente diferentes. A reflexão mais avançada em termos de relações entre fala e escrita postula a existência de um espectro contínuo que vai do mais falado para o mais escrito, espectro atravessado pela **variação estilística**, que vai do **gênero textual** menos monitorado para o gênero textual mais monitorado (lembrando que a palavra **texto** se aplica tanto ao que se fala quanto ao que se escreve) (cf. Marcuschi,

2001; 2008). Existe fala espontânea e existe escrita espontânea, como também existem fala formal e escrita formal. Para empreender algum tipo de comparação, ela tem de ser feita entre *registros de uso* semelhantes (gênero textual falado espontâneo e gênero textual escrito espontâneo, por exemplo) e nunca entre os dois extremos do espectro fala-escrita e do *continuum* de monitoramento estilístico. Entre textos falados formais e textos escritos formais, por exemplo, as *semelhanças* são muito mais consistentes e evidentes do que as diferenças, o que impossibilita a manutenção da separação rígida entre fala e escrita sem consideração da *variação estilística* e do *gênero textual*. Na cultura ocidental, porém, se cristalizou uma dupla de sinônimos, completamente falsa e equivocada: "fala = informalidade", "escrita = formalidade", herança direta do erro clássico dos alexandrinos.

2.13.2 Segundo equívoco: visão negativa da mudança linguística

Os gramáticos alexandrinos, fazendo suas comparações equivocadas entre a fala espontânea de seu cotidiano e a escrita literária antiga, perceberam que, ao longo do tempo, a língua grega tinha sofrido mudanças. Imbuídos, no entanto, do desejo de "preservar" a língua da "corrupção" praticada não só pelos falantes nativos de grego iletrados, mas, principalmente, pelos "bárbaros" que passaram a se servir da "língua de Homero", eles consideraram que tais mudanças eram essencialmente *negativas* e *prejudiciais* à "pureza" do idioma.

A **mudança linguística** é inevitável e decorre da própria natureza sociocognitiva e articulatória da linguagem humana. Em suas interações sociais, em suas experiências de mundo e em seus processamentos mentais da linguagem, cada ser humano submete a língua, o tempo todo — e num trabalho coletivo com os demais membros de sua comunidade linguística —, a reanálises sintáticas, reacomodações fonéticas, regramaticalizações, analogias, comparações, extensões de sentido, restrições de sentido, metáforas, metonímias, eliminação de redundâncias, neologia, homonímia, sinonímia, regularizações de paradigmas, simplificações estruturais, complexificações semântico-pragmáticas e a diversos outros processos que conduzem, sempre, a mudanças.

Outro ponto sempre enfatizado pelas teorias linguísticas contemporâneas é que *a mudança não é nem para melhor nem para pior*: é simplesmente mudança, reinvenção da língua, adaptação da língua às necessidades sociointeracionais de seus falantes naquele lugar e naquele momento.

Portanto, enquanto os filósofos gregos elaboravam *teorias* sobre a língua, os filólogos compuseram *doutrinas* sobre a linguagem, seu funcionamento e seu uso, dando início à milenar tradição *prescritivo-normativa* e ao *preconceito linguístico* que até hoje vigoram com tanta força na cultura ocidental, na pedagogia de língua e no imaginário linguístico coletivo.

2.14 A gramática em Roma

Na segunda metade do século 1 AEC, os romanos conquistam a Grécia, mas logo serão conquistados "espiritualmente" por ela, como escreveu Horácio. A civilização grega vai, de fato, causar um impacto profundo entre os romanos, que veem nela um desenvolvimento cultural muito mais avançado e sofisticado do que o seu próprio. Religião, artes, ciências, tecnologias, gêneros literários, valores éticos e estéticos, filosofia, hábitos e costumes, indumentária, culinária, esportes, tudo será objeto de importação, imitação e adaptação por parte dos romanos. Os deuses do primitivo panteão romano serão sincretizados com os deuses olímpicos. Toda uma mitologia será elaborada para provar que o povo romano é descendente direto de colonizadores gregos: a epopeia de Eneias (cantada por **Virgílio** [70 AEC-19 AEC] em sua *Eneida*) é a portadora dessa ideologia helenófila, para não dizer helenólatra — Eneias, filho do mortal Anquises e da deusa Afrodite (Vênus), pertence à nobreza troiana (helênica, portanto), participará da guerra de Troia destacando-se na luta contra os gregos da Hélade e, depois da vitória destes, foge com a família para a Itália, onde fundará uma "nova Troia". Os famosos gêmeos fundadores de Roma — Rômulo e Remo — são, na mitologia, descendentes diretos de Eneias.

É claro que no campo dos estudos linguísticos (e literários) os romanos também se valerão de seus ídolos gregos, conforme ordena o poeta **Horácio** (65 AEC-8 EC) em sua *Arte poética*:

> *Vos exemplaria Graeca nocturna versate manu, versate diurna.*
> "Compulsai com mão noturna e diurna os livros dos gregos."

Segundo a tradição latina, no ano 159 AEC, o rei Átalo II de Pérgamo encarregou Crates de Malos, de quem já falamos acima, de uma missão diplomática junto ao Senado romano. Mal chegou a Roma, Crates quebrou uma perna e, durante sua imobilização forçada, ocupou seu tempo organizando debates e conferências sobre sua especialidade: a gramática. Tamanho foi o sucesso e repercussão de seu ciclo de conferências que esse acontecimento é geralmente considerado como a primeira manifestação de uma investigação gramatical na Roma do século 2 AEC.

2.14.1 Gramáticos romanos

Como escrevem Casevitz e Charpin, citados mais acima, para a intelectualidade romana, "a reflexão sobre a gramática depende inteiramente do pensamento grego, do qual tomou emprestadas as opções filosóficas, até mesmo as manias" (2001: 32). E J. E. Joseph acrescenta:

> Diante de discrepâncias entre a descrição gramatical dos gregos e a estrutura do latim, os romanos frequentemente acharam preferível distorcer e alterar sua língua nativa a comprometer a autoridade da gramática (1987: 69).

A gramática vai florescer em Roma, com alguns nomes merecedores de destaque:

NOME	DATAS	OBRA GRAMATICAL
Varrão (Marcus Terentius Varro)	116-27 AEC	*De lingua Latina libri XXV*
Escritor prolífico, produziu centenas de obras sobre diferentes assuntos, das quais pouquíssimas nos chegaram. Dos 25 livros de sua *De lingua latina*, somente seis sobreviveram, mesmo assim mutilados. Embora original em muitas de suas formulações, seu trabalho não exerceu influência sobre os estudos gramaticais da Idade Média porque seus livros ficaram desconhecidos até o ano de 1355, quando foram descobertos num mosteiro pelo escritor italiano Bocácio.		
Quintiliano (Marcus Fabius Quintilianus)	35-100 EC?	*Institutio oratoria*
Sua obra é um tratado de retórica que influenciará profundamente os estudos humanísticos por toda a Idade Média. Nela se encontram diversos preceitos sobre o "bem falar", a correção da linguagem, a equiparação entre "falar bem" e "ser honesto" etc.		
Donato (Aelius Donatus)	meados do séc. 4 EC	*Ars grammatica* *(Ars maior; Ars minor)*
Tudo o que se sabe de sua vida é que foi tutor de são Jerônimo, que traduziu a Bíblia do grego e do hebraico para o latim. Sua obra será tão popular ao longo de toda a Idade Média que seu nome se tornará sinônimo de "manual de gramática". Em 1409, por exemplo, surgirá a primeira gramática da língua francesa, intitulada *Donato francês*. Com a invenção da imprensa no século 15, seu livro será difundido aos milhares de exemplares.		
Prisciano (Priscianus Caesariensis)	ativo no ano 500 EC	*Institutiones grammaticae*
De ascendência grega, sua obra se tornará o modelo de todas as gramáticas latinas posteriores. Sua doutrina gramatical segue de muito perto a de Apolônio Díscolo e muito do que sabemos de Apolônio provém de citações feitas na obra de Prisciano.		

Fiéis a seus modelos gregos, os gramáticos latinos se recusarão a abandonar o número de **oito** partes do discurso, fixado pelos alexandrinos. Como, no entanto, a língua latina não tinha *artigos*, **Quintiliano** decidiu incluir, no lugar deles, as **interjeições** — dando início a uma bizarrice que se perpetua até hoje em muitos compêndios gramaticais e livros didáticos. Bizarrice porque uma interjeição constitui, de fato, um fenômeno de *entoação, prosódico,* e não uma categoria lexical plena como as demais. A interjeição é, pois, "uma espécie de grito com que traduzimos de modo vivo nossas emoções", conforme a definem os gramáticos Celso Cunha e Lindley Cintra (1985: 577), que não as incluem entre as classes gramaticais por não serem nem morfemas lexicais nem morfemas gramaticais.

Quintiliano, entretanto, assim justifica o seu trabalho de classificação:

> Os antigos, com efeito, entre os quais Aristóteles também e Teodecto, só falaram de verbos, de nomes e de termos de ligação, decerto porque os verbos constituem a parte ativa da linguagem, e os nomes, a matéria, um exprimindo o que dizemos, o outro aquilo de que falamos, e os termos de ligação tendo por papel indicar suas conexões; esta última categoria é, bem sei, comumente chamada *coniunctio*, mas este termo me parece traduzir mais propriamente *sýndesmos*. Pouco a pouco, os filósofos, sobretudo os estoicos, aumentaram seu número; primeiro, aos termos de ligação foram acrescidos os *artigos* e em seguida as *preposições*; aos nomes, o *apelativo*, em seguida o *pronome*, depois o *particípio*, forma que também se prende ao verbo; aos verbos mesmos, os *advérbios*. Como o artigo não é exigido por nossa língua, seu papel é distribuído entre outras partes do discurso; mas às partes já mencionadas se junta a *interjeição*. Outros, contudo, apoiando-se na autoridade de autores competentes, seguiram somente a classificação em oito partes, como Aristarco e, em nossos dias, Palêmon, que fizeram entrar na categoria do nome o *vocábulo* ou *apelativo*, como espécie sob um gênero.

Pela lista oferecida por Quintiliano, e que será conservada por toda a Idade Média e início da Moderna, se vê que os *adjetivos* continuam incluídos na classe dos nomes, junto com os substantivos, assim como os *numerais*, que hoje constituem classe à parte nas gramáticas de perfil tradicional. E tal como faziam os gregos, o *particípio* é separado em classe especial.

Somente em 1767 é que os *adjetivos* serão considerados dignos de pertencer a uma classe toda sua. Essa teorização é obra do gramático e filósofo francês **Nicolas Beauzée** (1717-1789) e, embora tenha se consagrado na tradição gramatical escolar, ainda é motivo de intenso debate entre os linguistas (ver Perini, 1997; 2016). Já os *numerais*, sua inclusão entre as "classes gramaticais" vem sendo sistematicamente abandonada pelos estudiosos atuais, uma vez que, de fato, os chamados numerais são *quantificadores definidos* (os cardinais), *substantivos* (os fracionários) ou *adjetivos* (os ordinais) (ver Azeredo, 2022; Castilho, 2010; Bagno, 2012)

Segundo uma ordem praticamente imutável, todas as gramáticas examinam sucessivamente cada parte do discurso e, apoiando-se em numerosos exemplos, identificam suas particularidades. Assim, no que diz respeito, por exemplo, ao *nome*, após ter dado sua definição, elas passam em revista as seções *qualitas* (nome próprio, nome comum), *genus* (masculino, feminino, neutro, comum ou indistinto), *figura* (palavra simples, palavra composta), *numerus* (singular, plural, dual). Cada classe gramatical pode ser subdividida ao bel-prazer do gramático: é assim que já Dionísio Trácio distinguia 24 tipos de nomes comuns e Dionísio de Sídon, 47.

2.15 O lugar da gramática na formação do cidadão romano

Importante a destacar no trabalho dos gramáticos latinos é, primeiramente, sua quase total *falta de originalidade*: como já vimos, eles se subjugaram integralmente às reflexões filosóficas/filológicas e às "manias" dos gregos, fazendo, muitas vezes, uma (con)fusão eclética de alguns debates ocorridos entre estes. Em seguida, e por consequência disso mesmo, a gramática latina é integralmente uma *doutrina*, uma atividade prática, uma *disciplina*, voltada para a formação intelectual do "homem de bem" que deve ser igualmente, e por isso mesmo, um "homem que fala bem". É o *consensus bonorum* identificado com o *consensus eruditorum*: os homens cultos, educados e polidos teriam de ser, *por consequência natural de seu status na sociedade*, pessoas boas, honestas, idôneas. Ser uma pessoa de bem é falar bem. Nesse sentido é que Sírio Possenti (1996: 73) afirma: "As regras de uma gramática normativa se assemelham às regras de *etiqueta*, expressando uma obrigação e uma avaliação do certo e do errado" (grifo nosso).

Esse modo de ver as coisas é expresso sem rodeios por Quintiliano, ao tentar definir a noção de *uso* [*consuetudo*], tomada como uma das fontes para o estabelecimento das normas gramaticais:

> Se chamarmos assim [de uso] o que faz a maioria, daremos um conselho muito perigoso, não somente para a linguagem, mas, o que é mais grave, para a vida. Donde nos viria, com efeito, tanta felicidade se o que for bom obtiver o sufrágio da maioria? Por conseguinte, assim como depilar-se, usar os cabelos cortados em camadas, beber em excesso no banho, usos muito difundidos em nossa cidade, não são o uso, porque todas essas práticas são censuráveis em alguma medida, e porque nos banhamos, cortamos nossos cabelos e tomamos nossas refeições em conformidade com o uso, assim também na linguagem, embora

> maneiras de falar viciosas estejam comumente difundidas, não é razão para ver nelas a regra da linguagem. Pois, sem falar da maneira como os ignorantes se exprimem comumente, nós sabemos que, no teatro, todo o público e, no circo, toda a multidão soltam exclamações bárbaras. Portanto, para a linguagem, chamarei de uso o acordo das pessoas cultas [*consensus eruditorum*] e, para a vida, o das pessoas honestas [*consensus bonorum*].

Esse caráter abertamente elitista, quando não aristocrático, da norma gramatical vai ser a marca registrada da tradição purista e prescritivista, em vigor até os dias de hoje na cultura linguística ocidental.

CAPÍTULO 3

Idade Média
um longo intervalo de mil anos

> "Média", é claro, não teria significado algum para ninguém que vivesse no período medieval; o termo surge do sentimento dos homens do Renascimento de que, entre outras realizações, eles estavam de novo atando laços com a brilhante civilização e o humanismo da era clássica por cima do abismo das trevas e da barbárie que se interpuseram. Nessa generalização abrangente, as pessoas dos primeiros anos da Europa moderna exageraram a obscuridade dos tempos medievais e subestimaram as atividades culturais e intelectuais e os produtos da Idade Média. Mas sem dúvida houve um declínio de um vasto campo da vida humana durante os séculos que se seguiram imediatamente ao colapso de Roma (Robins, 1967: 66-67).

Introdução

O rótulo *Idade Média* tem sido empregado para designar um período histórico que se estendeu por nada menos do que mil anos. Conforme as palavras de Robins, na epígrafe acima, foram os renascentistas que cunharam a ideia de que entre eles e a civilização greco-latina antiga existia "alguma coisa no meio", perturbando a transmissão direta e contínua das grandes proezas intelectuais e culturais da Antiguidade clássica. É dos renascentistas que surgiu uma visão extremamente negativa do período medieval, caracterizado como "Idade das Trevas", um preconceito que se enraizou profundamente na cultura europeia e ocidental, em que o adjetivo *medieval* passou a ser sinônimo, no senso comum, de "atrasado, arcaico, primitivo" e até de "cruel, bárbaro". Os historiadores contemporâneos, no entanto, têm se esforçado por mostrar que um período tão longo não pode ser avaliado como um bloco compacto de valores, crenças, ideias e produção intelectual. Por isso, cada vez mais, a historiografia vem trazendo à tona importantes contribuições culturais da Idade Média.

Além disso, a designação única de *Idade Média* cobre diversas fases distintas, com características próprias e específicas de cada uma das regiões da Europa. Assim, por exemplo, a Idade Média foi muito diferente na parte oriental do Império Romano, hoje denominada **Império Bizantino**, onde a unidade territorial, linguística, religiosa e política se manterá por muitos séculos. No extremo ocidental da Europa, a **Península Ibérica** também vai conhecer uma história muito particular: ocupada a partir de 711 por exércitos muçulmanos vindos do norte da África, será preciso esperar quase oitocentos anos até que o último território sob domínio mouro, Granada, seja conquistado pelas forças militares dos **Reis Católicos** (Isabel de Castela e Fernando de Aragão), em 1492, o que possibilitou a unificação territorial da **Espanha** em torno de uma só Coroa governante. Na fachada atlântica da Península, o reino de **Portugal**, constituído em 1139, vai se estender cada vez para o sul, também por causa das lutas contra os mouros, até a conquista da cidade de Faro, em 1249, o que vai delimitar as fronteiras do país, praticamente intactas desde então. Desse modo, o conceito de Idade Média que se tornou mais difundido é o que foi elaborado pelos intelectuais que viveram nas duas áreas mais importantes do Renascimento no centro da Europa ocidental: o norte da Itália e a França.

Os marcos simbólicos inicial e final da Idade Média são, respectivamente, a deposição do último imperador romano do Ocidente, **Rômulo Augústulo** — em **476**, pelas mãos do chefe militar germânico **Odoacro** — e a tomada de **Constantinopla**, em **1453**, pelos turcos, que fecharam as rotas comerciais que ligavam a Europa à Ásia, o que levou os europeus ocidentais a buscar caminhos alternativos pelo oceano, iniciando o ciclo das navegações, ponto de partida da chamada **Idade Moderna**.

No que diz respeito à história do pensamento sobre a linguagem, é possível dividir a Idade Média em algumas fases importantes, segundo a proposta de Vivien Law (2003: 112-115):

1. *Idade Média inicial* (500-800): os eruditos da Europa ocidental enfrentam a necessidade de escrever gramáticas descritivas do latim para uso de falantes não-nativos da língua, usando as duas gramáticas de **Donato** e os comentadores tardios delas, junto com a obra de **Prisciano** (*Insti-*

tutione de nomine), como ponto de partida para suas próprias gramáticas descritivas |2.14.1|.

2. IDADE MÉDIA CENTRAL (800-1100): do **Renascimento carolíngio** até o século 12, período em que a redescoberta das *Categorias* de **Aristóteles** e das *Institutiones grammaticae* de Prisciano estimulam um pensamento novo sobre a natureza e o papel da gramática, e em que a gramática das partes do discurso substitui a gramática elementar como principal instrumento da pedagogia de ensino do latim.

Renascimento carolíngio é o nome que se dá a um período de florescimento cultural e intelectual durante o reinado de três soberanos do Sacro Império Romano Germânico: **Carlos Magno** (768-814), **Luís, o Piedoso** (814-840) e **Carlos, o Calvo** (843-877). O termo *carolíngio* provém de *Carolus*, forma latina do nome *Carlos*, de origem germânica (*Karl*).

3. IDADE MÉDIA TARDIA, ou período **escolástico** (1100-1350): inspirados pelas descobertas de outras obras de Aristóteles, os estudiosos das recém-criadas universidades se empenham em formular uma abordagem tanto teórica quanto prática do estudo da linguagem, enquanto seus colegas nas escolas desenvolviam a gramática em versos.

4. IDADE MÉDIA FINAL (1350-1500): as pessoas se tornam cada vez mais conscientes de seus **vernáculos** e começam a ensinar o latim por meio desses vernáculos (e também, aqui e ali, a fazer experimentos com gramáticas vernaculares); na Europa do norte, surgem recursos visuais para apresentar a doutrina gramatical, como tabelas, diagramas e colunas.

Vernáculo: "A língua própria de um país ou de uma região; língua nacional, idioma vernáculo" (*Dicionário Houaiss*).

Convém enfatizar que, em toda a parte ocidental da Europa, a única língua ensinada sistematicamente será o **latim**, tanto nas regiões onde essa língua tinha sido imposta pelas conquistas romanas (Itália, Gália [França], Península Ibérica e a parte ocidental da África do Norte) e adotada pelas populações locais, quanto nas outras áreas, em que o latim se tornou objeto de ensino por ser a língua da Igreja (Irlanda, Grã-Bretanha, Germânia [Holanda, Alemanha, Áustria, Polônia] e Panônia [Hungria]). Por ser a língua da religião oficial e por ser a língua em que se conservou o legado intelectual da Antiguidade, seu conhecimento era exigido de qualquer pessoa com pretensões às carreiras eclesiástica (sacerdotes, monges e monjas), docente, jurídica, diplomática, política de modo geral e, evidentemente, à investigação filosófica, teológica e científica. Todo o esforço intelectual de grande parte da Idade Média será dedicado à produção de gramáticas do latim em latim, de gramáticas do latim em línguas vernáculas, de obras que tentarão relacionar as "leis" do pensamento (consideradas universais) às "leis" da linguagem (isto é, às regras gramaticais do latim). Somente no final da Idade Média é que começará o movimento de valorização das línguas vernáculas.

Alguns nomes se destacaram nas partes inicial e central da Idade Média, no que diz respeito aos estudos da linguagem: vamos tratar deles logo a seguir. O período escolástico, porém, é o que produziu reflexões mais densas e sistemáticas, movidas por um projeto de unificar todas as áreas de conhecimento sob a tutela da teologia cristã. É também o florescimento de tentativas de encontrar o que existe de **universal** na gramática das línguas humanas. Desse período nos ocupamos em |3.6|. Em seguida, vamos revisar alguns testemunhos medievais que relatam **mudanças linguísticas** em processo |3.8|. A questão dos vernáculos será tratada no próximo capítulo |4.9|

As **sete artes liberais** se tornaram a base dos estudos eruditos durante a maior parte da Idade Média graças, sobretudo, à difusão do livro *De nuptiis Philologiae et Mercuri* ("As núpcias de Filologia e Mercúrio"), da autoria de **Marciano Capela** (*Martianus Minneus Felix Capella*, em atividade na década de 410-420), que viveu na África romana. O livro condensava todo o conhecimento acumulado na Antiguidade para ser preservado num mundo que sofria grandes transformações com o advento do cristianismo e as migrações e campanhas de conquista dos chamados "bárbaros". Marciano se mostra muito influenciado pelo neoplatonismo, mas não revela em nenhum momento sua filiação religiosa. Seu livro faz amplo uso da *alegoria*: as setes artes são descritas como servas que Filologia (alegoria da erudição, simbolizada pelas "Letras") recebe de presente quando se casa com Mercúrio (alegoria da inteligência e da sede de conhecimento). Duas outras artes comparecem à festa de casamento: a arquitetura e a medicina, mas estas não têm direito a compor a base dos estudos das pessoas nobres, porque, na Antiguidade, eram exercidas principalmente por escravos habilidosos e também por se ocuparem de coisas terrenas, ao contrário das outras, que se ocupam de competências intelectuais (gramática, retórica, dialética, geometria, aritmética), estéticas (música) e celestiais (astronomia). O livro de Marciano se inspira muito na obra de Varrão |2.14.1| e vai ser copiado intensamente durante o período medieval inicial.

3.1 As sete artes liberais

Conforme vimos em |2.15|, o gramático latino **Quintiliano** fazia uma associação obrigatória entre "falar bem" e "ser um cidadão honesto", uma visão aristocrática de língua e de sociedade, característica de seu tempo. Os costumes da "plebe" e os modos de falar da "gente rude" tinham de ser evitados pelas "pessoas de bem". Esses preconceitos de classe, infelizmente, permanecem muito vivos até os dias de hoje e são, de fato, uma herança direta desse modo de conceber a vida social como "naturalmente" dividida entre classes "superiores" e classes "subalternas".

No entanto, mesmo dentro dessa visão de mundo, para falar bem não basta conhecer a *gramática* da língua, suas regras de funcionamento: é preciso também que o indivíduo saiba *usar* a língua em proveito próprio, na defesa de suas ideias, de suas crenças, e no combate bem fundado às opiniões alheias. Nisso os eruditos da Antiguidade tardia foram originais, ao fazerem da *gramática* somente uma das disciplinas escolares necessárias à boa formação de um cidadão.

Com o passar do tempo, e principalmente a partir do século 5 (já iniciada a Idade Média), vai se constituindo um conjunto de disciplinas que virão a ser conhecidas como as **sete artes liberais**. Essas sete artes serão divididas em dois conjuntos: o *trivium* ("três vias"), com três disciplinas, e o *quadrivium* ("quatro vias"), com quatro:

TRIVIUM
- gramática
- retórica
- dialética (ou lógica)

QUADRIVIUM
- geometria
- aritmética
- música
- astronomia

A composição do *trivium* revela uma percepção muito interessante da parte dos antigos: não basta conhecer as regras de funcionamento da língua (a *gramática*), é preciso também aprender a usá-las. Daí a necessidade do estudo sistemático da **retórica** — a arte da oratória, do bem dizer, da boa escolha das palavras e das construções sintáticas — e da **dialética** (às vezes também chamada *lógica*) — a arte do encadeamento lógico do raciocínio, da organização dos argumentos, da estruturação do debate, da defesa e/ou refutação de teses etc.

Essa divisão curricular, que começou a vigorar no final da Antiguidade, foi implantada nas universidades europeias que começaram a surgir na Idade Média (a mais antiga é a de Bolonha, na Itália, fundada em 1088) e perdurou por muitos séculos, embora fosse muito mais um currículo ideal do que efetivamente real. As transformações ocorridas na cultura erudita da Europa a partir da redescoberta da obra de Aristóteles e do surgimento da **escolástica** |3.5| levaram ao abandono das "sete artes liberais" ou, mais precisamente, à ampliação do currículo universitário, que passou a incluir, além das sete disciplinas tradicionais, também a filosofia, o direito, a literatura, a medicina e outras ciências e artes.

BOX 3A

CONSEQUÊNCIAS DA AUTONOMIZAÇÃO DO ESTUDO DA GRAMÁTICA

Infelizmente, a dissolução do *trivium* e a autonomização das disciplinas levaram ao grande problema que o ensino de gramática apresenta até hoje: seu total desprendimento do uso autêntico da linguagem, da dinâmica social da língua, seu afastamento quase deliberado da realidade vivida pelo(s) falante(s) em suas interações por meio da(s) língua(s). A gramática, então, que para a educação antiga e medieval tinha se tornado um meio, um instrumento para objetivos maiores — a comunicação eficaz, a estética do falar, a estilística do texto escrito, a arte de seduzir e persuadir, de argumentar e contra-argumentar, de defender ou refutar teses etc. —, se transformou num fim em si mesma, num conjunto de saberes mecânicos, áridos, sem nenhuma aplicação prática na vida dos indivíduos, que simplesmente não compreendem o que está em jogo naquelas regras.

No entanto, como a história humana é feita de idas e vindas, na dialética de repetições e recuperações de coisas passadas sob nova luz, o que a pedagogia de língua(s) postula hoje em dia é, em grandes linhas, uma revivescência do *trivium*, devidamente atualizado e arejado pelas contribuições das ciências da linguagem e da educação. Quando as diretrizes dessa nova pedagogia de língua(s) insistem no desenvolvimento ininterrupto do **letramento** dos aprendizes, na percepção de toda manifestação verbal (falada e escrita) como um **texto** portador de um **discurso**, na prática da **oralidade** em sala de aula e no exercício da **reflexão linguística** com base em usos e textos autênticos, o que se está fazendo é justamente compreender a língua como um sistema de regras (*gramática*), que se realiza efetivamente em textos falados e escritos, mais ou menos felizes em sua constituição (*retórica*), que visam um objetivo (convencer, divertir, agredir, persuadir etc.) por parte de seu produtor (*dialética*). Os conceitos de **coesão** e **coerência**, de **discurso**, de **gêneros textuais**, entre outros, tão em voga hoje em dia, parecem resgatar os princípios antigos da retórica e da dialética, sob novos aspectos. O *trivium* (gramática, retórica, dialética) também pode ser aproximado dos três níveis de análise linguística tão caros aos estudos das escolas teóricas ditas funcionalistas: a sintaxe, a semântica e a pragmática. As diversas correntes funcionalistas começaram a surgir no início do século 20 e prosseguem seu desenvolvimento até os dias de hoje. Elas empreendem suas análises desde três perspectivas: a **sintaxe** (a relação dos signos linguísticos entre si), a **semântica** (a relação dos signos com a realidade empírica) e a **pragmática** (a relação dos signos dentro do uso efetivo que dela fazem os falantes em contextos de interação). Essa proposta de estudo da atividade linguística em três níveis procede do trabalho do semioticista e filósofo estadunidense **Charles W. Morris** (1903-1979).

A gramática "por si e para si" absorveu completamente a retórica, a tal ponto que os compêndios gramaticais, a partir de dada época (e até hoje), passaram a incluir, além da descrição-prescrição propriamente gramatical da língua, capítulos (sempre no final) dedicados às "figuras de sintaxe" e às "figuras de pensamento" (os objetos tradicionais de estudo da retórica), que eram antigamente tratadas em manuais completos e específicos dessa disciplina. A dialética, por sua vez, nem essa hospitalidade mínima mereceu, tendo desaparecido completamente das abordagens sistemáticas do uso da língua.

3.2 Antes da Idade Média: a Antiguidade tardia

Entre o final da Antiguidade e o início da Idade Média é comum se fazer referência a uma **Antiguidade tardia**, um período em que os valores e as concepções da Antiguidade clássica já começavam a sofrer transformações, sobretudo devido à introdução da **religião cristã** no amplo território que formava o Império Romano. É uma fase que se estende, convencionalmente, entre os **anos 300 e 476**. Nesse período, alguns nomes importantes se destacam no plano intelectual e, mais particularmente, no pensamento sobre a linguagem.

3.2.1 Jerônimo e a *Vulgata*

Entre esses nomes, está o de **são Jerônimo** (*Eusebius Sophronius Hieronymus, c.* 347-420), nascido na parte oriental do Império Romano, em Estridão, provavelmente nas imediações da atual Liubliana (capital da Eslovênia). Ainda jovem, foi estudar em Roma, onde se tornou discípulo do célebre gramático Élio Donato. Inicialmente pagão, acabou por se converter ao cristianismo. Levou uma vida de muitas viagens e peripécias, até que, em 388, se retirou num mosteiro na Palestina, onde passou o resto de seus dias a produzir obras teológicas e, principalmente, a realizar sua façanha mais conhecida: a **tradução da Bíblia para o latim**, diretamente dos originais hebraicos e gregos. Essa tradução, denominada **Vulgata** (isto é, "popular, do vulgo"), se tornará a única versão admitida pela Igreja Católica romana durante séculos. O trabalho tinha se iniciado em 382, quando o papa **Dâmaso I** (305-384, papa a partir de 366) encomendara a Jerônimo uma ampla revisão das primeiras versões em latim das Escrituras, um conjunto chamado *Vetus Latina* ("velha [tradução] latina"). Enquanto levava a cabo sua enorme tarefa, Jerônimo redigiu extensos comentários, sobretudo na forma de cartas a outros estudiosos, comentários que constituem importantes reflexões sobre **a teoria e a prática da tradução** (é o santo patrono dos tradutores). Uma de suas teses mais citadas a esse respeito é a de que a tradução deve se guiar pelo *sentido* e não pelas *palavras* do texto: "Tenho traduzido, não palavra por palavra, mas sentido por sentido" ("*non verbum e verbo, sed sensum exprimere de sensu*", *Epístola 57, a Pamáquio*).

3.2.2 Agostinho, o último filósofo antigo

O mais destacado intelectual da Antiguidade tardia, no entanto, foi sem dúvida **santo Agostinho** (*Aurelius Augustinus Hipponensis*, 354-430), autor prolífico, cujas obras superam uma centena de títulos diferentes. Nasceu em Tagaste, na província romana da Numídia, no norte da África (atual Souk Ahras, na Argélia), passou um período na Itália, onde se converteu ao cristianismo e retornou, mais tarde, a sua terra natal para exercer as funções de bispo da cidade de Hipona (*Hippo Regius*, atual Annaba, também na Argélia). Filho de **santa Mônica**, uma cristã devotada, Agostinho abraçou inicialmente diversas crenças filosóficas e religiosas até que, aos 31 anos, sob a influência de **santo Ambrósio** (340-397), por quem foi batizado na catedral de Milão (então capital do Império do Ocidente), se tornou, a partir daí, um dos mais destacados pensadores da fé cristã (foi o primeiro a elaborar uma doutrina completa sobre o chamado "pecado original", por exemplo). É um personagem que simboliza o desaparecimento do mundo clássico antigo, que já não podia se opor às "invasões bárbaras": no momento em que Agostinho expirava em seu leito de morte, a cidade de Hipona caía sob as investidas dos **vândalos**, uma tribo de origem germânica que já tinha deixado suas marcas na Península Ibérica (o nome da região hoje chamada Andaluzia, no sul da Espanha, talvez tenha sua origem em *Vandaluzia*, "terra dos vândalos").

"A palavra consiste de som e significado. O som pertence aos ouvidos e o significado, à mente. Não crês, portanto, que na palavra, como em qualquer criatura viva, o som é o corpo e o significado é, por assim dizer, a alma do som?" (Agostinho, *De quantitate animae*).

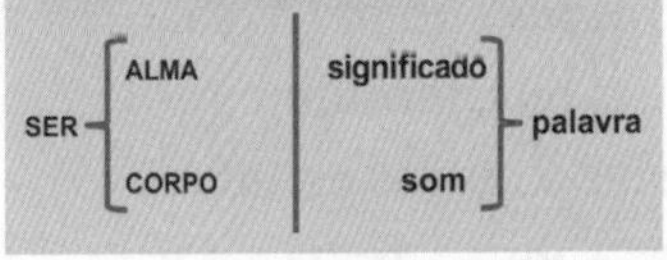

Entre seus múltiplos interesses intelectuais, Agostinho foi decerto o primeiro autor cristão a elaborar uma teoria linguística ou, mais especificamente, **semiótica**. Suas reflexões acerca do **signo** estão compiladas no livro *De Magistro*, escrito em 389, na forma de um diálogo fictício entre o próprio Agostinho e seu filho Adeodato, mas também aparecem em outros escritos. Na comparação da *palavra* com o *ser*, o significado é tido como mais nobre e importante do que o som, assim como a alma — imortal, na tradição cristã — é considerada como mais importante do que o corpo, sempre sujeito aos "vícios" da "sensualidade". De fato, nas palavras do erudito Alcuíno de York |3.4.3|, "*potius animam curare memento, quam carnem, quoniam haec manet, illa perit*", isto é, "*lembre-se de cuidar mais da alma do que da carne, porque aquela permanece, enquanto esta perece*".

Agostinho também é conhecido entre os linguistas por ter postulado o seguinte princípio: "*Melius est reprehendant nos grammatici, quam non intelligant populi*" — "melhor sermos repreendidos pelos gramáticos do que não entendidos pelo povo". A frase está em suas *Enarrationes in Psalmos* ("Exposições sobre os Salmos", 138, 20). O bispo de Hipona justifica a defesa de formas linguísticas populares em detrimento das "clássicas", consideradas mais corretas, porém de difícil entendimento pelas pessoas comuns. No trecho em que aparece a citação, Agostinho oferece algumas indicações muito importantes sobre a situação do latim popular falado em sua época. Ao analisar o versículo 15 do salmo 138 ("*Non est absconditum os meum a te, quod fecisti in abscondito*" — "Não está oculto de ti meu osso, que criaste em segredo"), ele observa que seria mais recomendável empregar *ossum*, forma já difundida na fala popular, em lugar de *os*, clássico, para evitar possíveis mal-entendidos. Isso porque no latim clássico havia duas palavra homógrafas: *ŏs* ("osso", com *o* breve) e *ōs* ("boca", com *o* longo), que não se confundiam graças à duração das vogais. Essa distinção baseada na oposição breve/longa já não devia vigorar na época de Agostinho, de modo que para designar "osso" era mais corrente a forma *ossum*, regular, enquanto *ōs* tinha sido substituído por *bucca*, origem de *boca* em português.

3.3 Autores da transição

Enquanto na chamada Antiguidade tardia encontramos pensadores que se moveram do chamado "paganismo" para o cristianismo (Jerônimo e Agostinho), na fase inicial da Idade Média surgem autores que representam elos simbólicos entre a cultura antiga e a nova cultura que ia se formando dentro das também novas configurações políticas e sociais advindas com o fim do Império Romano. Já nascem em ambientes cristãos e se dedicam a refletir sobre a doutrina que constitui sua fé religiosa.

3.3.1 Boécio e a Roda da Fortuna

O primeiro desses autores de transição é **Boécio** (*Anicius Manlius Torquatus Severinus Boethius*, 480-524), que nasceu quatro anos depois da deposição do último imperador romano (Rômulo Augústulo, em 476) pelos godos chefiados por Odoacro. De fato, Boécio será funcionário do rei ostrogodo **Teodorico** (454-526), o primeiro não romano a governar a Itália romanizada. Nascido em família romana nobre, Boécio recebeu uma educação requintada, que incluía um profundo conhecimento do grego, algo que já se tornava raro na parte ocidental do antigo Império. Foi recrutado para servir na corte de Teodorico ainda muito jovem e, aos 25 anos, já ocupava o cargo de senador. Aos poucos, foi conquistando cada vez mais poder político até que, em 523, acusado de traição, foi encarcerado e, um ano mais tarde, executado. Durante seu período na prisão, escreveu a obra *De Consolatione Philosophiae* (*A consolação da filosofia*), um dos livros mais célebres da literatura ocidental e considerado por muitos como

Neoplatonismo é o nome que se dá atualmente a uma corrente de pensamento filosófico que floresceu no século 3 AEC e se encerrou quando o imperador bizantino **Justiniano** (reinado: 537-565) mandou fechar definitivamente as academias filosóficas "pagãs" que ainda existiam em Atenas e eram consideradas adversárias do cristianismo oficial. O nome mais conhecido dessa escola é o de **Plotino**, nascido no Egito e morto no sul da Itália (204/5–270). O neoplatonismo se alimenta, é claro, dos postulados centrais da filosofia de Platão, mas com algumas inovações. Apesar de condenados pela Igreja, alguns princípios neoplatônicos tiveram profunda influência na constituição da doutrina teológica cristã, como se verifica, por exemplo, nos escritos de santo Agostinho, entre outros.

a última grande obra da cultura antiga. Isso porque, no texto, Boécio não alude jamais a Cristo ou a noções propriamente cristãs, mas tampouco assume uma filiação explícita às escolas filosóficas da Antiguidade. Apesar disso, Deus aparece na obra como fonte de todo o bem. Alguns críticos tentam mostrar que Boécio ainda professava algumas noções próprias do chamado **neoplatonismo**. Uma das mais célebres imagens do livro de Boécio é o da **Roda da Fortuna**, uma alegoria das vicissitudes da sorte dos seres humanos e de sua instabilidade: a glória é sempre passageira, cedo ou tarde virá a queda, de modo que a melhor forma de vida é o desprezo da fama e da fortuna e a busca do consolo na meditação e na contemplação filosóficas. Decerto refletindo sobre sua própria história de vida, Boécio escreveu: "*Nam in omni adversitate fortunae infelicissimum est genus infortunii, fuisse felicem*" — "Pois em cada volta adversa da fortuna, o tipo mais infeliz de homem desafortunado é aquele que foi feliz".

Boécio traçou para si mesmo um vasto projeto de tradução de obras importantes do grego para o latim: a *Isagoge* de **Porfírio** (234-305); as *Categorias*, o *Da interpretação*, os *Analíticos anteriores*, os *Tópicos* e as *Refutações sofísticas*, todos de Aristóteles. O livro de Porfírio, cujo título em grego significa "Introdução", é uma apresentação didática das *Categorias* aristotélicas. Com seu final de vida trágico, no entanto, Boécio não pôde levar a cabo sua tarefa de transpor para o latim a obra completa de Aristóteles. Escreveu sobre aritmética, música e geometria; comentários aos textos lógicos de Aristóteles e a textos de teologia cristã. Devemos a Boécio o termo *quadrivium* para designar as quatro "artes" que não lidam diretamente com a língua (aritmética, geometria, astronomia e música) e, principalmente, a criação de alguns termos em latim que se tornariam fundamentais para todas as áreas de conhecimento, como *subjectus* ("sujeito") e *praedicatus* ("predicado"), que empregou em suas traduções de Aristóteles. Na avaliação de C. Moreschini e E. Norelli (2000: 164),

> como filósofo e como escritor, Boécio foi, como tem sido definido, o último dos romanos e o primeiro dos escolásticos, e a civilização latina tardo-antiga se conclui esplendidamente com a filosofia e a arte de Boécio, que combinam harmoniosamente cultura profana e fé cristã.

3.3.2 Cassiodoro e o Vivarium

Um segundo nome de destaque nessa fase de transição entre a cultura clássica e a cultura medieval é o de **Cassiodoro** (*Flavius Magnus Aurelius Cassiodorus Senator, c.* 480-*c.* 580), famoso por ter vivido quase cem anos, feito raríssimo para a época. Assim como Boécio — aliás, depois da morte deste —, Cassiodoro serviu ao governo de Teodorico e, em seguida, ao de seu neto e sucessor, **Atalarico** (516-534). Exerceu importantes cargos políticos e viveu durante vinte anos em Constantinopla, onde se aprofundou no estudo da teologia cristã. Se esforçou por criar canais de comunicação entre as grandes divisões que existiam em sua época: entre Oriente e Ocidente, entre a cultura grega e a latina, entre o romano e o godo, e entre uma população que seguia a fé oficial da Igreja e governantes que professavam o **arianismo**. Ao se retirar da vida pública, Cassiodoro fundou um mosteiro, Vivarium ("Viveiro"), nas proximidades da atual cidade de Squillace, na Calábria (sul da Itália). Era um mosteiro para quem desejasse levar uma vida de contemplação mística solitária, mas também uma escola. De fato, era um colégio de teologia, um centro de ensino e de intensa tradução de textos gregos, dotado de uma ampla biblioteca com livros religiosos e seculares. A obra de Cassiodoro que se tornaria extremamente popular e teria papel fundamental nos séculos seguintes, sobretudo nos estudos monásticos, são os dois livros das *Institutiones quem ad modum divinae et humanae debeant intellegi lectiones* ("Educação nas letras divinas e humanas", 551-562). O primeiro livro, dedicado às disciplinas religiosas, elenca os instrumentos literários necessários para o estudo da Bíblia, enquanto o segundo, voltado para as disciplinas seculares, faz uma breve ilustração em sete capítulos das sete artes liberais. Cassiodoro escreveu, aos 93 anos, um livro *De Orthographia* ("Sobre a ortografia"), também dedicado primordialmente à formação dos monges.

Atribui-se a formulação do arianismo a **Ário** (250-336), um presbítero de Alexandria (Egito). Segundo essa doutrina, Jesus Cristo era Filho de Deus e a ele subordinado. A doutrina oficial da Igreja, no entanto, logo se manifestou a favor do dogma da Trindade, em que o Pai, o Filho e o Espírito Santo são manifestações de uma divindade única, sem hierarquia entre si. Esse arianismo não deve ser confundido com a doutrina racista de mesmo nome, elaborada e difundida no século 20 pelos seguidores do nazismo na Alemanha.

3.3.3 Isidoro de Sevilha e as *Etimologias*

O nome mais importante dessa fase de transição, no entanto, é o de **santo Isidoro de Sevilha** (560-636). Seu trabalho de compilação enciclopédica, as *Etimologias ou Origens* (*Etymologiarum sive originam libri XX*), obteve imensa popularidade no mundo medieval e se tornou a fonte de praticamente todo o saber acumulado até então na cultura erudita ocidental, reconhecida como autoridade absoluta e incontestável. Viveu na Espanha sob os reis visigodos, inicialmente arianos e, justamente durante a vida de Isidoro, convertidos ao catolicismo oficial da Igreja romana.

A obra de Isidoro começa apresentando as fundações das sete artes liberais e prossegue com um panorama de todo o conhecimento humano. O primeiro livro das *Etimologias* (são vinte no total) se ocupa da gramática (sobretudo de Donato) no sentido clássico do termo; o segundo se dedica à retórica e à dialética (ou lógica), enquanto o terceiro trata das disciplinas do *quadrivium* (aritmética, geometria, astronomia e música). Dos outros livros, nos interessa particularmente o nono, que trata da organização da sociedade humana como um todo, sobretudo da sua organização linguística, por assim dizer. Entre os elementos mais destacados do primeiro livro sobressaem as observações gerais sobre os problemas de **etimologia**, em que o contraste entre a natureza motivada e a natureza arbitrária do signo linguístico reemerge, como no período grego clássico com a oposição *phýsis*/*thesis*, debate herdado precisamente daquele período e que vai prosseguir até os dias de hoje |6.8.6|. Assim é que Isidoro escreve:

> A etimologia é a origem das palavras, em que a força do verbo ou do nome deriva por meio da interpretação. Aristóteles chamava isso de símbolo (*symbolon*); Cícero, de anotação (*adnotationem*), porque torna conhecidos (*nota*) os nomes e verbos das coisas através de um exemplo; desse modo, *flumen* ('rio') assim se chama porque flui (*fluendo*), porque se formou por fluxos. [...] De fato, se vires de onde se origina o nome, entenderás melhor seu significado. Realmente, o exame de qualquer coisa se torna mais claro uma vez que a etimologia se conhece. Nem todos os nomes foram impostos às coisas pelos antigos segundo a natureza, mas alguns segundo a vontade deles, tal como às vezes nomeamos nossos servos e nossas posses segundo nossa vontade. E é por isso que não se pode encontrar a etimologia para todos os nomes, porque algumas coisas receberam seu nome, não segundo a qualidade de acordo com a qual foram geradas, mas segundo o arbítrio da vontade humana (1, 29, 1-3).

No trabalho de Isidoro, etimologias razoáveis, confirmadas pelo mais recente estudo científico, aparecem ao lado de definições improváveis, fantasiosas ou mesmo absurdas, que são, no entanto, muito interessantes se compreendidas e estudadas como tentativas de motivação sincrônica do signo na consciência linguística do falante, no plano dos processos mentais de associação paronomásica e quebra-cabeças verbais, isto é, do que hoje se conhece por **simbolismo sonoro** (Magnus, 2013). Exemplos:

> Dictus autem princeps a capiendi significatione, quod primus capiat, sicut municeps ab eo quod munia capiat (9, 3, 21).
> "Também é chamado príncipe (*princeps*) do significado de tomar (*capiendi*), porque toma primeiro (*primus capiat*), assim como munícipe (*municeps*) é aquele que toma (*capiat*) obrigações públicas (*muniat*)" → Etimologia correta.
>
> Litterae autem dictae quasi legiterae, quod iter legentibus praestent, vel quod in legendo interentur (1, 2, 3).
> "São chamadas *letras* (*litterae*) quase como *legiterae*, porque oferecem um itinerário (*iter*) aos leitores (*legentibus*) ou porque são repetidas na leitura (*in legendo iterentur*)" → Etimologia fantasiosa.

Outras observações de caráter linguístico são também interessantes, como a relação de pressuposição existente entre os antônimos: "*Dixit etim dexter non potest, nisi sinister fuerit*" ("Não se poderia falar *direito*, se não existisse *esquerdo*", 1, 7, 17). No capítulo dedicado à ortografia, Isidoro comenta a presença de uma consoante africada dental [ts] na sequência intervocálica escrita *-it-*:

> Y et Z litteris sola Graeca nomina scribuntur. Nam cum "iustitia" sonum Z littera exprimat, tamen, quia Latinum est, per T scribendum est. Sic "militia", "malitia", "nequitia" et cetera similia.
> "As letras Y e Z só são escritas em palavras gregas. De fato, ainda que *iustitia* ('justiça') expresse o som Z, entretanto, por ser latina, se escreve com T. Assim também *militia* ('milícia'), *malitia* ('malícia'), *nequitia* ('nequícia') e outras parecidas".

Trata-se de uma observação preciosa para os estudiosos da linguística histórica, porque informa sobre a transformação do grupo latino *-ti* + vogal: de [tɪ̯-] para [tsɪ̯-], por influxo do caráter palatal da semivogal [ɪ̯] e, a partir de fase histórica posterior, com resultados variados nas diferentes línguas românicas — por exemplo, [tsɪ̯-] em italiano (*azione* [atsɪ̯one]), [sɪ̯] em francês (*action* [aksɪ̯õ]), [s] em português (*ação* [asãʊ̯̃]), [θɪ̯] em castelhano e galego (*acción* [akθɪ̯on]).

No segundo livro das *Etimologias*, é perceptível uma divisão em duas partes distintas. Os capítulos 1-21 tratam amplamente da retórica, recontando sua história, apresentando suas subdivisões e ilustrando a terminologia técnica de seu complexo aparato teórico, concluindo com uma exposição das figuras de pensamento e figuras de sintaxe. Os capítulos 22-31 tratam especificamente da dialética, e a história de seu desenvolvimento também é retraçada. Prosseguem com a discussão da filosofia geral para concluir de maneira cada vez mais técnica com o tratamento da *Isagoge* de Porfírio, das categorias e do *De interpretatione* de Aristóteles, com silogismos, definições, tópicos e oposições, uma espécie de manual que sintetiza a lógica clássica.

Conforme escrevem Vineis e Maierù (1994b: 155),

> é digno de muita ênfase o fato de que uma parte importante da antiga conceitualização sobre retórica, dialética e lógica propriamente dita foi transmitida para o mundo medieval quase exclusivamente por meio da síntese desse ágil manual, que carecia tanto de originalidade quanto foi ampla e minuciosamente estudado.

Até mesmo a explicação em latim dos termos gregos, usados de maneira ampla num sentido técnico específico, sobretudo na retórica e na dialética, tornou Isidoro responsável pela sobrevivência desses termos, principalmente na cultura medieval inicial. Embora o conhecimento que o bispo de Sevilha tinha do grego talvez não fosse muito profundo, suas interpretações terminológicas vão no bom caminho: "*Lógos enim apud Graecos et sermonem significat et rationem*" ("Entre os gregos, *lógos* significa discurso (*sermo*) e razão (*ratio*)", 2, 24, 7), como se viu em |2.3|.

O nono livro das *Etimologias* merece a atenção não só de linguistas, mas também de outros pesquisadores sociais: etnólogos, historiadores, sociólogos e juristas. Nele, Isidoro escreve sobre a origem das línguas e das nações, sobre o vocabulário das instituições políticas e militares e sobre os graus de parentesco. É o que se poderia chamar de tratado da organização linguística da sociedade.

Isidoro afirma, de saída, que o hebraico foi a única língua originalmente falada por todos os seres humanos (uma ideia já então muito aceita e que se tornaria quase um dogma na cultura medieval) e que, portanto, as diferentes nações tinham nascido da divisão das línguas, conforme o relato bíblico da Torre de Babel |1.4|, e não o contrário. Por meio de diversos argumentos, Isidoro conclui que apenas três línguas merecem o título de *sagradas*: o **hebraico**, o **grego** e o **latim** — pois foi nelas que Pôncio Pilatos mandou inscrever, na cruz, o crime cometido por Jesus Cristo (conforme o evangelho de João, 19,20). Segundo Isidoro, "a língua grega é considerada a mais ilustre entre todos os povos; de fato, é mais musical que o latim e todas as demais línguas" (9, 1, 4). Esse tipo de observação que leva em conta características fonéticas e prosódicas e que torna os grupos linguísticos diferentes entre si também aparece no seguinte trecho:

> Todos os povos orientais batem a língua e as palavras juntas na garganta, como os hebreus e os siríacos. Todos os povos mediterrâneos desferem a fala no palato, como os gregos e os asiáticos. Todos os povos ocidentais quebram as palavras contra os dentes, como os italianos e os espanhóis (9, 1, 8).

O segundo capítulo, sobre os nomes dos povos, elenca as diversas nações que descendem dos filhos de Noé (Sem, Cam e Jafé), bem como outros povos cujo nome tem origem diferente da do nome dos descendentes daquele patriarca. Nesse capítulo, a etimologia exerce um papel determinante, pois o maior ou menor grau de "transparência etimológica" dos nomes dos diferentes grupos se torna o principal critério para que sejam colocados numa hierarquia e, por conseguinte, avaliados em termos de julgamento moral. Quanto mais longe estiver uma nação de sua origem primária, ou seja, quanto mais difícil for reconstruir o significado primitivo de seu nome, mais corrompida e sujeita à barbárie ela é. Desse modo, em contraste com godos, vândalos, burgúndios e francos (fundadores dos reinos romano-bárbaros e cujos nomes são de fácil reconstituição), alguns povos parecem a Isidoro "dissonantes na língua e incertos quanto à origem de seus nomes, como os tolosates, os amsivários [...] cuja selvageria exibe horror até nos próprios nomes" (9, 2, 97).

Segundo uma antiga tradição derivada do relato bíblico, os filhos de Noé deram origem a diversos povos. De Sem nasceram os *semitas* (hebreus, fenícios, árabes, assírios, arameus, etc.). De Cam, os *camitas* (egípcios, líbios, sudaneses etc.). De Jafé, os *jaféticos* (brancos europeus). Apesar de sua origem mitológica, os termos *semita* e *camita* foram adotados pela ciência linguística para designar grupos linguísticos ou, mais amplamente, um supragrupo, o *camito-semítico*, que inclui grandes línguas faladas na Antiguidade, como o acadiano, o ugarítico, o fenício, o hebraico antigo, o aramaico, o egípcio, e línguas faladas atualmente, entre as quais o berbere, o hauçá, o guanche, o árabe, o hebraico moderno etc. Por sua vez, o termo *jafético* foi empregado pelo linguista soviético **N. V. Marr** (1864-1934) para designar línguas pré-indo-europeias supostamente faladas na região do Cáucaso, das quais o basco seria uma representante deslocada do lugar de origem, uma teoria considerada hoje sem fundamento científico.

Tanto quanto os primeiros gramáticos da Antiguidade grega, Isidoro também considera que a mudança linguística é sinal de ruína e corrupção, uma avaliação essencialmente moralista e carente de toda justificativa empírica ou teórica. A mudança na língua, nessa avaliação, equivale a um afastamento da pureza original não contaminada, um obscurecimento de uma suposta "transparência etimológica" ancestral. São preconceitos que remontam às teses debatidas no *Crátilo* de Platão |2.4.1|. O juízo lançado sobre a transformação do latim, que nos dias do Império se tornou cada vez mais "corrompido" por causa do influxo de elementos estrangeiros que corroeram sua herança linguística (a *integritatem verbi*, "integridade das palavras") é um exemplo típico da opinião de Isidoro sobre a questão. De fato, essa visão da mudança como corrupção e dos empréstimos estrangeiros como "destruição" da língua prossegue muito vívida até hoje no senso comum das culturas linguísticas ocidentais.

Ainda no livro IX, o terceiro e o quarto capítulos, mas também os últimos três do livro III, compõem um verdadeiro repertório do léxico tecnológico usado no mundo antigo, particularmente na civilização latina. Foram indispensáveis para a compilação de glossários e conseguiram oferecer à Idade Média uma imagem completa da Antiguidade clássica desaparecida. "As *Etymologiae* foram amplissimamente conhecidas e estavam destinadas a se tornar uma das fundações da cultura medieval, junto com as obras de Donato e a *Institutio* de Prisciano" (Vineis; Maierù, 1994: 158).

Com Boécio, Cassiodoro e Isidoro de Sevilha se encerra, definitivamente, a cultura que se pode chamar *antiga* e se inaugura a cultura nova, que passará à história com o nome de *medieval*.

3.4 A Idade Média inicial e central

Os dois autores que destacamos acima e que representam a chamada Antiguidade tardia — Jerônimo e Agostinho — sintetizam em sua própria biografia as radicais mudanças ocorridas na Europa ocidental a partir do ano 300: levaram uma juventude "pagã", isto é, dominada por concepções filosóficas ainda vinculadas à Antiguidade greco-romana; acabaram por se converter, já adultos, ao cristianismo e se devotaram de tal modo à nova fé que se tornaram, depois de mortos, figuras proeminentes na elaboração da própria doutrina religiosa oficial da Igreja — receberam não só o título de *santos*, mas também de *Doutores da Igreja*, uma designação que agrupa um número restrito de teólogos que exerceram grande influência na propagação da fé cristã (e, mais tarde, especificamente *católica romana*).

A Idade Média propriamente dita, no entanto, já começa com o cristianismo não só oficializado como religião do Estado (no Império Bizantino), mas também como fé abraçada pelos chamados "bárbaros" que, com suas migrações e excursões de conquista, vão desintegrar a unidade territorial do Império Romano ocidental. Essa unidade territorial vai ser substituída por uma unidade "espiritual" exercida pela **Igreja** católica, que terá sua sede na mesma Roma que antes era a capital política da Europa. O cristianismo se impõe assim como religião, como filosofia, como ideologia e também como **poder político**, uma vez que todo aquele que pretenda se tornar soberano de algum reino independente terá de obter o reconhecimento oficial da Santa Sé para não ter suas pretensões disputadas por eventuais concorrentes. O pesado tráfico de influências, as chantagens, os subornos, as traições e, de modo mais geral, a corrupção vão aos poucos transformando a Igreja romana no centro de controle do poder temporal na Europa, uma situação que só começará a se alterar com as rebeliões protestantes, já na Era Moderna |4.8|. O trono papal terá, durante séculos, a mesma importância no jogo político internacional das cabeças coroadas dos reinos particulares.

Desse modo, no que diz respeito à história do pensamento sobre a linguagem, a Idade Média inicial revela uma tentativa de unir o estudo sobre a língua à evangelização dos povos "pagãos", por um lado, e, por outro, às especulações filosóficas, sempre subordinadas à teologia: afinal, "*philosophia ancilla theologiae*", "a filosofia é a serva da teologia", conforme uma máxima que definiu o empreendimento filosófico durante muitos séculos.

3.4.1 A conversão dos godos

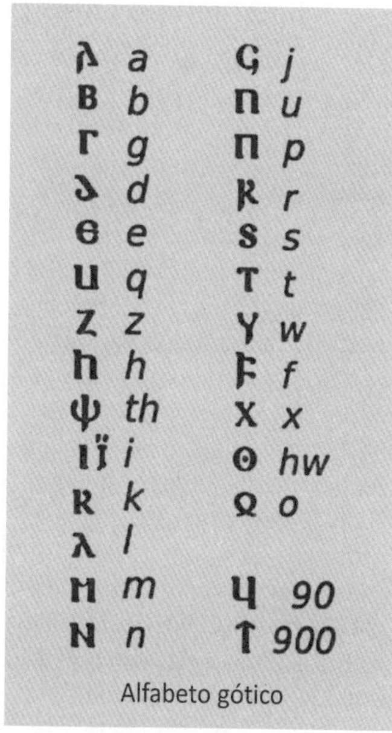

Alfabeto gótico

Já no período tardo-antigo, se dá a conversão dos povos germânicos ao cristianismo. Ainda estabelecidos fora dos limites do Império Romano, os **godos** são evangelizados por **Úlfilas** (*Wulfila*, "pequeno lobo", *c.* 311-383), que receberá o título de "Apóstolo dos Godos". Para fazer a tradução da Bíblia na língua de seus convertidos, Úlfilas criou o **alfabeto gótico**, baseando-se no sistema de escrita do grego, com alguns acréscimos próprios, a fim de dar conta de sons característicos da língua germânica. Assim se explica por que, um século e meio mais tarde, quando se expandem em migrações e incursões para dentro das fronteiras do Império, os godos já eram cristãos. Eles praticavam, no entanto, uma versão do cristianismo chamada *arianismo* (ver acima), a que lhes fora ensinada por Úlfilas, uma versão que a Igreja considerava como uma "heresia", isto é, não admitida pela doutrina oficial de Roma. À medida que foram constituindo seus reinos no interior do antigo Império, porém, os godos (que se subdividiram em dois grandes grupos: os **visigodos**, "godos do oeste" e os **ostrogodos**, "godos do leste") abandonaram a crença ariana e adotaram o catolicismo oficial.

3.4.2 Beda, o Venerável

O cristianismo já estava bem implantado nas Ilhas Britânicas quando **Beda, o Venerável** (672 ou 673-735), empreendeu sua importante produção literária. Beda passou a vida como sacerdote e monge na comunidade de Wearmouth-Jarrow, situada perto da costa nordeste da Inglaterra, próximo à moderna cidade de Newcastle. Poucos anos depois de sua morte, sua reputação de erudito excepcional tinha alcançado a Europa continental. Beda deixou uma marca indelével na vida diária da Europa ao popularizar um sistema de datação dos eventos segundo o número de anos antes ou depois do nascimento de Jesus (um uso que as línguas europeias fazem até hoje com as siglas equivalentes às nossas *a.C.*, "antes de Cristo", e *d.C.*, "depois de Cristo", ou AD, *Anno Domini*, "ano do Senhor"). Até então, a prática era contar o número de anos de reinado dos diferentes monarcas, o que impedia uma unificação dos relatos históricos. Beda se valeu, para isso, do sistema de datação proposto algum tempo antes pelo monge **Dionísio, o Exíguo** (*c.* 470-*c.* 544), que viveu provavelmente na Romênia atual. Beda aplicou o sistema à sua obra mais importante, a *Historia ecclesiastica gentis Anglorum* (*História eclesiástica do povo inglês*), a fonte mais relevante para o conhecimento da história remota da Inglaterra. A atividade intelectual de Beda se desdobrou por diversos campos de estudo: a Bíblia (sobre a qual escreveu uma série de comentários), vidas de santos, historiografia, história natural, cronologia e língua. Não chegou a escrever uma gramática propriamente dita, mas compilou obras sobre três outros aspectos da linguagem: a ortografia, a métrica e os **tropos**. Nos três livros dedicados a esses temas, Beda se esforçou por demonstrar de que modo a doutrina tradicional romana se aplicava igualmente bem aos textos cristãos. Para isso, exemplificou cada uma das figuras e tropos listadas na obra de Donato com trechos da Bíblia ou de autores cristãos:

> Um *tropo* é um uso especial de uma palavra ou construção sintática com a finalidade de se obter efeitos retóricos capazes de conferir elegância, força, persuasão etc. ao discurso proferido ou escrito. A cultura grega e romana valorizava muito o estudo da retórica e, por conseguinte, das figuras de linguagem. A lista mais conhecida dos tropos da Antiguidade clássica incluía *alegoria, catacrese, metáfora, sinédoque, metonímia, antonomásia, eufemismo, hipérbole, lítotes, ironia* e *perífrase*. Em seu trabalho, Beda estudou com especial atenção a *alegoria*, muito importante para os autores cristãos em seus comentários aos textos bíblicos.

O tratado de Beda e os de vários outros eruditos do início da Idade Média mostraram aos autores e leitores mais desconfiados como assimilar o rico repertório metalinguístico encontrado nas gramáticas da Antiguidade a seus estudos cristãos (Law, 2003: 116).

De fato, alguns autores mais antigos, como Jerônimo, experimentavam uma espécie de culpa por causa de seu grande apreço pela herança intelectual e literária "pagã" que, a seu ver, não tinha como se combinar com a nova fé. Beda foi canonizado santo da Igreja e consagrado como patrono dos historiadores e dos escritores da Inglaterra.

3.4.3 Alcuíno de York e a Reforma carolíngia

Alcuíno é o autor da expressão "*vox populi, vox Dei*" ("a voz do povo é a voz de Deus"). No entanto, ao contrário das aparências, sua formulação é negativa e não, como se acredita em geral, uma justificação para se levar em consideração o boato, o rumor, o clamor público. O trecho completo de Alcuíno é o seguinte: "*Nec audiendi qui solent dicere, Vox populi, vox Dei, quum tumultuositas vulgi semper insaniae proxima sit*" — "*E não dê ouvidos a esses que vivem dizendo 'a voz do povo é a voz de Deus', pois o tumulto da multidão sempre se aproxima da insanidade*" (*Epístola* 164).

Também nascido na Inglaterra, mas incluído agora na fase histórica medieval conhecida como *Renascimento carolíngio*, **Alcuíno de York** (*c.* 735-804) foi nome de primeiro plano na reorientação da vida intelectual europeia. Sacerdote, empreendeu uma vida de estudos e de ensino em sua terra natal, o reino da Nortúmbria, por mais de quinze anos. Sua vida tomaria uma direção muito diferente por causa de uma viagem. Ao se dirigir a Roma por incumbência do arcebispo de York, ao qual era subordinado, Alcuíno topou com ninguém menos que **Carlos Magno** (742 ou 747/748-814), na cidade de Parma (Itália), no ano de 781. O imperador convidou o erudito a fazer parte de sua corte (situada em Aquisgrão, a atual cidade alemã de Aachen, chamada em francês de Aix-la-Chapelle), que incluía uma série de estudiosos notáveis. Sua energia e seus conhecimentos fizeram dele uma das mais importantes figuras do Renascimento carolíngio. Alcuíno se encarregou de esboçar o texto de documentos da política imperial, participou de controvérsias teológicas, da preparação de um texto revisado da Bíblia e até mesmo de uma reforma da pronúncia do latim. Introduziu na corte de Carlos Magno o estudo das sete artes liberais, foi mestre do próprio imperador e de seus filhos e filhas. Escreveu um tratado sobre ortografia, uma introdução à gramática na forma de diálogo (*Dialogus Franconis et Saxonis de octo partibus orationis*, "Diálogo entre um franco e um saxão sobre as oito partes do discurso") e uma coletânea de excertos das *Institutiones grammaticae* de

Prisciano. De fato, Alcuíno foi o responsável por popularizar a obra de Prisciano, que se tornaria tão importante na história da linguística na primeira metade da Idade Média. Depois de se retirar da Corte imperial, Alcuíno foi nomeado bispo da cidade francesa de Tours, função que exerceu até a morte. Acabou por ser canonizado como santo da Igreja católica e transformado em patrono das universidades europeias.

Um evento importante no plano linguístico durante o reinado de Carlos Magno foi a realização, por solicitação deste, do **Concílio de Tours** em 813. Nessa reunião dos bispos do império, foi tomada a decisão, muito importante como **política linguística**, de que a liturgia permaneceria recitada em latim, mas que os sermões e as homilias seriam feitos em "*rusticam Romanam linguam aut Theodiscam, quo facilius cuncti possint intellegere quae dicuntur*", isto é, "na língua romana rústica" (a que ia se constituindo no lado ocidental do Império, ou seja, na França moderna) ou "na tedesca" (a variedade de língua germânica falada no lado oriental do Império carolíngio, isto é, na Alemanha moderna) "para que todos possam compreender mais facilmente o que se diz". Para os historiadores, trata-se do primeiro reconhecimento oficial de que a população da antiga Gália romana não era mais capaz de compreender o latim da missa porque já falava uma protolíngua "francesa". O primeiro documento a registrar por escrito essa língua românica são os **Juramentos de Estrasburgo**, de 842, que vamos examinar mais adiante |3.8.2|.

3.4.4 A conversão dos eslavos

O povo eslavo foi chamado em grego de *sklabos*, porque a língua grega não admite o encontro [s] + [l]. Esse termo está na origem do latim *sclavus* que, por sua vez, deu origem ao português *escravo* (it. *schiavo*, fr. *esclave*, esp. *esclavo*). Isso porque, no século 9, muitos eslavos foram escravizados pelos bizantinos depois de derrotados em batalhas. O termo latino clássico para *escravo* é *servus*, enquanto o grego é *doulos*.

Durante os séculos 5 e 6, os **eslavos**, que viviam provavelmente em áreas hoje localizadas ao sul da Ucrânia, começaram um forte processo de migração que acabou levando-os a se instalar em amplos territórios da Europa oriental e central. Essas migrações só se concluíram no século 10. Uma vez estabelecidos nas proximidades dos limites do Império Bizantino, começaram a configurar os primeiros Estados, entre eles o Império Búlgaro, fundado em 681. A proximidade com Constantinopla transformou a Bulgária num importante centro de difusão cultural para os demais povos eslavos. Em 864, o reino adotou o cristianismo. A conversão dos povos eslavos é creditada a dois irmãos, os santos **Cirilo** (826-869) e **Metódio**

(815-885), justamente por isso denominados "Apóstolos dos Eslavos", nascidos em terras bizantinas. Assim como Úlfilas quinhentos anos antes deles, Cirilo e Metódio se dedicaram à tradução da Bíblia numa língua que, por causa desse trabalho, passou a se chamar **antigo eslavo eclesiástico** (ou *eslavão*), até hoje usada como idioma ritual das Igrejas católicas ortodoxas em países de língua eslava. Foi a primeira modalidade de eslavo a ser posta por escrito e padronizada com vistas à produção literária e litúrgica. Junto com esse trabalho de elaboração de um idioma que servisse de instrumento para a evangelização, Cirilo e Metódio também criaram um sistema de escrita novo, o chamado **alfabeto glagolítico** (de *glagol*, "palavra") que, mais tarde, em terras búlgaras, foi reformado até se transformar no **alfabeto cirílico**, assim chamado em homenagem a Cirilo. O alfabeto cirílico, com adaptações locais, é empregado hoje em dia na Bielorrússia, na Bósnia, na Bulgária, no Cazaquistão, no Quirguistão, na Macedônia do Norte, na Mongólia, em Montenegro, na Rússia, na Sérvia, no Tajiquistão e na Ucrânia. Nos países de língua eslava em que predomina o catolicismo romano (Polônia, Tchéquia, Eslováquia, Eslovênia e Croácia), o alfabeto oficialmente usado é o latino, com sinais especiais para a transcrição dos sons da língua. Essa duplicidade de sistemas de escrita em concordância com a religião explica por que a língua servo-croata, que para os linguistas é uma só, se escreve com alfabeto latino na Croácia, de maioria católica romana, e com o cirílico na Sérvia, de maioria católica ortodoxa. A separação alfabética e religiosa entre croatas e sérvios tem sua origem na fronteira política traçada para separar o Império Romano do Ocidente e o Império Romano do Oriente. Os croatas, que ficaram do lado ocidental da fronteira, foram cristianizados por missionários vindos de Roma e, assim, se tornaram católicos romanos e usuários do alfabeto latino. Os sérvios, do lado oriental da fronteira, receberam o cristianismo das mãos de evangelizadores enviados por Constantinopla e, por isso, se tornaram católicos ortodoxos de rito bizantino e usuários do alfabeto cirílico. Estruturalmente, no entanto, trata-se de uma mesma língua, muito embora, por questões de nacionalismo, ela receba hoje em dia na Croácia o nome de "croata" e na Sérvia o nome de

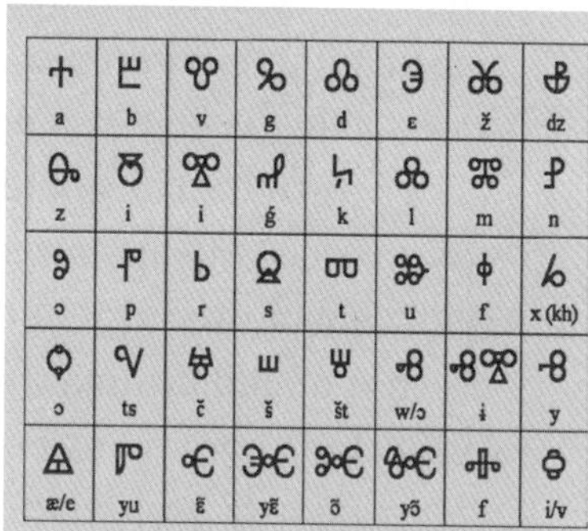

alfabeto glagolítico

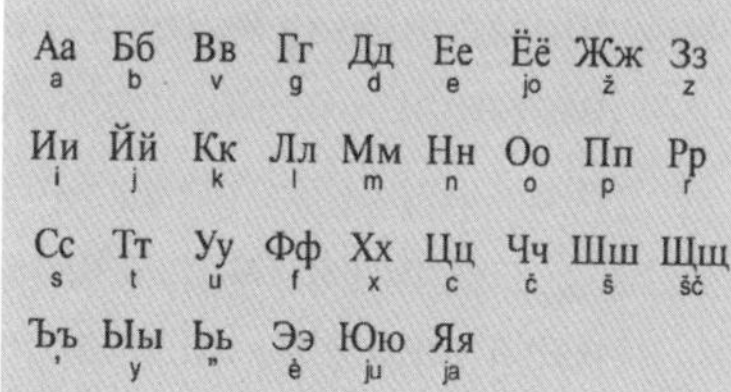

alfabeto cirílico

"sérvio" (e também, pelos mesmos motivos, o nome de "bósnio" na Bósnia e de "montenegrino" em Montenegro).

3.4.5 Inglaterra e Irlanda: o uso do vernáculo

Já perto do fim da Idade Média central, o monge beneditino inglês **Elfrico** (*Ælfric*, *c.* 950-depois de 1010) elaborou um compêndio gramatical do latim, mas com uma diferença até então inédita: a obra não era escrita em latim, mas na língua materna do público a que se destinava (monges e monjas), no caso o **antigo saxão-ocidental**, ancestral do inglês moderno. De fato, Elfrico foi um dos principais responsáveis pela padronização dessa língua, graças à sua vasta produção, que incluiu sermões, vidas de santos, paráfrases de trechos da Bíblia, uma tradução dos estudos de datação de Beda e três obras projetadas para o ensino de latim por meio de sua língua materna: *Excerptiones de arte grammatica anglice* (*Excertos de gramática em anglo*, escrita em saxão ocidental); um glossário latino-saxão organizado por assunto (das hierarquias celestes até o homem, o mundo natural, os artefatos e atividades humanas); um diálogo em latim, com vistas a ajudar seus discípulos a ampliar seu domínio do latim cotidiano.

Como se sabe, a única língua digna de ensino e de aprendizagem durante a era medieval foi o latim: a produção de gramáticas nesse período era feita *em* latim e *sobre* o latim; a novidade introduzida por Elfrico foi escrever uma gramática *de* latim *em* língua vernácula. São poucos os exemplos, na Idade Média propriamente dita, de gramáticas de línguas vernáculas escritas em vernáculo. Uma dessas obras foi produzida na **Irlanda**, em **irlandês antigo**, provavelmente em meados do século 7: *Auraicept na n-Éces* ("cartilha dos eruditos"), escrita por um gramático de nome **Longarad**. É uma descrição gramatical da língua irlandesa, do grupo céltico, que foi recebendo acréscimos ao longo do tempo até por volta do século 12. Essa gramática também serve de fonte para o estudo do **alfabeto ogâmico (ogham)**, utilizado para escrever a língua irlandesa entre os séculos 1 e 9, embora o texto propriamente dito use o alfabeto latino. A valorização da língua vernácula sobre o latim se transformará num grande movimento intelectual no Renascimento, como vamos ver em |4.9|. Outro aspecto diferenciador muito importante é que essas

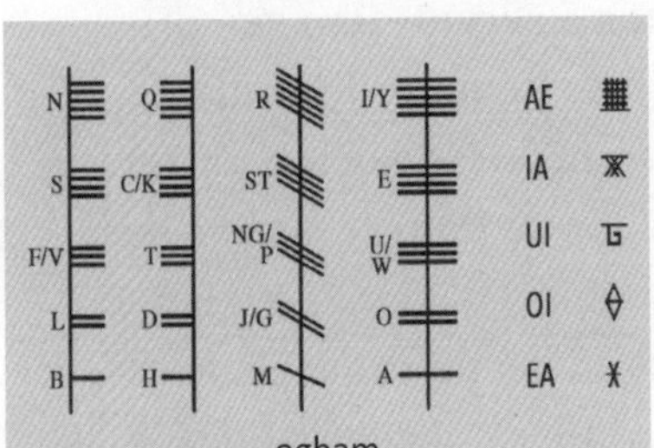

ogham

gramáticas vernáculas medievais respondiam a necessidades práticas e não tinham, portanto, a finalidade político-ideológica das gramáticas renascentistas, que faziam a defesa das línguas "vulgares" e tentavam conferir a elas o mesmo *status* do latim como língua literária, científica, da administração etc.

3.4.6 O misterioso Primeiro Gramático

Uma obra de grande originalidade — uma gramática do **islandês** antigo escrita nessa mesma língua — foi produzida muito longe da Europa continental, na remota Islândia, uma ilha muito mais próxima do continente americano e do Círculo Polar Ártico, colonizada por escandinavos (viquingues) a partir do século 9 e convertida ao cristianismo perto do ano 1000. Essa gramática faz parte, no manuscrito em que foi encontrada, de um conjunto de quatro livros e, por ser o primeiro deles, passou a ser designada como *Primeiro Tratado Gramatical* e seu autor como **Primeiro Gramático**, já que todos os textos são anônimos, embora alguns historiadores acreditem que ele se chamasse **Hallr Treitsson** (c. 1085-1150) (Allan, 2010: 196). Essas obras devem ter sido compostas na Islândia em meados do século 12. O Primeiro Gramático tem um objetivo prático: propor uma reforma ortográfica para a escrita do islandês, com base no alfabeto latino. Segundo Robins (1967: 72), ao abordar questões de ortografia,

> ele exibiu uma compreensão dos princípios implícitos na análise fonológica e em sua aplicação muito rara nesse período da história da linguística. Além disso, suas observações sobre a pronúncia da língua [...] mostram que foi um foneticista de uma categoria que ultrapassava qualquer contemporâneo europeu conhecido,

tendo antecipado em cerca de oito séculos os postulados centrais das teorias fonológicas do Círculo Linguístico de Praga, como a noção de *par mínimo* (duas palavras que se diferenciam por um único fonema, como *data* e *nata* em português). A originalidade do Primeiro Gramático, no entanto, não foi conhecida na Europa de sua época: o texto só foi publicado em 1818 e, mesmo assim, quase ninguém fora da Escandinávia tomou conhecimento dele, de maneira que

> Chama-se **Círculo Linguístico de Praga** um conjunto de linguistas que se reuniram, entre 1928 e 1938, na capital da então Tchecoslováquia e ali desenvolveram algumas das mais importantes contribuições à linguística do século 20. Entre seus diversos nomes se destacam o de **Roman Jakobson** (1896-1982), judeu russo que, com a eclosão da Segunda Guerra Mundial, se transferiu para os Estados Unidos, considerado um dos mais importantes linguistas do século 20, e o do também russo **Nikolai Trubetskoi** (1890-1938), pioneiro nos estudos da fonética científica.

"muito do terreno que ele tinha coberto tão bem foi investido novamente na era moderna por estudiosos que foram então considerados pioneiros" (*id., ibid.*, p. 74). E Robins conclui sua apreciação do trabalho do Primeiro Gramático com estas palavras, infelizmente corretas:

> Não basta que alguém tenha algo de valioso a dizer para garantir um lugar na história; é preciso também que tenha uma situação cultural adequada para que seu dizer se torne conhecido e apreciado (*id., ibid.*).

3.4.7 O trovadorismo provençal

Outra produção gramatical importante em vernáculo veio à luz na **Provença**, uma área que hoje constitui a parte sul da França, mas que até o século 13 era uma região independente dividida em alguns Estados, tendo Toulouse como sua cidade mais importante. Lá se falava o **occitano** (ou **provençal**), uma língua românica que estendia sua área até o que hoje é a Catalunha (Espanha) — de fato, na era medieval, catalão e occitano eram uma mesma língua, embora hoje, sobretudo por razões políticas e também por uma série de mudanças linguísticas ocorridas dos dois lados da fronteira, sejam classificados como dois idiomas distintos. Em occitano, entre os séculos 12 e 13, se desenvolveu uma rica literatura poética produzida pelos célebres **trovadores** e que ultrapassou as fronteiras da Provença e alcançou fama em outras regiões da Europa, como a França, a Itália e o noroeste da Península Ibérica (Galiza e norte de Portugal). Em alguns lugares da Provença, no entanto, se desenvolveu uma "heresia", isto é, uma doutrina religiosa que não era aceita pela Igreja católica romana. Essa seita religiosa era chamada de **catarismo** (e seus seguidores, *cátaros*, de um termo grego que significa "puro"). O centro dessa doutrina era a cidade de **Albi** e contra esses "hereges" a Igreja romana promoveu uma repressão violenta, a chamada **Cruzada contra os Albigenses** (1208-1229), que queimou na fogueira centenas de pessoas. Aproveitando essa luta religiosa, os reis da França, a pretexto de defender a fé católica, investiram

O trovadorismo occitano influenciou fortemente a poesia que se produziu no noroeste da Península Ibérica (Galiza e norte do futuro Portugal), a partir de 1200, em língua galega, e que também recebeu o nome de trovadorismo. Nele foram cultivados os gêneros *cantiga de amor, cantiga de amigo* e *cantiga de escárnio e maldizer*. Algumas opções ortográficas usadas em provençal foram mais tarde adotadas em português, como os dígrafos LH e NH, para se contrapor ao LL e ao Ñ do espanhol. A língua dessa poesia era uma forma literária, cortesã, do **galego**, ancestral do português. *Galego* era o nome que a língua recebia nos círculos literários medievais. Somente no século 19 é que, nos meios filológicos lusitanos, surgiu a denominação *galego-português*, sem nenhuma documentação histórica que a justifique. Mesmo o nome *português* só ocorre pela primeira vez em documentos de meados do século 15.

pesadamente contra a região e se apoderaram dela, o que fez a Provença perder sua independência e se tornar, como até hoje, parte do território francês.

Durante esse período de guerras, muitos trovadores fugiram para a Itália, onde foram acolhidos por governantes que se interessaram por sua poesia. Desse modo, o occitano passou a ser empregado na produção poética fora da Provença. Isso suscitou a necessidade de gramáticas da língua occitana, as primeiras das quais foram compostas justamente na Itália. Essa necessidade também foi sentida na Provença mesma, depois de terminada a guerra religiosa e com o objetivo de preservar a arte poética tradicional. Em 1323 foi constituído o *Consistori del Gay Saber* ("Consistório do Gaio Saber"), uma organização destinada a promover concursos de poesia e que existe até os dias de hoje com o nome de *Acadèmia dels Jòcs Florals* ("Academia dos Jogos Florais"), a associação literária mais antiga do mundo ocidental. Para que os juízes tivessem condições de avaliar os poetas inscritos nos concursos, era preciso eleger critérios de adequação e de correção gramaticais, o que levou o Consistório a encomendar a **Guilhem Molinier** (ativo entre 1330 e 1350) a produção de uma gramática, com a contribuição de diversos eruditos (sobretudo advogados de Toulouse). Assim surgiu a obra intitulada *Leys d'Amor* ("Leis do amor", 1356), uma extensa descrição da ortografia, das classes de palavras e das regras de versificação da língua, sendo a primeira gramática do occitano. A obra terá um grande impacto na produção poética não só em provençal como também em catalão, italiano e galego.

"Quer'eu em maneira de proençal
fazer agora un cantar d'amor,
e querrei muit'i loar mia senhor
a que prez nen fremusura non fal,
nen bondade; e mais vos direi en:
tanto a fez Deus comprida de ben
que mais que todas las do mundo val."

Primeira estrofe de uma cantiga de amor composta pelo rei português **D. Dinis** (1261-1325), em que se percebe a influência do trovadorismo provençal (*proençal*, derivado de *Proença*, forma antiga do nome da Provença).

3.5 A redescoberta de Aristóteles e as primeiras universidades

Os escritos de Aristóteles caíram no esquecimento durante alguns séculos após sua morte (em 322 AEC). No final do século 1 AEC, porém, seus textos foram editados e voltaram a circular. A partir de então, se tornaram objeto de intenso estudo da parte dos eruditos no mundo helenístico, que incluía também, além da Grécia propriamente dita, o Oriente Médio helenizado |2.11|. Ali, foram traduzidos para a língua franca da época na região, o **siríaco** (língua semítica aparentada ao hebraico e ao árabe). Com a chegada dos árabes muçulmanos no século 7 |1.3|, várias das obras de Aristóteles foram traduzidas para o árabe, seja diretamente do grego ou por intermédio das traduções siríacas. Assim, os filósofos e os cientistas árabes se associaram à tarefa de interpretar o pensamento aristotélico e conciliá-lo com sua fé religiosa nos grandes centros culturais do império islâmico: Bagdá, Cairo, Córdoba e Toledo. Entre esses pensadores, cabe destacar os nomes de **Avicena** (*Abū ʿAlī al-Ḥusayn ibn ʿAbd Allāh ibn Al-Hasan ibn Ali ibn Sīnā*, 980-1037), **Averróis** (*ʾAbū l-Walīd Muḥammad Ibn ʾAḥmad Ibn Rushd*, 1129-1196, nascido em Córdoba, Espanha) e também o judeu **Moisés Maimônides** (*Moshe ben Maymon*, 1135-1204, também nascido em Córdoba durante o domínio muçulmano da Península Ibérica).

Já avançada a Idade Média, quando os monges que realizavam o trabalho de copiar manuscritos antigos topavam com alguma coisa escrita em grego, era comum que escrevessem à margem do texto: *Graecus est, non legitur* ("É grego, não pode ser lido"), prova de que a língua já não fazia parte da educação geral. Disso surgiu, em diversas culturas europeias, a noção de "grego" como algo difícil, complexo ou incompreensível. É o que se vê na expressão "Isso é grego para mim!", usada em português e outras línguas.

Na parte cristã da Europa ocidental, no entanto, o quadro era muito diferente. Até o século 3 EC, o conhecimento do grego era muito difundido entre os romanos cultos, mas pouco a pouco foi se tornando uma raridade. À medida que se dissipava o contato direto com a língua grega, também se tornava cada vez mais difícil o acesso à obra de Aristóteles. Justamente por isso, como vimos, Boécio (no século 6) se lançou à tarefa de traduzir toda a obra do filósofo grego para o latim, tarefa que não pôde concluir por ter sido condenado à morte e executado por suposta traição |3.3.1|. Com isso, as únicas obras de Aristóteles traduzidas em latim na fase de transição entre a Antiguidade tardia e a Idade Média inicial foram as de lógica: nada de metafísica, ética, psicologia, história natural ou física. Muitos séculos transcorreriam até que essa parte do *corpus* aristotélico chegasse às mãos dos pensadores cristãos. Mesmo essas obras sobre lógica traduzidas por Boécio, porém, não obtiveram grande circulação entre os estudiosos. A lógica (ou dialética como também era chamada) não era um tema que atraísse muitos pensadores no período entre a morte de Boécio e o Renascimento carolíngio. Marciano Capela, Cassiodoro e Isidoro de Sevilha incluíram resumos da lógica em seus tratados sobre as sete artes liberais e foi nessas compilações enciclopédicas que os eruditos dos séculos 7 e 8 aprenderam o que conheciam sobre o tema.

No início do século 12, os cristãos começaram a ter notícias de que outras obras de Aristóteles circulavam no Oriente helenizado e no mundo islâmico. Eruditos do norte da Europa se dirigiram às margens do Mediterrâneo para se unir à tarefa da tradução. Alguns tradutores trabalharam diretamente sobre os originais gregos, enquanto outros se valeram de traduções intermediárias em árabe.

A redescoberta de Aristóteles provocou uma renovação importante no pensamento filosófico da Europa Ocidental. Assim como seus colegas islâmicos, os cristãos vão buscar, na obra do antigo filósofo grego, argumentos de racionalidade capazes de sustentar sua fé religiosa. É o que vai receber o nome de **escolástica.**

A escolástica se tornou possível sobretudo graças ao surgimento das primeiras **universidades** no mundo ocidental cristão. Até o século 10, quase todo o trabalho intelectual da Europa ocidental se fazia em grandes mosteiros (como o Vivarium de Cassiodoro, mencionado acima). A partir, no entanto, do século 9 e até o século 11, graças entre outras coisas às iniciativas educacionais do imperador Carlos Magno, começaram a surgir escolas nas cidades, quase sempre associadas a uma catedral. Com o desenvolvimento urbano nos séculos 11 e 12, as escolas das catedrais se ampliaram, tanto no tamanho quanto na importância. As escolas monásticas conservaram seu lugar de centros de estudo, mas as escolas das catedrais, mais abertas por não exigirem o compromisso de vida em reclusão, passaram a atrair cada vez mais interessados. Com o passar do tempo, muitas dessas escolas se tornaram as primeiras universidades:

- **Universidade de Bolonha** (Itália), fundada em 1088, carta de funcionamento outorgada em 1158.
- **Universidade de Paris** (França), carta de funcionamento outorgada em 1200.
- **Universidade de Salamanca** (Espanha), carta de funcionamento outorgada em 1218.

Escolástica: "Pensamento cristão da Idade Média, baseado na tentativa de conciliação entre um ideal de racionalidade, corporificado especialmente na tradição grega do *platonismo* e *aristotelismo*, e a experiência de contato direto com a verdade revelada, tal como a concebe a fé cristã" (*Dicionário Houaiss*). A escolástica tomou impulso com a redescoberta da obra de Aristóteles. O nome mais importante da filosofia escolástica é o de santo **Tomás de Aquino** (italiano, 1225-1274), chamado *Doctor Angelicus* ("Doutor Angélico"), que influenciou todo o pensamento filosófico ocidental posterior. O *tomismo* e o chamado *neotomismo* têm repercussões importantes até os dias de hoje.

Selo da Universidade de Bolonha, a mais antiga da Europa. Por causa de seu título original, *Alma Mater Studiorum*, "mãe alimentadora dos estudos", o termo *alma mater* passou a ser empregado para designar a universidade em que uma pessoa se formou ou exerceu suas atividades. O termo *alma*, feminino de *almus*, provém do verbo *alo*, de cuja raiz procede o termo *alimentum*. Dessa mesma raiz vem *alumnus*, "criança de peito; aquele que está sendo alimentado". No caso das universidades, o *alumnus* é o que está sendo "alimentado" de conhecimento. Essa é a etimologia correta da palavra: a ideia de que o "aluno" é o que "não tem luz" (*a-lumini*) é absolutamente fantasiosa e desmentida por qualquer bom dicionário!

- **Universidade de Pádua** (Itália), instituída em 1222.
- **Universidade de Cambridge** (Inglaterra), carta de funcionamento outorgada em 1231.
- **Universidade de Oxford** (Inglaterra), carta de funcionamento outorgada em 1248.
- **Universidade de Coimbra** (Portugal), carta de funcionamento outorgada em 1290.
- **Universidade de Heidelberg** (Alemanha), fundada em 1386.

Muitas diferenças existiam entre as novas universidades e as tradicionais escolas monásticas ou catedralícias:

- um curso estruturado que se distribuía por vários anos com etapas bem definidas;
- um núcleo de textos prescritos sobre os quais os estudantes deviam frequentar seminários num número de sessões determinado;
- a outorga de um grau;
- o reconhecimento público das instituições, em geral na forma de uma carta emitida pelo papa como permissão para funcionar.

3.6 A gramática especulativa

Inspirados em suas leituras dos antigos filósofos gregos, os escolásticos medievais foram os primeiros a formular sistematicamente a ideia de uma **gramática universal**. Acreditavam que o estudo de uma única língua em profundidade podia revelar princípios universais presentes em todas as demais línguas. Famosa e sempre citada a esse respeito é a afirmação do filósofo inglês **Roger Bacon** (*c.* 1219-*c.* 1292): "*Grammatica una et eadem est secundum substantiam in omnibus linguis, licet accidentaliter varietur*" — "a gramática é única e a mesma, substancialmente, em todas as línguas, embora possa variar, acidentalmente, em cada uma delas". A noção de universais de pensamento e de linguagem é uma derivação importante do pensamento de Platão |2.4.1|.

O ponto mais alto das reflexões escolásticas sobre a linguagem foi a teoria dos *modi significandi*, "modos de significar", que reunia a semântica, a sintaxe e a morfologia, responsável pela atribuição do rótulo de **modistas** aos seus proponentes, dos quais vamos tratar mais adiante.

O período escolástico inicial (1100-1240) compreende o apogeu da lógica medieval e a emergência da ideia de que a gramática deveria ser uma ciência universal. O estudo da lógica ficou adormecido desde a época de Boécio, que vimos acima, até que Gerberto de Aurillac (futuro papa **Silvestre II**, *c.* 942-1003) e outros o reviveram por volta do ano 1000. No início do século 11, santo **Anselmo de Cantuária** (1033-1109) e **Pedro Abelardo** (1079-1142) investigavam a fundo a natureza do significado e da referência, ou seja a relação entre o *nome* e a *coisa* real que ele designa. Os lógicos medievais conservaram não só a preocupação de Aristóteles com as formas dos silogismos, mas também a tradição estoica de analisar as sentenças em seus componentes |2.8.1|. No início do século 13, os lógicos se concentravam nas *proprietates terminorum*, as propriedades semânticas dos termos, como uma ferramenta capaz de desmascarar falácias e ambiguidades, numa abordagem que ficou conhecida como *lógica terminista*.

As propriedades mais importantes dos termos eram *significatio* ("significação"), *impositio* ("atribuição de um significado a uma palavra"), *appellatio* ("uso de uma palavra numa situação particular") e *suppositio* ("referência"). A *suppositio*, por sua vez, era dividida em vários tipos: *suppositio materialis*, em que uma palavra se refere a si mesma (por exemplo, *homem* em '*homem*' *é um substantivo*); *suppositio personalis*, em que a palavra se refere a um indivíduo (*Sócrates é um homem*); e *suppositio simplex*, em que a palavra se refere à espécie total ou ao conceito universal (*O homem é um animal*). A mesma classificação logo foi aplicada à *relatio* ("referência anafórica"). A teoria da *suppositio* e da *relatio* foi uma das partes mais duradouras da lógica medieval. Ela sobreviveu às controvérsias entre **nominalistas** e **realistas** do século 14 e foi amplamente utilizada pelos dois lados da contenda.

Os **nominalistas** defendiam a ideia de que os chamados *universais* não têm realidade ontológica (não existem, portanto) e são meras abstrações, isto é, conceitos e *nomes* aplicados sobre a realidade para que possa ser apreendida. Os **realistas**, de nítida inspiração platônica, por outro lado, afirmavam a realidade dos universais, das ideias ou conceitos gerais, considerando que têm uma natureza autônoma, desligada dos objetos particulares e concretos, e preexistente à consciência humana (o nome *realista* provém do latim *res*, "coisa"; os chamados universais seriam, portanto, "coisas em si" |2.4.1|). Trata-se, mais uma vez, da dicotomia de posições filosóficas iniciada com a dupla Platão e Aristóteles e que prossegue até os dias de hoje |2.7|.

A revivescência da lógica levou ao estabelecimento de vínculos entre **lógica e gramática**, originalmente dois campos com distinções bem nítidas, assim como a uma tendência à orientação teórica em todas as áreas de conhecimento. Dois gramáticos-filósofos desse período inicial foram o francês **Guilherme de Conches** (*Guilielmus de Conchis, c.* 1080/1090-1154?) e seu discípulo **Pedro Helias** (*Petrus Helias*, c. 1100-1166). O trabalho de Guilherme caiu rapidamente no esquecimento, junto com o de outros prováveis contemporâneos seus, mas a obra de Pedro Helias foi amplamente divulgada e empregada por gramáticos posteriores. Guilherme de Conches lamentava que Prisciano, o mais respeitado gramático romano, não tivesse se dedicado suficientemente a definições de conceitos, concentrado que estava na análise de seus dados empíricos. Ele e Pedro Helias se dedicaram a resolver o problema, tentando descobrir as *causae inventionis*, isto é, explicações funcionais, por assim dizer, para as partes do discurso. Por exemplo, Pedro explica que nome e verbo existem porque "em toda sentença completa alguma coisa se diz e algo se diz sobre essa coisa", ou seja, sujeito e predicado têm sua origem como tópico e comentário — mais precisamente, a principal atividade de linguagem é a **predicação** |2.6|, justamente o "dizer algo sobre algo que foi dito". Explicações na mesma linha são oferecidas para as outras partes do discurso.

Um pouco mais tarde, a natureza dos estudos gramaticais tomou uma direção completamente diferente — tendo sido durante muitos séculos uma arte prática, a gramática foi transformada numa ciência teórica. O disparador dessa mudança foi o tratado de Aristóteles sobre o método científico, os *Analíticos posteriores*, redescoberto na década de 1150. Aristóteles sustentava que uma ciência tem de se ocupar de fatos universais necessários e não de detalhes acidentais. O filósofo islâmico **Al-Farábi** (*c.* 872-950/951), cujo *Liber de scientiis* ("Livro sobre as ciências") se tornou acessível em latim na mesma época, era ainda mais específico: as regras da gramática eram universais, embora o léxico fosse arbitrário. Com isso, a segunda metade do século 13 presenciou o surgimento da *grammatica speculativa*, em que o termo *speculativa* traduz o *theoretiké* ("teórica"), de Aristóteles — de fato, o grego *theoría* significa "ponto de vista, lugar de onde se observa", de modo que o verbo latino *speculor*, "seguir com os olhos, ver, observar", traduz bem o sentido do termo grego. Assim se nutriu a expectativa de que os universais da linguagem pudessem ser encontrados entre as regras da sintaxe e da semântica. É fácil perceber, nesse movimento, um retorno às investigações filosóficas dos gregos mais antigos |2.3|, que tentavam, por meio do estudo do funcionamento da língua, apreender o funcionamento da mente e, por fim, do universo.

Abū Naṣr Muḥammad ibn Muḥammad Fārābī, conhecido como **Al-Farábi** (*c.* 872-950) foi um sábio, de origem turca ou persa, que se destacou na brilhante fase medieval da cultura islâmica. Seus interesses incluíam química, física, ciências naturais, teologia, matemática, cosmologia, política, ética e música. Na tradição filosófica árabe, é conhecido como "o Segundo Mestre", depois de Aristóteles. Credita-se a ele a preservação dos textos originais gregos do filósofo, que submeteu a muitos comentários. Suas obras, traduzidas para o latim, exerceram grande influência no Ocidente. De seu nome deriva a palavra *alfarrábio* em português ("livro velho, de pouca importância"; no plural, mais frequente, "conjunto de anotações, papéis etc. que uma pessoa conserva para eventual consulta: *meus alfarrábios*").

Ao mesmo tempo, os gramáticos preocupados com o ensino tornavam suas descrições sintáticas mais sistemáticas ao unificar todas as relações gramaticais sob o conceito de *regimen*, "regência". A origem desse movimento não é muito clara: o conceito de regência não se encontra em Aristóteles nem nos estoicos e também é quase ausente da obra de Prisciano, que por vezes menciona que uma palavra *exigit* ("exige") ou *adiungitur* ("é unida a") outra. No entanto, os gramáticos árabes dispunham de um conceito bem definido de *ʕawāmil*, "regência", já bem antes do ano 1000.

Para os primeiros gramáticos latinos (e também para os árabes), *reger* significava "exigir que um nome esteja num caso particular". Mas no início do século 12, a regência era identificada com a relação semântica da *determinatio* ("modificação" ou "especificação"). Em suas análises, detectaram que havia sentenças em que era difícil reconhecer o núcleo e o modificador do núcleo. Por isso, Pedro Helias definiu a regência em termos de referência e não de modificação semântica. Algumas das palavras em qualquer sentença se referem a entidades; outras expressam propriedades ou relações. Para Helias, qualquer palavra que expressa uma propriedade ou relação exige e rege uma ou mais palavras que denotam entidades. Desse modo, o verbo rege seu sujeito e seu objeto; as preposições e os nomes relacionais regem seus complementos.

É habitual, na historiografia linguística, contrapor a *grammatica speculativa*, dedicada à investigação dos universais, à *grammatica positiva*, voltada para o estudo e descrição das características específicas de uma língua particular, com finalidades mais práticas, como o ensino, por exemplo.

3.7 Os modistas

A gramática **modista** se desenvolveu durante a fase média da **escolástica** (1240-1300). O conceito-chave dessa escola de pensamento linguístico era o de que, além de ter uma pronúncia e um significado, toda palavra tinha um conjunto de propriedades chamado *modi significandi*, "modos de significar", as quais determinam como o significado da palavra é codificado na língua. Por exemplo, o ato de correr pode ser significado por um verbo (*currere*, "correr") ou por um nome (*cursus*, "corrida") — ambos se referem ao mesmo objeto do mundo real, concebido, respectivamente, como um processo ou como uma entidade. Portanto, eles significam a mesma *coisa* de *modos* diferentes.

Grande parte das primeiras elaborações da teoria modista foi empreendida por pensadores interessados em áreas de saber diversas, como o já citado Roger Bacon (*Summa grammatica*, *c.* 1240) e seu conterrâneo **Robert Kilwardby** (*c.* 1215-1279). Nessa fase, os modos de significar eram usados para definir as partes do discurso, mas não participavam das análises da língua. A aplicação dos modos de significar a todo o espectro de fenômenos gramaticais se iniciou com **Martinho da Dácia** (m. 1304), **Boécio da Dácia** (publicou em 1270) e contemporâneos (*Dácia* era o nome da Dinamarca na época). Uma segunda geração de modistas, depois de 1285, desenvolveu uma versão mais sofisticada da teoria. Nomes de destaque dessa fase são **Radulfo Brito** (1270/75-1320 ou depois), **Sigério de Courtrai** (m. 1341) e **Tomás de Erfurt** (publicou *c.* 1300). A obra de Tomás intitulada *Novi modi significandi* (ou *Grammatica speculativa*) se tornou o manual básico da gramática modista e teve ampla distribuição. Em fase posterior, a obra foi atribuída, por equívoco, ao filósofo britânico **João Duns Escoto** (*c.* 1266-1308), cujos trabalhos em lógica apresentam profunda influência modista.

Um típico tratado modista começa com um preâmbulo **metateórico**, seguido de uma classificação das partes do discurso e uma discussão sobre a sintaxe. Vamos resumir aqui a teoria de Tomás de Erfurt.

Assim como a **metalinguagem** é a linguagem usada para falar da linguagem, uma **metateoria** é uma discussão teórica sobre uma teoria. Toda área de conhecimento sistematizada apresenta discussões sobre seus próprios fundamentos teóricos.

A metateoria conecta a linguagem à cognição (o funcionamento da mente) e à ontologia (isto é, às propriedades do *ser*). Os objetos do mundo real têm vários *modi essendi* ("modos de ser"), que lhes permitem ser concebidos segundo vários *modi intelligendi* ("modos de apreensão pelo intelecto") e, portanto, ser significados em vários *modi significandi*:

COISA (*res*) no mundo	propriedades da coisa (*modi essendi*)
↓	
CONCEITO (*res intellecta*) na mente	propriedades do conceito (*modi intelligendi*)
↓	
SIGNIFICADO (*res significata*) na palavra	propriedades do significado (*modi significandi*)

Na prática, os modos de significação compreendem todas as propriedades de uma palavra além de sua forma e (no sentido estrito) seu significado. Com isso, eles incluem todos os traços gramaticais identificados por Prisciano, assim como os traços semânticos acrescentados pelos medievais. Eles se distribuem em duas classes: modos *acidentais*, particulares ao latim, e modos *essenciais*, necessários em qualquer língua com o mesmo poder expressivo. O tempo verbal, por exemplo, é um modo acidental, porque poderia ser substituído por advérbios de tempo (por exemplo: *viajarei* → *viajo amanhã*). Mas a distinção nome/verbo é essencial, porque todas as línguas precisam distinguir sujeitos e predicados.

Desse modo, a parte central do tratado de Tomás de Erfurt cataloga todos os modos de significação de todas as partes do discurso. O substantivo *agricola* ("agricultor"), por exemplo, tem os seguintes modos essenciais: seu "modo de entidade", que faz dele um nome; outro modo, que faz dele um nome comum e não próprio; outro, que faz dele um substantivo e não um adjetivo, e alguns outros que o especificam (por exemplo, não ser diminutivo nem coletivo). Seus modos acidentais são: a espécie (morfologicamente derivado, e não uma base), a forma (dois morfemas, sem contar a terminação de caso), o gênero (masculino), o número (singular), a pessoa (terceira) e o caso (nominativo). Vários desses modos são simplesmente traços morfológicos listados por Donato e Prisciano e redefinidos em termos modistas.

No entanto, conforme escreve Vivien Law (2003: 177),

> embora os *modi significandi* supostamente refletissem categorias universais preexistentes, na prática derivavam diretamente das categorias linguísticas estabelecidas há muito tempo. Com efeito, os modistas estavam justificando as categorias gramaticais elaboradas na Antiguidade, e não criando uma ferramenta heurística para chegar a novas categorias.

Assim como os gramáticos romanos não ousaram romper com o número de classes gramaticais fixado pelos gregos — oito —, chegando mesmo a substituir os artigos (inexistentes em latim) pela bizarra "classe" das interjeições para manter o número igual |2.14|, assim também os modistas em nenhum momento se atreveram a contestar a divisão clássica das "partes do discurso", dedicando-se muito mais a encontrar razões para conservá-la:

> Muito da gramática modista se ocupa da análise e da explicação detalhadas das partes do discurso do latim. Pois, segundo os modistas, não se trata apenas de uma classificação conveniente imposta pelo gramático (como tinha sido considerada com frequência na Antiguidade), mas uma classificação que reflete a articulação da realidade, tal como a mente a compreende. Portanto, eles são

forçados, pela lógica de sua própria posição, a supor que todas as línguas têm essencialmente o mesmo sistema gramatical que o latim. Do contrário, haveria uma inexplicável não-conformidade entre a realidade — que é a mesma para todos os homens — e o modo como a mente expressa seu entendimento da realidade por meio dos modos de significação (Joseph, 1987: 71).

Esse apego a um número fechado de categorias gramaticais e a recusa quase irracional de submetê-las a um juízo crítico, a reduzi-las ou expandi-las permanecem muito vivos no senso comum até a atualidade, em que as pessoas tentam a todo custo "vestir" as línguas mais diversas com a "camisa de força" gramatical elaborada pela tradição greco-latina, que não dá conta sequer de todos os fenômenos gramaticais das línguas ocidentais (indo-europeias), que dirá de línguas de outras famílias, faladas em outros continentes.

A gramática especulativa se baseava na crença de que existe uma correspondência direta, *especular*, um-a-um, entre fenômenos linguísticos, categorias mentais e universais, uma abordagem que, por sua vez, era motivada por um desejo profundo de resgatar a linguagem de sua arbitrariedade intrínseca, ao mostrar de que modo ela está vinculada com a realidade extralinguística. Para isso, era preciso acreditar na existência de universais independentes da cognição humana. No início do século 14, os proponentes dos universais — os *realistas* que vimos mais acima — tiveram de enfrentar o ataque cerrado de outro grupo de filósofos — os *nominalistas*.

Guilherme de Occam é muito famoso por ter enunciado um princípio que ficou conhecido como "a navalha de Occam". Uma de suas formulações diz: "*Entia non sunt multiplicanda praeter necessitatem*" ("não se deve multiplicar as entidades para além da necessidade"). Isso significa, na prática, que, ao se tentar resolver um problema, as hipóteses mais simples (as que têm "menos entidades") devem ser as preferidas. Também é conhecida como *lei da parcimônia*.

O mais célebre de todos os nominalistas foi o monge franciscano inglês **Guilherme de Occam** (*c.* 1285-*c.* 1347). Numa de suas primeiras obras, a *Summa logicae* (*c.* 1322), que exerceu enorme influência, Occam combateu a noção de universais. Os únicos universais que ele poderia aceitar eram signos naturais, como a fumaça ou o riso, e os signos convencionais, isto é, as palavras. Esses universais eram resultantes da atividade mental — uma espécie de abstração ou retrato mental — que ocorre quando pensamos e só existem nessa atividade. Fora disso, só é possível dizer que existem *indivíduos*. Ao desenvolver as consequências linguísticas dessa tese, Occam argumentou que as palavras existiam em três níveis distintos:

(i) palavra mental (*oratio mentalis*);
(ii) palavra falada (*oratio vocalis*);
(iii) palavra escrita (*oratio scripta*).

Assim como Aristóteles |2.7|, ele afirmava que os conceitos ou impressões mentais significavam naturalmente (isto é, por obra da natureza), enquanto as formas faladas ou escritas significavam apenas por convenção. Afinal, os sinônimos podem ter propriedades bem diferentes no nível da palavra (*correr* e *corrida*, que pertencem a duas classes, por exemplo), mas representam o único e mesmo conceito. Se existe, por conseguinte, um descompasso entre o léxico da língua falada e o da linguagem mental, o mesmo vale para as classes e propriedades gramaticais. É impossível alegar que o verbo e o particípio (*correr* e *corrida*) refletem conceitos diferentes quando se equivalem em termos de valor de verdade. O mesmo se aplica a nomes e pronomes: a linguagem mental, diz Occam, não precisa de pronomes e particípios. A situação é praticamente a mesma com as propriedades das classes particulares. O caso e o número estão representados na linguagem mental, como se pode ver quando se tenta variar o caso e o número dos termos de uma sentença: o sentido muda. Mas se alguém alterar o gênero ou a composição de um termo, o valor de verdade da sentença não se altera: *homo est albus* ("o homem é branco") significa exatamente a mesma coisa que *homo est alba* ("o homem é branca"), mesmo que soe estranho — a *brancura* como propriedade é a mesma no masculino ou no feminino. Da mesma forma, as categorias gramaticais de modo, número, tempo, voz e pessoa no verbo existem também na linguagem mental — pois "Sócrates ama" é muito diferente de "Sócrates é amado" —, ao passo que a conjugação e a composição são propriedades exclusivas da língua falada e escrita.

Conforme escreve V. Law (2003: 179),

> embora Occam não tivesse como objetivo atacar a gramática modista, esses argumentos a atingiram no âmago. Se não existe correspondência uma-a-uma entre as categorias linguísticas e as da linguagem mental, muito menos entre elas e os fenômenos do mundo real, toda a fundamentação ontológica modista desmorona.

As teses de Occam se expandiram rapidamente pela Europa e, com elas, a gramática especulativa foi duramente atacada. A linguagem mental, aquilo que todas as línguas têm em comum, segundo a formulação de Occam, devia ser objeto de estudo dos lógicos — aos gramáticos cabia estudar as *particularidades* do grego, do latim ou de qualquer outra língua.

BOX 3B: A ILUSÓRIA DIVISÃO ENTRE LÓGICA E GRAMÁTICA

Essa divisão de tarefas entre lógica e gramática, no entanto, apesar de tão antiga, é no fundo ilusória. Querer separar a lógica — que estuda o "funcionamento do pensamento" — da gramática — que estuda o "funcionamento da língua" — é abrir duas estradas em direção ao impossível. No entanto, foi preciso esperar até meados do século 20 para que o linguista francês **Émile Benveniste** (1902-1976) demonstrasse que as "regras" da lógica clássica, supostamente "universais" e que governariam o pensamento de todos os seres humanos são, de fato, derivadas das regras da gramática da língua... grega.

As famosíssimas categorias de Aristóteles, que definiriam os gêneros ou divisões primeiras do ser (substância, qualidade, quantidade, relação etc.), correspondem, uma a uma, a categorias gramaticais: a substância está vinculada aos nomes; a qualidade, aos adjetivos; o tempo e o lugar, aos advérbios; as categorias estar-na-postura-de, estar-no-estado-de, fazer e sofrer correspondem, respectivamente, a características próprias dos verbos em grego clássico (a voz média, o aspecto perfeito, a voz ativa e a voz passiva)... Aristóteles só pôde definir essas categorias do modo como as definiu porque era falante de uma língua que apresentava, em sua estrutura gramatical, categorias equivalentes. Afinal, essas categorias se vinculam todas à noção de **ser**, uma noção que tem um verbo próprio em grego (um verbo que pode ser transformado em substantivo, se lhe for anteposto um artigo: o ser), mas que em muitas línguas do mundo simplesmente não existe. Em sua análise da questão, Benveniste (1966: 72) mostra que a língua **ewe**, por exemplo, falada na África ocidental, dispõe de quatro verbos diferentes para exprimir o que as línguas indo-europeias exprimem com um único verbo "ser". Se um filósofo falante dessa língua se dispusesse a elaborar uma "metafísica" e uma "lógica", esta certamente seria muito diferente da lógica clássica aristotélica, calcada no sistema gramatical do grego.

E nem precisaríamos ir até a África, como foi Benveniste: tudo o que, em grego, é predicado pelo único verbo "ser" (*eimi*) precisa ser distribuído, em português, entre os verbos **ser** e **estar**, uma dupla que não existe em diversas outras línguas indo-europeias (inglês, francês, alemão, russo, latim, grego etc.), o que já tornaria uma metafísica em português distinta da metafísica clássica! Para um falante de português, *ser doente* e *estar doente* expressam estados de coisas totalmente diferentes... Se Benveniste teve de recorrer ao ewe é porque sua língua materna, o francês, não lhe permitia fazer essas distinções, uma vez que só dispõe do verbo *être*.

Não há nada, portanto, de "universal" nas categorias aristotélicas. O mesmo se dá com a tentativa mais recente de encontrar uma "gramática universal" (o gerativismo de N. Chomsky): ela é inseparável do fato de seu proponente ser um falante do inglês estadunidense culto — um linguista falante de chinês, quicongo ou malaio sem dúvida desenharia uma teoria muito diferente.

Essas investigações sobre as complexas relações entre pensamento e linguagem estarão sempre no horizonte dos estudiosos das línguas, como vamos ver ainda em diversas outras partes desta história, especialmente no capítulo 5.

3.8 Testemunhos da mudança linguística

Já vimos que, desde a Antiguidade clássica, o fenômeno da **mudança linguística** vem sendo abordado em termos de juízos de valor ou, mais precisamente, considerações de ordem moral, como um "vício", um "descuido", uma "falta de zelo", a "destruição" da língua por falantes "bárbaros", como se isso revelasse, ao mesmo tempo, uma "falta de caráter" ou um traço de personalidade negativo |2.13.2|. Só a partir de meados do século 19, com o surgimento da **linguística histórica** |cap. 6|, a mudança que as línguas sofrem com o tempo será abordada com rigor metodológico e sem preconceitos moralistas, embora a ideia de "decadência" ainda vigore no pensamento de alguns estudiosos.

A visão pessimista da mudança também predominou na Idade Média. Apesar disso, o discurso tradicional de censura e condenação tem um lado positivo para os estudiosos da língua: por baixo do moralismo, é possível detectar fenômenos de transformação muito interessantes para a reconstituição dos processos históricos de formação gradual das línguas românicas. Vamos ver alguns desses testemunhos.

3.8.1 O *Appendix Probi*

Talvez o documento mais antigo a oferecer pistas sobre as futuras evoluções que o latim exibiria nos séculos vindouros seja o chamado *Appendix Probi*, uma lista de formas tidas por corretas ao lado das formas "erradas" que o autor detectava em sua época. O nome *Appendix* vem do fato dessa lista aparecer como apêndice num palimpsesto da obra *Instituta Artium*, provavelmente escrita entre os séculos 3 e 4 EC — ou seja, alguém aproveitou um pergaminho já escrito para fazer a lista, uma prática muito comum na Antiguidade, quando os suportes para a escrita eram raros, caros e não eram fabricados em escala industrial. A lista foi atribuída a **Marco Valério Probo** (*Marcus Valerius Probus*, 20 ou 30-105 EC), um gramático que viveu na época do imperador Nero. Daí o nome *Probi* ("de Probo"), embora essa atribuição seja hoje tida por equivocada. Por ser apenas uma lista, sem nenhum outro texto que a acompanhe, é muito difícil delimitar o local e a época em que foi composta.

O *Appendix Probi* usa sempre a fórmula *A non B*, ou seja, "o certo é A e não B". Algumas de suas prescrições merecem uma discussão mais demorada. Vamos começar por estas:

specŭlum	non	speclum
mascŭlus	non	masclus
vetŭlus	non	veclus
vernacŭlus	non	vernaclus
articŭlus	non	articlus
angŭlus	non	anglus
ocŭlus	non	oclus
stabŭlum	non	stablum

Todas as palavras da primeira coluna eram, no latim clássico, *proparoxítonas*, como ainda são algumas que se mantiveram no vocabulário erudito do português: *másculo, vernáculo, ângulo, óculos* e *estábulo*. Já na época em que foi redigido o *Appendix*, porém, se verificava a tendência à síncope ("queda") da vogal átona da sílaba postônica, vogal que em todos os casos listados era um *ŭ*, isto é, um "*u* breve" (recordando que no latim clássico todas as vogais podiam ser breves ou longas). A menor duração desse *ŭ* e a tendência à aceleração da pronúncia das proparoxítonas levou ao surgimento de novas palavras *paroxítonas*. Um dos grupos consonantais formados por essa mudança, o grupo *-cl-*, apresentará transformações ainda mais radicais nas futuras línguas românicas: ele vai passar por diversas fases, diferentes em cada língua, até resultar nas seguintes formas atuais:

LATIM VULGAR	ROMENO	ITALIANO	CATALÃO	ESPANHOL	PORTUGUÊS
oclu-	o**chi**	o**cchio**	u**ll**	o**j**o	o**lh**o
speclu-	- - - - - - -	spe**cch**io	espi**ll**	espe**j**o	espe**lh**o
veclu-	ve**chi**	ve**cch**io	ve**ll**	vie**j**o	ve**lh**o

Obs.: *ch* em rom. e ital. = [k]; *ll* em cat. = *lh* do port.; *j* em esp. = [x], aspirada

Outra transformação que também se deu com palavras proparoxítonas é a seguinte:

vinea	non	vinia
lancea	non	lancia
solea	non	solia

No latim clássico, as vogais *-ea* dessas palavras eram pronunciadas separadamente: *vi-ne-a*. Com a aceleração da pronúncia, o *-e-* se fechou e se transformou na semivogal [ɪ], o que deve ter resultado em *vi-nia*, com duas sílabas. As consequências dessas mudanças são bem visíveis no português *vinha*, *lança* e *solha*.

Ainda no tocante às proparoxítonas, o *Appendix Probi* traz: *calĭda non calda*. A vogal postônica dessa palavra (feminino de *calĭdus*, "quente") é um *ĭ* breve, propenso a sofrer síncope, portanto. É o que se vê no italiano, catalão, espanhol e português: *caldo, calda*. Também: *virĭdes non virdis*, prescrição inútil, pois o que temos hoje é *verde* em português, espanhol e italiano.

A transformação de proparoxítonas em paroxítonas atingiu profundamente as línguas românicas chamadas *ocidentais* (em contraposição às *orientais*: italiano, napolitano, siciliano, romeno principalmente). De fato, nas línguas que vão surgir na Gália (França atual) e na Hispânia (Península Ibérica), a imensa maioria das palavras vai ter acentuação *paroxítona*, tanto que, nas regras ortográficas dessas línguas (com exceção do francês moderno) as palavras paroxítonas não recebem acentuação gráfica, a não ser em casos específicos. As palavras que guardam acentuação proparoxítona são, quase sempre, termos de formação *erudita*, isto é, científicos ou literários — basta comparar, por exemplo, em português: *caldo* (popular) e *cálido* (erudito); *macho* (popular) e *másculo* (erudito); *dedo* (popular) e *dígito* (erudito); *olho* (popular) e *óculo* (erudito) etc. A tendência à síncope da sílaba postônica, muito bem atestada na história da língua, prossegue viva e forte nos dias de hoje, em que muitas pessoas, principalmente as menos sujeitas à pressão normativa da instrução formal, pronunciam *sabo* (por *sábado*), *corgo* (por *córrego*), *passo* (por *pássaro*), *arve* (por *árvore*) etc., numa clara demonstração de que as mesmas forças de mudança que atuaram no passado continuam atuando no presente da língua |6.1.5|.

A lista apresenta também: *persica non pessica*. Trata-se aqui de um fenômeno de **assimilação**, em que uma consoante se torna semelhante a outra: *rs* > *ss*. Essa mudança é bem atestada em português, onde *persicu-* > *pêssego* e *persona* > *pessoa*. No português brasileiro contemporâneo, é muito comum essa assimilação em palavras como *universidade* (pronunciada *unive*[s]*idade*), *comércio* (*comé*[s]*io*), *Laércio* (*Laé*[s]*io*) etc.

O apagamento da nasal *-n-* diante de *-s-* é documentado no *Appendix Probi*: *ansa non asa; mensa non mesa*. Como é fácil perceber, *asa* e *mesa* são as palavras que se firmaram em português, assim como *pesar* (< *pensare*), *mostrar* (< *monstrare*), *mês* (< *mense-*), *teso* (< *tensu*) etc., também presentes em outras línguas da família (cf. italiano: *pesare, mostrare, mese, teso* etc.).

O *Appendix* também censura a forma *noscum* e *voscum* em lugar das clássicas *nobiscum* e *vobiscum* — de novo, a redução de proparoxítonas em paroxítonas —, mas são essas as formas que se preservarão no português *con-nosco* e *con-vosco*.

Por fim, uma curiosidade decerto divertida para nós, brasileiras e brasileiros: o *Appendix Probi* prescreve a forma *umbilicus* e condena *imbilicus*. *Umbilicu-* está na origem do nosso *umbigo*, mas quem no Brasil nunca ouviu uma criança pequena (e mesmo muitos adultos) dizer *imbigo*? A forma escrita *embigo* vem registrada nos dicionários como "popular", mas a pronúncia realmente é com [i] na primeira sílaba, por harmonização vocálica com o [i] da sílaba tônica. Como é fácil ver, o que tantas pessoas insistem em condenar como "erros" são formas que vêm sendo empregadas há mais de 1.500 anos!

3.8.2 Os Juramentos de Estrasburgo

Depois que Carlos Magno morreu, em 814, o trono foi assumido por seu filho **Luís, o Pio** (778-840). Com a morte deste, o amplo território do império carolíngio vai ser disputado por seus três filhos: **Lotário** (795-855), **Luís, o Germânico** (*c*. 806-876) e **Carlos, o Calvo** (823-877). Nessa disputa, Luís e Carlos vão se unir contra o irmão mais velho, Lotário. Essas contendas vão reconfigurar grande parte do mapa da Europa, pois daí vai nascer o reino que se transformará mais tarde na França.

No ano de 842, Luís e Carlos, junto com suas tropas, se encontram nos arredores da cidade (hoje francesa) de Estrasburgo (muito próxima da fronteira entre França e Alemanha) para jurar fidelidade um ao outro contra Lotário. Para que as tropas de Carlos, formadas por soldados que falam *romance* (isto é, uma variedade derivada do latim), entendam o juramento de Luís, cujas tropas falam *tudesco* (uma língua germânica, ancestral do alemão moderno), e para que as tropas de Luís compreendam o juramento de Carlos, esses juramentos serão feitos nas duas línguas. O registro desses juramentos é considerado como a "certidão de nascimento da língua francesa".

As palavras ditas por Luís foram conservadas na seguinte forma:

> *Pro Deo amur et pro christian poblo et nostro commun salvament, d'ist di en avant, in quant Deus savir et podir me dunat, si salvarai eo cist meon fradre Karlo et in aiudha et in cadhuna cosa, si cum om per dreit son fradra salvar dift, in o quid il mi altresi fazet, et ab Ludher nul plaid nunquam prindrai, qui meon vol cist meon fradre Karle in damno sit.*

("Pelo amor de Deus e pelo povo cristão e por nossa comum salvação, de hoje em diante, enquanto Deus saber e poder me der, socorrerei eu este meu irmão Carlos com ajuda e cada coisa, como se deve socorrer seu irmão, contanto que ele faça o mesmo por mim, e jamais terei com Lotário nenhum pleito que, de minha vontade, possa causar dano a meu irmão Carlos.")

Em seguida, disseram as tropas de Carlos:

Si Lodhuvigs sagrament, que son fradre Karlo iurat, conservat, et Karlus meos sendra de suo part non lostanit, si io returnar non l'int pois: ne io ne neuls, cui eo returnar int pois, in nulla aiudha contra Lodhuvig nun li iv er.
("Se Luís conservar o juramento que jura a seu irmão Carlos, e se Carlos, meu senhor, por seu lado, não o mantiver e eu não puder fazê-lo retroceder disso, nem eu nem nenhum dos que poderiam fazê-lo retroceder lhe seremos de nenhuma ajuda contra Luís.")

É óbvio que já não se trata mais de latim: é uma variedade que se distancia muito da língua dos romanos, mesmo em suas formas ditas "vulgares", e que já apresenta alguns traços característicos do que virá a ser o francês (e isso passados pouco mais de trezentos anos da queda do Império Romano). Por exemplo, as consoantes surdas do latim, quando entre vogais ou diante da consoante líquida [ɾ], aparecem sonorizadas, um fenômeno que ocorrerá em toda a parte ocidental da Romània e contribuirá para a formação não só do francês, mas também do provençal, do catalão, do castelhano, do galego e do português:

sa**c**rament > sa**g**rament
fra**t**re > fra**d**re
po**p**ulu- > po**b**lo
sa**p**ere > sa**v**ir
po**t**ere > po**d**ir
adju**t**a > aiu**dh**a
ca**t**a una > ca**dh**una
fa**c**et > fa**z**et

Outro dado importante do texto é a presença do chamado *futuro românico*. Em latim clássico, o futuro apresentava desinências próprias (*amare:*

Para quem estuda inglês ou alemão (ou alguma outra língua da família germânica) pode ser interessante conhecer os textos dos juramentos feitos em tudesco.

Juramento de Carlos: "*In Godes minna ind in thes christianes folches ind unser bedhero gealtnissi, fon thesemo dage frammordes, so fram so mir Got geuuizci indi mahd furgibit, so haldih tesan minan bruodher, soso man mit rehtu sinan bruodher scal, in thiu, thaz er mig sosoma duo ; indi mit Ludheren in nohheiniu thing ne gegango, zhe minan uuillon imo ce scadhen uuerhen*".

Juramento das tropas de Luís: "*Oba Karl then eid, then er sinemo bruodher Ludhuuuige gesuor, geleistit, indi Ludhuuuig min herro, then er imo gesuor, forbrihchit, ob ih inan es iruuenden ne mag, noh ih noh thero nohhein, then ih es iruuenden mag, uuidhar Karle imo ce follusti ne uuirdit*".

amabo, amabis, amabit, amabimus, amabitis, amabunt), mas cedo, já no latim vulgar, essas formas desapareceram, substituídas por uma perífrase formada do infinitivo do verbo principal seguido do verbo *habere* ("ter"), conjugado no presente: *amare habeo*. Essa perífrase se cristalizou (se *gramaticalizou* para usar o termo técnico |6.9.2|), e as formas do verbo *habere* se transformaram em simples desinências verbais, o que gerou as atuais formas do futuro das línguas românicas (excetuado o romeno): *amerò* (ital.), *aimerai* (fr.), *amaré* (esp.), *amarei* (galego e port.). Nos *Juramentos de Estrasburgo*, encontramos *salvarai* ("socorrerei") e *prindrai* ("tomarei"), ancestrais das formas francesas atuais *sauverai* ("salvarei") e *prendrai* ("tomarei").

Também vale notar a presença do pronome *io*, do latim *ego*, que é a forma atual do pronome da 1ª pessoa em italiano (*io amo*) mas que, em francês, sofreu mais mudanças até se tornar a forma *je* contemporânea (e *jo* em catalão). Em galego, português e romeno, temos *eu* (*ieu* em provençal), enquanto em espanhol surgiu *yo*.

3.8.3 A carta de fundação da igreja de Lordosa

Lordosa é uma aldeia situada na região de Castelo Branco, no centro-leste de Portugal. Sua população atual é de menos de mil habitantes, mas a povoação existe desde pelo menos o século 9. De fato, data do ano de 882 um documento considerado pelos estudiosos como um dos testemunhos mais antigos, senão o mais antigo conhecido, que comprova alguns dos fenômenos de mudança linguística ocorridos no romance falado na área. Embora escrita em latim, a *Carta de Fundação da igreja de São Miguel de Lordosa* apresenta algumas grafias que denunciam uma influência da língua falada por seu redator sobre a língua oficial da administração eclesiástica (cf. Castro, 2011).

Assim como vimos nos Juramentos de Estrasburgo, também aqui aparecem consoantes *sonoras* onde, no latim, existiam consoantes *surdas*:

ca**th**edras → ka**d**edras ("cadeiras")
mona**ch**us → mona**g**us ("monge")
bara**t**ro → bara**d**ro ("báratro")
a**p**riles → a**b**riles ("abril")
Mi**ch**aeli → Mi**g**aeli ("Miguel")
me**t**alo → me**d**alo ("metal")
iudi**cat**o → iudi**g**a**d**o ("julgado")

Essa sonorização das surdas se verificou em todas as línguas românicas ocidentais |6.6.1|. Outros fenômenos de mudança fonética, no entanto, são exclusivos do romance surgido no noroeste da Península Ibérica, a Galécia romana (que incluía a Galiza e o norte de Portugal), romance que será levado cada vez mais para o sul a partir do século 12 pelos reis do já formado Portugal e que só virá a ser chamado *português* ou *língua portuguesa* a partir de 1450 (cf. Faraco, 2016: 48), mas que desde 1300, senão antes, era chamado de *galego*. Esses fenômenos característicos do galego são a síncope das consoantes [l] e [n] intervocálicas, como nestes exemplos: *dolu-* > *doo* > *dó*; *bona* > *boa*. No documento de Lordosa, aparecem as grafias *moastica* (por *monastica*, "monástica") e *elemosias* (por *elemosinas*, "esmolas"), comprovando que essas síncopes já estavam bem implantadas no romance falado na região no momento da produção da carta. De fato, os estudiosos da história do galego e do português argumentam que essas síncopes já estariam desenvolvidas no romance mais primitivo, entre os séculos 5 e 7.

3.8.4 Outros fenômenos de mudança documentados

Em obras de gramáticos medievais, anônimas ou assinadas, encontramos diversas referências a transformações fonéticas pelas quais o latim falado pelas pessoas instruídas estava passando, decerto por influência das línguas maternas que, já avançada a Idade Média, apresentavam características próprias, muito distintas das da língua da cultura erudita. Alguns autores chegam mesmo a prescrever como "corretas" pronúncias que contrariam as normas clássicas do latim!

Numa síntese das observações mais importantes feitas nessas obras, podemos elencar os seguintes processos de mudança:

(1) A grafia <ph> tinha sido adotada pelos romanos para transcrever uma consoante seguida de aspiração característica do grego e desconhecida em latim (em grego era escrita *Φ*). Com isso, a palavra *philosophia* era pronunciada, no latim clássico, com duas consoantes aspiradas. Os autores medievais já anotam que esse <ph> tendia a ser pronunciado como [f]. O resultado dessa mudança se comprova na atual pronúncia [f] das palavras de origem grega que apresentavam essa consoante aspirada: *filosofia, física, grafia, esfera* etc. — mesmo nas línguas cuja ortografia conserva, por mero apego etimologizante, o dígrafo <ph>: *philosophy, philosophie, Philosophie* (inglês, francês e alemão, respectivamente). A tendência de um $[p^h]$

com aspiração a se transformar em [f] é atestada na história das línguas germânicas (é a chamada *Lei de Grimm*, |6.3.4|). O antigo germânico *pisk* ("peixe"), com um [pʰ], se transformou primeiro em *pfisk* e, mais tarde, em *fisk* (alemão moderno: *Fisch*; inglês: *fish*; dinamarquês: *fisk*).

(2) O mesmo se deu com o <th>, adotado pelos romanos para transcrever uma consoante [tʰ], com aspiração, presente no grego, em que se escrevia *θ*. Os comentadores medievais indicam que esse dígrafo apresentava a pronúncia [ts] em palavras como *aether, cathedra, catholicus, ethicus, Matheus*. O resultado dessa transformação foi, na maioria das línguas, o desaparecimento do traço sibilante de [ts], reduzindo a consoante a um [t] comum: *éter, cátedra, católico, ético, Mateus*.

(3) No latim clássico, o nome *Cicero* era pronunciado ['kikero]. Com o passar do tempo, porém, o caráter alto e palatal das vogais [e] e [i] influiu sobre a pronúncia do [k], palatalizando a consoante velar. Disso resultou, primeiramente, uma pronúncia [ce, ci] e em seguida [tse, tsi]. Esta última se transformou, em italiano, em [tʃe, tʃi]. No francês e no português antigos, houve uma fase [tse, tsi] e, mais adiante, com a eliminação da oclusão, [se, si], como até hoje em português: *cebola, cinema, Cícero* etc. No castelhano, [tse, tsi] se transformaram na interdental [θ], semelhante à do inglês em *think*. Essa mesma evolução se deu com o que se escrevia *z*, pronunciado inicialmente [dz] e, posteriormente, [θ], de modo que hoje em castelhano (na variedade de Madri, que é a norma oficial para a Espanha, mas não para o espanhol latino-americano) a palavra *civilización* apresenta três [θ]. A interdental também ocorre no galego moderno.

(4) Pelas mesmas razões, o que em latim clássico se escrevia *ge, gi* e se pronunciava [ge, gi] passou a ser pronunciado [dʒe, dʒi], conforme atestam os documentos medievais. Essa pronúncia se conservou em italiano: *gente* [dʒente]. Em francês e português houve uma fase [dʒe, dʒi]; mais adiante, com a perda da oclusão, tem-se um [ʒ] simples: *gente, girafa, gengibre*. No castelhano, um [ʒ] antigo se transformou na aspirada [x], que também se escreve com *j*. Em galego, o antigo [ʒ] evoluiu para a homorgânica surda [ʃ], escrita com *x*: *xente, xeral, xeografía* etc.

(5) Os comentadores medievais também observam a passagem do [s] a [z] quando se encontra entre vogais, uma pronúncia que se conserva em francês e português: *rosa, casa, liso*. Em espanhol peninsular e galego, o *-s-* intervocálico se pronuncia [ṡ].

(6) Há testemunhos de que a letra <x>, usada em latim para representar [ks], já se pronunciava, avançada a Idade Média, como um [s:] longo, um [s] simples ou mesmo [z], como no português *próximo*, com [s], e *êxito*, com [z].

(7) Quando em início de palavra, a semiconsoante [ɪ̯] já começava a se consonantizar, decerto com uma pronúncia do tipo [dʒ] e, mais adiante, como um [ʒ] simples. Assim se explica a pronúncia (e a grafia) presentes no francês e no português: *Jesus, já, jeito, juiz* etc. A letra *j*, porém, só vai ser adotada na era moderna, por iniciativa do filósofo francês **Pierre de La Ramée** (*Petrus Ramus*, 1515-1572), que também vai propor o uso de *v* para a antiga semiconsoante latina [ʊ̯] (*uacca* > *vaca*). Por isso, as letras *j* e *v* são chamadas *letras ramistas*. No latim clássico, a vogal *u* era escrita, quando maiúscula, *V*. Pierre de La Ramée vai propor então um *v* minúsculo para a consoante resultante da plena consonantização do *u* latino.

CAPÍTULO 4

Renascimento e Era Moderna
a volta aos clássicos e a descoberta do Outro

Sustentava contra ele Vênus bela
Afeiçoada à gente Lusitana,
Por quantas qualidades via nela,
Da antiga tão amada sua Romana,
Nos fortes corações, na grande estrela,
Que mostraram na terra Tingitana:
E na língua, na qual, quando imagina,
Com pouca corrupção crê que é a Latina.

(Camões, *Lusíadas*, I, 33)

Introdução

Vimos no capítulo anterior que o conceito de *Idade Média* foi uma construção intelectual dos homens do **Renascimento**. E o que dizer, então, da própria noção de *Renascimento*? Para que alguma coisa *renasça* é preciso, antes, ter estado *morta*. O que vai renascer, segundo o pensamento dos intelectuais do período, é o interesse pela visão de mundo, pelos postulados intelectuais e culturais da **Antiguidade clássica**, isto é, greco-romana, que, para eles, tinham sido abandonados durante as longas "trevas" da era medieval. O surgimento do termo e do conceito nos dá ideia da origem dessa nova ideologia cultural: os dicionários franceses oferecem a data de 1380 para as primeiras ocorrências da palavra *renaissance*, adaptação, por sua vez, da italiana *rinascimento*, igualmente documentada nos dicionários etimológicos da língua a partir do final do século 14 (data também da entrada de *renascimento* no português). O Renascimento é, portanto, um movimento que começa na Itália, mais precisamente em **Florença**, e daí se expande rapidamente para o resto da Península itálica e, em seguida, para a Europa ocidental.

4.1 Florença e Veneza

Localização de Florença dentro da região italiana da Toscana.

Por que Florença é o berço do Renascentismo? Entre 1115 e 1532, a cidade (localizada na Toscana, região do noroeste da Península) foi a sede de um dos Estados mais importantes da Europa: a **República de Florença**. A família que o comandava, os **Médici**, eram banqueiros riquíssimos que incentivaram a produção artística e intelectual em suas terras, com especial destaque para **Lourenço de Médici** (1449-1492), chamado *o Magnífico*, que além de político brilhante foi também um erudito, poeta e patrono das artes. Assim, os maiores nomes do Renascimento "italiano" são, de fato, florentinos de nascimento ou exerceram suas atividades em Florença ou em outros lugares da Toscana. Com diferentes nomes e extensões territoriais (Ducado de Florença, Grão-Ducado da Toscana), essa entidade política permanecerá livre e próspera até a unificação da Itália, em 1861. A lista das grandes personalidades florentinas inclui, já no final da Idade Média, os escritores **Dante, Petrarca** e **Bocácio**, tão importantes que a língua que usaram em suas obras se tornará, séculos depois, a base para o italiano oficial, como vamos discutir adiante — de fato, na cultura italiana, eles são designados como *Le Tre Corone*, "as três Coroas", da língua italiana. Já a partir do final do século 14, mas sobretudo nos séculos 15 e 16, uma sucessão de artistas e intelectuais destacados vão viver e trabalhar em Florença ou na Toscana:

- **Giotto** di Bondone (1267-1337), pintor.
- **Leonardo Bruni** (1370-1444), historiador e político.
- **Donatello** (1386-1466), escultor e ourives.
- **Fra Angelico** (1395-1455), pintor.
- **Leon Battista Alberti** (1404-1472), arquiteto, matemático, linguista, arqueólogo, musicista.

- **Piero della Francesca** (1416/17-1492), pintor e matemático.
- **Marsilio Ficino** (1433-1499), filósofo e astrólogo.
- **Andrea del Verrocchio** (1435-1488), escultor, pintor e ourives.
- **Sandro Botticelli** (1445-1510), pintor.
- **Domenico Ghirlandaio** (1449-1494), pintor.
- **Leonardo da Vinci** (1452-1519), engenheiro, pintor, arquiteto, escultor, desenhista, anatomista, musicista, inventor, urbanista, anatomista.
- **Pico della Mirandola** (1463-1494), filósofo.
- **Maquiavel** (*Niccolò Machiavelli*: 1469-1527), historiador, filósofo, político, dramaturgo.
- **Miguelângelo** (*Michelangelo Buonarroti*: 1475-1564), escultor, pintor, arquiteto, poeta.
- **Rafael** (*Raffaello Sanzio*: 1483-1520), pintor e arquiteto.
- **Pietro Aretino** (1492-1556), poeta.
- **Galileu** (*Galileo Galilei*: 1564-1642), físico, astrônomo, matemático, filósofo.

Outra grande potência política e comercial do período era a *Sereníssima República de* **Veneza**, que exerceu um grande poderio naval no Mediterrâneo durante séculos a fio, tendo se apoderado de alguns territórios litorâneos do outro lado do Adriático, além da ilha grega de Creta. Em Veneza trabalharam os artistas da família **Bellini**: o pai, **Jacopo Bellini** (1396?-1470?), e os dois filhos, **Gentile Bellini** (1429-1507) e o mais célebre de todos, **Giovanni Bellini** (1433-1516), todos pintores. Famosos também são **Ticiano** (*Tiziano Vecellio*: 1480/85-1576), **Tintoretto** (*Jacopo Robusti*: 1519-1594), **Vittore Carpaccio** (c. 1465-1525/26) e **Andrea Mantegna** (1431-1506). Veneza também se destacará como importante centro de produção de **livros**, depois da invenção da imprensa |4.7|.

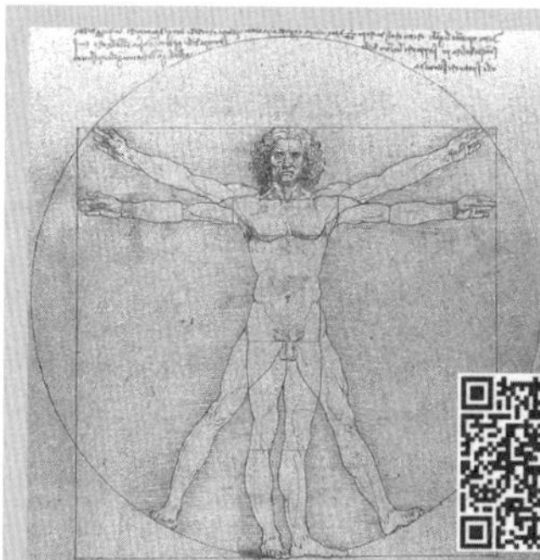

A centralidade do ser humano no Renascimento tem como símbolo o célebre "Homem de Vitrúvio", desenhado por Leonardo da Vinci, sob inspiração das teorias do arquiteto romano Marco **Vitrúvio** Polião (*c.* 80-*c.* 15 AEC). As proporções humanas se enquadram racionalmente nas figuras geométricas do círculo e do quadrado e devem servir de base para as artes, para as ciências e para a filosofia. Retoma-se assim a afirmação do filósofo grego Protágoras (486-411 AEC): "O homem é a medida de todas as coisas".

4.2 O Humanismo

Um termo muito associado ao Renascimento é **Humanismo**. Os primórdios desse movimento intelectual remontam ao grande poeta e pensador italiano **Francesco Petrarca** (1304-1374), considerado de fato como seu fundador. Ao contrário do pensamento medieval, dominado pela relação de subordinação do ser humano à vontade de Deus — razão para a intensa especulação **teológica** praticada durante a Idade Média, em que a filosofia era considerada mera "serva" da teologia (segundo o famoso adágio "*philosophia ancilla theologiae*") —, o Humanismo retoma as investigações dos pensadores gregos, especialmente Platão, sobre a natureza do ser humano, seu destino, suas capacidades intelectuais, sua potencialidade criadora, o sentido da vida e da morte. Para recuperar esse pensamento clássico, os humanistas saem à procura dos textos dos autores antigos, gregos e latinos, empreendendo verdadeiras expedições aos mosteiros e outros lugares onde seus manuscritos poderiam estar preservados. Petrarca, durante toda a vida e desde muito jovem, se empenhou em pesquisar as bibliotecas dos conventos e das catedrais em busca de obras raras e aproveitou suas muitas viagens para adquirir manuscritos preciosos que encontrava à venda. Nessa tarefa, contou com a participação de seu amigo **Bocácio** (*Giovanni Boccaccio*: 1313-1375), outro dos mais importantes nomes da literatura italiana de todos os tempos, autor do famosíssimo *Decamerão*, responsável pela descoberta e publicação de obras antigas até então desconhecidas de autores importantes da latinidade clássica como **Apuleio** (125-170), **Ovídio** (43 AEC-18 EC), **Marcial** (38/41-104), **Varrão** |2.14.1| — cuja obra *De lingua latina* veio à luz justamente graças a Bocácio —, um livro de santo **Agostinho** |3.2.2| sobre os Salmos bíblicos e uma obra inédita de Cícero. Ao lado do também filósofo romano Lúcio Aneu **Sêneca** (4 AEC-65 EC), Marco Túlio **Cícero** (106 AEC-43 AEC) se tornará objeto de verdadeiro culto da parte dos humanistas, que o tomarão como modelo impecável da retórica, da estilística, da dialética. O estilo ciceroniano, caracterizado por longos parágrafos com muitas orações subordinadas intercaladas, será imitado por muitos humanistas, assim como também o estilo de Sêneca, com frases mais breves e mais equilibradas.

Para avaliar os manuscritos encontrados em suas explorações, os humanistas incentivaram o nascimento de uma **filologia moderna** (ver |2.12| sobre os filólogos alexandrinos), conjunto de princípios e técnicas destinados a controlar a autenticidade e a natureza dos códices descobertos (época em que foi escrito ou copiado, proveniência, suposta autoria, erros devidos a equívocos dos copistas, comparação das variantes etc.).

Convém lembrar, por fim, que o termo **Humanismo** foi atribuído retrospectivamente aos intelectuais daquele período, que jamais se rotularam assim. Foi o pensador alemão **Friedrich Immanuel Niethammer** (1766-1848) quem usou pela primeira vez, em 1808, o termo *Humanismus* para se referir à inclusão, nos currículos escolares, dos estudos clássicos (e das línguas clássicas: grego e latim) em contraposição à exclusividade da educação física e das disciplinas práticas, defendida por certas correntes pedagógicas de sua época.

4.3 Revalorização do latim e do grego

A partir mais ou menos de 1400, escolas de perfil humanista surgiram em diversas cidades do norte da Itália. Rapidamente se sentiu a necessidade de manuais didáticos que introduzissem os estudantes de forma mais acelerada no conhecimento dos autores latinos. Do ponto de vista textual, esses manuais se pareciam aos que eram usados no final da era anterior, mas traziam uma diferença fundamental: se afastavam deliberadamente das sutilezas filosóficas que a gramática tinha incorporado e rompiam com o vínculo entre **gramática** e **lógica**, isto é, entre linguagem e pensamento, característico das investigações especulativas medievais. Com isso, devolviam à gramática sua função original, decerto mais humilde, contudo mais prática, como uma das sete artes liberais |2.13|, a mais básica delas.

O objetivo dos humanistas quanto ao estudo do latim era extremamente exigente: não queriam apenas adquirir um conhecimento superficial de "correção" linguística, mas se apoderar também da elegância e precisão da prosa dos autores romanos. Para tanto, os tratados de estilística desempenharam um papel tão importante quanto o das gramáticas propriamente ditas. O mais célebre desses manuais de estilística foi o volumoso *Elegantiæ linguæ latinæ* do italiano **Lorenzo Valla** (1407-1457), concluído na década de 1440. Não tardou para ser produzido em grande escala graças à imprensa recém-difundida e se transformar em livro muito divulgado: oferecia uma coletânea de palavras, sentenças e construções sintáticas latinas, apoiada em citações de muitos autores antigos. No entanto, carecia de um aparato gramatical sistemático e não exibia nenhum modelo de análise sintática. Já na segunda metade do mesmo século, **Niccolò Perotti** (c. 1430-1480) redigiu seus *Rudimenta grammatices* ("Rudimentos gramaticais", impressos em 1473), uma extensa descrição da sintaxe, da morfologia e da epistolografia. Foi um primeiro esforço na direção de uma gramática e estilística abrangentes do latim. Fez muito sucesso tanto dentro quanto fora da Itália. Mais ambiciosa ainda foi a *Introductiones Latinæ*, de autoria do espanhol **Antonio de Nebrija** (1444-1522), publicada em Salamanca em 1481, o mesmo autor que, mais tarde, como veremos, publicou a primeira gramática moderna de uma língua vulgar, o castelhano. A obra de Nebrija compreendia morfologia, sintaxe, ortografia e métrica e teve enorme sucesso em toda a Europa.

Muitos gramáticos renascentistas se empenharam em combater com fortes argumentos a tradição linguística medieval, sobretudo a escola dos modistas |3.7|. Para eles, o estudo do latim devia se concentrar no *usus* (no uso dos grandes autores) e não na *ratio* (a lógica). Já na obra de Valla essa hostilidade se exibia, mas foi no tratado *De causis linguæ Latinæ* (1540) de **Julius Caesar Scaliger** (*Giulio Cesare della Scala*, italiano que passou grande parte da vida na França: 1484-1558) que essa crítica tomou corpo de forma mais sistemática. Mas provavelmente nenhum outro autor obteve tanto sucesso e se tornou tão popular nesse debate quanto o espanhol **Francisco Sánchez de las Brozas** (*Franciscus Sanctius Brocensis*: 1523-1600), autor de *Grammaticæ graecæ compendium* (1581), *Veræ brevesque latinæ institutiones* (1587) e *Arte para saber latín* (1595). No entanto, seu nome entrou para a história graças à sua *Minerva*, publicada em Salamanca em 1587, uma gramática do latim dividida em quatro seções (as partes da oração, o nome, o verbo e as figuras de estilo) e caracterizada por um empenho consciente de submeter o funcionamento gramatical à razão. Autores como Valla e Nebrija fundamentam suas gramáticas no uso dos autores antigos consagrados; Sanctius, no entanto, define como viga-mestra de seu sistema gramatical a *ratio* — não reconhece outra autoridade senão a razão e leva às últimas consequências a lógica do estudo gramatical.

Ao lado de uma renovada valorização do latim, o Renascimento também conheceu uma verdadeira **redescoberta da língua grega**, cujo conhecimento, muito cedo, já na Antiguidade tardia, tinha começado a se perder na parte ocidental do antigo Império Romano |3.3.1|. A grande virada se deu no ano de 1397, quando chegou a Florença o erudito **Manuel Crisoloras** (Μανουὴλ Χρυσολωρᾶς: 1350-1415), o primeiro estudioso bizantino a fixar residência na Itália depois de quase setecentos anos. Ao longo do século 15, seu exemplo foi seguido por uma legião de outros, que fugiam das investidas dos turcos otomanos que, finalmente, capturariam Constantinopla em 1453. Para a alegria de seus discípulos italianos, esses estudiosos bizantinos trouxeram consigo cópias de quase todo o acervo da literatura grega antiga, cuja maior parte tinha se perdido no Ocidente desde o final da Antiguidade.

Um a um, esses textos foram traduzidos e impressos, permitindo o acesso a um amplo espectro de conhecimento sobre o pensamento e a cultura dos gregos. Florença se tornou um importante centro de estudo desses textos, principalmente durante a vida e a atividade dos já citados Marsilio Ficino e Pico della Mirandola, que se empenharam em conciliar o neoplatonismo com o cristianismo (como já tinham feito, aliás, pensadores cristãos muito anteriores a eles, como Boécio e Agostinho |3.2.2|). Vários desses eruditos bizantinos produziram manuais de gramática grega para seus discípulos: além de Crisoloras, **Teodoro Gaza** (c. 1398-c.1475) e **Constantino Láscaris** (1434--1501). A gramática de Crisoloras, *Erotomata*, foi o primeiríssimo livro a ser impresso em tipos gregos (Milão, 1476). Com o passar do tempo, o interesse pelo grego ultrapassou os Alpes e se difundiu pelo resto da Europa. No final do século 16, uma importante obra de referência foi o dicionário grego-latim em quatro volumes do francês **Henri Estienne** (1528 ou 1531-1598), o *Thesaurus linguæ Græcæ* (1572).

A revivescência dos estudos gramaticais do latim e do grego também suscitou a preocupação dos estudiosos quanto à **pronúncia** exata dessas línguas. Com o passar do tempo, e já não dispondo de falantes nativos, o latim veio a ser pronunciado em cada lugar de acordo com as tendências fonéticas da língua local. Com o intuito de restabelecer uma pronúncia única, "científica", para as línguas clássicas, o importante humanista holandês **Erasmo de Roterdão** (1466-1536) publicou *De recta Latini Græcique sermonis pronuntiatione* (*Da pronúncia correta das línguas latina e grega*, 1528), origem das diversas propostas que se seguiram de formalizar uma **pronúncia restaurada** (ou *reconstituída* ou *clássica*) dessas línguas. Assim, por exemplo, na leitura do latim, toda letra **c** deve ser pronunciada [k], mesmo quando seguida de **e** ou **i**: ao contrário das pronúncias tradicionais do nome *Cicero* em português ['sisero] ou em italiano ['tʃitʃero], propõe-se a pronúncia ['kikero]; o mesmo valia para o **g**: *gestus* ['gestus] e não ['ʒestus] ou [dʒestus]. O **h** deve ser pronunciado com uma leve aspiração. Há também um esforço para a recuperação das *quantidades* das vogais, que em latim (e grego) podiam ser longas ou

A prática de usar v já era comum quando no início da palavra, mas não no interior dela, ao contrário do **j**, conforme se vê nesta estrofe dos *Lusíadas* (I, 3), de Camões, tal como publicada em 1572 (observe-se também o uso de **ç**, mesmo diante de **e**):

Cessem do sabio Grego,
& do Troyano,
As nauegações grandes
que fizerão:
Callese de Alexandro,
& de Trajano,
A fama das victorias que
tiuerão,
Que eu canto o peyto illustre
Lusitano,
A quem Neptuno, & Marte
obedeçerão.
Cesse tudo o que a Musa
antigua canta,
Que outro valor mais alto
se aleuanta.

breves, uma propriedade fonética que desapareceu nas línguas românicas. A mesma iniciativa foi tomada pelo francês **Petrus Ramus** em suas obras sobre o latim, que também propôs uma distinção gráfica entre o **i** vocálico e o **i** consonantal e o **u** vocálico e o **u** consonantal, que a grafia clássica do latim não diferenciava. Quando tivesse valor consonantal, o **i** devia ser substituído por **j** (que é, de fato, um **i** com um prolongamento), como em *Jesus, jactus, jugum* etc., enquanto o **u** consonantal será escrito **v** (*vacca* e não mais *uacca*). Em latim, o **V** era simplesmente a forma maiúscula do **u**. É por isso que o **jJ** e o **vV** são chamados *letras ramistas.*

Apesar da explicação bíblica para o nome Babel ("confusão"), essa etimologia é fantasiosa. Trata-se de uma variante do nome da Babilônia, cujo significado em acadiano é "porta dos deuses". O relato bíblico é provavelmente uma lembrança que os hebreus conservaram de uma grande construção (chamada zigurate |1.3|), na forma de plataformas sobrepostas até formar uma pirâmide, que existia na Babilônia e era dedicada aos cultos religiosos locais. De fato, muitos elementos contidos no livro bíblico do Gênesis (como o Jardim do Éden, os rios Tigre e Eufrates, o Dilúvio etc.) pertencem à tradição mítica da Mesopotâmia, com a qual os hebreus entraram em contato durante o período em que viveram exilados na Babilônia (597 AEC–537 AEC). Segundo a tradição, a língua única original se dividiu em 72 línguas novas.

A noção da diversidade linguística como um "castigo" se impregnará profundamente na mentalidade cristã e seus efeitos sobrevivem até hoje no senso comum de todas as sociedades ocidentais, em que a variação e a mudança linguísticas são consideradas como "problemas" ou "defeitos", e não como o que realmente são: propriedades intrínsecas da própria natureza da linguagem humana. De igual modo, o plurilinguismo será constantemente alvo de desconfiança da parte dos poderes constituídos, que veem nele um empecilho para o controle político, cultural e ideológico das nações.

4.4 Interesse pelo hebraico e pelo árabe

Ao lado do grego e do latim, o **hebraico** era considerado como uma das "três línguas sagradas" do cristianismo |3.3.3|, porque, segundo o relato evangélico, tinham sido as usadas para redigir a inscrição sarcástica *Jesus de Nazaré, rei dos judeus* (João, 19,20) colocada num letreiro sobre a cruz em que Jesus foi supliciado. Além disso, por ser a língua do Antigo Testamento, bem cedo se formou na cultura europeia a crença de que era também a língua original da espécie humana (a "língua adâmica", isto é, de Adão), talvez a língua da própria divindade, e que a multiplicidade linguística atual era o castigo imposto aos homens por tentarem se elevar ao céu: é o célebre relato da **Torre de Babel** (Gênesis, 11,1-9). Apesar dessa sacralização do hebraico, a língua nunca foi estudada a sério pelos cristãos, já que os judeus eram vítimas de pesada discriminação, obrigados a viver em comunidades isoladas (os **guetos**) e sofriam da tradicional acusação de terem sido os assassinos de Cristo e, portanto, de serem inimigos da Igreja, de modo a não merecerem a confiança dos cristãos.

Com base nas gramáticas do **árabe** elaboradas por muçulmanos, eruditos judeus começaram a produzir, já durante o período medieval, obras de descrição de sua língua sagrada, com intuito semelhante ao dos autores islâmicos: assim como era preciso conhecer a língua dos textos sagrados do Corão |1.3|, língua que não era mais falada na vida cotidiana por ninguém, também era preciso dominar a língua das escrituras hebraicas, igualmente desaparecida do uso diário já desde o retorno dos judeus do exílio na Babilônia (537 AEC) |1.4| — os judeus que viviam na Europa usavam as línguas vernáculas de cada lugar, ficando o hebraico restrito aos usos rituais. Muçulmanos e judeus, portanto, enfrentavam situação semelhante à dos cristãos europeus: precisavam descrever e transmitir uma língua clássica que era, de fato, "estrangeira", pois não podia ser adquirida, a não ser pelo ensino explícito e pela aprendizagem longa e exigente.

O conhecimento sistemático da língua hebraica começou a se firmar, entre outras coisas, graças ao trabalho de **Elias Levita** (1469-1549), judeu de origem alemã que passou a maior parte da vida na Itália, onde se dedicou ao ensino do hebraico aos primeiros estudiosos cristãos da língua. Escreveu tratados gramaticais e dicionários (hebraico-alemão), além de obras literárias em **iídiche** (de *jüdisch deutsch*, "alemão judeu"), uma variedade de alemão com muitos vocábulos de origem hebraica, escrita em caracteres hebraicos, surgida na alta Idade Média na Europa central e que se tornou a principal língua das comunidades judaicas do leste europeu (incluindo a Rússia) até meados do século 20. As obras gramaticais de Elias Levita logo foram traduzidas para o latim pelo humanista alemão **Sebastian Münster** (1488-1552), ele mesmo um cristão dedicado aos estudos hebraísticos.

No entanto, a maior difusão do hebraico se deu com a publicação da obra *De rudimentis hebraicis* (1506) do alemão **Johannes Reuchlin** (1455-1522), produzida por um não-judeu e que, por isso, não sofreria nenhuma espécie de discriminação prévia da parte de quem quisesse estudar a língua com seu auxílio. Foi impressa da direita para a esquerda, como os livros hebraicos, embora escrita em latim.

O estudo do hebraico (e, mais adiante, também do **árabe**) teve um profundo impacto no modo como se produzia a descrição gramatical na Europa até en-

"Ao longo do século 15, uma nova motivação emprestou urgência ao desejo de aprender hebraico. Os teólogos que chefiavam os movimentos de reforma religiosa, que culminaram na dissidência das várias igrejas protestantes com relação à Igreja de Roma, se aperceberam de que o modo humanista de remontar às fontes originais poderia conferir uma valiosa legitimidade histórica à sua posição doutrinária: o hebraico se tornou um acessório vital para o debate religioso cristão" (V. Law, 2003: 247). De fato, ao empreender sua tradução da Bíblia para o alemão, Martinho Lutero (ver adiante) recorreu, para o Antigo Testamento, aos textos em hebraico, o que lhe permitiu criar versões textuais com nítidas diferenças de interpretação doutrinária em relação às traduções feitas anteriormente a partir do grego ou do latim.

tão. Isso se verifica, por exemplo, no campo da *fonologia*, isto é, da explicação dos sons característicos de uma língua. As gramáticas europeias, tanto do latim e do grego quanto das línguas vernáculas, faziam descrições vagas e impressionistas, muito pouco rigorosas, como estas, do gramático português Fernão de Oliveira (de quem vamos tratar mais adiante): "*Pronuncia-se a letra* b *entre os beiços apertados, lançando para fora o bafo com ímpeto e quase com baba. [...] A pronunciação do* l *lambe as gengivas de cima com as costas da língua, achegando às bordas dela os dentes queixais. A pronunciação do* m *muge entre os beiços apertados, apanhando para dentro*". Os estudiosos judeus, no entanto, usavam descrições técnicas mais precisas, com uma terminologia que vai se consagrar na linguística moderna: tratavam das *zonas de articulação* das consoantes empregando os termos *guturais, palatais, linguais, dentais* e *labiais*. No campo da *morfologia*, a formação das palavras, a gramática hebraica forneceu à sua contraparte europeia o conceito fundamental de **raiz**.

Em suas seculares investigações sobre o funcionamento das línguas que descreviam, os gramáticos islâmicos e judeus se conscientizaram de que, nelas (e de fato em todas as línguas da família **semítica**), as palavras se formam a partir de um núcleo abstrato, chamado *raiz* (*šoreš*, em hebraico), composta unicamente de consoantes (quase sempre três). Com acréscimos de vogais e outras consoantes, essa raiz vai "frutificando" e constituindo famílias de palavras que guardam, na "raiz", um significado original, básico, como nos exemplos abaixo:

	ÁRABE		HEBRAICO
raiz:	**ktb** (‘*escrever*’)	raiz:	**ktv** (‘*escrever*’)
	ka**t**a**b**a (‘escrever’)		li**k**h**tov** (‘escrever’)
	‘i**kt**ata**b**a (‘copiar’)		lehi**katev** (‘estar escrito’)
	ki**t**ā**b** (‘livro’)		leha**k**h**tiv** (‘ditar’)
	kā**t**i**b** (‘escritor’)		**kotev** (‘escritor’)
	ma**kt**a**b**a^h (‘biblioteca’)		**kt**i**v**ah (‘escrita’)
	mi**kt**ā**b** (‘máquina de escrever’)		mi**k**h**tav** (‘carta’)
	ya**kt**u**b**u (‘ele escreve’)		**kt**a**v** (‘escrito’)

Embora os estudiosos cristãos não tenham se apercebido do caráter abstrato da noção de *raiz* em árabe e hebraico — abstrato porque *ktb* ou *ktv* não têm existência própria, não são *palavras* da língua —, uma percepção que só entrou na linguística no século 19 |6.3|, os estudos gramaticais das línguas vernáculas europeias deram um substancial salto de qualidade, e não tardou para que a morfologia se tornasse uma parte destacada da descrição das línguas, dotada de uma terminologia própria que empregamos até hoje:

raiz, afixo, prefixo, sufixo. A *raiz* é aquilo que "sobra" depois que todos os demais elementos "periféricos" são eliminados de uma palavra:

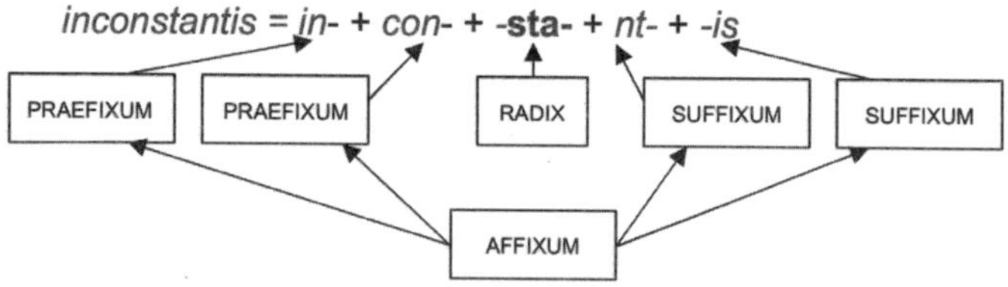

Em total contraste com o modo "orgânico" como os estudiosos medievais representavam as palavras (como entidades independentes umas das outras), os gramáticos do hebraico forneceram a seus colegas cristãos a possibilidade de considerar a palavra de uma perspectiva inédita. Com a nova terminologia, era possível conceber a palavra como formada de "peças" empregadas para construir uma "unidade" a partir de um "fundamento".

No início do século 17, um estudioso alemão da língua siríaca (**Christoph Crinesius**: 1584-1629) propôs os termos *forma presa* e *forma livre*, que também se consagraram nos estudos morfológicos a seguir. Uma forma presa é aquela que só ocorre na língua agregada a outra: por exemplo, a terminação *-s* do plural em português é uma forma presa porque não ocorre "solta" num enunciado, mas sempre atrelada a um substantivo ou adjetivo (*rio-s estreito-s*); o mesmo vale para um prefixo como *des-*, que só aparece em palavras compostas (*des-considerar, des-mentir, des-fazer*). Formas livres são todas aquelas que, ao contrário, têm existência autônoma na produção linguística dos falantes (*rio, estreito, considerar, quando, meu*). Conforme explica V. Law (2003: 250), há uma mudança radical na metáfora empregada:

> Enquanto anteriormente, na tradição greco-romana, uma forma livre era chamada de *nomen integrum*, "palavra inteira", e uma forma presa era chamada de *nomen corruptus*, "palavra truncada", preservando a representação de uma entidade em diferentes estados, os termos de Crinesius levam adiante a nova imagem de peças de armar.

4.5 A expansão colonial: do universal para o particular

Uma série de circunstâncias políticas, econômicas e sociais fazem parte do ambiente em que o Renascimento se constrói. A **tomada de Constantinopla pelos turcos** em **1453** fecha o acesso dos europeus ao Oriente por via terrestre — não por acaso, essa data é o marco simbólico do final da Idade Média e do início da **Idade Moderna**. A necessidade de conservar as trocas comerciais com o Oriente força os europeus a buscar um **caminho marítimo para as Índias**, uma façanha concluída pelos **portugueses** em 17 de maio de **1498**, quando **Vasco da Gama** desembarca em Calecute (Índia). Mas o ímpeto explorador de Portugal já tinha começado a dar seus frutos bem antes: imprensado entre o Oceano Atlântico e a sempre temida Espanha, o pequeno reino só tinha condições de expandir seus domínios fora da Europa. Assim, em 1415, os portugueses ocupam Ceuta (Marrocos); em 1418 descobrem a ilha da Madeira; em 1427 chegam aos Açores, e em 1456 aportam no arquipélago do Cabo Verde. A grande proeza marítima, no entanto, será "dobrar" o **Cabo das Tormentas** (atual Cabo da Boa Esperança), no extremo sul da África, para atingir o Oceano Índico e, cruzando-o, chegar à Índia: é o que consegue fazer **Bartolomeu Dias** em **1488**, abrindo a rota, portanto, para Vasco da Gama. No último ano do século 15, **Pedro Álvares Cabral** chega ao que será o **Brasil** (22 de abril de **1500**), com a missão de explorar as terras que deviam se encontrar ao sul do novo continente "descoberto" pelo genovês **Cristóvão Colombo** em 12 de outubro de **1492** — a **América** —, a serviço da Coroa espanhola. Também a serviço da Espanha, o português **Fernão de Magalhães** comanda a **primeira viagem de circum-navegação** do globo terrestre, entre **1519** e **1521**: cruza o estreito que hoje tem seu nome, no extremo sul da América, e alcança um novo oceano, que ele batiza de "Pacífico", em contraposição às enormes dificuldades que teve de enfrentar na travessia do Atlântico. Trata-se de um feito realmente extraordinário, levando-se em conta os recursos técnicos disponíveis na época e o fato do Estreito de Magalhães ser considerado, até hoje, uma das zonas marítimas mais perigosas do mundo por causa de sua pouca largura e do clima particularmente hostil. Apesar disso, até a inauguração do Canal do Panamá, em 1914, constituiu a única passagem para os navios que davam a volta ao mundo.

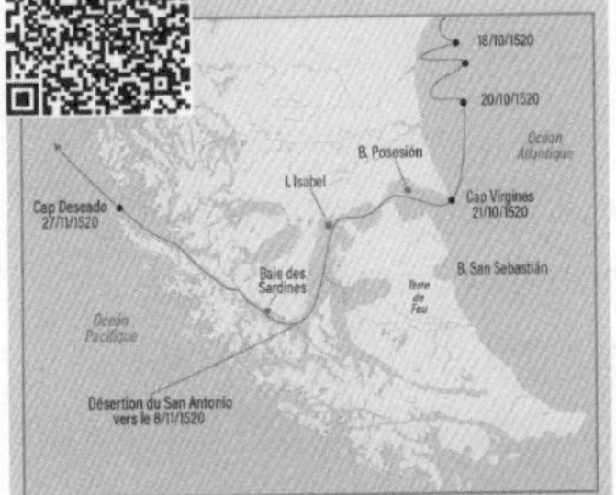

Etapas da viagem de Magalhães no extremo sul do continente americano até alcançar o Oceano Pacífico.

A constatação empírica de que o mundo era muito mais vasto do que até então se acreditava sem dúvida deve ter provocado uma grande revolução das mentalidades entre os europeus. Muitas certezas firmadas e instituídas como verdades irrefutáveis viravam pó diante das comprovações trazidas de outros lugares do mundo pelos exploradores, principalmente as supostas verdades que teriam valor **universal**, isto é, princípios, normas, regras e leis que deveriam valer para todos os seres humanos e para toda a natureza em todos os lugares. Com isso, num movimento oposto ao que se viu na era medieval, o Renascimento e a Idade Moderna se caracterizam bem mais por uma investigação do **particular**, do característico de dada situação, de dado contexto. Essa nova mentalidade também se encontra no já citado humanismo, em que "o homem é a medida de todas as coisas", em contraposição à mentalidade medieval em que *Deus*, isto é, o universal, era o grande objeto da reflexão filosófica.

No plano **político**, a valorização do particular se vinculava também à afirmação e consolidação de alguns **Estados** (embora esse termo seja de uso mais recente |6.1.1|), centralizados em torno da figura do rei, uma centralização e uma necessidade de criação de identidades que vão promover o enobrecimento das **línguas vulgares**, como eram chamadas as línguas faladas pelas massas, em contraposição ao **latim**, língua da cultura erudita, da jurisprudência, da teologia. A língua do rei, a língua falada em sua corte pela aristocracia e pela nobreza, vai adquirir um *status* completamente novo.

Ao mesmo tempo, as conquistas territoriais dos europeus na África, na Ásia e na América forçaram o contato com outros povos e, por conseguinte, outras línguas — assim, ao mesmo tempo em que surgem as primeiras gramáticas das línguas vulgares europeias, surgem também as **primeiras descrições de línguas de outros continentes**, realizadas principalmente pelos missionários religiosos, enviados para converter ao cristianismo as populações das terras conquistadas. Escritas com objetivos práticos — entre os quais **o aprendizado das línguas "exóticas" pelos missionários religiosos** —, essas gramáticas não se ocupavam com questões teóricas ou metafísicas acerca da linguagem ou das línguas, bem mais interessadas que estavam em servir de instrumentos pedagógicos eficientes para alcançar seus objetivos. Além da aprendizagem das línguas para fins de catequese, essas gramáticas auxiliaram na produção de catecismos e demais textos religiosos, que agora já podiam ser impressos e transportados para longe. O trabalho de **tradução da Bíblia** para essas línguas, no

Um elemento humano fundamental no início das grandes explorações foi o **intérprete**, que intermediava as relações entre os europeus e os povos recém-contatados. Esses intérpretes podiam ser brancos que aprendiam a língua da terra, como os missionários religiosos (outros, porém, para cumprir alguma pena a que tinham sido condenados, eram deixados sozinhos entre as populações indígenas para aprender a língua e, em seguida, resgatados, para servir de intérpretes) ou, logo adiante, pessoas nativas dos diferentes lugares conquistados que eram instruídas na língua europeia, em geral acolhidas desde crianças nas missões religiosas. No processo de colonização do Brasil, por exemplo, o papel desempenhado por esses **línguas**, como eram chamados, foi muito importante. Essa função de intérprete não foi exercida apenas por homens: são muitos os relatos que dão conta do papel fundamental de mulheres nos processos de intermediação cultural nos longos séculos de dominação colonial em todos os continentes.

entanto, só pôde começar muito mais tarde: a doutrina oficial da Igreja católica proibia (com pena de morte na fogueira) a tradução das Escrituras do latim para qualquer outra língua; foi preciso esperar pela consolidação das novas igrejas protestantes |4.8| para que missionários não-católicos, enviados principalmente às terras dominadas pelos ingleses e holandeses, se empenhassem na versão dos textos bíblicos para as línguas das populações conquistadas. Assim, por exemplo, uma tradução pioneira da Bíblia para o português, até hoje muito lida, é a de **João Ferreira de Almeida** (1628-1691), que se converteu ao protestantismo muito jovem e passou boa parte da vida nas chamadas Índias Orientais holandesas (atual Indonésia).

As principais **gramáticas de línguas não-europeias** produzidas por europeus a partir do Renascimento e até o final do século 18 foram estas:

ANO	LÍNGUA	AUTOR
1505	árabe	**Pedro de Alcalá**
1552	ge'ez (Etiópia)	**Mariano Vittorio da Rieti**
1558	tarascan (México)	**Maturino Gilberti**
1560	quíchua (Peru)	**Domingo de Santo Tomás**
1595	tupi (Brasil)	**José de Anchieta**
1604	japonês	**João Rodrigues**
1610	tagalo (Filipinas)	**Francisco de San José**
1612	malaio (Indonésia)	**Albert Corneliszoon Ruyl**
1612	turco	**Hieronymus Megiser**
1639	persa	**Ludovicus de Dieu**
1640	guarani (Paraguai)	**Antonio Ruiz de Mendoza**
1651	vietnamita	**Alexandre de Rhodes**
1659	congo (África equatorial)	**Giacinto Brusciotto**
1666	massachusett (América do Norte)	**John Eliot**
1670	georgiano (Cáucaso)	**Francisco-Maria Maggio**
1703	chinês	**Francisco Varo**
1741	urdu (Índia/Paquistão)	**B. Schulzius**
1760	inuíte (Groenlândia)	**Paul Egede**
1778	bengali (Índia)	**Nathaniel Brassey Halhed**
1787	curdo (Oriente Médio)	**Maurizio Garzoni**

Os europeus, no contato com outros continentes, outros climas, outras ecologias, outras religiões, outras culturas e outras etnias, iniciaram um lento processo de percepção da **alteridade**, isto é, "situação, estado ou qualidade que se constitui através de relações de contraste, distinção, diferença", conforme definição do *Dicionário Houaiss*. O termo *alteridade* deriva do latim *alter*, "outro" — o reconhecimento de que "não estamos sós nos mundo", de que "existem *outros* povos *diferentes*", sem dúvida contribuiu (junto com a admissão de que a Terra *não é* o centro do universo) para um processo de mudança de mentalidade entre as pessoas mais letradas na Europa. Essa percepção do *Outro*, no entanto, como se sabe, acabou se cristalizando em *juízos de valor negativos* lançados sobre o que é apenas *diferente*: as terras descobertas eram "selvagens", as grandes florestas tropicais eram "infernos verdes", os climas quentes eram "inóspitos", os povos americanos, africanos e oceânicos eram "bárbaros", suas línguas eram "rudimentares" e suas religiões, nada mais do que "idolatria" ou "superstições demoníacas". O etnocentrismo logo se torna **racismo** explícito e este, por sua vez, desculpa bem aceita para a exploração, espoliação, escravização ou mesmo o genocídio puro e simples de civilizações inteiras — uma situação que permanece, sob formas terríveis, até hoje.

Os viajantes que retornavam das novas terras conquistadas traziam para a Europa objetos de todo tipo e natureza que logo despertaram a curiosidade e o interesse dos estudiosos. A prática da *observação* do mundo material — praticamente desconhecida na Idade Média, em que só tinha valor o que fosse fruto da *especulação* e da *reflexão* do espírito — começava a se firmar, e as coisas trazidas de longe pelos exploradores contribuíram para essa nova maneira de fazer ciência. A partir do século 16, surgem os primeiros **hortos** ou *jardins botânicos* no norte da Itália (Pisa, 1544; Pádua, 1545; Pavia, 1558; Bolonha, 1568), em geral associados às universidades e que logo vão ser imitados em outros países (Espanha, Holanda, Alemanha, Inglaterra, Escócia, França, Dinamarca, Suécia). A coleta das plantas locais e a criação dos primeiros herbários (coleções de flores e folhas secas) é bem cedo acompanhada pela conservação de plantas exóticas trazidas de lugares cada vez mais distantes. Animais de terras remotas também chegavam vivos e eram doados aos monarcas. Com isso surgiram as primeiras *ménageries*, termo francês usado para designar lugares dedicados especialmente à exposição e conservação de animais incomuns, precursores dos modernos **jardins zoológicos**. Os artefatos que os exploradores traziam de presente para as cabeças coroadas, como retribui-

Rinoceronte de Dürer é o nome dado a uma xilogravura executada pelo artista alemão **Albrecht Dürer** em 1515. A imagem se baseou numa descrição escrita e num esboço, ambos anônimos, de um rinoceronte indiano que chegou a Lisboa no início do mesmo ano. Foi o primeiro exemplar vivo da espécie visto na Europa desde os tempos do Império Romano. No fim do ano, o rei de Portugal, **Manuel I,** enviou o animal de presente ao papa **Leão X**, mas o bicho morreu quando o barco em que era transportado naufragou, próximo à costa italiana, no início de 1516. O rei português já tinha presenteado o papa anteriormente com um elefante branco, também indiano, a que o pontífice dera o nome de *Hanno*.

ção pelo apoio dado às expedições, passaram a ser armazenados nos chamados *gabinetes de curiosidades*, ancestrais dos **museus** de hoje: presas de narval (que foram de início consideradas como chifres de unicórnio), cocares, mantos, arcos e flechas, cerâmicas, vestimentas, instrumentos musicais etc. Muitas plantas e alimentos trazidos de fora da Europa logo se estabeleceram entre os hábitos alimentares do continente — a batata (originária dos Andes), o milho, o tomate, a baunilha e o chocolate (do México), o café (da Arábia) são alguns poucos exemplos — junto com a difusão do tabaco (Antilhas).

Mas a nova moda de colecionar coisas exóticas não se restringiu a plantas, animais e objetos. As **línguas** também começaram a provocar a curiosidade dos eruditos que, sem sair da Europa, tinham notícias dos contatos empreendidos pelos viajantes e exploradores em regiões distantes e tentavam ter acesso às descrições que estes faziam dos modos de falar dos povos de outros continentes. A partir do século 16, tem início uma tradição de compilação de "espécimes" linguísticos, de amostras mínimas das línguas recém-contatadas. Em seu trabalho de imposição do cristianismo aos povos subjugados, uma das primeiríssimas tarefas dos missionários era a tradução, para as línguas locais, da oração básica dos católicos, o **Pai nosso** (*Pater noster*, em latim). Embora seja um texto curto, contém construções sintáticas complexas e um vocabulário que inclui palavras fundamentais em qualquer língua (*pai, céu, nome, reino, vontade, terra, pão* etc.). Aos poucos, os eruditos foram publicando coleções dessa oração no maior número possível de línguas que estivessem a seu alcance. A sucessão das obras nos permite traçar a ampliação constante do conhecimento dos europeus sobre línguas de outros povos:

- 1555 — **Conrad Gessner** (suíço), *Mithridates*: 22 línguas (incluindo armênio, etíope, polonês, húngaro, galês, islandês e dois dialetos do sardo).
- 1593 — **Hieronymus Megiser** (alemão), *Specimen quadraginta diversarum atque inter se differentium linguarum ac dialectorum*: 40 línguas (incluindo lapão, turco, tártaro, chinês e uma língua americana).
- 1680 — **Andreas Müller** (alemão), *Orationis Dominicæ versiones ferme centum*, cerca de 90 línguas (incluindo bretão, basco, georgiano, malaio, malgaxe, "angolano", "mexicano", poconchi,

O título *Mithridates* dado por alguns autores a suas coleções de "exemplares" de línguas deriva do nome do rei **Mitrídates VI** (123 AEC–63 EC), que governou a região chamada Ponto, na Turquia atual. Segundo historiadores antigos, Mitrídates (chamado *o Grande*) era capaz de falar as 22 línguas dos povos que estavam sob seu domínio, tornando-se assim a figura icônica do poliglota. Também se atribui a ele a invenção de um antídoto poderoso, composto de pelo menos 54 ingredientes, capaz de combater qualquer tipo de envenenamento. Esse antídoto fabuloso ficou conhecido como *mitridato*.

"virginiano", e um quadro comparativo da palavra *pai* em todas as línguas representadas).

- 1713 — **John Chamberlayne** (inglês), *Oratio Dominica in diversas omnium fere gentium linguas versa et propriis cuiusque linguæ characteribus expressa*: cerca de 150 línguas (incluindo manês, córnico, albanês, guarani, tunguse, bengali, cingalês, tai, javanês, e quadros comparativos das palavras *pai, céu, terra* e *pão* em todas as línguas representadas).
- 1787 — **Lorenzo Hervás y Panduro** (espanhol), *Saggio pratico delle lingue (Idea dell'Universo*, vol. 21): mais de 300 línguas (incluindo "hotentote", telugo, ostíaco, iacute, permiano, cheremisso, kamtchatka, vietnamita, vários dialetos de malaio, tibetano, curdo e 55 línguas americanas).
- 1806-1817 — **Johann Christoph Adelung** e **Johann Severin Vater** (alemães), *Mithridates oder allgemeine Sprachkunde mit dem Vater Unser als Sprachprobe in bey nahe fünfhundert Sprachen und Mundarten* (4 volumes): 500 línguas (incluindo berbere, ossético e muitíssimas outras; usa amostras de uma ampla gama de textos, não só do *Pai nosso*).

É muito instrutivo notar: a maioria dos compiladores acima provêm de regiões de língua alemã e isso nada tem de acidental ou fortuito. Ao contrário de seus colegas italianos, franceses, espanhóis e portugueses, os humanistas germânicos não tinham a seu dispor uma língua antiga, como o latim, que podia ser considerada (embora não sem controvérsias) como a "mãe" das línguas vernáculas faladas no ocidente europeu que estivera sob o domínio de Roma. Alguns autores propuseram teorias bizarras, de forte ideologia nacionalista: que o toscano provinha do etrusco, que o francês derivava do grego e este do gaulês (língua celta) ou que o espanhol descendia de um "castelhano primitivo" anterior à chegada dos romanos. Nenhuma dessas teorias, no entanto, teve grande acolhida, embora tenham causado certo entusiasmo durante algum tempo. A tese que de fato se generalizou foi a de que as línguas vernáculas de Itália, França, Espanha e Portugal eram formas "corrompidas" do latim.

Do lado germânico, porém, não existia uma origem comum reconhecida e isso fez da investigação linguística daquela área um campo muito mais aberto ao *plurilinguismo* e aos estudos *comparatistas* — um movimento que terá seu ápice no século 19, conforme se verá no capítulo 6. Além disso, foi nos países de línguas germânicas que se iniciou a **Reforma** protestante, de que trataremos abaixo. Enquanto nos países de língua românica e religião católica o principal mito que dominava as mentalidades era o da Torre de Babel, em que a unidade linguística primordial da humanidade tinha sido revogada pela própria divindade como um castigo à ambição desmesurada dos seres humanos, nas áreas onde se enraizou o protestantismo o mito linguístico fundamental era o do **Pentecostes**, narrado nos Atos dos Apóstolos (cap. 2): caem sobre os discípulos de Jesus línguas de fogo, e eles começam a falar as mais diversas línguas, comunicando assim a mensagem de Cristo à multidão reunida em Jerusalém, composta de pessoas que vinham dos mais diferentes lugares e falavam línguas diferentes. O milagre do Pentecostes é a revogação do castigo divino pronunciado em Babel. Conforme escreve M. Tavoni (2014: 45), trata-se de uma "nova aceitação secular, típica do protestantismo, da pluralidade das línguas como um fato dado ou até mesmo uma riqueza: um estado de coisas que não dificulta a comunicação da palavra de Deus entre línguas diferentes". É essa mesma atitude que vai incentivar os protestantes a desafiar a proibição de traduzir a Bíblia e que os leva a produzir versões das Escrituras em suas línguas vernáculas. Traduzir a Bíblia era um crime punido nada menos do que com a morte na fogueira. Foi o que se passou com **Jan Hus** (1372-1415), teólogo tcheco que traduziu as Escrituras para sua língua materna. Ao fazer isso, Hus estabeleceu regras ortográficas, criou símbolos gráficos (como **č, ř, š, ů,** entre outros) e elaborou uma norma-padrão para o tcheco que prevalece em grande parte até hoje. Foram também lançados à fogueira da Inquisição o inglês **William Tyndale** (*c.* 1494-1536) e o francês **Étienne Dolet** (1509-1546) pelo mesmo crime de tradução.

A postura de aceitação do multilinguismo é que vai levar tantos falantes de alemão e holandês a se dedicar a "colecionar" exemplares de línguas e a publicar essas coletâneas. Uma decorrência quase natural desse interesse por outras línguas foi o surgimento de investigações de *comparação* entre as línguas assim reunidas. Enquanto do lado românico as comparações se resumiam a observar diferenças e semelhanças entre o latim e suas línguas "filhas", do lado germânico o comparativismo assumiu proporções mais amplas, e também mais ousadas, com tentativas de agrupar o maior número possível de línguas em grandes "famílias". Assim, por exemplo, **Sigmund Gelen** (humanista tcheco que viveu na Itália, na Alemanha e por fim em Basileia, na Suíça de língua alemã: 1497-1554) escreveu uma obra em que comparava palavras do grego, do latim, do alemão e do tcheco e exprimia sua admiração ao notar que havia muitas semelhanças entre elas: "*Miraculum admiratione dignum*" ("um milagre digno de admiração"). Foi talvez o primeiro a perceber essas similaridades.

O orientalista suíço **Theodorus Bibliander** (1509-1564) — cujo nome de batismo era Theodor *Buchmann*, sobrenome que significa "homem do livro" e que ele traduziu para o grego *Bibliander*, com o mesmo significado — publicou mais de uma gramática do hebraico e fez a primeira tradução do Corão para o latim (1543), um empreendimento muito ousado para a época. Seu conhecimento das línguas orientais lhe permitiu fazer comparações e apreender semelhanças entre as línguas semíticas. Também estabeleceu vínculos entre as línguas "jaféticas", isto é, indo-europeias.

Outro que arriscou uma hipótese de origem comum para todas as línguas europeias foi o flamengo **Jan van Gorp** (*Johannes Goropius Becanus*: 1519--1572): embora tentasse comprovar que a língua falada em sua região natal, o "brabântico" (onde se localiza hoje a cidade belga de Antuérpia), era a língua primordial da qual se originaram todas as demais línguas da Europa, tendo sido a língua do Paraíso (e o Paraíso mesmo localizado na região de Brabante!), também postulou que tais línguas provinham de um idioma "cítio" (*scythius*), mencionado pelos historiadores gregos e latinos e, de fato, uma antiga língua da família indo-europeia. A relação com o cítio voltará ao debate pelas mãos de **Leibniz**, no século 17 |5.3.2|. Dois outros falantes de holandês que tiveram sua curiosidade despertada pela possível etimologia comum de palavras de diferentes línguas europeias foram **Cornelis Kiliaan** (1528-1607) e **Justus Lipsus** (1547-1606).

Essas e muitas outras especulações em torno de uma origem comum para as línguas faladas na Europa vão prosseguir nos séculos seguintes até se consolidar na importantíssima fase da **linguística histórica comparada**, que florescerá no século 19, não por acaso, como dissemos acima, justamente nos países de língua alemã.

Segundo o relato bíblico (Gênesis, cap. 10), o patriarca Noé teve três filhos: Sem, Cam e Jafé. Cada um desses teria sua própria descendência e daria origem a diversos povos e línguas. Até hoje, de fato, usamos os termos **semítico** (de Sem) e **camítico** (de Cam) para designar famílias de línguas faladas no Oriente Médio e na África. Essas duas famílias, de fato, pertencem a um grupo maior chamado precisamente **camito-semítico**. Quanto a Jafé, seus descendentes teriam dado origem às línguas europeias, chamadas **jaféticas**. Essa última designação não se preservou na linguística científica, embora tenha sido recuperada no início do século 20 pelo linguista soviético **Nikolai I. Marr** (1864-1934) para designar as línguas do Cáucaso.
Esse relato mítico era levado muito a sério pelos eruditos cristãos do Renascimento. Por exemplo, acreditavam que Gômer, filho de Jafé, estava na origem das línguas célticas ou das germânicas. O mais curioso é que também levavam a sério o mito da Torre de Babel, relatado no mesmo Gênesis no capítulo 11, sem atentar para a contradição existente entre os dois relatos. Afinal, em 10 se lê que "foi a partir deles [os filhos de Noé] que se fez a repartição das nações nas ilhas, pelos seus territórios, **cada qual com sua língua**", enquanto em 11 as primeiras palavras são: "A terra inteira utilizava **a mesma língua** e as mesmas palavras". Hoje sabemos que essas contradições se devem aos diferentes momentos e aos diferentes espaços de registro por escrito da tradição oral hebraica, mas para os cristãos da época era inconcebível levantar qualquer suspeita acerca da coerência do relato bíblico.

4.6 A ciência moderna

A passagem do universal para o particular também se verificou naquilo que podemos considerar como os primórdios da **ciência moderna**. A observação atenta, a experimentação rigorosa, a formulação e a testagem de hipóteses, a coleta de material para estudo, a documentação dos processos observados, a análise dos resultados obtidos — todas essas práticas e princípios que caracterizam o chamado **método científico** começam precisamente nessa fase de transição da Idade Média para a Moderna. A contestação de dogmas impostos — literalmente! — a ferro e fogo pela Igreja católica romana começava tímida mas firmemente a tomar corpo.

Figura emblemática dessa revolução científica é **Nicolau Copérnico** (*Mikołaj Kopernik*, polonês: 1473-1543), que propôs a teoria do **heliocentrismo**, isto é, de que o Sol ocupava o centro do sistema planetário, e não a Terra, como afirmava a doutrina oficial da Igreja, baseada nos escritos de **Cláudio Ptolomeu** (90-168), sábio grego que viveu em Alexandria do Egito. O temor de ser perseguido por suas ideias levou Copérnico a só publicar seu livro — *De revolutionibus orbius cœlestium* (*Das revoluções das esferas celestes*) — quando sentiu que estava para morrer: de fato, diz a lenda que ele segurou pela primeira vez um exemplar da obra e expirou em seguida. Seus temores tinham bom fundamento: além de astrônomo, médico e jurista, Copérnico também era padre católico, sabedor, por conseguinte, do que podia acontecer (e de fato acontecia) com quem ousasse se opor aos dogmas da Igreja. Assim, por exemplo, no ano de 1600, o italiano **Giordano Bruno** (nascido em 1548), teólogo, filósofo e monge dominicano, foi queimado na fogueira da Inquisição por ter defendido e ampliado a tese heliocêntrica de Copérnico. Igualmente perseguido por causa de seus experimentos e de suas publicações científicas foi **Galileu Galilei** (1564-1642), considerado por muitos historiadores como o protótipo clássico do cientista movido pela busca de respostas rigorosas para suas inquietações, respostas obtidas por meio da experimentação controlada. Galileu, no entanto, conseguiu escapar das garras da Inquisição, fingindo renegar suas teorias científicas e submetendo-se a punições mais leves

Giordano Bruno pagou com a vida a defesa de hipóteses que viriam a ser confirmadas mais tarde pela ciência: existem outros planetas fora do sistema solar; as estrelas são sóis que podem formar sistemas planetários; o universo é infinito etc. Também formulou um princípio da **relatividade** que seria depois mais elaborado por Galileu e, claro, por Albert Einstein, no século 20. Segundo Bruno, num universo infinito, qualquer perspectiva de qualquer objeto é sempre relativa à posição do observador, há infinitos referenciais possíveis e nenhum deles é privilegiado em relação aos demais.

impostas pela Igreja. Conta-se que, depois de renunciar às suas teses sobre os movimentos da Terra diante do tribunal da Inquisição, ele teria murmurado: "*Eppur si muove*", isto é, "E no entanto [a Terra] se move", uma verdade empírica, que independe da crença ou do dogma.

Os humanistas do Renascimento eram homens que se interessavam pelo maior número possível de campos de conhecimento e buscavam obter uma erudição enciclopédica. O mais célebre deles foi Leonardo da Vinci, que, além de grande pintor e desenhista, também atuou na engenharia, na arquitetura, na música, na matemática, na geologia, na botânica, na história, na anatomia, na cartografia... O florescimento do método experimental suscitou um grande interesse pela **medicina**, por ser uma ciência que oferecia grandes oportunidades para a observação. Assim como **Copérnico**, **Galileu** e, mais tarde, **Newton** ajudaram a desconstruir os dogmas oficiais sobre a natureza, a Terra e o universo, o inglês **William Harvey** (1578-1657) revolucionou a medicina, ao descrever pela primeira vez todo o sistema de circulação do sangue, bombeado pelo coração para o resto do corpo e para o cérebro. Como médico da corte de **Jaime I** (que reinou de 1603 a 1625), Harvey conseguiu salvar diversas mulheres da acusação de bruxaria, o que as livrou de serem executadas pela morte na fogueira. A medicina, desde a Antiguidade, tinha sido encarada como uma "arte menor", porque exigia trabalho manual e não a reflexão racional. Além disso, pesava sobre ela uma série de dogmas sem fundamentação, nascidos da proibição de exames diretos sobre corpos humanos. Assim como as teorias astronômicas de Cláudio Ptolomeu se tornaram a doutrina oficial da Igreja sobre o funcionamento do universo, também adquiriram esse *status* os escritos do médico romano **Galeno** (129-200 ou 216), que fez estudos importantes, mas nunca teve acesso ao interior do corpo humano. Somente no Renascimento, com a difusão do método experimental, foi possível empreender a observação direta da anatomia humana. Alguns eruditos renascentistas se opuseram de forma radical à doutrina galeniana: o suíço **Paracelso** (*Philippus Aureolus Theophrastus Bombastus von Hohenheim*: 1493-1541) chegou a queimar os livros de Galeno em público para demonstrar seu repúdio.

A novidade que representou o estudo direto sobre o corpo humano está bem representada no quadro *A lição de anatomia do Dr. Tulp*, de 1632, do pintor holandês **Rembrandt Harmenszoon van Rijn** (1606-1669).

Muitos cientistas dedicados aos outros campos do conhecimento também se interessaram pelos estudos das línguas. Não por coincidência, vários desses estudiosos que se destacaram nessa fase histórica eram também **médicos** de formação:

- **Thomas Linacre** (1460-1524), inglês. Estudou medicina em Pádua (Itália) e se tornou médico da corte do rei inglês Henrique VIII. Escreveu *De emendata structura latini sermones* ("A estrutura correta da língua latina"), um tratado sobre a sintaxe do latim, planejado para oferecer uma descrição precisa e detalhada, exemplificada com grande número de citações extraídas da literatura clássica.
- **Jacques Dubois** (*Jacobus Sylvius*, na forma latinizada de seu nome: 1478-1555), francês. Formado em medicina em Paris e Montpellier, foi mestre do célebre **Andrea Vesalius** (latinização do nome holandês *Andries van Wessel*: 1514-1564), autor do mais influente livro sobre a anatomia humana, *De humani corporis fabrica* ("A fábrica do corpo humano"), publicado em 1543. Dubois escreveu *In lingua gallicam isagoge* ("Introdução à língua francesa", 1531), a primeira gramática do francês produzida por um francês e a primeira a se esforçar por demonstrar os vínculos entre o francês e o latim.
- **Julius Caesar Scaliger** (forma latinizada do nome italiano *Giulio Cesare della Scala*: 1484-1558), que já mencionamos acima. Estudou medicina em Pádua e a praticou em Agen, no sudoeste da França. Autor de *De causis lingua latina* (1540), uma crítica vigorosa aos equívocos dos gramáticos anteriores, com a aplicação sistemática das quatro causas aristotélicas à língua, com o intuito de mostrar que se trata de um fenômeno regido por leis da natureza, com direito a ser um ramo da filosofia (o estudo dos fenômenos governados por leis) e não uma arte arbitrária e convencional. Uma das primeiras obras a conter um tratamento substancial da fonética.
- **Conrad Gessner** (1516-1565), suíço. Estudou medicina em Montepellier (França) e Basileia (Suíça). Escreveu enciclopédias sobre animais, plantas, fósseis, rochas, minerais e... línguas. Seu *Mithridates: de differentis linguarum tum veterum tum quæ hodie apud diversas nationes in toto orbe terrarum in usu sunt* ("Mitrídates: as características individuais de línguas antigas e modernas em uso hoje entre os diversos povos mundo afora", publicado em Zurique, 1555) inclui entradas organizadas em ordem alfabética sobre cada língua então conhecida, com registro de quem falava a língua, onde e, quando possível, um breve relato da história externa e uma breve lista de palavras. Uma tabela desdobrável exibe o *Pai nosso* em 22 línguas.

- **Hieronymus Fabricius ab Aquapendente** (forma latinizada do nome italiano *Girolamo Fabrici d'Acquapendente*: c. 1533-1619), italiano. Professor em Pádua, mandou construir o salão de anatomia que ainda existe naquela cidade. Foi mestre, entre outros, de William Harvey. Escreveu três tratados sobre linguagem: *De voce* ("A voz", 1600), uma descrição anatômica pormenorizada do trato vocal e suas funções; *De locutione et eius instrumentis* ("A fala e seus instrumentos", 1603), um tratado de fonética fortemente inspirado em Aristóteles e outros autores antigos; *De brutorum loquela* ("A comunicação dos animais", 1603), uma investigação sobre a natureza da comunicação animal, comparando-a com a fala humana.

Páginas do livro *De locutione*, de Aquapendente, em que aparece o trato vocal humano com todas as suas partes identificadas e nomeadas.

Conforme escreve V. Law (2003: 223), de cujo trabalho reproduzimos a lista acima,

> esses autores formados em medicina que escreveram sobre linguagem foram alguns dos primeiros a levantar uma nova série de perguntas: qual a melhor forma de aplicar à linguagem a metodologia empírica recém-desenvolvida? Que tipo de problemas ela pode ajudar a resolver? Exatamente o quê pertence ao domínio da linguística? O que conta como linguagem? Em que medida a linguagem é um fenômeno físico governado pelas leis da natureza? É um fenômeno exclusivamente humano? Quantas línguas existem e como se diferenciam? Essas questões, temas de preocupação urgente para os linguistas do Renascimento, não são menos importantes nos dias de hoje.

4.7 A imprensa

Junto com a revolução científica é preciso citar outra revolução — tecnológica desta vez — que alterou radicalmente a vida europeia em todos os seus aspectos e para sempre: a invenção da **imprensa**. Se a **escrita** pode ser considerada a primeira e mais importante revolução tecnológica da humanidade, a imprensa sem dúvida é a segunda da lista. O ferreiro e ourives alemão **Gutembergue** (*Johannes Gensfleisch zur Laden zum Gutenberg, c.* 1398-1468), natural de Mogúncia (*Mainz* em alemão), aperfeiçoou, por volta de 1440, a técnica de impressão com **tipos móveis**: blocos de metal ou madeira em que as letras e outros sinais da escrita eram esculpidos em relevo para, molhados com tinta, serem prensados sobre o papel. A rapidez com que a invenção se espalhou pelo resto da Europa se verifica nas datas de estabelecimento das primeiras oficinas de impressão nas diferentes áreas do continente: Colônia (Alemanha, 1460), Roma (1467), Veneza (1469), Paris (1470), Segóvia (Espanha, 1471-1472), Cracóvia (Polônia, 1473), Utrecht (Holanda, 1473), Londres (1477), Lisboa (1489) etc. Conforme escreve Robins (1967: 111),

> A partir de então, o letramento e a demanda por educação cresceram de maneira constante, muito embora a educação universal só tenha sido alcançada na Europa no século 19. O conhecimento viajava mais depressa e se espalhava mais amplamente. O estudo de línguas estrangeiras bem como o das línguas clássicas foi incomensuravelmente avivado pela multiplicidade e acessibilidade de textos impressos, gramáticas e dicionários. Esses mesmos fatores tornaram muito mais fácil e mais rápido o intercâmbio de conhecimento e a discussão teórica entre os estudiosos e, com o passar do tempo, começaram a tomar forma alguns dos aspectos do mundo da aprendizagem tal como existe hoje.

A imprensa teve, como é fácil prever, um papel fundamental na fixação e difusão das **línguas locais**. Ela suscitou, entre outras coisas, muitos debates em torno da **ortografia** dessas línguas. Agora que era possível imprimir em grande escala textos em francês, alemão, espanhol, português, italiano, inglês etc., os tipógrafos precisavam seguir **regras** estritas de composição das palavras, para que não existissem diferenças entre o que se imprimia num livro e o que se imprimia em outro. Flutuações na escrita dos vernáculos, absolutamente normais durante a Idade Média, não podiam mais ser toleradas num processo que tinha um caráter já praticamente industrial: múltiplas opções como, em português, *lenguagẽ, lingoagem, linguaiem, linguoajem, linguagen, lynguagem* não combinavam com a precisão tecnológica representada pela imprensa. Não por acaso, na mesma época, surgem, nos mais diferentes países, tratados que tentam definir as regras ortográficas de cada língua local, junto com as **gramáticas** particulares, como vamos examinar adiante.

O **papel** chegou pela primeira vez à Itália no século 12, vindo do Oriente. Não demorou, e foi rapidamente difundido pelo resto da Europa. Já no final do século 14, o papel tinha se firmado como um suporte para a escrita muito mais barato e de fácil acesso do que o pergaminho para a produção de livros e outros documentos. Ao mesmo tempo, a produção de livros começava a se deslocar dos *scriptoria* dos mosteiros rumo às lojas comerciais que viriam a se chamar precisamente *papelarias*, situadas nas grandes cidades universitárias: até hoje, um dos departamentos da Universidade de Bolonha — a mais antiga da Europa —, o de Línguas, Literaturas e Culturas Modernas, se situa num prédio histórico na *via Cartoleria*, isto é, "rua da papelaria" (*carta* em italiano é "papel"). A maior disponibilidade de papel e a mudança da produção de livros dos mosteiros para o comércio urbano possibilitaram que os livros se tornassem mais numerosos e mais acessíveis, embora permanecessem um investimento muito caro. Depois da invenção da prensa com tipos móveis (década de 1440), a produção em grande quantidade de muitos livros idênticos tinha o mesmo custo de um único manuscrito. Com isso, "à medida que pessoas moderadamente instruídas, que até então jamais teriam sonhado em possuir um livro, estavam aptas agora a comprar alguns volumes, cresceu a demanda por livros em vernáculo" (Law, 2003: 218). Diante disso, os impressores se viram obrigados a enfrentar um dilema: "Livros em latim atraíam um público internacional, enquanto usar o vernáculo restringia seu mercado; e na medida em que não havia nenhum consenso sobre a ortografia do vernáculo, as edições em vernáculo tinham à sua frente um futuro incerto" (*id., ibid.*). Isso levou muitos impressores a tomar interesse por questões linguísticas, especialmente ortográficas. Alguns deles, como **Aldo Manúcio**, em Veneza, **Johannes Amberbach**, em Basileia, ou **Jossius Badius**, em Lyon e Paris, eram humanistas respeitados que contribuíam para a edição e publicação de obras antigas gregas e latinas, além de literatura contemporânea. Outros, especialmente na França, se dedicaram à promoção de seu vernáculo através da publicação de gramáticas, dicionários e tratados sobre o cultivo da língua. Alguns destacados linguistas-impressores-humanistas foram os seguintes:

- **William Caxton** (inglês: *c.* 1422-*c.* 1491): diplomata, escritor e tradutor, é tido como o introdutor da imprensa na Inglaterra. A Caxton se atribui a padronização do inglês para poder imprimir livros, o que o levou a homogeneizar as variedades regionais e a adotar em grande medida o dialeto de Londres. O inglês, no entanto, passava naquele período por grandes transformações fonéticas (a chamada *Grande Mutação Fonética*), e as opções gráficas de Caxton, inspiradas em sua própria fala, mais conservadora, acabaram por fazer dessa língua aquela que apresenta um dos mais notáveis exemplos de irracionalidade e de distanciamento entre o que se fala e o que se escreve. Assim, por exemplo, se manteve a grafia *i* em muitas palavras nas quais essa vogal simples tinha se ditongado em [aɪ] (como no pronome da 1ª pessoa do singular, *I*, "eu").

Aldo Manúcio é o criador do *in-oitavo*, um livro de formato pequeno, capaz de ser levado "no bolso de um cavalheiro", como era seu desejo. É produzido com uma folha de impressão dobrada três vezes, do que resulta um caderno com 8 folhas ou 16 páginas, uma técnica empregada até os dias de hoje. A ele também se atribui a invenção do tipo *itálico* (assim chamado justamente por ter sido criado na Itália). No entanto, é mais provável que esse tipo de letra tenha sido criação do tipógrafo que trabalhou para Manúcio durante muito tempo, **Francesco Griffo da Bologna** (1450-1518), um habilidoso escultor de tipos móveis. Por essa razão, o tipo itálico também é chamado comumente de *grifo*. Graças a Manúcio e seus sucessores, Veneza se tornou o mais importante polo de produção de livros do período renascentista e moderno.

O *Traicté* de Henri Estienne enunciava uma tese bastante difundida entre os eruditos franceses da época: a de que a língua francesa era derivada do grego, e não do latim. Havia uma tendência de cunho nacionalista de tentar encontrar uma "origem nobre" para as línguas vernáculas, o que contribuiria para que elas fossem também dignas de estudo e cultivo. Ainda segundo essas teses, os gauleses (povo celta que habitava a França antes da conquista do país pelos romanos) tinham sido os fundadores da civilização grega. Enquanto isso, na Itália, alguns autores diziam que o toscano (a língua de Florença) derivava do etrusco e este, por sua vez, provinha do aramaico, uma língua semítica falada no Oriente Médio na época de Jesus Cristo!

- **Aldo Manúcio** (*Manuzio*, forma latinizada: *Aldus Manutius*; veneziano: 1449/50-1515): especializou-se na edição de clássicos gregos, incluindo a primeira edição (*editio princeps*) da *Sintaxe* de Apolônio Díscolo |2.12.2|, em 1495, junto com a gramática introdutória ao grego de Teodoro de Gaza (citado acima). O próprio Manúcio escreveu duas gramáticas: uma de latim (1494) e outra de grego (1515).
- **Geoffroy Tory** (francês: *c.* 1480-1533): impressor em Paris, autor de *Champ Fleury* ("Campo florido", 1530), um tratado em defesa da língua francesa e uma importante contribuição para a arte tipográfica; também influenciou (incidentalmente) a padronização ortográfica do francês.
- **Robert Estienne** (francês: 1503-1559): abandonou Paris, onde fora impressor da corte real, por causa de suas inclinações protestantes, e se transferiu para Genebra (Suíça). Publicou uma influente gramática do francês (1557) e algumas gramáticas do latim destinadas às escolas primárias, além de importantes dicionários francês-latim e latim-francês. Foi em sua edição da Bíblia que, pela primeira vez na história, o **Novo Testamento** apareceu dividido em **capítulos e versículos**, uma divisão que se emprega até os dias de hoje.
- **Henri Estienne** (francês: 1531-1598): filho de Robert Estienne e um excepcional editor e impressor de textos gregos. Escreveu o *Traicté de la conformité du language François avec le Grec* ("Tratado da conformidade da língua francesa com o grego", 1565), uma gramática do francês (1582) e diversas obras de defesa da língua francesa contra os italianismos que a inundavam na época. Também publicou um dicionário grego e um comentário ao *De lingua latina*, de Varrão |2.14.1|.

4.8 A Reforma

Outra grande revolução social, política e de mentalidades foi a **Reforma** protestante, que tem como data simbólica de seu início o dia 31 de outubro de **1517**, quando o teólogo e monge agostiniano alemão **Martinho Lutero** (*Martin Luther*: 1483-1546) enviou ao arcebispo de Mogúncia suas **95 teses** em *protesto* contra alguns dogmas impostos pela Igreja católica romana e, principalmente, contra diversas práticas rotineiras nos meios eclesiásticos como a **compra de indulgências** (isto é, o pagamento em dinheiro para a obtenção da absolvição dos pecados) e outras formas de corrupção. Conta-se que, mais tarde, provavelmente em novembro, também afixou o texto nas portas da igreja do Castelo de Wittenberg. O papado estava empenhado em construir uma nova sé em Roma, uma nova **Basílica de São Pedro**, obra de proporções faraônicas, que exigia muito dinheiro: para consegui-lo, foi lançada uma verdadeira campanha publicitária para que as pessoas, sobretudo as ricas, obtivessem indulgência (perdão dos pecados) mediante pagamento de grandes somas. Essa prática é chamada *simonia*, em referência a Simão, o Mago, que, no relato bíblico dos Atos dos Apóstolos (8:18), oferece dinheiro aos apóstolos para obter a graça divina.

A Reforma teve um papel importantíssimo no processo de **normatização** de diversas línguas, principalmente graças às **traduções da Bíblia**, algo que a Igreja romana proibia expressamente, condenando à morte as pessoas que ousassem verter os textos sagrados do latim para qualquer outro idioma. A Reforma permitiu, desse modo, que os fiéis pudessem ler e interpretar por si mesmos as palavras das Escrituras, sem a necessidade do intermédio dos sacerdotes, responsáveis por difundir a única interpretação oficial e admitida daqueles textos. Isso representou uma grande conquista para a **liberdade de pensamento** e para a quebra do monopólio multissecular da Igreja romana sobre tudo o que dizia respeito à vida intelectual (filosofia, teologia, medicina, astronomia etc.) e também à relação pessoal de cada fiel com a divindade. Conforme a célebre frase atribuída a Lutero: "*Gedanken sind Zollfrei*", isto é, o pensamento é isento de alfândega, deve poder circular sem obstáculos. É claro que a Reforma deveu muito à invenção da imprensa para a difusão de suas ideias e das traduções bíblicas.

A Reforma protestante também se inscreve, a seu modo, no movimento *do universal para o particular*. O próprio termo *catholica*, assumido pela Igreja romana, indicava sua pretensão de ser a única instituição religiosa, a única fonte de doutrina admitida: é a forma latinizada do grego *katholikós*, formado de *katá* ("referente a") e *holos* ("todo, tudo"), habitualmente traduzido por... "universal". Também é sintomático o termo empregado pela Igreja romana desde seu surgimento para rotular a atitude dos que discordavam dela: *heresia*, também de origem grega, *hairesis*, que significa nada menos do que "escolha". Ao permitir que cada fiel tivesse acesso à Bíblia e, a partir da leitura, formasse sua própria consciência e construísse sua própria fé, a Reforma valorizou o particular sobre o universal, até mesmo pelo fato de não pretender constituir novas instituições de caráter global, novas igrejas chefiadas por um único homem, alegadamente infalível.

O catolicismo romano foi desde sempre marcado pelo autoritarismo extremo e intolerante, que atingiu seu ápice com a instituição do Santo Ofício, órgão responsável pela **Inquisição**, que perseguiu, torturou, julgou e queimou na fogueira milhares de pessoas desde sua instituição, no século 12, até sua extinção, no século 19. A Inquisição foi particularmente severa na Espanha e em Portugal, onde as vítimas preferenciais eram os judeus convertidos (chamados **cristãos novos** ou *marranos*), acusados com frequência de continuarem a praticar seus cultos, mesmo depois da conversão.

Um grande contingente dos judeus expulsos da Espanha migrou para o Oriente europeu, onde foram bem acolhidos pelo sultão do Império Otomano. Ali puderam conservar seu culto religioso e sua língua, a variedade de espanhol que usavam antes da expulsão. Essa forma de espanhol foi transmitida às gerações futuras e até hoje é falada em áreas dos Bálcãs (Bulgária, Macedônia, Sérvia etc.). Chamada *ladino* (de *latino*) ou *judeu-espanhol,* seus falantes são designados como sefaradis (de *Sepharad*, "Espanha"). Escrita tradicionalmente em caracteres hebraicos, essa língua atrai o interesse dos pesquisadores porque conserva muitos traços do espanhol do século 15 que desapareceram ou sofreram mudança no espanhol mais recente. Conserva por exemplo os sons [ʒ] (como em port. *já*), [ʃ] (port. *xá*), [z] (port. *zelo*), [dʒ] (como em ingl. *joke*), que não existem mais em espanhol. A mudança [f] > [h] > zero não ocorreu em ladino, onde o equivalente ao castelhano atual *hacer* (com *h* mudo) ainda é *fazer* (pronunciado como em português).

Após a conquista definitiva das terras dominadas pelos mouros (final do século 15), Espanha e Portugal expulsaram os judeus de seus territórios, forçando-os a se exilar sem levar nada consigo além da roupa do corpo. Os que quisessem permanecer tinham de se converter ao catolicismo, mas isso não lhes garantia nenhuma tranquilidade de vida, pois sempre pesava sobre eles a desconfiança de uma conversão de fachada. A prática inquisitorial ibérica legou às línguas europeias uma palavra de origem portuguesa, *auto da fé* (ou *auto de fé*) usada para designar o espetáculo público em que as vítimas eram queimadas na fogueira. Os dois reinos estenderam às suas colônias ultramarinas, especialmente na América, suas práticas inquisitoriais.

Outro crime contra a humanidade incentivado e praticado pela Igreja foi a chamada **caça às bruxas**, em que dezenas de milhares de pessoas, em sua grande maioria mulheres, foram acusadas de feitiçaria, julgadas, torturadas e condenadas à morte na fogueira. Essa prática se iniciou no século 15 e teve seu apogeu nas décadas de 1560-1580 e de 1620-1630.

BOX 4A: LATIM CLÁSSICO *VS.* LATIM VULGAR

Conforme temos referido diversas vezes neste capítulo e no anterior, o **latim** foi, durante mais de mil anos, a única língua explicitamente estudada, ensinada e aprendida pelo reduzido número de pessoas — majoritariamente do sexo masculino — que tinham acesso à cultura letrada. Era também (e até hoje ainda) a **língua oficial da Igreja católica romana** — cujo monopólio espiritual só começa a ser disputado a partir do século 16 — e de todas as instituições oficiais dos Estados que iam se constituindo: língua das decisões da autoridade política, das disposições administrativas, da legislação e da jurisprudência. Essa exclusividade do latim vigorava até mesmo em países onde a língua jamais tinha sido falada pela população, como na Inglaterra, nos países germânicos e eslavos de população católica e na Hungria (onde permaneceu como língua oficial até 1844, num país cuja língua majoritária nem sequer pertence ao grupo indo-europeu). O uso exclusivo do latim nas situações que exigiam maior formalidade ou um grau mais elevado de instrução cumpria também um papel de **exclusão social**: a língua servia de barreira entre, de um lado, uma pequena minoria letrada, essencialmente masculina, uma aristocracia cultural e econômica (que incluía a elite eclesiástica) e, do outro, a ampla maioria da população, pobre e analfabeta. Esse mesmo emprego da língua oficial como instrumento da elite para se distinguir do resto do povo será mantido quando forem estabelecidas as normas padronizadas das línguas vernáculas, conforme vamos examinar logo abaixo.

Nos países da chamada **Romània** (porção da Europa em que o latim se impôs como língua da população), o latim falado pelas pessoas comuns não derivava, evidentemente, do **latim clássico**, uma língua altamente padronizada, artificial, empregada somente na produção literária e na oratória formal. A língua que as famílias dos soldados, colonos e baixos funcionários do Império levaram para as províncias era um conjunto de variedades que recebem nos estudos históricos o nome coletivo de **latim vulgar** (**sermo vulgaris**, "língua do povo", conforme designação dos próprios romanos cultos). E foi esse latim vulgar que as populações subjugadas por Roma aprenderam a falar. Quando comparamos, por exemplo, o léxico das línguas românicas e examinamos sua origem, vemos que a grande maioria das palavras derivam da forma vulgar do latim e não da forma clássica. Alguns poucos exemplos:

LATIM CLÁSSICO	LATIM VULGAR	LÍNGUAS ROMÂNICAS
albus	blancus (germânico)	it. bianco; fr./ct. blanc; esp. blanco; gal./pt. branco
bellum	*werra (germânico)	it./esp./gal./pt. guerra; fr. guerre; sd. gherra
canere	cantare	it. cantare; fr. chanter; ct./esp./gal./pt. cantar; rch. chantar; rm. cânta
cogitare	pensare	it. pensare; fr. penser; ct./esp./gal./pt. pensar; sd. pessare
domus	casa	it./ct./esp./gal./pt. casa; rm. casă; fr. chez (prep.: "em casa")
equus	caballus (celta)	it. cavallo; rch. chaval; fr. cheval; esp. caballo; gal./pt. cavalo; rm. cal
ignis	focus	it. fuoco; rch. fieu, fiug; fr. feu; esp. fuego; gal./pt. fogo; ct./rm. foc
lapis	petra (grego)	it. pietra; fr. pierre; ct./gal./pt. pedra; sd. perda; esp. piedra; rm. piatră
os	bucca	it. bucca; fr. bouche; ct./esp./gal./pt. boca
res	causa	it./ct./esp. cosa; fr. chose; gal. cousa; pt. cousa, coisa
scire	sapere	it. sapere; fr. savoir; ct./esp./gal./pt. saber
tangere	toccare (germânico)	it. toccare; fr. toucher; sd. tucare; esp./gal./pt. tocar
verbum	parabola (grego)	it. parola; fr. parole; ct. paraula; esp. palabra; pt. palavra

LEGENDA: ct. = catalão; esp. = espanhol; fr. = francês; gal. = galego; it. = italiano; pt. = português; rch. = romanche; rm. = romeno; sd. = sardo

Muitas palavras revelam o **contato** do latim com outras línguas, como o caso do celta (*caballus*) e do germânico (*blancus*, **werra*, *toccare*), além da opção por termos gregos já muito popularizados no uso comum (*petra, parabola*). Algumas palavras revelam sua origem humilde: em latim clássico, *casa* era uma "cabana", "habitação pobre". Outras derivam de metáforas: *pensare* significava originalmente "pesar, calcular o peso de um objeto" e daí passou a significar "pesar as ideias", "refletir"; *sapere* era "ter o sabor de" (como até hoje em espanhol e português europeu: "Este vinho sabe a vinagre"). Palavras clássicas foram substituídas por causa de sua irregularidade morfológica: *os* tinha uma declinação irregular, além de ser palavra curta, pouco expressiva — acabou substituída por *bucca*, originalmente "bochecha"; o mesmo vale para *res*, substituída por *causa*, originalmente "causa"; o verbo *scire*, irregular, foi substituído por *sapere*.

No latim vulgar, também foram ocorrendo transformações gramaticais, com o surgimento de categorias desconhecidas no clássico: foram criados, por exemplo, os **artigos**, derivados dos demonstrativos latinos — *ille, illud, illa* —, dos quais também derivam os **pronomes pessoais de 3ª pessoa** (*ele, ela, o, a*), igualmente inexistentes no latim clássico. Os três gêneros do clássico — **masculino, feminino** e **neutro** — foram reduzidos a dois: masculino e feminino. Já no século 3 EC, o caso **genitivo** tinha desaparecido, substituído pela construção *de + nome*: *corpus Christi > corpus de Christo*. O caso **dativo** também foi substituído por uma perífrase formada de *ad + nome*: *non scholae sed vitae > non ad schola sed ad vita* ("[aprendemos] não para a escola, mas para a vida", Cassiodoro). O futuro clássico (*cantabo*, "cantarei") foi substituído por uma perífrase formada de **infinitivo + habere**: *cantabo > cantare habeo*, que se gramaticalizou até constituir, mais tarde, uma nova forma sintética (it. *canterò*, fr. *chanterai*, esp. *cantaré*, gal./pt. *cantarei*). E tudo isso, é claro, sem mencionar as transformações fonéticas que iam se processando nos diferentes lugares e de diferentes maneiras e que tornavam o latim cada vez menos reconhecível. A consciência da grande diferença entre o latim e as variedades vernáculas levou, como vimos |3.4.3|, à decisão tomada durante o reinado de Carlos Magno (século 9) de que a missa fosse realizada em latim, mas que as homilias e os sermões dos bispos e sacerdotes ao povo fossem pronunciados nas línguas locais faladas no império carolíngio.

4.9 A gramatização das línguas vulgares

Com o passar do tempo, todas aquelas mudanças iniciais ocorridas no latim vulgar sofreram evoluções posteriores, junto com outras transformações ocorridas em cada uma das áreas em que ele tinha se firmado como língua do povo em geral. Como vimos em |3.8|, documentos escritos já no século 9 revelam a grande distância existente entre o que as pessoas falavam e a língua oficial que já era, ela mesma e desde o início, uma forma padronizada, literária, que nunca tinha sido realmente empregada no dia a dia nem mesmo entre os romanos. Deixadas por conta própria, essas variedades locais, chamadas **romances** (quando derivadas do latim: *romanice*, "à moda de Roma") ou **vul-**

gares (romances ou não), não despertaram quase nenhum interesse da parte dos estudiosos por mais de um milênio, salvo algumas exceções notáveis |3.4|.

4.9.1 A elevação do *status* das línguas vulgares e sua gramatização

Com o avanço do tempo, no entanto, diversos fatores, conforme já vimos, levaram à valorização das línguas vernáculas:

- a promoção da **língua falada pela nobreza e pela aristocracia** como marca de distinção entre os diferentes potentados, geralmente rivais e implicados em disputas territoriais; a "língua do rei" passa a ser associada ao poder político daqueles que a falam; é somente a partir de então que os diferentes "vulgares" passam a receber nomes próprios, derivados do território dominado por uma coroa e onde se encontra a corte ("francês", "português", "castelhano", "inglês");
- a **expansão marítima**, o colonialismo e a necessidade de impor a língua dos conquistadores às populações subjugadas;
- nas áreas linguísticas não românicas, a **Reforma** protestante, que incentivou o uso dos vernáculos para a pregação religiosa, a instrução dos fiéis e a leitura dos textos sagrados por meio da **tradução** da Bíblia para os vernáculos locais;
- o desenvolvimento da **imprensa**, que permitiu a difusão em grande escala, e entre pessoas que não liam latim, dos livros e das ideias e conhecimentos que eles veiculavam em língua vernácula.

Esse período vai presenciar, assim, um forte processo de **gramatização** das línguas vulgares. O termo *gramatização* foi proposto por Sylvain Auroux (1994: 65), que assim o definiu:

> Por gramatização deve-se entender o processo que conduz a *descrever* e a *instrumentar* uma língua com base em duas tecnologias que são ainda hoje os pilares de nosso saber metalinguístico: a gramática e o dicionário.

Para que a gramatização tenha êxito, é preciso que a língua também seja submetida a um processo

"Gramática é o conhecimento empírico do comumente dito nas obras dos poetas e prosadores" (Dionísio Trácio, *Tékhnē Grammatikḗ*, século 1 AEC).

"Gramática é vocábulo grego. E segundo a definição que lhe os gramáticos deram, é um modo certo e justo de falar e escrever colheito do uso e autoridade dos barões doutos" (João de Barros, *Gramática da língua portuguesa*, 1540).

"A gramática normativa recomenda como se deve falar e escrever segundo o uso e a autoridade dos escritores corretos e dos gramáticos e dicionaristas esclarecidos" (Evanildo Bechara, *Moderna gramática portuguesa*, 1999).

Essas definições de *gramática*, que percorrem mais de dois mil anos de tradição, demonstram a perseverança das concepções da Antiguidade até os dias de hoje, sobretudo no que diz respeito à supervalorização da *escrita literária*, em detrimento de todas as demais possibilidades de uso da língua.

de padronização da **ortografia**. Justamente por isso, na mesma fase histórica em que surgem as primeiras gramáticas e os primeiros dicionários das línguas vulgares, também são publicados diversos tratados sobre ortografia, em que os autores fazem propostas para o estabelecimento de uma norma de grafia unificada para suas línguas.

A primeira língua europeia a ser gramatizada foi o **grego** |2.12|. Mais adiante, com a poderosa influência cultural exercida pela Grécia sobre os romanos, a língua latina também foi alvo de gramatização, tendo por base os conceitos, os preceitos e os preconceitos característicos da doutrina gramatical helenística. Esse latim gramatizado (principalmente nas obras de Prisciano, Donato e Quintiliano |2.14.1|) vai se tornar o modelo único, a fôrma exclusiva para a produção de gramáticas por mais de dois milênios, e podemos mesmo dizer que essa dependência para com a tradição greco-latina permanece viva e atuante até os dias de hoje.

O latim se tornou, na Europa ocidental, o modelo pronto e acabado de uma **língua padronizada**, isto é, de uma língua *artificial*, criada peça por peça com o objetivo explícito de servir de instrumento para a expressão da cultura erudita, da oratória sofisticada, da produção literária, filosófica e científica, sempre com o objetivo, muitas vezes explicitado, de separar — por meio do conhecimento dessa língua padronizada — a classe dominante, nunca muito numerosa, da incontável plebe, formada essencialmente por pobres, e da massa de pessoas escravizadas, dois grupos compostos por uma imensa maioria de iletrados.

Esse caráter artificial do padrão linguístico se revela na escolha da *literatura consagrada* como fonte do "bem falar" e do "bem escrever" e, também, no próprio título dos compêndios gramaticais: a mais antiga gramática do Ocidente que se preservou, a de Dionísio Trácio (170-190 AEC), se intitulava *Tékhnē grammatikḗ*, isto é, *Arte de gramática* |2.12.1|, e a designação de *arte* vai se conservar até bem avançada a Idade Moderna (pós-1453). O espanhol Antonio de Nebrija, por exemplo, escreveu que, ao produzir sua obra, tomara a decisão de "*reducir en artificio* este nuestro lenguaje castellano" (1492); o português Fernão de Oliveira declarou (1536): "Gramática é *arte* que ensina a bem ler e falar", e seu conterrâneo João de Barros, ao se referir à gramática, escreveu (1540): "Nós podemos lhe chamar *artifício* de palavras, postas em seus naturais lugares". Em 1595 era publicada em Portugal a célebre *Arte de gramática da língua mais usada na costa do Brasil*, a primeira descrição da língua **tupi**, de autoria do padre **José de Anchieta** (1534-1597), com vistas ao ensino do tupi do litoral aos jesuítas designados para a catequese dos indígenas — mais uma comprovação de que a escrita de uma gramática tem um objetivo *político*, mesmo que muitas vezes não explicitado como tal. Em toda essa longa tradição, *arte* e *artifício* são termos conotados positivamente, pois faz pouco tempo que nas línguas europeias o substantivo *artifício* e o adjetivo *artificial* passaram a ser vistos por um prisma negativo, conforme se lê, por exemplo, no *Dicionário Houaiss*: "*Artifício* — expediente habilidoso; sutileza, astúcia para enganar; sagacidade, simulação".

Essa língua artificial — nos dois sentidos em que podemos considerá-la hoje: "Criada segundo preceitos estéticos" e "que não revela naturalidade, afetada" — também surgiu como uma tentativa cultural de refrear a **variação** e a **mudança**, duas propriedades inerentes à própria natureza das línguas humanas, constitutivas portanto da própria linguagem, mas sempre consideradas (e até hoje) como problemas, obstáculos, senão como "defeitos" das línguas ou, pior, sintomas da "pouca inteligência" ou da "falta de caráter" das populações iletradas.

Conforme temos visto, o mito da Torre de Babel se enraizou profundamente no imaginário dos eruditos cristãos, permanece até os dias atuais impregnado na cultura linguística ocidental e se manifesta, inconscientemente, nas avaliações sempre negativas que as pessoas em geral fazem da inevitável variação de toda e qualquer língua viva. A utopia linguística, para quem pensa assim — na verdade, uma *quimera*, porque jamais foi nem será alcançada —, é uma língua perfeitamente uniforme, falada por todas as pessoas sem diferença de sotaque nem de vocabulário, segundo regras morfossintáticas precisas, supostamente capazes de veicular todas as sutilezas do pensamento; uma língua adequada para todos os usos possíveis, desde a conversação mais íntima e espontânea até o texto escrito mais sofisticado e refinado. Apesar de ser uma quimera — isto é, uma fantasia sem a mais remota possibilidade de se realizar —, é essa utopia linguística que tem sido almejada por todas as pessoas que, ao longo do tempo, se dedicaram a padronizar as línguas humanas. Assim, por exemplo, no prólogo de sua gramática da língua castelhana, Antonio de Nebrija diz que a língua "até nossa idade andou solta e fora de regra, e por essa causa recebeu em poucos séculos muitas mudanças", razão pela qual ele se prontificou a "reduzir [a língua] em artifício".

O linguista britânico John E. Joseph propôs (1987) uma designação interessante para as línguas padronizadas. Segundo ele, o modelo idealizado de língua da tradição gramatical é uma **sinédoque**. A sinédoque é a figura de linguagem na qual, entre outras coisas, se toma *a parte pelo todo*, como quando dizemos "um rebanho de mil *cabeças*" (para designar os animais inteiros) ou "a perseguição política acarretou uma fuga de *cérebros* para o exterior". Na formulação de Joseph, a padronização se processa como uma *sinédoque* porque ela faz com que o termo "língua" passe a ser usado exclusivamente para designar o reduzido modelo artificial, idealizado, uniformizado, "correto" e "bom", e não a língua em toda a sua dinâmica sociocultural, com suas múltiplas variedades regionais, sociais, profissionais etc., empregada na fala e na escrita, numa incontável quantidade de gêneros discursivos e sujeita a mudanças a todo momento.

Essa sinédoque é que se encontra na origem de um tipo de discurso que os linguistas britânicos Leslie e James Milroy (1985) batizaram de **tradição da queixa**: confrontadas com a realidade incontornável da mudança da língua ao longo do tempo e da variação da língua no espaço e no momento presente, e comparando essa realidade com o modelo idealizado de "língua certa", muitas pessoas adotam uma atitude pessimista, catastrofista, denunciatória e queixosa. Essa tradição da queixa é um fenômeno sociológico de todas as culturas linguísticas, especialmente aquelas de forte tradição *grafocêntrica*, ou seja, em que a *cultura letrada* tem primazia sobre as demais formas de cultura.

Assim como a gramática latina descrevia e prescrevia os usos da aristocracia romana (formada pelos chamados *patrícios*) e, com base nesses usos, criou o padrão idiomático que veio a ser conhecido como **latim clássico** (uma língua que nunca foi realmente falada a não ser em manifestações de oratória formal), o movimento de gramatização dos vernáculos no Renascimento seguiu a mesma ideologia. Foi portanto um movimento aparentemente paradoxal: de um lado, abandonava-se o latim e adotava-se o vernáculo, a língua falada pelo "povo"; do outro lado, porém, fabricava-se uma língua artificial, uma nova língua "clássica", afastada daquela que a população geral de fato empregava. Mas é um paradoxo ilusório, já que as duas atitudes cumpriam uma mesma política linguística. Conforme escreve Joseph (1987: 126):

> Esta é a tirania exercida pelos padrões linguísticos: a adesão a eles identifica membros das classes sociais elevadas; mas os próprios padrões são amplamente definidos pelo uso das classes elevadas.

E o mesmo autor recorda (p. 43):

> É do interesse dos poderosos e prestigiados desenvolver meios de conservar sua língua como de difícil acesso. As instituições culturais da escrita e da educação têm servido para esse fim por uma porção da história maior do que têm servido ao objetivo oposto, democrático, de levar a cultura às massas.

Ora, esses meios visam, precisamente, a *artificialização* máxima do vernáculo, para que o que nele se diz seja pouco compreensível a quem não tem acesso à cultura erudita e, de fato, à leitura e à escrita, o que sempre representou a grande maioria da população. A padronização faz surgir línguas, senão *estrangeiras*, pelo menos *estranhas* para muita gente. Basta pensar no ideologema bastante impregnado na cultura brasileira: "Português é muito difícil", quando não "uma das línguas mais difíceis do mundo" — o que é difícil não é "o português", mas a sinédoque representada pela noma-padrão que tenta fixá-lo no tempo, no espaço e numa classe social.

O caráter antidemocrático da gramatização das línguas vernáculas no Renascimento fica evidente quando nos lembramos, por exemplo, que todos os governos existentes na época eram monárquicos, aristocráticos, autoritários: o território era propriedade *pessoal e privativa* do rei, que exercia o poder político, administrava a justiça, promulgava as leis, exercia seu comando por "direito divino" e, assim, tinha nas mãos todas as decisões, incluindo as que incidiam sobre a vida e a morte de seus súditos — no caso da Inglaterra, além disso, o rei (ou a rainha) era (e até hoje é) o chefe da igreja nacional (a anglicana). É célebre a declaração de Nebrija em sua gramática, não por acaso dedicada à rainha Isabel de Castela: "*Sempre foi a língua companheira do império*". Nebrija se referia à expansão do grego junto com o império de Alexandre Magno |2.10| e à do latim junto com o Império Romano, além de mencionar assírios e egípcios. Embora a Espanha ainda não tivesse constituído seu imenso império colonial (a gramática foi publicada em 1492, no mesmo ano em que Colombo, a serviço da Coroa espanhola, "descobriu" a América), Nebrija previu de certa maneira essa expansão e a usou como justificativa para a padronização do castelhano:

> [...] depois que Vossa Alteza metesse debaixo de seu jugo muitos povos bárbaros e nações de peregrinas línguas, e com o vencimento aqueles teriam necessidade de receber as leis que o vencedor põe ao vencido, e com elas nossa língua, então, por esta minha Arte, poderiam vir no conhecimento dela, como agora nós outros depreendemos a arte da gramática latina para depreender o latim.

Outro fator importantíssimo na gramatização das línguas vernáculas foi a necessidade de lutar, não só contra a variação existente numa mesma língua, mas contra a multiplicidade de línguas existentes num mesmo território. A maioria dos países da Europa sempre apresentaram — e continuam a apresentar hoje em dia — uma **realidade plurilíngue**: na verdade, por todo o mundo, o multilinguismo é a regra e são raríssimos os casos de sociedades inteiramente monolíngues: mesmo num país como Portugal, tido como essencialmente monolíngue, existe, ao lado do português, outra língua oficial, o **mirandês**, uma variedade do asturiano-leonês falado em território espanhol; além disso, são bem marcadas as diferenças dialetais entre, por exemplo, as variedades do português do norte e as do centro-sul do país. Diante da profusão de línguas e variedades faladas num mesmo território dominado por um único poder político, a gramatização das línguas vernáculas também representou a **eleição de uma única língua ou variedade** para se tornar o símbolo daquele poder.

Línguas regionais da França contemporânea

Um caso exemplar é o da instituição do "francês" como língua da administração da Coroa francesa. No ano de 1539, o rei **Francisco I** (1494-1547) promulgou as *Ordonnances de Villers-Cotterêts*, um conjunto de decretos governamentais, entre eles o que impunha o uso da "linguagem materna francesa" em todos os documentos jurídicos. Ora, ao escolher o "francês", o rei não estava democratizando o acesso à justiça. Afinal, na França do século 16 existiam muitas línguas (ver mapa ao lado com a situação atual), e o que se chamava "francês" nem sequer era a mais empregada do território, restrito que estava seu uso, na época, à região em torno de Paris. Somente por um esforço consciente de política linguística explícita da parte dos governos surgidos depois da Revolução de 1789 |5.8.3| é que a língua de Paris se difundiu e se impôs sobre o resto do território, um processo que só se conclui de fato depois da Segunda Guerra Mundial, na década de 1950. O francês das *Ordonnances* de 1539 era, portanto, a língua da capital e da Corte, a língua do próprio rei. Se o latim excluía *todos* os falantes do acesso mais direto à justiça, o "francês" *incluía* somente os seus usuários, deixando de fora os falantes de bretão, picardo, basco, provençal, gascão, bearnês etc.

Línguas regionais da Espanha contemporânea

O mesmo vale para a Espanha. O castelhano (que hoje é sinônimo de *espanhol*) era a língua de **Castela**, cujos soberanos empreenderam com sucesso as lutas contra os mouros, expandindo cada vez mais para o sul suas conquistas, até vencer o último principado sob domínio muçulmano, Granada, no ano de 1492. Com isso, Castela se tornou o centro político da Espanha unificada e, por conseguinte, sua língua — a língua dos monarcas e de sua corte — se tornou o idioma do poder. Mas a Espanha, até hoje, é uma nação plurilíngue (ver mapa na página anterior): no território espanhol também se fala catalão, galego, basco, aragonês, aranês, asturiano-leonês e até variedades de português. A unificação territorial e a unificação linguística foram, por conseguinte, **unificações pelo alto**, e não movimentos populares, surgidos no seio das populações implicadas.

O caso da **Itália** é bem diferente. Ao contrário da França e da Espanha, que tinham superado já no século 16 as divisões territoriais para se tornarem países unificados em torno de uma única coroa, a Itália só se transformou numa entidade política unitária na segunda metade do século 19. Depois da fragmentação do Império Romano, no século 5, a Itália atravessaria mais de 1.400 anos com seu território dividido entre diversos Estados, com tamanhos e denominações diferentes ao longo do tempo: Veneza, Florença, Milão, Saboia, Gênova, Sardenha, Sicília, Nápoles, Siena, Lucca, Estados Pontifícios etc. Somente em **1861**, em seguida a muitas guerras e rebeliões, é que surgiu a Itália como o Estado unificado existente nos dias de hoje. Do ponto de vista linguístico, o território italiano sempre foi — e ainda é — um verdadeiro quebra-cabeças (ver mapa ao lado). Já no final da era medieval, porém, os intelectuais das diferentes regiões postulavam a necessidade de uma língua de cultura comum para toda a Península. Surgia assim a famosa *questione della lingua* ("questão da língua"), que ocuparia lugar de destaque na cultura peninsular por séculos a fio e só se resolveria (se é que se resolveu de fato) com a unificação em 1861.

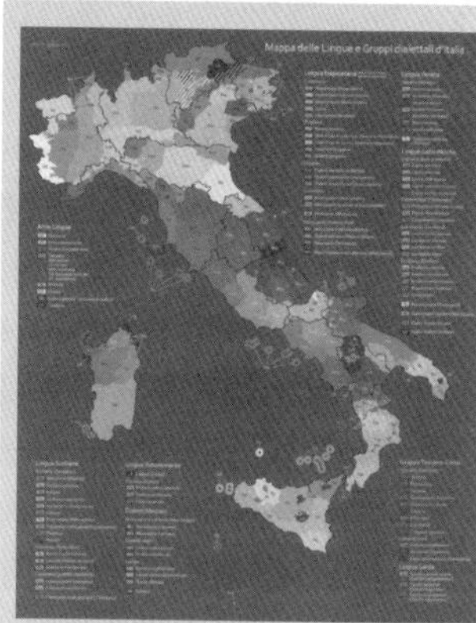

Línguas regionais da Itália contemporânea

Dante Alighieri escreveu, entre 1303 e 1305, um pequeno tratado em latim, *De vulgari eloquentia*, que permaneceu inédito até o século 16. É uma obra incompleta, com apenas duas partes. O objetivo do autor é definir uma língua literária para os escritores italianos de todas as regiões, um "vulgar" que seja *ilustre* — para conferir "lustro" ("brilho") a quem o falasse —, *cardinal* — que sirva de ponto fixo em torno do qual girem todos os demais vulgares (*cardinal* remete ao latim *cardo*, "dobradiça; polo; eixo") —, *real* e *curial* — que possa ser usado numa corte e numa cúria (tribunal). Dante passa em revista as principais línguas faladas na Itália, considera que algumas poucas são capazes de "eloquência", enquanto outras são classificadas muito negativamente. Por fim, e sem muita definição concreta, acaba postulando uma espécie de "língua comum", que agregasse todas as qualidades percebidas nas obras literárias já produzidas por autores de renome, incluindo ele mesmo. A língua do próprio Dante, o **toscano**, é muito mal avaliada no *De vulgari eloquentia*, em que é chamada de *turpilóquio* ("fala torpe; obscena; grosseira"). Curiosamente, porém, foi nessa língua que ele produziu suas grandes obras poéticas, entre as quais a *Comédia*, escrita entre 1303 e 1321, que se tornou imediatamente famosa, sendo copiada e recopiada intensamente, até ser impressa pela primeira vez em 1555, quando receberá o adjetivo *Divina*, com o qual a conhecemos até hoje. O tratado *De vulgari eloquentia* permaneceu inédito até o início do século 16, quando foi descoberto por **Gian Giorgio Trissino dal Vello d'Oro** (1478-1550), que o traduziu e mandou imprimir. Sua publicação avivou a *questione della lingua*, com grupos defensores de ideias diferentes tentando encontrar no texto de Dante justificação para suas posições.

O fato é que a fama do próprio Dante como poeta, ao lado da de outros dois conterrâneos seus — Francesco Petrarca e Giovanni Boccacio (Bocácio) — dotou a língua toscana de um patrimônio literário sem igual: esses três autores são chamados *Le Tre Corone* ("As três coroas") da língua italiana. Graças a eles é que, pouco a pouco, a *questione della lingua* vai se encaminhando para a definição do toscano como a língua mais "ilustre" da Itália. Um grande humanista veneziano, o cardeal **Pietro Bembo** (1470-1547), deu um passo decisivo nessa direção em sua obra *Prose nelle quali si ragiona della volgar lingua* ("Prosas nas quais se reflete sobre a língua vulgar", 1525), ao propor que a língua de Petrarca deveria servir de modelo para a poesia, e a de Bocácio, para a prosa (Bembo não tinha grande apreço por Dante porque este, em sua *Comédia*, tinha usado termos chulos e obscenos, algo que Bembo, como sacerdote católico que era, considerava inadequado). É importante observar, porém, que Bembo propunha, no século 16, o uso de uma língua conforme tinha sido *escrita* no século 14. Esse vínculo com o toscano literário antigo vai permanecer muito forte até o século 19.

Quando a Itália se torna um Estado-nação unificado em 1861, é essa forma "clássica" de toscano que passará a ser designada como "língua italiana" e será imposta como língua oficial do novo reino e língua da educação formal de toda a população. Com isso, é possível dizer que o italiano é uma língua antiga em sua tradição escrita, porém bastante jovem como língua falada, pois só se tornou realmente empregada no dia a dia de uma população mais ampla depois da unificação e, mesmo assim, demorou quase um século para se estabelecer como idioma nacional. De fato, até hoje, é considerável o grau de bilinguismo da maior parte da população da Itália: muitas pessoas usam sua língua regional ou local (pejorativamente chamada de "dialeto") para interações sociais familiares e menos formais e reservam o italiano-padrão para usos mais formais e para a comunicação com pessoas de fora de sua comunidade. Sobretudo no sul do país, na Sicília, na Calábria, na Apúlia e na Campânia (onde se encontra Nápoles), as línguas locais permanecem muito vivas e conservam um grande e antigo patrimônio cultural (música, folclore, literatura). O vigor das línguas regionais ainda era tamanho nas proximidades da Segunda Guerra Mundial que o governo fascista de Benito Mussolini traçou uma política explícita de proibição de seu uso em favor do italiano oficial.

4.9.2 A gramatização do português

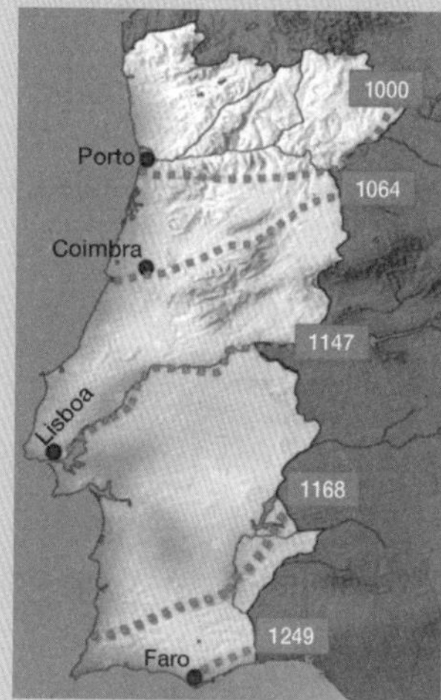

Etapas de formação do território de Portugal

O reino de **Portugal** foi reconhecido como independente da Coroa de Leão e Castela por meio de bula papal em 1179, embora já em 1143, pelo Tratado de Zamora, aquela mesma Coroa também já tivesse reconhecido essa independência. O novo reino se restringia inicialmente ao território do antigo Condado Portucalense, mais ou menos entre os rios Douro e Minho. Com a independência e graças a uma série de vitórias obtidas sobre os exércitos mouros, o reino se expandiu cada vez mais para o sul, até a conquista da cidade de **Faro**, no Algarve, em **1249**. Com isso, Portugal consolidou seu território já bem cedo, na Idade Média, com suas fronteiras tendo desde então permanecido praticamente intactas — é o único país da Europa ocidental que se unificou territorialmente antes da Idade Moderna.

Ao contrário da Espanha, da França e da Itália, Portugal nunca teve de enfrentar as situações de intenso multilinguismo características daqueles e dos outros países europeus. Com exceção de uma pequena minoria de falantes de **mirandês** na região de Miranda do Douro (cerca de 14.000 pessoas hoje em dia), o português cedo se tornou língua hegemônica do reino, embora, evidentemente, apresente variações regionais bem marcadas, sobretudo entre as porções norte e centro-sul.

De fato, o nome *português* só será aplicado à língua muito tempo depois (quase trezentos anos) da fundação do reino. Como a única língua digna deste nome, em toda a Europa, era o latim, idioma oficial da Igreja, do ensino universitário, da produção intelectual e da administração pública, o romance falado pela população geral não recebia designação própria: era chamado simplesmente de *linguagem* ou *nossa linguagem* — situação encontrada também em outros países, onde se empregava os termos *romance* ou *vulgar*, como já vimos. Conforme nos informa C. A. Faraco (2016: 49), é provável que o primeiro testemunho escrito do uso de *português* para denominar a língua se encontre na tradução que o infante **D. Pedro** (1392-1449) fez (entre 1433 e 1438) da obra *De Officis*, de Cícero, embora ainda ali essa designação alterne com a de *nossa linguagem*. Assim, foi somente na primeira metade do século 15, mais de três séculos portanto depois da independência do reino, que a língua passou a ser designada com nome próprio. No entanto, com os empreendimentos marítimos e a expansão colonial iniciados logo depois, essa denominação se firmaria definitivamente.

> E por que eu nom sey per que aventuira se acertou que huũ livro, que assaz dannos ha me deu vosso Irmaão, o Iffante dom Fernando, o qual Tullio compos, e chámasse 'dos Oficios", em este anno passado tomey afeiçom a leer per elle. E quanto mais liia, tanto me parecia melhor e mais virtuoso, e nom soomente a mym, mas assy parecia a alguũs outros a que eu liia em portugues alguũs seos capitulos, em tanto que per elles algũas vezes fuy requerido que tornasse este livro em esta linguagem. E esguardando eu como todo bem quanto a mais presta tanto he melhor, e nom embargando que o latim na christandade he mais geeral que o portugues, em Portugal esta linguagem he mais geral que o latim, por aproveitar ao[s] portugueses amadores de virtude que nom som ou ao diante nom forem latinados, Eu me despus ao trabalho de tornar este livro em nossa linguagem.

Trecho da tradução do *De officis* de Cícero feita pelo infante D. Pedro, provável primeiro registro do uso do nome "português" para designar a língua para a qual verteu a obra do orador romano.

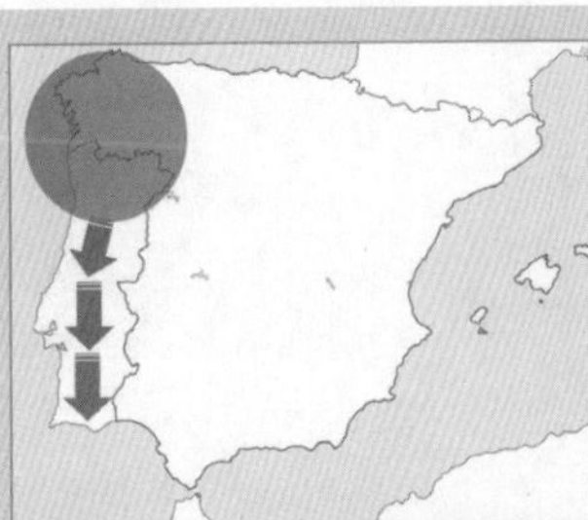

Área de formação original do **galego** (círculo) e expansão da língua rumo ao sul (setas). Somente na década de 1440 aparece o nome **português** para a língua falada no reino de Portugal (formado no século 12). Até então, era chamada simplesmente de *linguagem* ou *nossa linguagem*. O nome *galego*, no entanto, já aparecia em textos escritos do século 12. O nome "galego-português" é uma criação da filologia portuguesa do século 19 e nunca foi empregado antes disso.

Acompanhando o movimento humanista do resto da Europa, os eruditos portugueses também se debruçaram sobre questões linguísticas, especialmente a descrição gramatical e a ortografia. É comum atribuir a **Fernão de Oliveira** (1507-1580/1581) a autoria do primeiro compêndio gramatical do português: *Gramática da linguagem portuguesa*, publicada em 1536. Apesar do título, no entanto, não se trata de uma gramática no sentido de descrição pormenorizada dos sons, das classes de palavras etc. Conforme analisa M. L. Carvalhão Buescu (1975: 30), "a obra de Oliveira é, efectivamente, um conjunto de curiosas e judiciosas reflexões, de tipo ensaístico; em suma, uma miscelânea linguística e cultural". Por sua vez, M. Tavoni (2014: 41) afirma: "Fernão de Oliveira, um ex-dominicano, aventureiro, viajante e homem de letras, produziu uma gramática que era quase tão desorganizada quanto sua biografia". Talvez por isso, João de Barros, em sua própria obra, publicada em 1540, tenha afirmado que, esta sim, era a primeira gramática do português até então publicada. Fernão de Oliveira, no entanto, promete em diversos momentos do texto que tratará de alguns assuntos mais longamente em "outra obra" que, no entanto, nunca chegou a ser publicada. E, no final do livro, declara, ao reconhecer as próprias limitações:

> [...] seria eu mais ditoso que minhas faltas fossem causa de proveito que sua doutrina pode fazer. Ser eu curto em meu escrever e não ser mui ordenado com bons exemplos, e a falta de algumas coisas que devera escrever e não fiz, e a dissonância de alguns termos novos nesta arte que pus, usando vozes próprias da nossa língua [...] (cap. L).

E tenta se justificar alegando "a novidade da obra, e como escrevi sem ter outro exemplo antes de mim".

Um traço característico dessas primeiras gramáticas vernaculares do Renascimento é a necessidade sentida por seus autores de *justificar* seu empreendimento, isto é, de explicar por que escrever gramáticas de línguas que, até então, eram tidas como imperfeitas, como "latim corrompido", inadequadas para a expressão de alta cultura e de elevado pensamento. Fernão de Oliveira participa dessa linha de argumentação. Ao recordar as glórias do latim e do grego e a obrigação de que ele e os de sua época "trabalhemos em aprender e apurar" aqueles idiomas "esquecendo-se do nosso", faz a seguinte reivindicação:

> Não façamos assim, mas tornemos sobre nós agora que é tempo e somos senhores, porque melhor é que ensinemos a Guiné que sejamos ensinados de Roma, ainda que ela agora tivera toda sua valia e preço. E não desconfiemos da nossa língua porque os homens fazem a língua, e não a língua os homens. E é manifesto que as línguas grega e latina primeiro foram grosseiras e os homens as puseram na perfeição que agora têm (cap. IV).
> [...] apliquemos nosso trabalho a nossa língua e gente e ficará com maior eternidade a memória dele e não trabalhemos em língua estrangeira, mas apuremos tanto a nossa com boas doutrinas, que a possamos ensinar a muitas outras gentes e sempre seremos delas louvados e amados [...] (cap. V).

A justificativa é clara: assim como Grécia e Roma tiveram seus impérios e sobre eles impuseram suas línguas, agora cabia a Portugal, que começava a formar o seu, proceder de igual modo, transmitindo o português à "Guiné" e aos demais povos conquistados. E assim como o grego e o latim tinham deixado de ser línguas "grosseiras" e foram levadas à "perfeição", assim também o português, mediante o trabalho dos "homens" com o apuramento de "boas doutrinas", poderia chegar lá.

Justificar a gramatização da língua vernácula vai de mãos dadas com outra prática: a do *louvor* e da *defesa* da língua, a exaltação de suas qualidades e de sua "nobreza". Assim, por exemplo, dez anos após a proclamação do francês como língua da Corte, o poeta **Joachim Du Bellay** (1521-1560) publica sua *Défense et illustration de la langue française* ("Defesa e exemplificação da língua francesa"), agradecendo ao rei Francisco I pela decisão e convocando os eruditos conterrâneos a transformar a língua "bárbara" e "vulgar" numa língua elegante e digna. Du Bellay se inspirou, por sua vez, no *Dialogo delle lingue* ("Diálogos das línguas"), de **Sperone Speroni** (1500-1588), publicado em 1542, em que diversos personagens dialogam entre si acerca de como utilizar o "vulgar" para fins eruditos e científicos.

Na obra de Fernão de Oliveira o louvor da língua portuguesa é recorrente:

> Vem que umas gentes formam suas vozes mais no papo, como Caldeus e Arábigos, e outras nações cortam vozes, apressando-se mais em seu falar, mas nós falamos com grande repouso, como homens assentados. [...] [E]m muitas outras coisas tem a nossa língua vantagem, porque ela é antiga, ensinada, próspera e bem conversada e também exercitada em bons tratos e ofícios (cap. I).
>
> Qualquer forma ou gênero que os nossos nomes têm no singular, esses guardam também no plural, porque nisto, assim como em outras coisas, guarda a nossa língua as regras da proporção, mais que a latina e grega, as quais têm em suas dicções muitas irregularidades e seguem mais o sabor das orelhas que as regras da razão (cap. XLV).
>
> E assim como a nossa língua faz tudo quanto essoutras [latim e grego], com mais brevidade e facilidade e clareza, assim também é mais de louvar sua perfeição (cap. XLVI).
>
> Também a nossa tem o mesmo, portanto não nos desprezemos dela, a qual foi sempre e agora é tratada por homens que se entendem e sabem o que falam, cuja imitação nos fará galantes e primos a nós e a nosso falar, se a quisermos seguir (cap. XLIX).

Fernão de Oliveira tem boa consciência da mudança linguística: ao tratar da diferença entre o português e o latim, diz que isso não deve surpreender "pois somos bem apartados em tempos e terras, e não somente isto, mas uma mesma nação e gente de um tempo a outro muda as vozes e também as letras" (cap. VI). E, mais adiante, numa observação muito interessante a respeito da reação negativa causada por termos antigos que sobrevivem na fala das pessoas mais velhas, escreve:

> Mas não é muito de maravilhar, diz Marco Varrão, que as vozes envelheçam e as velhas alguma hora pareçam mal porque também envelhecem os homens cujas vozes elas são. E isto é verdade que a formosa meninice depois de velha não é para ver. E assim como os olhos se ofendem, vendo as figuras que a eles não contentam, assim as orelhas não consentem a música e vozes fora de seu tempo e costume. E mui poucas são as coisas que duram por todas ou muitas idades em um estado, quanto mais as falas, que sempre se conformam com os conceitos ou entenderes, juízos e tratos dos homens e esses homens entendem, julgam e tratam por diversas vias e muitas, às vezes segundo quer a necessidade, e às vezes segundo pedem as inclinações naturais (cap. XXXVI).

Percepção semelhante tem Fernão de Oliveira do fenômeno da *variação* em sua dimensão social e em sua dimensão geográfica. Assim, acerca do que chama de "dicções" (palavras), diz ele:

> E, porém, de todas elas, ou são gerais a todos, como *Deus, pão, vinho, céu* e *terra*, ou são particulares e esta particularidade ou se faz entre ofícios e tratos, como os cavaleiros que têm uns vocábulos e os lavradores outros, e os cortesãos outros, e os religiosos outros, e os mecânicos outros, e os mercadores outros, ou também se faz em terras esta particularidade porque os da Beira têm umas falas e os do Alentejo outras, e os homens da Estremadura são diferentes dos de Entre Douro e Minho, porque, assim como os tempos, assim também as terras criam diversas condições e conceitos (cap. XXXVIII).

No entanto, essa percepção é seguida de um "espanto" causado pela constatação de que também na língua latina existia variação: "Vejo entre os letrados dela, assim como são de diversas faculdades, haver diversos vocábulos e jeitos de falar, e, dizendo todos uma mesma coisa, não se entendem entre si". Essa variação é julgada de modo negativo, como um "defeito": "Eu julgo-o ser grande, e não da língua: será logo dos homens". Temos aqui um exemplo claro da concepção da língua como uma "coisa em si", com vida própria, perfeita, que pode ser "deformada" por seus falantes. Diante disso, Fernão de Oliveira declara:

> E para que possamos fugir destas e doutras culpas, em qualquer língua e muito mais na nossa, saibamos que a primeira e principal virtude da língua é ser clara e que a possam todos entender, e para ser bem entendida há de ser a mais acos-

tumada entre os melhores dela e os melhores da língua são os que mais leram e viram e viveram, continuando mais entre primores sisudos e assentados, e não amigos de muita mudança (cap. XXXVIII).

Trata-se da enunciação do caráter eminentemente *aristocrático* que uma língua deve assumir para se tornar tão "perfeita" como as línguas clássicas e para que seus falantes não incorram na "culpa" de não conseguirem se entender por causa da variação. Esse caráter aristocrático se revela na eleição dos "melhores da língua" como os que "mais leram e viram e viveram" e que não são "amigos de muita mudança". É o objetivo, comum aos gramáticos das línguas vulgares, de forjar uma nova "língua clássica", capaz de competir com o latim, e de manter a distância entre as classes abastadas e a maioria pobre da população.

E não faltam as costumeiras comparações entre o português e o espanhol, sempre com uma declaração de superioridade em favor dos portugueses:

> E assim é verdade, que os Gregos com os Latinos e os Hebraicos com os Arábigos e nós com os Castelhanos, que somos mais vizinhos, concorremos muitas vezes em umas mesmas vozes e letras e contudo não tanto que não fique alguma particularidade a cada um por si [...]. E no pronunciar quem não sentirá a diferença que temos porque eles [os Castelhanos] escondem-se e nós abrimos mais a boca? E quase podemos dizer que [...] a eles deu a natureza afeiçoar o que querem dizer e nós falamos com mais majestade e firmeza. (Cap. VII)

A maior parte da obra de F. de Oliveira é dedicada à pronúncia do português, ao exame dos sons da língua e à ortografia (sempre recordando que para os autores daquela época, como também para gregos e latinos, não havia diferença entre "som" e "sinal gráfico", de modo que o tratamento da fonética e da grafia se fazia ao mesmo tempo e sem distinguir essas duas entidades). Algumas declarações do autor sobre a pronúncia do português de sua época são informações importantes para o estudo das mudanças fonéticas ocorridas na língua. Por exemplo, no cap. XXXI, Oliveira escreve: "Nossa língua, que é mui amiga de pronunciar suas vozes com a boca aberta e sem muitos movimentos e no cabo é cheia e solta". Essas afirmações levam a crer que, naquele período histórico, as vogais átonas não tinham sofrido a drástica redução que sofreriam em fase posterior, quando surgiram também os sons vocálicos [ɐ] e [ɨ], realizações em sílaba átona de [a] e [e], desconhecidos no português brasileiro — essas vogais novas não são produzidas "com a boca aberta", muito pelo contrário.

Ao defender o uso do português e condenar os que se valem de outras línguas, Oliveira afirma que "a língua e a unidade dela é mui certo apelido do reino, do senhor e da irmandade dos vassalos" (cap. XXXIII), numa afirmação explícita da ideologia que fazia equivaler a língua à unidade do país em torno da figura do rei ("senhor").

João de Barros (1496-1570) foi um vulto histórico importante na fase inicial dos empreendimentos marítimos e coloniais de Portugal. Desde cedo, participou da vida da corte, ocupou diversos cargos políticos e administrativos nos reinados de **D. Manuel I** e de seu sucessor, **D. João III**. A ele foram atribuídas duas das **capitanias hereditárias** (a do Maranhão e a do Rio Grande [do Norte]) em que o território recém-conquistado do futuro Brasil fora dividido. João de Barros, no entanto, em consequência de uma viagem marítima desastrada, não conseguiu chegar às terras brasileiras e nunca tomou posse desses domínios. É considerado um dos grandes nomes da **historiografia** portuguesa, sendo mesmo conhecido pelo cognome de "o Tito Lívio português", em alusão ao historiador romano **Tito Lívio** (59 AEC-17 EC).

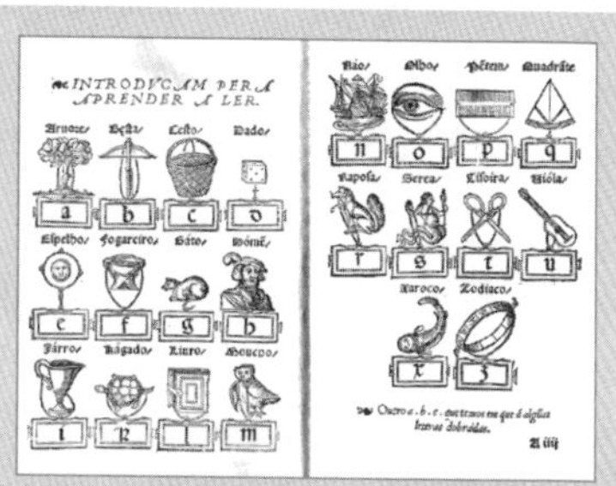

Apresentação ilustrada do alfabeto na "cartinha" de João de Barros (1539)

Além de sua obra historiográfica, João de Barros também se dedicou aos estudos linguísticos. Publicou inicialmente uma "cartinha" intitulada *Gramática da língua portuguesa com os mandamentos da Santa Madre Igreja* (1539), uma breve obra didática destinada a ensinar a escrever e a ler, seguida de preceitos religiosos e de orações aos principais santos católicos. É talvez o primeiro livro didático ilustrado impresso na Europa. No ano seguinte, foi publicada a sua *Gramática da língua portuguesa* (1540), uma obra mais completa e mais organizada do que a de Fernão de Oliveira.

Essa gramática se abre com palavras que se tornariam muito famosas nos estudos linguísticos da língua portuguesa, que aqui reproduzimos conforme a grafia utilizada pelo autor:

> Grammatica, ę uocabulo Grægo: quęr dizer, çiençia de leteras. E segundo a difinçám que lhe os Grâmáticos dęrã: ę hũ módo çęrto e iusto de falár, e escreuer, colheito do uso, e autoridáde dos barões doutos.

O texto começa, portanto, com a afirmação tradicional de que o "modo certo e justo de falar e escrever" deve ser "colheito" (isto é, colhido) do "uso e autoridade dos barões doutos", ou seja, dos homens (*barão* é forma antiga de *varão*) letrados, uma categoria social que, sem sombra de dúvida, era extremamente restrita no Portugal da época, cuja população era essencialmente analfabeta. O acesso à cultura letrada era reservado aos homens das classes abastadas e da aristocracia. A locução *barões doutos* se fixou nas culturas de língua portuguesa como uma forma de designar as camadas dominantes da sociedade, desde sempre essencialmente masculinas (e brancas).

O que chama a atenção de imediato no texto são as *opções gráficas* de João de Barros. Como muitos humanistas de sua época, ele também se preocupava em conferir ao português um sistema de escrita que desse conta das especificidades fonéticas da língua, não previstas no alfabeto latino. Assim, por exemplo, para a vogal **e** aberta [ɛ] ele propõe **ę**, e para o **c** com som [s], propõe **ç**, mesmo diante de **e** e de **i**. Propostas de sinais gráficos distintos para identificar o timbre das vogais aparecem nas obras de diversos humanistas. O italiano **Trissino**, por exemplo, publicou em 1555 sua tradução do *De vulgari eloquentia* de Dante em toscano utilizando as letras gregas **ε** para indicar o timbre aberto de **e**, e **ω** para o timbre fechado de **o**: "*Che l'homω sωlω ha il cωmεrciω del parlare*" ("Que só o homem tem o comércio do falar"). Fernão de Oliveira também apresenta sugestões para a grafia das vogais abertas e fechadas, sugestões que não coincidem com as de João de Barros, como podemos ver no quadro abaixo:

AUTOR	a		e		o	
	ABERTO	FECHADO	ABERTO	FECHADO	ABERTO	FECHADO
Fernão de Oliveira	**a**	**α**	**ε**	**e**	**ω**	**o**
João de Barros	**á**	**â**	**ę**	**ê**	**ó**	**ô**

Oliveira e Barros, no entanto, não usam os termos "aberto" e "fechado", classificações mais modernas, mas "grande" e "pequeno", em conformidade com a tradição do grego. Essas propostas, como sabemos, não tiveram êxito devido ao obstáculo irredutível da tradição de seguir à risca o alfabeto latino e não admitir a intromissão, nele, de sinais que não lhe pertenciam. A única novidade que se consagrou em português (e em francês e catalão) foi o **ç**, junto com o uso dos acentos, do trema e do til, inexistentes na ortografia latina, bem como as letras **j** e **v** conforme vimos acima.

A concepção do português como língua oriunda diretamente do latim é sempre enfatizada por Barros:

> E porque (como já disse) por sermos filhos da língua latina, temos tanta conformidade com ela, que convém usarmos dos seus termos: principalmente em cousas que têm seus próprios nomes, dos quais não devemos fugir ("Do nome").

O desejo de afastar o português de suas origens galegas é explicitamente enunciado. Ao tratar de certas grafias e pronúncias, João de Barros escreve: "Não me pareceria mal desterrarmos de nós esta prolação e ortografia galega" e "os que pouco sentem querem remediar o seu desfalecimento escrevendo agalegadamente". De fato, em seus primórdios, a gramatização do português visava o "enobrecimento" da língua vernácula, o que seria impossível se ela continuasse a se vincular ao galego que, naquela época, já tinha entrado em sua longa fase de rebaixamento social, subjugado pelo castelhano imposto a toda a Espanha como língua dominante depois da unificação territorial.

Na comparação com o modelo ideal de língua padronizada, o latim, João de Barros, em diversos pontos de sua obra, observa as "carências" do português (que ele ainda chama de "nossa linguagem"):

- "E porque não temos verbos na voz passiva, suprimos este defeito por rodeio" ("Do verbo").
- "[...] e por ele suprimos o particípio futuro na voz ativa que os latinos têm, de que nós carecemos" (*ibid.*).
- "[...] para significar alguns [tempos verbais] que os latinos têm, de que nós carecemos [...]" (*ibid.*)
- "[...] e por ele [o infinitivo] suprimos alguns defeitos da nossa linguagem, em que a latina é mais copiosa" (*ibid.*).

O preconceito etnocêntrico também se expressa sem rodeios, como era típico da época, em que o assujeitamento e a escravização de outros povos eram vistos com naturalidade:

> E em nenhuma parte da terra se comete mais esta figura de pronunciação [barbarismo] que nestes reinos, por causa das muitas nações que trouxemos ao jugo de nosso serviço. Porque bem como os gregos e Roma haviam por bárbaras todalas outras nações estranhas a eles, por não poderem formar sua linguagem, assim nós podemos dizer que as nações de África, Guiné, Ásia, Brasil barbarizam quando querem imitar a nossa ("Das figuras").

A parte final da gramática de João de Barros é ocupada por um "Diálogo em louvor da nossa linguagem", travado entre um pai (o próprio Barros) e seu filho, dentro do espírito já comentado acima de tentar enobrecer o vernáculo e justificar seu uso no lugar do latim. Ali aparece o tema tradicional do hebraico como primeira língua da humanidade ("os Hebreus, por serem os primeiros a quem Deus quis comunicar a criação do mundo, afirmam que a língua do nosso primeiro padre Adão foi Hebreia") e o da divisão do hebraico, após o episódio de Babel, em 72 línguas diferentes, bem como a consideração do hebraico, do grego e do latim como "princesas do mundo" ("porque esta autoridade lhe deu o título da cruz onde foram postas"). O latim é reconhecido como a origem do português ("cujos filhos nós somos") e também do italiano, do francês e do espanhol. Quando o filho indaga "qual destas é por melhor e mais elegante?", o pai, após diversas observações, responde:

> Estes são os versos que João de Barros cita para justificar sua tese de que o português e o latim são extremamente parecidos:
>
> *O quam diuinos acquiris terra triumphos:*
> *Tam fortes animos alta de sorte creando.*
> *De numero sancto gentes tu firma reseruas.*
> *Per longos annos, uiuas tu terra beata.*
> *Contra non sanctos te armas furiosa paganos.*
> *Viuas perpetuo, gentes mactando feróces:*
> *Que a Ethiopas, Turcos, fortes Indos das saluos:*
> *De Iesu Christo sanctos mostrando prophetas.*

> Que se pode desejar na língua portuguesa que ela tenha? Conformidade com a latina? Nestes versos feitos em louvor da nossa pátria se pode ver quanta tem, porque assim são tão portugueses que os entende o português, e tão latinos que os não estranhara quem souber a língua latina. [...] Aí começarás tu de sentir o louvor da nossa linguagem, que sendo nossa a entenderá o latino porque é sua. Esta prerrogativa tem sobre todalas linguagens presentes: majestade para cousas graves e uma eficácia varonil que representa grandes feitos. [...] E para um Francês formar um seu próprio ditongo, faz nos beiços esgares que pode amedrontar meninos [...]. Certo assim a francesa, como a Italiana, mais parecem fala para mulheres, que grave para homens [...]. Nesta gravidade (como já disse) a Portuguesa leva a todas, e em si uma pureza e sequidão para cousas baixas [...]. A linguagem Portuguesa, que tenha esta gravidade, não perde a força para declarar, mover, deleitar e exortar a parte a que se inclina, seja em qualquer gênero de escritura. [...] Certo, a quem não falecer matéria e engenho para demonstrar sua tenção, em nossa linguagem não lhe falecerão vocábulos. Porque de crer é que se Aristóteles fosse nosso natural, não fora buscar linguagem emprestada para escrever na filosofia, e em todalas outras matérias de que tratou.

A relação, já feita por Nebrija, entre língua e império é retomada por João de Barros:

> E acerca deles [os romanos], mais se estimava a vitória que a sua língua tinha em ser recebida de todalas bárbaras nações que de as submeter ao jugo do seu império. E neste cuidado foram tão solícitos que, andando entre os Partos e outros tão bárbaros povos, não consentiam que falassem senão a sua língua

latina, por demonstrar o império que tinham sobre todalas outras nações. [...] As armas e padrões portugueses postos em África e em Ásia e em tantas mil ilhas fora da repartição das três partes da terra materiais são e pode-as o tempo gastar, pero não gastará doutrina, costumes, linguagem que os portugueses nestas terras leixarem. [...] Certo é que não há glória que se possa comparar a quando os meninos Etíopes, Persianos, Indos d'aquém e d'além do Ganges, em suas próprias terras, na força de seus templos e pagodes, onde nunca se ouviu o nome romano, por esta nossa arte aprenderem a nossa linguagem, com que possam ser doutrinados nos preceitos da nossa fé, que nela vão escritos.

A este mesmo movimento de gramatização da língua pertence a obra de **Pero de Magalhães de Gândavo** (*c.* 1540-*c.* 1580) intitulada *Regras que ensinam a maneira de escrever a ortografia da língua portuguesa, com um Diálogo que adiante se segue em defensão da mesma língua* (1574). Gândavo esteve no Brasil e produziu um tratado que se tornaria famoso na historiografia brasileira, *História da Província Santa Cruz a que vulgarmente chamamos Brasil*, publicado em 1576, o primeiro livro impresso a respeito do país. A parte mais interessante de sua obra linguística é o diálogo final, porque apresenta uma peculiaridade: as pessoas que dialogam são Petrônio, um português, que fala em sua língua, e Falencio, um castelhano, que se exprime na sua. A defesa do português, neste texto, não se vincula à necessidade de justificar a promoção do português junto ao latim, mas de demonstrar a "superioridade" da língua portuguesa diante da espanhola.

O reino de Portugal se formou como um feudo cujo vassalo (o futuro rei **Afonso I** [1106? 1108? 1111?-1185]) se rebelou contra a submissão à Coroa de Leão e Castela, no século 12. Apesar de conquistada e reconhecida a independência, os portugueses sempre viveram assombrados pelo temor de que a Espanha, maior e mais forte, viesse a se apoderar do território que constituía a maior parte da fachada atlântica da Península. Esse temor acabou se revelando justificado: em 1580, tendo ficado vago o trono português depois da morte prematura do rei **D. Sebastião I** (1554-1578), a Coroa portuguesa foi assumida pelo rei **Filipe II de Espanha** (1527-1598), dando início aos sessenta anos da chamada **União Ibérica** (1580-1640). Já antes dessa união, porém, o espanhol vinha sendo empregado pelos eruditos portugueses como língua de cultura literária e erudita, a ponto de se poder falar de um bilinguismo luso-castelhano e até mesmo de um "castelhano de Portugal", isto é, de uma forma de castelhano própria dos usuários portugueses, que para ela transferiam alguns traços gramaticais e vocábulos de sua própria língua.

É provavelmente contra essa situação que Gândavo produz seu diálogo, e o nome dado ao defensor do espanhol, *Falencio*, revela decerto algum sarcasmo de sua parte. No entanto, é interessante notar que o fato mesmo de ter sido capaz de escrever trechos do diálogo em perfeito castelhano demonstra que o próprio Gândavo era um cultor do mencionado bilinguismo. O diálogo se abre com Falencio fazendo a seguinte declaração:

> Por cierto, señor Petronio, que no es poco de agradecer el amor que en esto mostráis a vuestra naturaleza. Porque siendo esta opinión tan contraria de todos, y conocida vuestra lengua por la más tosca y grosera del mundo, queréis defenderla y sustentar el contrario.

A isso Petrônio responde com o tradicional argumento de que, das línguas românicas, o português é a que se conserva mais próxima do latim, o que lhe confere especial nobreza:

> [...] haveis de saber que esta nossa língua foi inventada como foram as outras línguas. E se alguma nesta parte a favoreceu foi a Latina, da qual todos estes nossos vocábulos, ou a maior parte deles, trazem sua origem. [...] Pela qual razão, se não pode negar ser este o natural e verdadeiro Português que agora usamos, no qual, se desapaixonadamente quiserdes pôr os olhos e notar a etimologia e significação de alguns vocábulos desta nossa língua, achareis que em muitas partes faz vantagem à vossa [...].

Petrônio dá a seguir um exemplo: em português se diz *olhar*, enquanto em espanhol se diz *mirar*. Para ele, esse "verbo não pode ser conveniente", porque "se o instrumento com que vemos chamamos *olhos*, com razão diremos *olhar*, e vós chamais-lhe *ojos* e dizeis *mirar*". E prossegue:

> Outras muitas impropriedades de vocábulos há desta maneira em vossa língua que mui raramente ou nunca se acharão na nossa. E, além disso, outros temos cá de que vós lá careceis, sem os quais não podeis por nenhum modo bem explicar aquilo que eles significam, como vem a saber: dizemos *jeito, saudade, lembrança, praguejar, enxergar, agasalhar* etc.

Quando Falencio insiste para que Petrônio apresente mais argumentos que contradigam a opinião de "todas las naciones del mundo" de que o português é grosseiro e pobre, Petrônio levanta um argumento que se tornará um lugar-comum na cultura linguística do português — especialmente no Brasil: a suposta dificuldade da língua:

> A causa desse aborrecimento e desprezo (ou, por melhor dizer, inveja), senhor Falencio, nasceu de ela [a língua portuguesa] ser em si tão dificultosa que de maravilha vimos estrangeiro algum que a pudesse bem tomar, ainda que neste Reino andasse muitos anos e trabalhasse pela empreender quanto humanamente fosse possível. E daqui vem a todas as nações aborrecerem-na tanto e não na podem gostar, por lhes ser (como digo) tão pouco fácil e de tão ruim desistam.

Diante disso, Falencio contra-argumenta que o castelhano então é muito mais útil porque qualquer pessoa de qualquer nacionalidade o aprende com facilidade. Petrônio responde com um sofisma: "Vemos por experiência que quanto as coisas em si são melhores e mais excelentes, tanto é mais trabalhoso e difícil ao homem alcançá-las". No prosseguimento do diálogo, Petrônio evoca Luís de Camões para provar que o português é língua apropriada ao verso heroico (o épico *Os Lusíadas* tinha sido publicado em 1572, dois anos antes, portanto, do texto de Gândavo) e sugere a leitura da gramática de João de Barros e da obra de André de Resende, "onde claramente se mostra que [a língua portuguesa] com pouca corrupção deixa de ser latina". Aqui se vê o eco do trecho de *Os Lusíadas*, que serve de epígrafe a este nosso capítulo, em que a deusa Vênus, ao escutar a língua dos portugueses, "com pouca corrupção crê que é a latina".

Segue-se uma disputa para demonstrar qual das duas línguas é mais próxima do latim. Falencio diz que é o castelhano e dá como exemplo as palavras *ingenio* (do latim *ingenio*, mas *engenho* em português), *dolores* (latim *dolores*, mas *dores* em português), *colores* (latim *colores*, mas *cores* em português), *persona* (latim *persona*, mas *pessoa* em português) etc. Petrônio replica com vocábulos espanhóis que se distanciam do latim: *lengua* (latim *lingua*, português *língua*), *temprano* (latim *citu*, português *cedo*), *lejos* (latim *longe*, português *longe*) etc. E para comprovar a quase identidade do português com o latim, Petrônio cita os mesmos versos que aparecem no diálogo de João de Barros, versos escritos numa linguagem extremamente artificial, que nada tem de legítima expressão portuguesa.

Para continuar a defender seu ponto de vista, Petrônio acusa o castelhano de ter "corrompido" o latim por ter "dobrado" muitas sílabas em "duas letras vogais, que o latim nem nós nunca usamos". Refere-se, é claro, à ditongação característica das sílabas tônicas do espanhol, como nas palavras *tierra, fuerte, muerte, suerte, luego, cierto*. Falencio desiste então de prosseguir no debate e concede a vitória a Petrônio, isto é, à língua portuguesa.

Duas outras obras concluem esse período de gramatização inicial do português, ambas de autoria de **Duarte Nunes de Leão** (1530?-1608), jurista e historiador. A primeira delas é mais um tratado sobre a escrita: *Ortografia da língua portuguesa*, de 1576. A segunda, de um gênero menos usual, é a *Origem da língua portuguesa*, publicada em 1606. Ela se abre com uma apreciação do fenômeno da mudança linguística:

> Assim como em todas cousas humanas há contínua mudança e alteração, assim é também nas linguagens. E o que parecia increível, também isto está sujeito ao arbítrio da fortuna: porque assim como os vencedores das terras e províncias lhes dão leis em que vivam, assim lhes dão língua que falem. [...] Pelo que, como as palavras são anunciadoras dos conceitos, que são vários, assim são elas várias e mudáveis, como cousa arbitrária e em que o povo tem jurisdição. [...] Esta diferença que se vai fazendo nas línguas acontece de muitas maneiras, ou deixando-se de todo as palavras como peças velhas, e tomando outras em seu lugar, ou emendando-as em parte, ou inventando-se de novo as de que carecia naquela língua.

A esse respeito, a obra enuncia às vezes declarações que só se firmarão na ciência linguística muito tempo depois, como por exemplo, a da inexistência de línguas "puras":

> [...] não há língua pura, nem a houve, sem ter mistura de outras línguas. E a variedade de vocábulos de que cada dia se vão uns introduzindo e outros perdendo, e como pelo discurso do tempo se vão dessemelhando duas línguas de outras com que tinham alguma semelhança, e consigo mesmas, tanto que ficam parecendo outras.

O livro de Nunes de Leão se dedica a estabelecer, como diz o título, a origem da língua portuguesa, retrocedendo para isso à história mais remota da Península Ibérica. Apesar de recorrer a certas crenças míticas bastante arraigadas, o autor se revela um bom etimologista, ao tentar traçar as formas mais antigas de muitas palavras, entre elas nomes de lugares. Também exibe uma adequada avaliação dos resultados dos contatos entre povos e línguas e de sua participação importante na mudança linguística, apesar dos preconceitos tradicionais lançados contra os germânicos e os árabes:

> Vindo pelos tempos, como é natural, haver mudança nos estados e declinar o Império Romano, veio a Espanha a inundação dos Godos, Vândalos e Sitingos e de outras gentes bárbaras, que devastaram Itália e as Gálias, e dominaram Espanha, e com sua bárbara língua corromperam a Latina e a mistura-

> ram com a sua de maneira que se vê nos livros e escrituras antigas que pelo tempo foi esta língua fazendo diferença nas províncias de Espanha, segundo as gentes a vieram habitar. Despois desta barbaria que se introduziu, veio a perdição de toda Espanha, que os Mouros assolaram e destruiram entre os quais ficaram os Espanhóis uns cativos e outros tributários por partidos, que de si fizeram, para lhes lavrarem as terras como seus ascriptícios e inquilinos. E vivendo entre eles corromperam ainda mais a língua meia Gótica e meia Latina que falavam tomando outros vocábulos dos Mouros, que ainda hoje nos duram.

Convém recordar que o termo *Espanha* se refere aqui a toda a Península Ibérica, conforme o uso de *Hispania* pelos romanos. Na *Espanha* assim compreendida havia os reinos de Portugal e Castela. Ao tratar das diferenças que foram se criando entre as diversas línguas faladas na Península, Nunes de Leão, ao se referir à língua da Galiza e à de Portugal assim se expressa:

> [...] as quais ambas eram antigamente quase uma mesma, nas palavras e nos ditongos e pronunciação que as outras partes de Espanha não têm. Da qual língua Galega a Portuguesa se avantajou tanto quanto na cópia e na elegância dela vemos. O que se causou por em Portugal haver Reis e corte, que é a oficina onde os vocábulos se forjam e pulem, e donde manam para os outros homens, o que nunca houve em Galiza.

Trata-se de uma observação bastante pertinente e que revela uma perspicácia glotopolítica muito apurada da parte do autor. De fato, para que uma língua possa se impor a todo um território e se desenvolver como instrumento de cultura letrada, é preciso haver uma *política linguística* que a sustente. Assim, a separação política entre Galiza e Portugal, no século 12, foi aos poucos causando também uma separação linguística, porque a Galiza permaneceu sob o domínio castelhano e sua língua nunca pôde, dessa maneira, ser empregada em situações de maior prestígio social, incluindo a alta literatura e a administração pública. Será preciso esperar até o século 19 para que ocorra o *Rexurdimento*, um movimento liderado por intelectuais da Galiza (com especial destaque para a poeta **Rosalía de Castro** [1837-1885]), que vão empregar o galego como língua de produção literária, ensaística e de valorização da identidade local. E somente no final da década de 1970, após quarenta anos de ditadura franquista (que perseguiu as línguas regionais da Espanha), é que o galego será reconhecido como língua oficial da Galiza (ao lado do castelhano) e será submetido a um processo de padronização.

4.9.3 A relatinização

Na fase histórica de gramatização das línguas vernáculas durante o Renascimento, com vistas à sua instituição como língua da Corte e como língua de cultura erudita, muitas palavras foram *relatinizadas*, isto é, tiveram sua forma reconduzida à forma latina etimológica, da qual tinham se afastado devido aos processos regulares de mudança fonética ocorridos em cada idioma. Além disso, nesse processo de elaboração de uma norma linguística que servisse para a administração pública, a discussão filosófica, a produção literária etc., os codificadores das línguas recém-gramatizadas se voltaram para o latim clássico, fazendo amplo uso do léxico e da gramática da língua mais prestigiada durante mil anos. Justamente por isso esse processo é chamado de **relatinização**. Com isso, muitos termos técnicos, científicos, filosóficos e literários foram criados tendo por base o étimo latino. Esses termos são produto do que se chama *formação erudita*, em contraste com a *formação popular*, na qual os processos de mudança linguística ocorreram regularmente. Muitos desses termos eruditos, por exemplo, são proparoxítonos, uma acentuação regularmente eliminada na história do galego, do português e do espanhol em favor das palavras paroxítonas. Observe-se no quadro abaixo os pares de palavras de formação erudita e de formação popular — a datação mostra quando elas começaram a ser usadas na escrita e revela que as palavras eruditas são muito mais recentes na história da língua do que as de formação popular:

LATIM	PORTUGUÊS			
	formação erudita	datação	formação popular	datação
dígitu-	dígito	1532	dedo	séc. XIII
duplu-	duplo	1651	dobro	1277
frígidu-	frígido	1542	frio	1101
mácula-	mácula	1589	malha	séc. XIII
másculu-	másculo	1687	macho	séc. XIII
matéria-	matéria	séc. XIV	madeira	1269
óculu-	óculo	1649	olho	séc. XIII
plaga-	plaga	séc. XIV	chaga	1297
planu-	plano	séc. XIV	chão	1261
rígidu-	rígido	1572	rijo	séc. XIII

Além da relatinização do léxico e da gramática, com a reintrodução de construções sintáticas próprias do latim clássico, também se deu um processo de **recondução** de diversas palavras a uma forma mais próxima do étimo latino:

FORMA TRADICIONAL	FORMA RELATINIZADA
avondança	abundância
coa	cauda
esmar	estimar
frol	flor
goivo	gáudio
fremoso	formoso
letradura	literatura
marteiro	martírio
obridar	olvidar
chantar	plantar
seenço	silêncio

O mesmo fenômeno se deu em francês:

LATIM	FRANCÊS			
	formação erudita	datação	formação popular	datação
auscultare	ausculter	séc. XVI	écouter	séc. X
captivu-	captif	séc. XV	chétif	séc. XI
causa-	cause	séc. XIII	chose	séc. IX
decadentia-	décadence	séc. XVI	déchéance	séc. XII
eradicare	éradiquer	séc. XIV	arracher	séc. XII
fragile-	fragile	séc. XIV	frêle	séc. IX
integre-	intègre	séc. XVI	entier	séc. XI
masticare	mastiquer	séc. XVI	mâcher	séc. XII
natale-	natal	séc. XVI	noël	séc. XII
potione-	potion	séc. XIV	poison	séc. XII

Quando de um mesmo étimo se tem mais de uma forma derivada, cada uma dessas derivações é chamada de *forma divergente* ou *dobrete/doblete* (do francês *doublet*). É o caso do latim *macula-*, de onde procedem *mágoa, malha, mancha* e *mácula*, por exemplo. Quando, ao contrário, uma mesma forma atual remonta a mais de um étimo, diz-se que se trata de uma *forma convergente*, como no caso de *sanu-* e *sunt* que resultaram em português na forma única *são* (adjetivo e verbo, respectivamente). Para os estudos da mudança linguística, porém, as formas divergentes são muito mais importantes por revelarem as regularidades fonéticas implicadas nas mudanças e também os processos culturais de refacção erudita de formas tradicionais com base no étimo latino.

Por fim, cabe notar que, no caso do português, uma grande quantidade desses vocábulos relatinizados não se formaram diretamente em Portugal, mas foram importados do castelhano, língua que apresentava um cultivo erudito muito mais desenvolvido. Assim, conforme escreve o linguista português Fernando Venâncio (2016: 4),

> Com efeito, durante séculos, a cómoda disponibilidade do vizinho castelhano dispensou o português culto de explorar a fundo o pecúlio patrimonial. Frente ao convidativo castelhano, nunca criámos verdadeiramente resistências, ou sequer distância, nunca desenvolvemos estratégias de *diferencialismo* [...].

4.10 A fixação da norma e o surgimento dos "clássicos"

A partir do trabalho dos primeiros gramáticos e ortógrafos renascentistas, e graças a eles também, as línguas que foram seus objetos de descrição e defesa iniciaram um longo processo de **normatização**, isto é, como vimos acima, foram se tornando "artifícios", códigos elaborados para desempenhar todas as funções ditas "superiores" que um idioma tem de desempenhar na sociedade em que ocupa o posto mais alto, destacado das outras línguas ou variedades presentes no mesmo território. Essa normatização terá seu principal ímpeto nos séculos 17 e 18 e prossegue até os dias de hoje. O linguista canadense Jean-Marcel Paquette (2001) demonstra, com base em pesquisas documentais, que a normatização da língua se fez em paralelo com a normatização jurídica: a partir do momento em que os vernáculos começaram a ser empregados no âmbito do direito, foi necessário normatizá-los para que desempenhassem aquelas funções, o que teria levado à produção das gramáticas. O autor chega mesmo a postular ter sido o uso do vernáculo nas chancelarias reais e locais que suscitou a normatização das línguas: "Elas [as chancelarias] desempenharam um papel propriamente *linguístico* na difusão e na unificação das línguas vernáculas através do Ocidente" (p. 244). De fato, a própria noção de *norma*, empregada até os dias de hoje para tratar de questões de língua, surgiu inicialmente no âmbito do direito. Assim,

> se as gramáticas se apresentam até os nossos dias sob a forma de um verdadeiro código de direito, com a regra, os parágrafos, os artigos e as exceções quanto aos exemplos tirados dos autores, é porque elas têm mais ou menos uma função análoga à da jurisprudência (p. 246).

O milenar predomínio do latim como língua de cultura "superior" tinha como instrumentos de sustentação não somente as obras dos gramáticos antigos mas também, e talvez principalmente, o extenso patrimônio literário legado ao Ocidente pelos autores romanos. O latim falado nunca teve interrompida a sua dinâmica de variação e mudança, decerto acelerada após a ruptura da unidade territorial e política do Império Romano, e aos poucos foi assumindo, nas diferentes porções romanizadas da Europa, características particulares suficientemente distintas em cada lugar para servirem de base mais tarde à seleção de uma variedade específica para receber o título de "língua" e se tornar o idioma do poder político, simbolizado pelo rei e sua corte. Repetindo o que dissemos mais acima, já no século 9 o conhecimento exclusivo das variedades vernáculas impedia as pessoas do povo de compreenderem o latim das missas, o que levou à decisão de pronunciar os sermões e homilias nessas variedades. Enquanto isso, a reduzida parcela de letrados, que empregava o latim no exercício de suas diferentes funções (clérigos, magistrados, filósofos, professores etc.), tinha de recorrer aos usos cristalizados nas obras literárias do passado para, nelas, aprender a manejar a língua clássica, tanto na escrita em geral quanto na fala em situações que exigiam o emprego protocolar do latim. Cícero, Sêneca, Horácio, Virgílio e outros autores se tornaram as fontes capazes de suprir as necessidades de quem tinha de usar o latim, língua já desprovida de falantes nativos e, justamente por isso, classificada como "língua morta".

Das dinâmicas históricas que levaram as línguas vernáculas a serem consideradas dignas de uso no exercício da autoridade política também fez parte o processo de **produção de obras literárias** que viriam a ter, para as línguas recém-normatizadas, a mesma importância e o mesmo papel que o patrimônio literário romano tivera para a normatização do latim clássico e sua permanência durante séculos como única língua de cultura "superior". As línguas "novas" precisavam de seus "clássicos". É assim que, a partir do Renascimento, surgem os escritores que, pelo talento que demonstraram no emprego dos vernáculos recém-normatizados (e que eles mesmos, com seu trabalho, ajudaram a normatizar), passaram a ser designados como os verdadeiros "pais" de suas línguas, a ponto de seus nomes próprios serem usados até hoje para designá-las. No caso das línguas que contavam com uma corte, "que é a oficina onde os vocábulos se forjam e pulem", conforme as palavras de Duarte Nunes de Leão citadas mais acima, é justamente o português a primeira a contar com um desses escritores: **Luís Vaz de**

O caso do italiano, chamado "a língua de Dante", é diferente. Como vimos acima, a Itália só se tornou um Estado unificado em 1861. No entanto, a grande proeza literária realizada por Dante com sua *Divina Comédia*, escrita em toscano, e o sucesso imediato que a obra teve nos meios culturais italianos consagraram o autor, já a partir do século 14, como o "criador" de uma língua "italiana", séculos antes do próprio surgimento da entidade política que viria a se chamar *Reino da Itália* e, depois da Segunda Guerra Mundial, *República Italiana*.

O alemão, por sua vez, só será associado ao nome de um escritor depois da morte de **Johann Wolfgang von Goethe** (1746-1832). Assim como a Itália em 1861, a entidade política unificada chamada Alemanha só surgirá em 1871, depois da reunião, sob a coroa do *Kaiser* (imperador) da Prússia, dos diferentes Estados de língua alemã. É a partir de então que se fixará a expressão "a língua de Goethe" para designá-la.

Camões (1525-1580), autor d'*Os Lusíadas* (publicado em 1572). No caso do espanhol, a honra cabe a **Miguel de Cervantes Saavedra** (1545-1616), com seu *Dom Quixote* (*El ingenioso hidalgo Don Quijote de La Mancha*), publicado em 1604. O inglês se consolidará como língua de alta expressão poética na obra de **William Shakespeare** (1564-1616). O francês, embora seja a língua europeia que mais cedo iniciou seu processo de normatização, terá de esperar até o século 17 para ver seu nome associado ao de **Molière** (Jean-Baptiste Poquelin, 1622-1673). É isso que explica por que, até os dias de hoje, sejam tão comuns as expressões "a língua de Camões", "a língua de Cervantes", "a língua de Shakespeare" e "a língua de Molière" para se referir, por antonomásia, aos idiomas em que eles produziram suas obras.

A produção das primeiras gramáticas e desses monumentos literários se entrelaça, como já vimos, nos diversos processos históricos que caracterizam o período, entre os quais temos destacado a invenção da imprensa, a normatização jurídica e o início da expansão colonial. Assim como não é por acaso que a gramática castelhana de Nebrija faça referência à "língua companheira do império", tampouco se deve minimizar o fato de que *Os Lusíadas* cantem as glórias da expedição de Vasco da Gama rumo à Índia. Portugueses e espanhóis foram os primeiros europeus a se aventurar no empreendimento colonial, e é exatamente por isso que as obras gramaticais e literárias produzidas nessa fase também serviram de instrumentos ideológicos para a justificação do colonialismo, com a exaltação da língua dos conquistadores como "superior" à dos conquistados, superioridade supostamente garantida pela própria herança genética dessas línguas, descendentes do latim, a língua por excelência.

Também não é demais recordar que, com a Reforma protestante, as traduções da Bíblia ajudaram a fixar as normas literárias de línguas como o alemão, pelas mãos de Lutero, e do tcheco, graças a Jan Hus, já citados.

A normatização idiomática consiste, como vimos, na criação de uma língua *artificial*, nos dois principais sentidos do termo. Além disso, ela também constitui uma **fixação** relativa da língua, ou seja, um "represamento" dos processos incessantes de mudança que agem o tempo todo por obra e graça das pessoas que falam a língua, ainda que sem consciência disso. De igual modo, a normatização seleciona alguns usos como "corretos" e, no mesmo gesto, exclui outros, o que significa uma tentativa de resolver o "problema" da variação. Os efeitos dessa fixação relativa costumam ser vistos positivamente: um padrão tanto quanto possível uniforme permitiria, por exemplo, o estabelecimento de uma educação linguística mais homogênea e supostamente democratizadora, ao facilitar o acesso de qualquer cidadão ao patrimônio cultural produzido na língua e garantir sua interação com as instâncias oficiais, que se valem desse padrão. Os sociólogos da linguagem, no entanto, têm chamado a atenção para o uso que as classes dominantes letradas fazem desse padrão como elemento de **distinção** cultural, de demarcação de fronteiras entre os grupos sociais privilegiados e os estigmatizados. O próprio uso de designações do tipo "a língua de Camões", "a língua de Cervantes" etc. produz no senso comum a crença de que a língua que se fala e se escreve hoje é somente um pálido e defeituoso reflexo de uma Idade de Ouro linguística, uma idade que seria, precisamente, aquela em que viveram Camões, Cervantes etc. As consequências dessa ideologia linguística são bem conhecidas, entre elas a já mencionada *tradição da queixa*, decorrente justamente da nostalgia de uma irreal Idade de Ouro, mas sobretudo o uso perverso da língua padronizada, acessível apenas por meio da escolarização prolongada e exigente, como instrumento de discriminação social.

GRAMÁTICAS DE LÍNGUAS EUROPEIAS PRODUZIDAS ENTRE OS SÉCULOS 15 E 17

Ano	Título	Autor	Língua
1409	*Donait françois*	**J. Barton**	francês
1492	*Gramática de la lengua castellana*	**A. Nebrija**	espanhol
1510	*Regole grammaticali della volgar lingua*	**G. F. Fortunio**	italiano
1525	*Prose della volgar lingua*	**P. Bembo**	italiano
1530	*Lesclaircissement de la langue françoyse*	**J. Palsgrave**	francês
1532	*An Introduction for to lerne to rede to pronnounce and to speke Frenche trewly*	**G. du Wez**	francês
1533	*Introductiones grammaticas: breves y compendiosas*	**B. de Busto**	espanhol
1534	*Ein Teutsche Grammatica*	**V. Ickselsamer**	alemão
1536	*Grammatica da lingoagem portuguesa*	**F. Oliveira**	português
1540	*Grammatica da lingua portuguesa*	**J. Barros**	português

1541	*In linguam Gallicam Isagoge; Grammatica latino-gallica*	**J. Dubois (Sylvius)**	francês
1543	*La grammatica volgare*	**A. Acaristio**	italiano
1550	*Suma y erudición de Gramática en metro castellano*	**F. de Thámara**	espanhol
1550	*Le Tretté de la Grammère francoeze*	**L. Meigret**	francês
1555	*Útil y breve institución para aprender los principios y fundamentos de la lengua hespañola*	**Anônimo**	espanhol
1558	*Gramática castellana*	**C. de Villalon**	espanhol
1559	*Gramática de la lengua vulgar de España*	**Anônimo**	espanhol
1573	*Teutsche Grammatik oder Sprachkunst*	**L. Albertus**	alemão
1574	*Grammatica seu instituto verae germanicae linguae*	**A. Celinger**	alemão
1576	*Grammatica germanicae linguae*	**J. Clajus**	alemão
1584	*Twe-spraack vande Nederduitsche letterkunst...*	**H. Laurensz**	neerlandês
1586	*Pamphlet for Grammar*	**W. Bullokar**	inglês
1594	*Grammatica anglicana...*	**P. Greaves**	inglês
1625	*A perfect survey of the English tongue...*	**J. Hewes**	inglês
1625	*De Nederduytsche grammatica ofte spraec-konst*	**C. van Heule**	neerlandês

CAPÍTULO 5

Séculos 17 e 18
a razão, a empiria e o Iluminismo

"Nesses dois séculos, num grau excepcionalmente elevado, a história da linguística é não somente a história da doutrina gramatical ou da filosofia da linguagem; é, bem mais, um capítulo crucial da história das ideias e da ciência, de procedimentos de descoberta e explicação, de paradigmas científicos e até mesmo de mitologias culturais, em que se movem filósofos, cientistas, místicos, eruditos e vários outros tipos de pensadores"
(Simone, 2014: 150).

Introdução

Os dois séculos que abordaremos neste capítulo conhecerão uma grande diversidade de interesses no que diz respeito à linguagem em geral e às línguas em particular. O século 17 será marcado por intensos debates filosóficos em que se oporão, mais uma vez, duas grandes escolas de pensamento — o **racionalismo** e o **empirismo** — tal como na Idade Média tinham se oposto os realistas e os nominalistas |3.6|. O acúmulo de informações sobre línguas não ocidentais — especialmente as línguas americanas e asiáticas — permitiu a elaboração de teorias em torno das características universais das línguas humanas. Especulações sobre o possível parentesco das línguas europeias entre si anunciam os rumos que tomará a linguística histórica no século 19. No plano institucional, surgem as **academias de língua**, com destaque para a Academia Francesa, num movimento que se firmará com o nome de **purismo** linguístico, isto é, a tentativa de definir rígidos padrões de correção inspirados nos usos da aristocracia. É também nesse período que o **francês** se torna a língua internacional da cultura erudita e das relações diplomáticas. O século 18 passará à história ocidental como o "Século das Luzes" ou **Iluminismo**, movimento que apostava no desenvolvimento pleno das capacidades racionais exclusivas do ser humano, na crítica aguda aos sistemas políticos totalitários e na contestação do dogmatismo religioso e de toda forma de obscurantismo e superstição. O século se encerrará com a **Revolução Francesa** (1789), cujo impacto na vida europeia foi tamanho que passou a ser considerada como o marco inicial da chamada Idade Contemporânea.

Entre os muitos campos de interesse das reflexões sobre linguagem nesse período estão a relação entre linguagem e teologia (o debate sobre a origem divina ou não da linguagem humana); os vínculos entre linguagem e conhecimento (e lógica, e pensamento); as preocupações educacionais; as especificidades da linguagem humana comparada à animal; os abusos perpetrados contra a língua e a necessidade de reformá-la para evitá-los; as origens das línguas (uma única língua original ou, desde sempre, uma multiplicidade de línguas); a mudança linguística (ora vista negativamente, ora considerada intrínseca à atividade de linguagem); a tentativa de elaborar línguas artificiais capazes de permitir o entendimento comum de todos os seres humanos. É um vasto programa de estudos, como se vê, e aqui tentaremos sublinhar seus momentos mais relevantes.

5.1 A imperfeição da língua e a necessidade de reformá-la

Um tema que ocupará os estudiosos da linguagem durante o século 17 é o da chamada **reforma da língua**. Não se trata, aqui, da antiga concepção de que só existe um modo "correto" e "elegante" de falar uma língua, concepção que está na base da tradição gramatical normativa e que prossegue até os dias de hoje. A questão é de cunho filosófico, e até mesmo teológico em diversos casos, e diz respeito a uma suposta imperfeição das línguas humanas, tidas como degenerações de alguma língua primordial, original — no caso da abordagem teológica, a chamada **língua adâmica**, a que supostamente teria sido falada por Adão sob direta inspiração divina. Por força dos usos e dos abusos, essa língua primeira se degenerou, e o resultado é a imperfeição que caracteriza as línguas atuais — a Queda, a expulsão do Paraíso, também representou uma decadência da língua, a deturpação de sua forma primordial, perfeita. É um tema muito antigo que voltou à cena com mais intensidade no período que nos ocupa — basta lembrar as reflexões sobre a linguagem contidas no *Crátilo*, de Platão, que examinamos em |2.4.1|.

Por causa de sua imperfeição, a língua se presta a confusões, ambiguidades, mal-entendidos que dificultam a aquisição correta e a transmissão adequada do conhecimento. Surgem então as tentativas de elaboração de uma **linguagem filosófica** ou **universal**, capaz de permitir o entendimento claro e imediato do que se deseja enunciar. A ideia que preside a muitas dessas tentativas é a de que todos os seres humanos têm a mesma apreensão da realidade, dispõem dos mesmos conceitos mentais, de modo que seria teoricamente possível catalogar todos estes numa espécie de dicionário e construir uma linguagem acessível a todos os povos. Havia, em alguns dos propositores da ideia, um desejo de promoção da paz universal e do pleno entendimento entre os povos, um sentimento que se prolongará até o final do século 19, quando o médico polonês **Ludwik Łazarz Zamenhof** (1859-1917) cria o **esperanto**, língua artificial que tenta fazer uma mescla das principais línguas europeias, caracterizada pela absoluta regularidade morfológica.

A ideia de universais de pensamento e, em decorrência deles, de universais linguísticos — uma vez que com muita frequência se concebeu a linguagem como expressão do pensamento — também é muito antiga, mais uma vez derivada da filosofia grega, especialmente de Platão. Ela percorre toda a história das ideias linguísticas no Ocidente, atravessa a Idade Média, emerge de novo nos séculos 17 e 18, fica nos bastidores durante o século 19 e metade do século 20, quando ressurge na linguística contemporânea, reformulada por **Noam Chomsky** (n. 1928) em sua escola teórica denominada **gerativismo**. De fato, o próprio Chomsky reconhece sua filiação a essa tradição, que defende a existência de **ideias inatas**, independentes da experiência prévia, inatismo que remonta a Platão e, no século 17, é amplamente desenvolvido por **René Descartes** (1596-1650) e outros filósofos racionalistas, assim como pelos gramáticos e lógicos de **Port-Royal** |5.4|.

A ideia de reformar as línguas e construir uma linguagem filosófica (ou a "língua da natureza", como também pretendiam alguns)

> não era, porém, um exercício de metodologia científica rigorosa, mas surgiu de uma mistura confusa de ansiedades místicas, tensões palingenéticas, projetos de entendimento universal entre as nações e de paz religiosa numa época que foi, também neste aspecto, tempestuosa (Simone, 2014: 171).

O adjetivo *palingenético* significa "de volta às origens" e diz respeito às ideias vigentes no século 17 a respeito de uma "língua original", que estaria na fonte de todas as línguas atuais.

Também participava desse movimento a tradicional visão negativa da **mudança linguística** como sinal de degeneração e corrupção tanto da língua quanto da sociedade, visão herdada dos gramáticos alexandrinos |2.12|. De fato, imperou nesse período, entre alguns pensadores, um forte sentimento de **pessimismo linguístico**, ao qual se contrapôs, da parte de outros, uma atitude mais serena, de aceitação da linguagem humana tal como é e da necessidade de estudá-la sem preconceitos.

O precursor mais ilustre dessa proposta de uma linguagem filosófica de caráter universal é o já citado Descartes. Ele a explica numa famosa carta a **Marin Mersenne** (1588-1648), religioso, matemático e filósofo, uma das figuras mais importantes da erudição de sua época:

Duas obras disponíveis no Brasil se dedicam a examinar a história desses projetos de línguas universais, filosóficas e artificiais: *Homens contra Babel*, de Paulo Rónai; e *A busca da língua perfeita*, de Umberto Eco (cf. referências na nossa bibliografia).

> E se alguém tivesse bem explicado quais são as ideias simples que estão na imaginação dos homens, das quais se compõe tudo o que eles pensam, e se isso fosse aceito por todo mundo, eu ousaria esperar em seguida uma língua universal muito fácil de aprender, de pronunciar e de escrever e, o que é o principal, que ajudaria ao juízo, representando para ele tão distintamente as coisas que lhe seria quase impossível enganar-se; ao passo que, bem ao contrário, as palavras que temos quase só têm significações confusas, às quais o espírito dos homens, tendo-se acostumado há muito tempo, faz isso ser a causa de ele não entender quase nada perfeitamente. Ora, considero que essa língua é possível, e que se pode encontrar a ciência de que ela depende, por meio da qual os camponeses poderiam julgar melhor a verdade das coisas do que fazem hoje os filósofos (Descartes a Mersenne, 20 de novembro de 1629).

Essa língua deveria ter o mesmo rigor e a mesma clareza da **linguagem matemática**,

> isto é, estabelecendo uma ordem entre todos os pensamentos que podem entrar no espírito humano, assim como há uma ordem naturalmente estabelecida entre os números; e como se pode aprender em um dia a nomear todos os números até o infinito e a escrevê-los em uma língua desconhecida, que são porém uma infinidade de palavras diferentes, que se pudesse fazer o mesmo com todas as outras palavras necessárias para exprimir todas as outras coisas que caem no espírito dos homens (*id., ibid.*).

O recurso à matemática é característico da filosofia racionalista |5.2|, que retoma uma tradição da filosofia antiga em que se tentava deduzir uma *lógica* subjacente à *gramática*, ou seja, descobrir os mecanismos mentais que possibilitavam a articulação dos pensamentos em forma de linguagem. Esses mecanismos mentais (as ideias supostamente inatas) seriam universais, rigorosos, "lógicos", mas sua expressão linguística é anômala, defeituosa, imperfeita, donde a necessidade de construir uma linguagem que reproduzisse infalivelmente esse rigor do pensamento. Seria bem mais uma *linguagem* do que uma *língua*, no sentido de que seria a mesma para todos os seres humanos. Assim como o símbolo **1** veicula a ideia universal de "unidade" e o símbolo **2** a de "dualidade", assim como o símbolo **+** indica a ideia de "adição", independentemente do modo como essas ideias se exprimam nas mais diferentes línguas, também seria possível criar uma "língua universal muito fácil de aprender, de pronunciar e de escrever".

A ideia de que a mente humana funciona segundo uma lógica matemática também está vinculada à corrente filosófica chamada **mecanicismo**, que concebe o universo, a natureza e o homem como "máquinas", cujo funcionamento se assemelharia ao de um relógio. Entre vários outros pensadores, Descartes foi um importante representante do mecanicismo.

Uma proposta concreta de recuperação do suposto vínculo biunívoco entre as palavras e as coisas partiu de **Comênio** (em tcheco: *Jan Amos Komenský*; forma latinizada: *Ioannes Amos Comenius*; 1592-1670), filósofo, teólogo protestante e sobretudo pedagogo tcheco, considerado o pai da educação moderna. Suas concepções de ensino incluíam o uso de manuais ilustrados escritos em língua materna (e não mais em latim), a educação fundamentada no desenvolvimento gradual dos aprendizados, dos mais simples aos mais complexos, oportunidade igual para crianças pobres, educação para as mulheres etc. Apesar de sua obra ter objetivos eminentemente práticos, subjaz a ela um programa filosófico muito particular em que a língua(gem) ocupa um lugar central. Tal como para Descartes, também para Comênio era preciso traçar o projeto de uma língua capaz de atribuir uma única palavra a cada coisa que existe ("as coisas não existem e não são conhecidas separadamente das palavras", escreveu ele). A multiplicidade de línguas, e suas inerentes imperfeições, era um obstáculo para a **pansofia**, isto é, o "conhecimento total", a apreensão absoluta de todas as coisas pelo entendimento. Para um educador intensamente preocupado com a aquisição e a transmissão do conhecimento, a ideia de uma língua universal era mais do que tentadora:

> Se existisse um instrumento [...] para ensinar e aprender a sabedoria universal, não somente toda a juventude poderia ser educada do modo correto [...] mas a todos aqueles nascidos homens se abriria um caminho fácil para conhecer as razões universais das coisas, para observar com sabedoria as obras de Deus e para organizar tudo de maneira ordenada. Diante do brilho de semelhante luz, a treva do erro desapareceria facilmente [...] e cessariam facilmente as disputas, as querelas, as guerras por meio das quais o mundo caminha para a destruição (*Prodromus*, 41-42).

Esse instrumento seria uma língua(gem) que pudesse descartar aquilo que para Comênio e outros pensadores constitui o principal defeito da língua: a **arbitrariedade**. O debate em torno da relação entre as palavras e as coisas remonta à disputa entre os que, na antiguidade grega, apostavam no vínculo *natural* (porém perdido) entre nomes e objetos do mundo e os que alegavam que tal vínculo era de caráter *convencional* |2.4| e se prolonga até o século 20 |6.8.6|.

Conforme escreve Raffaele Simone (2014: 174), essas propostas de criação de línguas capazes de livrar a humanidade da "maldição de Babel", ainda que muitas vezes fantasiosas e até mesmo lunáticas, "têm o importante mérito histórico de ter contribuído para a investigação de uma linha de pensamento que se provaria frutífera no futuro: a busca dos aspectos universais das línguas e a tentativa de desmontar as línguas (semanticamente e morfologicamente) em elementos simples, 'primários', repetíveis". Dessas muitas propostas, decerto a que se tornou mais conhecida foi a do bispo inglês **John Wilkins** (1614-1672), um dos fundadores e primeiro secretário da **Royal Society** — a mais antiga instituição científica nacional existente até hoje, criada em Londres em 1660. Em 1668, Wilkins publicou *An Essay Towards a Real Character and a Philosophical Language* ("Ensaio sobre um caráter real e uma linguagem filosófica"), em que propõe a criação de uma língua baseada numa classificação lógica de todas as ideias. Para isso, Wilkins elabora "tabelas completas" contendo todas as coisas e as noções de "natureza mais simples". A posição que dado termo ocupa nas tabelas permite defini-lo estabelecendo-se com suficiente clareza o "significado primário das coisas". Para realizar esse tipo de ordenação em tabela, Wilkins oferece uma lista de quarenta gêneros dos quais os seis primeiros compreendem "temas tais que em razão de sua generalidade ou por qualquer outro motivo são antes de tudo aqueles comuns inícios de coisas chamados predicamentos", a saber:

(1) transcendental geral;
(2) relação transcendental mista;
(3) relação transcendental de ação;
(4) discurso;
(5) Deus;
(6) mundo.

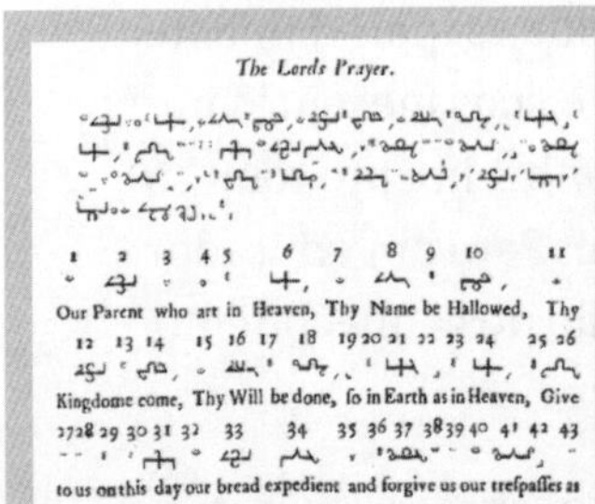

O *Pai Nosso* ("Lord's Prayer" em inglês) escrito na linguagem filosófica de Wilkins

Cada um desses gêneros é subdividido segundo as diferenças que, com exceção de algumas classificações zoológicas e botânicas, são seis em número. Por exemplo, o gênero *pedra* apresenta estas seis diferenças com base no fato de que as pedras podem ser:

(1) vulgares ou sem preço;
(2) de preço médio e preciosas;
(3) menos transparentes;
(4) mais transparentes;
(5) solúveis;
(6) não solúveis.

Cada diferença é subdividida em certo número de espécies. Combinando tudo, Wilkins chega a 2.030 espécies de pedra. As diferenças são expressas, na ordem, mediante as consoantes B, D, G, P, T, C, Z, S e N, enquanto as espécies resultam dos signos *α, a, e, i, o, u, y, yi, yu*. Uma raiz se compõe das duas primeiras letras correspondentes a seu gênero, da consoante correspondente à diferença e da vogal correspondente à espécie. Assim, *De* indica o gênero “elemento”; *Deb*, a primeira diferença do gênero “elemento”, isto é, “fogo”; e *Debα* significa a primeira espécie de fogo, ou seja, “chama”. Além de um sistema de escrita que usa as letras do alfabeto latino (e o alfa grego), Wilkins elaborou outra com base numa série de “caracteres reais”, ou seja, *hieróglifos* especiais que significam coisas e não palavras. Com esses caracteres ele traduziu a oração do *Pai nosso*. Os quarenta ideogramas artificiais inventados por Wilkins para indicar os quarenta gêneros são semelhantes aos caracteres chineses — de fato, o conhecimento cada vez mais difundido da escrita chinesa estimulou um grande volume de reflexão sobre as funções da escrita e sua capacidade de poder, à moda dos chineses, representar ideias por escrito (*ideogramas*):

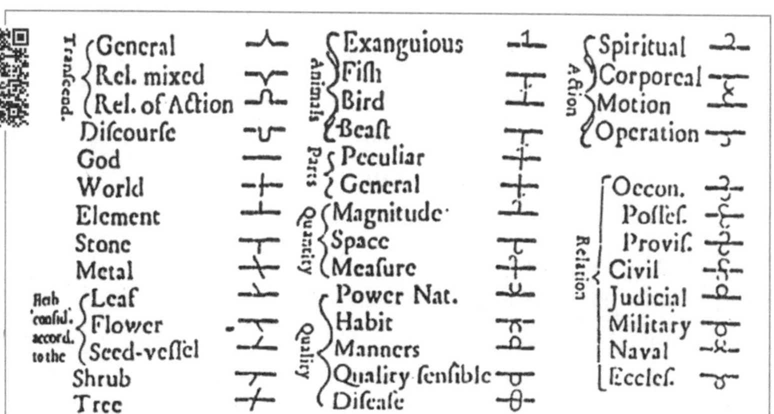

5.2 Racionalistas *vs.* empiristas

O período compreendido pelos séculos 17 e 18 foi palco de uma nítida divisão de correntes filosóficas entre os **racionalistas** e os **empiristas**. O racionalismo e o empirismo são continuações modernas das duas tradições filosóficas inauguradas, como vimos, por Platão e Aristóteles. Vejamos como o *Dicionário Houaiss* define cada uma dessas correntes:

RACIONALISMO	EMPIRISMO
Conjunto de teorias filosóficas (*eleatismo*, *platonismo*, *cartesianismo* etc.) fundamentadas na suposição de que a investigação da verdade, conduzida pelo pensamento puro, ultrapassa em grande medida os dados imediatos oferecidos pelos sentidos e pela experiência.	Doutrina segundo a qual todo conhecimento provém unicamente da experiência, limitando-se ao que pode ser captado do mundo externo, pelos sentidos, ou do mundo subjetivo, pela introspecção.

Enquanto *racionalismo* deriva de *ratio* ("razão", em latim), *empirismo* deriva de *empiria*, palavra de origem grega que significa "experiência". O empirismo ganhou proeminência na era moderna (isto é, a partir do Renascimento) graças ao desenvolvimento do chamado **método científico**, em que o conhecimento é obtido, não por meio da simples conjectura ou da reflexão — e muito menos pelos dogmas impostos pelas religiões —, mas pela experimentação concreta e manipulação direta dos objetos da realidade. O italiano **Galileu** (Galileo Galilei, 1564-1642) é um dos pioneiros dessa nova maneira de obter e produzir conhecimento |4.6|.

O empirismo é muito associado à filosofia praticada na **Grã-Bretanha**, e seus principais representantes são: **Francis Bacon** (1561-1626), **Thomas Hobbes** (1588-1679), **John Locke** (1632-1704), **David Hume** (1711-1776) e **George Berkeley** (1685-1753). Na Europa Continental, destacou-se como empirista o francês **Étienne Bonnot de Condillac** (1715-1780). O filósofo medieval, e também inglês, **Roger Bacon** (1214-1294) é considerado um remoto precursor do empirismo. Os principais intelectuais do Iluminismo francês, participantes do projeto da *Encyclopédie* (Diderot, Voltaire, d'Alembert, Helvétius) |5.9|, eram apreciadores entusiastas do empirismo britânico.

O empirismo, em suas linhas gerais, recusa a noção de *inatismo*, própria do racionalismo, isto é, a de que o ser humano já nasce dotado de *ideias* (noções, conceitos, conhecimentos), independentemente da experiência e do que virá a experimentar ao longo da vida. O inatismo remonta diretamente à filosofia de Platão e, na teoria linguística, repetimos, vigora até hoje no gerativismo de Noam Chomsky. Os empiristas operam com a noção de *tábula rasa*, herdada de Aristóteles, segundo a qual a mente é uma "página em branco" em que a experiência vai "escrevendo" os conhecimentos adquiridos por meio dela (ou seja, por meio dos sentidos humanos) — esses conhecimentos adquiridos, sujeitos à introspecção intelectual, permitem a formulação de ideias abstratas, de modo que toda abstração é fruto de experiência concreta.

O racionalismo é considerado uma filosofia essencialmente "continental", isto é, praticada fora das Ilhas Britânicas. Seus maiores representantes são o já citado **René Descartes**, o holandês de origem judaico-portuguesa **Baruch Spinoza** (ou *Benedito de Espinosa*, 1632-1677) e o alemão **Gottfried Wilhelm Leibniz** (1646-1716). A lista dos representantes de ambas as correntes mostra que delas participaram, nos séculos 17 e 18, alguns dos mais importantes nomes da história da filosofia ocidental.

Os racionalistas postulam que o raciocínio consiste em determinar que certos efeitos resultam de certas causas unicamente a partir de princípios *lógicos*, assim como os teoremas matemáticos decorrem das hipóteses levantadas de início. Esses princípios lógicos, utilizados no raciocínio, foram obtidos por meio da *dedução*. Não admira, portanto, que Descartes, Spinoza e Leibniz tenham se destacado também como **matemáticos**. Leibniz, por exemplo, foi (junto com **Isaac Newton** [1642-1727], mas independentemente deste, e na mesma época) um dos elaboradores do *cálculo infinitesimal*.

O racionalismo radical se condensa na célebre fórmula cartesiana "*cogito ergo sum*" ou, em francês, "*je pense donc je suis*". A existência só pode ser comprovada pelo raciocínio, depende dele. A tradução tradicional dessa fórmula em português — "*penso, logo existo*" — obscurece em certa medida a força de seu enunciado: o latim e o francês não dispõem, como o português (e o espanhol, o italiano e o inglês) de uma expressão particular para o *aspecto contínuo* de um estado de coisas, de modo que o presente simples (*cogito; je pense*) é empregado tanto para o que é habitual, normal, quanto para o que *está se passando no momento da fala*. Por isso, Ben Dupré (2007: 17) afirma: "A força do argumento só pode ser veiculada pela forma contínua do tempo presente", ou seja, em inglês, "*I am thinking, therefore I exist*", e em português "*Estou pensando, logo existo*". Assim, não é o fato de pensar, a faculdade da razão, que garante minha existência, mas o ato de *eu estar pensando* neste momento aqui. É, como de hábito, uma questão *linguística* que acaba por revestir a aparência de um *problema filosófico*, e esse dilema — resumido na assertiva de que não existem problemas filosóficos, só existem problemas de linguagem, enunciada por **Ludwig Wittgenstein** (1889-1951) — se tornará recorrente nas discussões filosófico-linguísticas a partir de então e até os dias de hoje.

5.3 Locke *vs.* Leibniz

As diferenças de compreensão do fenômeno da linguagem de cada uma dessas escolas de pensamento transparecem nas obras de dois de seus maiores representantes: **Locke** e **Leibniz**. O célebre *Essay Concerning Human Understanding* ("Ensaio acerca do entendimento humano", 1690) de Locke foi contestado por Leibniz em seus *Nouveaux essais sur l'entendement humain* ("Novos ensaios sobre o entendimento humano", escritos entre 1703 e 1704, mas publicados postumamente, apenas em 1765 — apesar de alemão, Leibniz escreveu muitas de suas obras mais importantes em francês e em latim).

5.3.1 Locke e a arbitrariedade radical das línguas

Na avaliação de R. Simone (2014: 177), o *Essay* de Locke

> apresenta os temas principais do pensamento linguístico do final do século [17], organiza alguns problemas tradicionais (como o da arbitrariedade da linguagem e sua origem divina ou humana) de maneira extraordinariamente nova, descarta categoricamente outros problemas (como o de ser possível reformar a língua natural pela elaboração de "linguagens filosóficas") e tem portanto o direito a seu lugar entre os marcos do desenvolvimento linguístico do século 17.

O *Essay*, como indica o próprio nome, se dedica a investigar as fontes e os processos do entendimento (*understanding*) humano e, admitindo a importância central da linguagem nesses processos, dedica toda uma parte, o Livro III, às palavras (*On Words*), pois o conhecimento tem "uma conexão tão próxima com as palavras que, se não forem bem observadas sua força e maneira de significação, muito pouco haveria por dizer de modo claro e pertinente sobre o conhecimento" (*ibid.*).

Para Locke, a linguagem é o instrumento de toda interação social humana, e para empregá-la dispomos de três capacidades fundamentais:

(1) somos dotados de órgãos físicos adequados com os quais podemos formar uma grande variedade de sons articulados;

(2) temos a habilidade de usar esses sons como "signos de concepções internas", com os quais comunicamos nossos pensamentos uns aos outros;

(3) temos também, a fim de evitar a inconveniência de tentar ter nomes únicos para tudo, a habilidade de empregar palavras como *termos gerais* aplicados comumente a *coisas particulares*.

Os seres humanos recorrem à língua falada como veículo primeiro para a comunicação: tal como o pensamento, a linguagem se destina a servir às necessidades práticas da vida humana.

A questão, portanto, é: de que modo alcançamos nossos objetivos de comunicação? E Locke responde: as palavras significam ideias — "As palavras, em sua significação primeira ou imediata, não representam nada senão as ideias na mente daquele que as usa" (*Essay*, III, 2, 2). Esse é o núcleo da teoria linguística de Locke e a chave para sua aposta radical na **arbitrariedade intrínseca das línguas**. Uma vez que minhas ideias próprias são inacessíveis aos outros, eu emprego os sons articulados da fala humana como objetos sensíveis extrínsecos por meio dos quais transmito meus pensamentos a outras pessoas. A inexistência de qualquer linguagem humana universal mostra, segundo Locke, que a conexão entre cada palavra e a ideia que ela significa não é natural, mas puramente convencional, uma associação estabelecida por "imposição voluntária". A repetição frequente torna essa associação tão íntima que algumas ideias podem ser induzidas mais facilmente por palavras do que seus objetos referenciais; no entanto, a liberdade com que os indivíduos formam a associação necessária frequentemente torna difícil para um falante estar seguro de que a ideia apropriada está realmente sendo induzida a um ouvinte.

Há aqui, portanto, um problema fundamental: já que as ideias diferem de pessoa para pessoa, e mesmo num único indivíduo em momentos diferentes, e já que a associação de palavra a ideia é puramente voluntária, mesmo quando assegurada pela convenção, segue-se que a correta significação de um uso particular de qualquer palavra depende totalmente da ideia particular na mente de seu falante, à qual o ouvinte não tem nenhum acesso a não ser pela mediação da palavra. Nessa visão de língua, é sempre possível que duas pessoas interajam verbalmente ainda que não ocorra comunicação genuína porque elas não associam ideias semelhantes às palavras que empregam. Em princípio, eu nunca posso ter certeza de que a ideia sensorial que você experiencia em associação à palavra "vermelho" é de algum modo igual àquela que tenho quando uso essa palavra. Ora, se a ideia de "vermelho" fosse um conceito universal, como postulam os racionalistas, ou uma ideia inata, a transmissão da ideia pela palavra "vermelho" seria sempre a mesma. A negação do inatismo, presente desde as primeiríssimas palavras do *Ensaio* (o Livro I se intitula precisamente *Nem princípios nem ideias são inatos*), subjaz coerentemente às teses de Locke sobre a linguagem.

O uso de termos gerais é um dos aspectos mais importantes da competência no uso da linguagem. Embora existam coisas — incluindo as próprias palavras — invariavelmente particulares, Locke sustenta ser preciso levar em conta três exigências para uma palavra específica poder ser empregada com uma significação geral:

(1) ter uma palavra distinta para cada coisa particular excederia nossas capacidades linguísticas e intelectuais;

(2) nomes únicos para ideias particulares tornariam impossível a comunicação entre pessoas que não compartilham exatamente as mesmas ideias;

(3) as variedades de conhecimento mais importantes são precisamente aquelas que compreendem diversos particulares sob uma regra geral.

Assim, temos uma propensão natural em favor de termos gerais. Só sob circunstâncias especiais as necessidades práticas da vida revogariam essa propensão em favor de haver nomes distintos para coisas particulares. Já que o significado de cada palavra é uma ideia, Locke propõe que a significação de cada termo geral tem de ser uma ideia abstrata, empregada pela mente em referência a muitas coisas particulares:

> O geral e o universal não pertencem à existência real das coisas, mas são invenções e criações do entendimento; produzidas por ele para seu próprio uso, e dizem respeito apenas a signos, sejam palavras ou ideias. As palavras são gerais, como se disse, quando usadas para signos ou ideais gerais, e assim são aplicáveis indiferentemente a quaisquer coisas particulares (*Essay*, III, 3, 11).

Portanto, na visão de Locke, a classificação de coisas particulares em espécies ou gêneros, denominados "termos gerais", não tem nenhum fundamento direto na natureza: é, ao contrário, o resultado final de nosso próprio complexo processo de abstração. As essências não são mais do que ideias abstratas formadas pela mente para atribuir significação a termos gerais, e sua suposta imutabilidade deriva de nosso próprio poder de reter o conteúdo preciso de uma ideia abstrata mesmo na ausência de instâncias confirmadoras. Formadas pela mente, as ideias abstratas podem diferir de pessoa para pessoa, resultando em disputas sobre a aplicabilidade dos termos gerais que as significam. Nega-se aqui, mais uma vez, o postulado central do racionalismo da existência de conceitos "universais", isto é, de "essências" em si mesmas, independentes da linguagem, essências que só poderiam ser captadas pela razão se a língua (tida por imperfeita) promovesse, por meio das palavras, a conjunção exata entre essas essências e as ideias supostamente inatas.

Há no livro um capítulo interessante sobre o que Locke chama de "partículas". São palavras que não se referem a uma ideia e, sim, a alguma conexão que se estabelece entre ideias (principalmente as preposições e as conjunções). Por exemplo, se digo "o cisne é branco", a palavra "cisne" se refere à minha ideia de uma ave em particular e "branco" se refere à minha ideia de determinada cor, mas a palavra "é" faz algo diferente: trata-se de uma partícula e indica que estou expressando algo sobre a relação entre minhas ideias de "cisne" e "branco" e sugerindo que estão conectadas de algum modo. Temos aqui, em parte, o que a tradição gramatical tem chamado de *palavra gramatical, palavra funcional* ou *palavra vazia*, em oposição a *palavra plena* ou *palavra lexical*: são itens como *e, mas, com, que* etc. No entanto, como se vê pelo exemplo, a forma *é*, classificada tradicionalmente como "verbo", não desempenha a função prototípica dos verbos (que é a *predicação* |2.6|): trata-se de um mero introdutor do estado de coisas relatado (razão por que é chamado "apresentacional" nas teorias contemporâneas), recebe justamente por isso a qualificação de "verbo de ligação" (ou "cópula") e pode, na visão de Locke, ser tido como uma "partícula". Seu caráter muitas vezes acessório se evidencia na frequência com que é suprimido: *ars longa, vita brevis*, "a arte [*é*] longa, a vida [*é*] breve".

Locke considera que a linguagem pode levar a confusões e mal-entendidos por diversas razões. A significação das palavras é arbitrária, não natural, e isso significa que pode ser difícil entender quais palavras se referem a quais ideias. Muitas de nossas palavras representam ideias complexas, difíceis de adquirir, ou ambas as coisas. Assim, muitas pessoas se esforçam para usar as palavras adequadamente. E, em alguns casos, as pessoas chegarão mesmo a usar palavras quando elas não têm nenhuma ideia correspondente ou apenas uma ideia correspondente muito confusa e inadequada. Segundo Locke, isso se deve ao fato de que muito frequentemente aprende-

> Sobre o mesmo tema, o filósofo austríaco Ludwig Wittgenstein, já mencionado, um dos mais importantes nomes da filosofia da linguagem no século 20, escreveu (1953, § 108): "A filosofia é uma batalha contra o enfeitiçamento de nossa inteligência por meio da linguagem", de modo que não há problemas filosóficos: há problemas no modo como eles são enunciados pela linguagem.

mos palavras antes de ter qualquer ideia do que elas significam. Uma criança, por exemplo, pode aprender a palavra "dinheiro" ainda pequena, mas levará anos até formar uma ideia clara do que realmente é o dinheiro e de como ele opera socialmente. As pessoas também frequentemente usam palavras de modo incoerente ou equivocado quanto ao sentido. Por fim, algumas pessoas são induzidas a erro porque acreditam que suas palavras capturam perfeitamente a realidade.

Locke considera que o resultado de tudo isso é que se faz um uso inadequado da linguagem e que muitos debates em campos importantes como a ciência, a política e a filosofia ficam confusos ou são meras disputas verbais. Locke oferece vários exemplos de problemas causados pelas palavras: os cartesianos usam "corpo" e "extensão" indiferentemente, mesmo se tratando de duas ideias distintas; os médicos, que concordam sobre muitos fatos, ainda assim travam uma longa controvérsia porque têm diferentes entendimentos da palavra "líquido"; os filósofos escolásticos usam "movimento" ou "matéria-prima" quando são incapazes de realmente formular uma ideia do que essas coisas são, e assim por diante.

Sendo produtos da mente, os significados dos nomes mudam com o tempo:

> Uma vez que a mudança nos costumes e nas opiniões traz consigo novas combinações de ideias, sobre as quais frequentemente é necessário pensar e falar, novos nomes, para evitar longas descrições, são anexados a elas (*Essay* I, 22, 7).

Aqui vemos as abundantes consequências da abordagem empirista da língua: no logicismo, as línguas, referidas a um ideal lógico imóvel, não têm razão para mudar, e de fato as mudanças são em geral apresentadas como capricho ou degeneração. Somente pelo reconhecimento de sua radical arbitrariedade é possível justificar o fato de que as línguas mudam, não só modificando a relação entre significante e significado, mas continuamente recombinando a própria composição dos sentidos. As necessidades variáveis da mente, que refletem as necessidades sociais mutantes, explicam a transformação da língua no tempo. Mas do princípio da arbitrariedade radical Locke não deriva apenas a justificação da mudança, mas também a justificação da profunda diversidade das línguas:

> Um domínio moderado de diferentes línguas satisfará facilmente alguém da verdade disso, sendo tão óbvio observar grande estoque de palavras numa língua que não têm nenhuma que lhes corresponda em outra. O que demonstra

> plenamente que os naturais de um país, por seus costumes e maneira de viver, têm encontrado motivo para formar várias ideias complexas e dar-lhes nomes que outros jamais compilaram em ideias específicas. Isso não poderia ter acontecido se estas espécies fossem o trabalho estável da natureza, e não compilações feitas e abstraídas pela mente, a fim de nomear, e pela conveniência da comunicação. [...] Além disso, se olharmos um pouco mais de perto a questão, e compararmos com exatidão línguas diferentes, descobriremos que, embora elas tenham palavras que em traduções e dicionários supostamente se correspondem, apesar disso há raramente um em cada dez nomes das ideias complexas [...] que significam a mesma e precisa ideia que a palavra traduzida pelos dicionários. Não há ideias mais comuns e menos compostas do que as medidas de tempo, extensão e peso, e os nomes latinos *hora, pes* e *libra* são sem dificuldade traduzidos pelos nomes ingleses *hour, foot* e *pound*; mas não há nada mais evidente do que o fato de que essas ideias que um romano anexava a esses nomes latinos eram muitíssimo diferentes das que um inglês expressa pelos nomes ingleses. E se um ou outro tivesse de fazer uso das medidas que os da outra língua designam por seus nomes, ficaria extraviado em sua conta (*Essay* I, 22, 6).

Essas observações — mais uma vez decorrentes da visão anti-inatista de Locke — antecipam as reflexões que serão elaboradas na primeira metade do século 20 acerca do chamado **relativismo linguístico**, isto é, a tese da impermeabilidade existente entre as línguas, uma vez que cada uma delas dá conta de maneiras diferentes da realidade. Essa tese se tornará famosa com o nome de **hipótese de Sapir-Whorf.** Trataremos dessa questão ao examinar a obra de **Wilhelm von Humboldt** |6.4.1|.

A importância da ideia de arbitrariedade em Locke se aprecia mais claramente quando se observa suas consequências na estrutura geral do pensamento linguístico. Ela explica, por exemplo, muito mais plausivelmente do que antes, a ampla gama de questões relativas aos abusos da linguagem: a arbitrariedade radical dos nomes expõe a língua e as pessoas que a usam a certo risco de mal-entendido que, porém, é uma segunda natureza da língua e, de certo modo, inevitável. Parte desses distúrbios não são, de fato, verdadeiros abusos, mas só uma consequência do caráter arbitrário das palavras e são portanto verdadeiras propriedades das línguas. Trata-se do que se poderia chamar de tese da *opacidade* da língua, abraçada por muitas correntes de pensamento linguístico contemporâneas: a língua não é transparente, a interpretação de qualquer enunciado decorre de negociações entre os interlocutores, numa rede complexa de interpretações que, de fato, constroem o sentido do que está sendo dito, o que nega a concepção de senso comum de que a língua serve para "comunicar", como se essa comunicação fosse isenta de "ruídos" — importantes escolas teóricas da linguística do século 20 se dedicaram precisamente a investigar essas relações entre língua, discurso, ideologia e construção de sentidos por meio da interação (**pragmática linguística**, **análise do discurso**, **teorias da enunciação**, **dialogismo**, **sociolinguística interacional**, **etnografia da comunicação**, **antropologia linguística** etc.).

A reforma das línguas naturais portanto é impossível, porque elas estão profundamente enraizadas na sociedade e nos costumes humanos: "Qualquer um que pretenda tentar a reforma perfeita das línguas do mundo, ou sequer mesmo a de seu próprio país, não tem como não passar por ridículo" (*Essay* III, 11, 2). Reformar a língua, como vimos acima, teria como objetivo permitir que ela fosse capaz de estabelecer uma relação biunívoca entre as palavras e as coisas, na suposição de que essas "coisas" (concretas e abstratas) estão dadas *a priori*, constituem "essências" capazes de ser apreendidas pela mente graças aos princípios e ideias supostamente "inatos".

Muitas das proposições de Locke têm sido retomadas por teorias linguísticas contemporâneas. No entanto, como bem observa Simone (2014: 180), as consequências das posições assumidas por Locke "são importantes e nos aproximam de inúmeros postulados do pensamento linguístico moderno (o qual, no entanto, viria a ter dificuldade em reconhecer Locke como um de seus mais influentes marcos de referência)".

5.3.2 Leibniz e a universalidade do entendimento humano

Leibniz foi um pensador interessado nos mais diversos aspectos do conhecimento humano. Mais famoso como filósofo e matemático, nem por isso se absteve de reflexões profundas sobre a linguagem. Seu interesse pelas línguas o levou, por exemplo, a propor aos governantes da Rússia — o tsar **Pedro I, o Grande** (1672-1725) e sua sucessora, **Catarina I** (1684-1727) — que patrocinassem expedições para investigar o maior número possível de línguas faladas em seu imenso império para a melhor difusão da fé cristã entre os povos. Também manteve intensa correspondência com os principais filólogos de seu tempo, com destaque para o alemão **Hiob Ludolf** (1624-1704), pioneiro no estudo do **amárico** (principal língua falada na Etiópia) e conhecedor profundo, segundo testemunhos da época, de cerca de vinte e quatro línguas diferentes. Leibniz escreveu em alemão, em latim e em francês, demonstrando um domínio absoluto no uso desta língua, que ia se tornando na época o principal veículo de comunicação erudita da Europa |5.8|, e como todo homem culto de seu tempo conhecia também o grego. A refutação que faz ao *Essay* de Locke revela também o quanto estava familiarizado com o inglês.

No que diz respeito às reflexões de Leibniz sobre a linguagem, podemos ilustrá-las com sua busca incessante do que denominou *characteristica universalis* e com os argumentos que levantou contra as teses do *Essay* de Locke.

Characteristica universalis é como Leibniz designa sua proposta de elaborar uma espécie de "alfabeto geral" ou universal de todas as ideias primordiais, com a finalidade de poder provar de modo formal e algorítmico as verdades filosóficas, tal como é possível provar os teoremas na aritmética e na geometria. Conforme já dito, para os racionalistas *gramática* é sinônimo de *lógica*, e como a matemática funciona por meio de uma lógica rigorosamente formal, irredutível e isenta de ambiguidade (2 + 2 é invariavelmente igual a 4), seria possível apreender a lógica do funcionamento das coisas e formalizá-la numa linguagem tão rigorosa quanto a da matemática. Essa *característica universal* (chamada em francês de *spécieuse générale*, isto é, a listagem de todas as espécies possíveis de verdades universais) é algo como o conjunto total daquilo que chamamos hoje, na linguagem da informática, de *caracteres*, ou seja, símbolos específicos portadores de uma única interpretação (por parte da "inteligência artificial" do computador). Também se chamam *caracteres* os símbolos próprios da escrita chinesa (sinogramas), que não representam os sons da língua, mas "ideias" (daí também serem designados *ideogramas*), embora essa definição seja contestada hoje, e com razão. De fato, a capacidade que têm os caracteres chineses de representar conceitos despertou a curiosidade dos pensadores ocidentais, que viram nesse tipo de escrita um modelo em potencial para uma "linguagem universal". Os caracteres chineses funcionam como os algarismos, as notas musicais ou os símbolos que representam os signos do zodíaco e os planetas: a expressão *3 + 4 = 7* pode ser

O nome "chinês" se aplica indistintamente (e ambiguamente) a centenas de variedades linguísticas faladas no vasto território da China por mais de 1,4 bilhão de pessoas. Muitas dessas variedades são de fato línguas diferentes de famílias distintas, o que impede a compreensão mútua de seus falantes. A escrita chinesa, que não reproduz os sons da fala, mas "ideias" (embora essa definição não abranja a complexidade do sistema), permite a falantes de línguas totalmente diferentes se entenderem por escrito e o emprego da mesma escrita em todo o país. É, portanto, semelhante ao que ocorre com os algarismos: o signo **8** representa a ideia de "oito", embora ela seja enunciada foneticamente de milhares de formas diferentes mundo afora. Essa singularidade da escrita chinesa estimulou nos pensadores dos séculos 17 e 18 a busca de uma "escrita universal" que pudesse representar todas as "ideias" que os seres humanos podem ter.

蚂蚁 "formiga"

Mandarim:	[ma-i]
Cantonês:	[ŋei]
Min:	[hia]

compreendida universalmente, porque exprime uma "ideia", embora se realize foneticamente de incontáveis modos diferentes em cada língua humana.

O pressuposto — em tudo racionalista — desse projeto é o de que as verdades existem em si mesmas, são *essências*, independem do entendimento humano para existir, mas precisam dele para serem captadas e assimiladas por nós — desde que aperfeiçoada a linguagem capaz de designá-las de forma clara e inequívoca.

Para a realização desse projeto, o método proposto é o de dividir as ideias em elementos primários (semelhantes, como vimos, aos da matemática), de modo a se alcançar gradualmente o conjunto total de um "alfabeto do pensamento humano" (*alphabetus cogitationum humanarum*). Assim, o signo atribuído a cada ideia revelaria a natureza de tal ideia, teria uma relação biunívoca com ela e deixaria explícita a relação entre essa ideia e as outras. A equiparação da *characteristica universalis* com a matemática é a mais estreita possível, a tal ponto que Leibniz considera que cada ideia poderia ser representada por um número: "Todas as conclusões que derivam racionalmente de dadas noções poderiam ser descobertas através de uma espécie de cálculo" (*Philosophische Schriften*, VII, 199). Desse modo, se surgissem desacordos entre os filósofos, não haveria necessidade de disputas e debates, pois "bastaria que pegassem da pena com as mãos, se sentassem a suas mesas e dissessem uns aos outros: *calculemos*" (*ibid.*, VII, 200).

Leibniz perseguiu essa ideia de uma linguagem enciclopédica universal por toda a vida. Ora ela consistia em combinações de números, ora em sistemas de símbolos especiais capazes de torná-la pronunciável. De todo modo, essa linguagem "será construída com grande dificuldade, mas será muito fácil de aprender. Quem quer que aprenda essa língua também aprenderá, ao mesmo tempo, a enciclopédia, que será a verdadeira porta para todas as coisas" (carta a H. Oldenburg).

Algumas das principais reflexões de Leibniz sobre as línguas e a linguagem se encontram em seus *Nouveaux essais sur l'entendement humain* ("Novos ensaios sobre o entendimento humano"). O *Essay* de Locke foi publicado em 1690 e as réplicas de Leibniz, escritas pouco mais de uma década depois. No entanto, os *Nouveaux essais* só foram impressos e publicados em 1765, cinquenta anos depois da morte do filósofo alemão, quando a maior parte de suas posições antiempiristas já tinham perdido o interesse diante da avalanche de novos dados a respeito de cada vez mais línguas de outros continentes, línguas em tudo diferentes das europeias — na fonologia, na morfossintaxe, no léxico, na concepção da realidade —, o que serviu de comprovação para a tese da arbitrariedade das convenções impostas por todo povo e cultura a seu idioma particular. Mesmo assim, para o confronto que tentamos estabelecer aqui entre os postulados empiristas e os postulados racionalistas, vale a pena acompanhar o debate que Leibniz promove; ele dá testemunho de uma corrente importante de filosofia da linguagem na época.

Os *Nouveaux essais* constituem um diálogo imaginário entre dois interlocutores: Filaleto (*Philalèthe*, "o amigo da verdade"), que representa Locke, e Teófilo (*Théophile*, "o amigo de Deus"), que dá voz às opiniões de Leibniz. A obra reflete, ponto por ponto, o conteúdo do livro de Locke: as partes e os capítulos têm os mesmos títulos e as "falas" de Filaleto são traduções praticamente literais de excertos do *Essay* do autor inglês. Desse modo, ao Livro III da obra de Locke (*On Words*) corresponde o Livro III da obra de Leibniz (*Des mots*), ou seja, "Das palavras".

A defesa feita por Leibniz da suposta existência, em tempos primordiais, de uma única língua humana se apoia, tal como no *Crátilo* de Platão, no argumento de que o verdadeiro sentido das palavras ("as verdadeiras etimologias") se perdeu: "No que diz respeito às línguas que se encontram feitas há muito tempo, não há praticamente nenhuma que não esteja extremamente alterada hoje" (III, 2, 1). Demonstrando um grande conhecimento das hipóteses que circulavam em seu tempo sobre o parentesco entre as línguas da Europa, Leibniz tenta argumentar que, remontando às fases mais antigas de todas essas línguas, é possível encontrar "raízes comuns" a todas elas, o que seria um argumento a favor de uma "língua original", hoje inalcançável:

> Assim, os antigos chamavam *celtas* tanto os germânicos quanto os gauleses; e remontando ainda mais para compreender aí as origens tanto do céltico quanto do latim e do grego, que têm muitas raízes comuns com as línguas germânicas ou célticas, pode-se conjecturar que isso vem da origem comum de todos esses povos, descendentes dos *citas*, vindos do Mar Negro, que cruzaram o Danúbio e o Vístula, uma parte dos quais poderia ter ido para a Grécia, e a outra terá ocupado a Germânia e as Gálias; o que é uma continuação da hipótese que faz procederem os europeus da Ásia (III, 2, 1).

A Cítia (*Scythia* em latim) era uma ampla região da Ásia Central, acima do atual Irã, que se estendia desde o rio Vístula, na Europa Oriental, até uma área indefinida acima do Afeganistão. Os citas provavelmente falavam uma língua iraniana, da família indo-europeia. São mencionados com frequência na literatura grega antiga.

A teoria de que as línguas dos povos europeus têm origem asiática já circulava portanto no século 17, mas ainda de modo especulativo, e só teria sua confirmação no século 19 com o extraordinário desenvolvimento da linguística histórica e seu método comparativo |6.3|. Leibniz, porém, não se limita ao parentesco — cientificamente comprovável — das línguas românicas, germânicas, célticas e eslavas: para argumentar a favor de uma "língua primeira" universal, estende esse parentesco a uma grande quantidade de idiomas definitivamente não aparentados. Reconhece o elo genético entre o finlandês, o lapão e o húngaro e tenta vincular essas línguas ao tártaro, à língua dos hunos, dos usbeques, dos turcos e de outros povos asiáticos. Afinal, para ele,

> todas essas línguas da Cítia têm muitas raízes comuns entre si e com as nossas; e ocorre que mesmo a arábica (sob a qual devem ser compreendidas a hebraica, a púnica antiga, a caldeia, a siríaca e a etíope dos abissínios) tem tão grande número delas e de uma concordância tão manifesta com as nossas que não se poderia atribuir ao puro acaso, nem sequer ao mero comércio, porém, antes, às migrações dos povos. De sorte que não há nada nisso que combata e, de fato, não favoreça *o sentimento da origem comum de todas as nações e de uma língua radical primitiva* (*ibid.*; destaque nosso).

É o retorno do mito de Babel em nova chave. Leibniz aqui faz menção explícita ao místico alemão **Jakob Böhme** (1575-1624), teólogo luterano, e à sua tese da *Ursprache*, "língua original", também chamada *adâmica*, que se "degenerou" com o passar do tempo. Assim como na filosofia platônica se faz referência ao *Demiurgo*, o suposto organizador primordial do universo e suas coisas, e também da linguagem humana, Leibniz atribui a língua original às "razões das conexões seja fisiológicas, seja de uma instituição arbitrária, sábia e digna do *primeiro autor*" (destaque nosso).

Um recurso para o vislumbre do que pode ter sido a língua universal primeira é a análise das palavras que, nas línguas de hoje, representam os sons dos animais. Essas palavras estariam, por evolução de sentidos, na origem de diversos termos que não guardam, na atualidade, nenhuma relação com elas. Leibniz dá o exemplo do verbo latino *coaxare* ("coaxar"), que tenta reproduzir o barulho emitido pelas rãs. Para ele, é possível que o barulho feito pelas rãs tenha gerado raízes de diversas palavras do alemão. Por exemplo, *quaken*, "discursos vazios, balbucios". E como os sons ou ruídos dos animais são um testemunho de algo que tem vida, daí teria vindo *quek*, em alemão antigo, que significa "vida" ou "vivo". E assim ele prossegue:

> [...] também há vestígios disso na língua moderna, porque *queksilber* é "prata viva", e *erquicken* é "confortar", e como revivificar ou recriar após algum des-

maio ou algum grande trabalho. Também se chamam *quüken* em baixo-alemão certas ervas daninhas, vivas por assim dizer e correntes, como se fala em alemão, que se estendem e se propagam sem dificuldade pelos campos prejudicando os grãos; e no inglês, *quickly* quer dizer "prontamente", e de uma maneira viva. Assim é possível estimar que, a respeito dessas palavras, a língua germânica pode passar por primitiva, pois os antigos não precisavam tomar de empréstimo um som que, aliás, é a imitação do das rãs (*ibid.*).

É a hipótese de que é possível encontrar uma origem "natural" — e portanto não arbitrária — para todas as palavras, desde que se pratique uma investigação rigorosa da **etimologia**. Na mesma linha das discussões do *Crátilo*, Leibniz também tenta fazer uma relação (de novo, "natural") entre os sons das línguas e o que eles tentam representar. E dá um exemplo que se tornou famoso: "A letra R" (isto é, o som [r]) foi empregado "pelos antigos germânicos, celtas e outros povos aparentados" para significar um "movimento violento" e um ruído igual ao dessa "letra". Isso explica os verbos alemães *rinnen* ("correr"), *rühren* ("fluir"), os nomes dos rios Reno, Ródano, Ruhr, os verbos *rauben* ("raptar"), *rauschen* ("farfalhar"), *reichen* ("atingir"), *recken* ("esticar"), e numa sucessão de mudanças semânticas que levou mesmo ao surgimento de *reich* ("rico" e, daí, "rei"), o que mostra "como as metáforas, as sinédoques e as metonímias fizeram as palavras passar de uma significação a outra, sem que se lhes possa sempre seguir a pista". Em contraposição à "letra R", que indica um movimento brusco, Leibniz atribui à "letra L" um movimento suave, supostamente presente no latim *lenis* ("brando"), *lentus* ("lento"), no alemão *lieben* ("amar") e *leben* ("viver"), em *Lauf* ("folha") e assim por diante. Mas o que dizer então do nome de animais como o *leão*, o *lobo* e o *lince*, que nada têm de "suaves"? Ora, o L do nome desses animais pode derivar da ideia de velocidade (*lauf* em alemão), o que dá a ideia de movimento rápido, mas não violento nem ríspido. Assim, "há algo de natural na origem das palavras". É a tese radical do chamado **simbolismo sonoro**.

Veja-se abaixo |5.9.3|, acerca do verbete *etimologia* da *Enciclopédia*, um tratamento muito mais moderno e com metodologia rigorosa das investigações das origens das palavras e, sobretudo, numa perspectiva empirista muito diferente, portanto, da de Leibniz.

Quanto aos nomes próprios, que parecem escapar a essa regra, porque se referem a entidades particulares, não se deve esquecer que, originalmente, os nomes próprios eram apelativos, isto é, gerais: *Brutus* vem de "bruto", *César* significa uma criança que foi retirada do ventre materno (por meio de uma *cesariana*), *Bucéfalo* (o cavalo de Alexandre Magno) é "cabeça grande", *Cícero* é "grão-de-bico", os *Alpes* são "brancos" (como em latim *album*) etc.

Uma declaração explícita da crença nas ideias inatas aparece no capítulo 4 do Livro III, quando Leibniz, pela voz de Teófilo, afirma que "não há sequer demonstração exata que prove que os objetos de nossos sentidos e das ideias simples, que os sentidos nos apresentam, estão fora de nós" — o que nos remete à posição racionalista de que é a razão que faz existir a realidade (o famoso *cogito* de Descartes).

Por fim, no capítulo 6, § 6, lemos: "As línguas são o melhor espelho do espírito humano, e uma análise exata da significação das palavras faria conhecer melhor que qualquer outra coisa as operações do entendimento". É a tese, como vimos ao tratar dos filósofos gregos |2.3|, de que a "lógica" da língua reflete a "lógica" da mente, a qual, por sua vez, seria um espelho do funcionamento da natureza e do mundo: "Ora, como a *lógica* é a arte que ensina a ordem e a ligação dos pensamentos, não vejo razão alguma para censurá-la. Ao contrário, é por falta de lógica que os homens se enganam" (III, 10, 13). O caráter universal das línguas humanas faz delas

> os mais antigos monumentos do gênero humano. Com o tempo se registrará e se colocará em dicionários e em gramáticas todas as línguas do universo, e se as comparará entre si; o que terá usos enormes tanto para o conhecimento das coisas, já que os nomes frequentemente respondem às propriedades delas (como se vê pelas denominações das plantas em diferentes povos) quanto para o conhecimento de nosso espírito e da maravilhosa variedade de suas operações: sem falar da origem dos povos, que se conhecerá por meio das etimologias sólidas que a comparação das línguas fornecerá melhor do que nada (III, 9, 9).

Na mesma linha de pensamento racionalista e universalista, Noam Chomsky afirmou que se um linguista marciano observasse as línguas faladas na Terra concluiria que são todas fundamentalmente a mesma, com ligeiras variações. Para a linguística chomskiana, existe uma *gramática universal*, uma faculdade inata para a linguagem, exclusiva da espécie humana e transmitida geneticamente. Essa concepção de língua/linguagem, embora dominante ainda em boa parte dos estudos linguísticos atuais, também tem sido frontalmente contestada por estudiosos de outras filiações teóricas.

O empenho argumentativo de Leibniz tem um objetivo claro: mostrar que todas as línguas humanas apresentam aspectos comuns, apesar das aparentes diferenças que exibem na superfície — cada língua seria, desse modo, uma "variedade" de uma língua original, "universal", que foi sendo alterada ao longo dos séculos. Para vencer essa confusão "babélica" e permitir o bom entendimento entre todos os povos, uma solução seria a composição de um "alfabeto do entendimento", que reunisse todas as ideias humanas e o conhecimento produzido graças a elas — a "enciclopédia". Quando os *Nouveaux essais* de Leibniz foram enfim publicados, no entanto, essas teses já estavam fora de moda, conforme dissemos mais acima, porque o caráter arbitrário da relação *palavra-coisa/ideia* ia se firmando cada vez mais até se tornar, no século 20, um postulado praticamente incontestado da linguística moderna, mas nem por isso isento de polêmica |6.8.6|.

5.4 O racionalismo de Port-Royal

Desde a antiguidade, circula a crença de que a língua/linguagem se organiza numa *gramática* que é um espelho da *lógica* que comanda os processamentos da mente/espírito/alma/entendimento |2.3|. Desse modo, a *gramática* seria a "lógica" da língua, enquanto a *lógica* descreveria a "gramática" do pensamento. Essa concepção de língua e de mente, de origem filosófica, se impregnou no senso comum e continua bastante viva até hoje, especialmente entre as pessoas que se esforçam por defender a "pureza" da língua (ver |5.8| sobre o *purismo linguístico*) contra os "abusos" e os "erros" cometidos pelos próprios falantes. Essas pessoas costumam argumentar que esses "abusos" e "erros" vão na contramão da "*lógica da língua*" que, supostamente, governa a *gramática*. Por exemplo, no enunciado "Leibniz foi um dos filósofos que mais se *ocupou* do caráter universal da linguagem", o verbo *ocupar* deveria estar no plural por motivos "lógicos", o que se comprovaria com a inversão dos termos: "Um dos filósofos que mais se *ocuparam* do caráter universal da linguagem foi Leibniz". Outro exemplo: "Leibniz trabalhou com as informações sobre línguas *que dispunha* em sua época" — o argumento "lógico" para combater o suposto erro é o de que "se *dispor*, no sentido desse enunciado, é *dispor de* alguma coisa, é preciso empregar a preposição *de* com esse verbo", de modo que o "correto" seria: "Leibniz trabalhou com as informações sobre línguas *de que dispunha* em sua época".

O grande equívoco dessa abordagem tradicional é acreditar que existe realmente uma identidade entre o funcionamento da língua e o funcionamento da mente. Querer encontrar na língua a mesma "lógica" que governa a mente é acreditar, em última instância, na tese de que "o homem é um animal racional", formulada inicialmente por Aristóteles e repetida até hoje. Ora, essa suposta racionalidade do ser humano foi posta em xeque no início do século 20 pela **psicanálise** desenvolvida pelo médico austríaco **Sigmund Freud** (1856-1939), que enfatizou o importante papel do **inconsciente** no funcionamento da psique e nas ações concretas. A linguagem depende, é claro, do funcionamento da cognição humana, mas isso se faz de modos não racionais e independentes de uma suposta "lógica" regida por "leis" passíveis de formalização.

"É da natureza da linguagem se prestar a duas ilusões em sentido oposto. Sendo assimilável, consistindo em um número sempre limitado de elementos, a língua dá a impressão de ser tão somente uma das traduções possíveis do pensamento, sendo este livre, autárquico, individual, empregando a língua como seu instrumento. De fato, se tentarmos alcançar os quadros próprios do pensamento, só capturaremos as categorias da língua. A outra ilusão é o inverso. O fato da língua ser um conjunto ordenado, de revelar um plano, incita a buscar no sistema formal da língua o decalque de uma 'lógica' que seria inerente ao espírito, portanto exterior e anterior à língua. Com efeito, assim só se constroem ingenuidades ou tautologias" (Benveniste, 1966, I: 73).

Por sua vez, o linguista francês **Émile Benveniste** (1902-1976) escreveu que "a realidade da língua permanece em regra geral [nos usos que fazemos dela] *inconsciente*; excetuado o caso de estudo propriamente linguístico, temos quando muito uma consciência débil e fugaz das operações que executamos para falar" (Benveniste, 1966, I: 63; destaque nosso). Ao fazer uma análise pormenorizada das categorias da lógica aristotélica, Benveniste mostra que, na realidade, são *as categorias da língua grega* que levaram Aristóteles a elaborar essa lógica — não é a lógica de funcionamento da mente que nos leva a empregar a língua do modo como a empregamos, mas exatamente o contrário: é a *gramática de nossa língua particular* que nos faz acreditar que o pensamento se processa de tal e qual modo. Se Aristóteles fosse falante de outra língua, especialmente de uma língua não indo-europeia, certamente as categorias "mentais" que formulou teriam sido muitíssimo diferentes |cf. box 3b|.

Os estudos linguísticos contemporâneos de visada não-formalista também contestam a suposta identidade de *lógica* e *gramática*. Seria até mesmo possível dizer que existe uma lógica de funcionamento das línguas, mas ela nada tem a ver com a lógica formal clássica e seus silogismos, categorias e teoremas. As investigações sobre a **mudança linguística** têm demonstrado a interação complexa entre fatores sociais (como a *variação* e o *contato*) e fatores cognitivos como a *economia linguística*, a *gramaticalização*, a *analogia*, fatores que também incluem a *metáfora*, a *metonímia*, a *reanálise*, a *construcionalização*, entre outros processamentos, comuns a todas as línguas (porém de modo nenhum considerados como "ideias inatas", mas sim como resultantes da interação entre o cérebro e o mundo e do acúmulo de conhecimento ao longo da história humana). E a mudança linguística pode ser observada enquanto ocorre, ao contrário do que se pensava até inícios do século 20 (veremos isso na seção dedicada a Saussure em |6.8|). Sendo um trabalho coletivo, fruto do que vem sendo chamado de **cognição social**, as mudanças que ocorrem na língua não têm nada de "racionais", no sentido de "conscientes".

No século 17, porém, como temos visto, os adeptos do racionalismo — cujo próprio nome indica a fé na suposta natureza *racional* do ser humano

— ainda se esforçavam por estabelecer os vínculos entre lógica e gramática, de preferência uma lógica matemática. Um dos empreendimentos mais célebres nessa perspectiva foi a dos estudiosos que trabalhavam na abadia de **Port-Royal des Champs**, nos arredores de Paris. Essa relação com uma abadia mostra que os famosos *Messieurs* ("senhores") *de Port-Royal*, como ficaram conhecidos, eram também homens da religião: **Antoine Arnauld** (1612-1694) e **Claude Lancelot** (1615-1695) eram sacerdotes católicos, enquanto **Pierre Nicole** (1625-1695) só não foi ordenado por disputas político-eclesiásticas da época. As obras produzidas por eles devem ser situadas contra um pano de fundo de sérios conflitos que opunham diversas correntes de pensamento político e religioso e, por conseguinte, têm um forte substrato teológico. Não podemos aqui recapitular todo esse conturbado período da história da França, mas basta lembrar que a abadia de Port-Royal des Champs, fundada em 1204, foi reduzida a pó em 1712 por ordem do rei Luís XIV, sob instigação dos jesuítas, que se opunham radicalmente às posturas teológicas (e políticas) dos intelectuais vinculados a ela, adeptos da ideologia denominada **jansenismo**, que combatia, entre outras coisas, a monarquia absolutista (da qual Luís XIV, o "Rei-Sol", é até hoje o maior símbolo, sendo-lhe atribuída a frase "*L'État, c'est moi*", "O Estado sou eu").

As obras que notabilizaram os *Messieurs* de Port-Royal foram a *Grammaire générale et raisonnée contenant les fondements de l'art de parler, expliqués d'une manière claire et naturelle* ("Gramática geral e arrazoada contendo os fundamentos da arte de falar, explicados de uma maneira clara e natural", 1660), assinada por Antoine Arnauld e Claude Lancelot, e *La logique, ou l'art de penser* ("A lógica, ou a arte de pensar", 1662), de Arnauld e Nicole — mais conhecidas como a *Gramática de Port-Royal* e a *Lógica de Port-Royal*. Embora publicada posteriormente, a *Lógica* pode ser considerada como o fundamento teórico da *Gramática* e é muito mais densa e detalhada do que esta: de fato, a *Gramática* tem apenas 151 páginas em sua edição original, contra 389 da *Lógica*. A *Lógica* é uma "arte de pensar", enquanto a *Gramática* é uma "arte de falar". As duas obras conhecerão um enorme

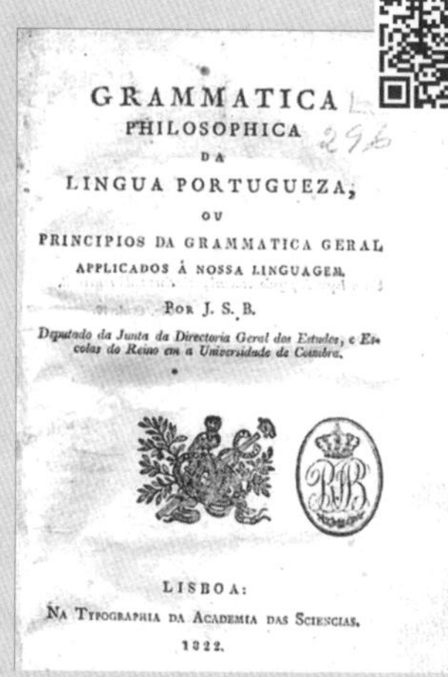
GRAMMATICA
PHILOSOPHICA
DA
LINGUA PORTUGUEZA,
OU
PRINCIPIOS DA GRAMMATICA GERAL
APPLICADOS Á NOSSA LINGUAGEM.
POR J. S. B.
Deputado da Junta da Directoria Geral dos Estudos, e Escolas do Reino em a Universidade de Coimbra.
LISBOA:
NA TYPOGRAPHIA DA ACADEMIA DAS SCIENCIAS.
1822.

A *Gramática geral* de Port-Royal inspirou a produção de muitas obras semelhantes, como a *Gramática filosófica* do português Jerônimo Soares Barbosa (1737-1816), publicada postumamente em 1822.

sucesso de público e serão reeditadas constantemente durante até pelo menos a primeira metade do século 19.

Como informa o título da obra, a *Gramática* de Port-Royal é "*générale*" ("geral") e "*raisonnée*", um adjetivo derivado de *raison* ("razão") e que remete a um modo analítico de descrição dos fenômenos (pode ser traduzido por "racional", mas não é exatamente o mesmo). O vínculo com a concepção racionalista é evidente, tanto quanto com a tradição filosófica de buscar fundamentos universais ("gerais") para todas as línguas humanas. De fato, o segundo subtítulo da *Grammaire* é "*les raisons de ce qui est commun à toutes les langues, et des principales différences qui s'y rencontrent*" ("as razões daquilo que é comum a todas as línguas, e das principais diferenças que nelas se encontram"). Apesar de sua pretensão universalista, no entanto, a *Gramática* baseia todas as suas teses exclusivamente no francês e no latim, muito embora tenha sido produzida numa época em que as informações acerca de centenas de línguas de outros continentes eram compiladas, debatidas e comentadas. O que se vê, no final das contas, é uma tentativa de forçar o uso da língua para dentro de um modelo de funcionamento que é de fato uma *prescrição normativa*, supostamente justificada por responder à "lógica" do pensamento.

Embora publicadas no século 17, a *Gramática* e a *Lógica* reciclam e revisam diversos temas característicos do pensamento filosófico medieval (escolástica), herdeiro por seu turno de várias tradições ainda mais antigas (platonismo, aristotelismo), tais como o paralelismo entre pensamento e linguagem; a concepção de que o homem, depois de expulso do Paraíso, ficou condenado a se valer de um código imperfeito; a referência a uma língua original da qual as línguas particulares se distanciaram por causa do uso, por meio de um processo de degeneração; a denúncia de possíveis abusos da linguagem e do risco (intrínseco a eles) de estar sujeita a toda sorte de falácias e deformações. Nesse modo de encarar as coisas, a mudança linguística só pode ser alvo de forte censura e condenação.

Os enunciados linguísticos ("proposições"), segundo a *Gramática* de Port-Royal, representam a realização, na superfície, de processos "lógicos" que operam na profundidade do pensamento. No capítulo IX, dedicado aos pronomes relativos, por exemplo, podemos ler o seguinte:

> [...] quando digo: *Deus invisível criou o mundo visível*, ocorrem três juízos em meu espírito, encerrados nessa proposição. Pois eu julgo primeiramente que *Deus é invisível*. 2. *Que ele criou o mundo*. 3. *Que o mundo é visível*. E dessas três proposições, a segunda é a principal e a essencial da proposição; mas a primei-

> ra e a terceira são apenas incidentes, e são somente parte da principal, da qual a primeira compõe o sujeito e a terceira, o atributo.
> Ora, essas proposições incidentes estão frequentemente em nosso espírito, sem serem expressas por palavras, como no exemplo proposto. Mas às vezes também as marcamos expressamente; e é para isso que serve o relativo: como quando reduzo o mesmo exemplo a estes termos: *Deus,* que *é invisível, criou o mundo,* que *é visível.*

Essa análise das orações relativas será retomada, no século 20, por Chomsky em sua célebre dicotomia que opõe uma "estrutura profunda" a uma "estrutura superficial", ou seja, os processos mentais que levam à formulação de um enunciado, por um lado, e a forma que esse enunciado assume ao ser falado, por outro.

Apesar do esforço por demonstrar que as categorias gramaticais representam categorias racionais, os próprios autores da *Gramática* se veem em apuros em situações em que reina a mais completa arbitrariedade, como no caso dos *gêneros* atribuídos às diversas palavras, o que se discute no capítulo V. Escrevem eles que os seres humanos, ao se examinarem, observaram "uma diferença extremamente considerável, que é a dos dois sexos" e que, para marcar essa diferença, inventaram terminações próprias para os adjetivos, dando origem aos gêneros masculino e feminino. Mas essa "invenção", que era "lógica", foi levada adiante, de modo que todos os demais nomes foram incluídos na categoria de gênero, às vezes com razão (como no caso de *rei* porque se subentende *homem*, assim como em *rainha* porque se subentende *mulher*), mas em outras vezes "também por um puro capricho e um uso sem razão", o que leva os gêneros a variar de uma língua para a outra, como no caso de *arbor* ("árvore"), feminino em latim, mas masculino em francês (*un arbre*), assim como *dens* ("dente"), masculino em latim, mas feminino em francês (*une dent*). Ora, a atribuição de gênero às palavras é um recurso existente em algumas línguas (mas nem de longe em todas) para proceder a classificações, o que se faz de modo tão arbitrário e convencional que, ao longo do tempo, mesmo numa língua particular, as palavras mudam de gênero (como *foca*, em português: masculino anteriormente — como no verso dos *Lusíadas* em que Camões menciona "*os feios focas*" —, feminino hoje em dia). Para "piorar", diversas línguas apresentam um gênero neutro, que os autores da *Gramática* assim analisam:

> Os gregos e os latinos inventaram ainda um terceiro gênero com o masculino e o feminino, a que chamaram *neutro*, como não sendo nem de um nem de outro:

o que não observaram com a razão, como poderiam ter feito, ao atribuir o neutro aos nomes das coisas que não tinham nenhuma relação com o sexo masculino ou feminino, mas por fantasia, e seguindo somente algumas terminações.

Vemos aqui a típica atitude de censura da parte dos propositores de uma identidade *gramática = lógica*, responsável por sua visão negativa da diversidade de línguas. Assim, os usos linguísticos que não podem ser explicados racionalmente são "puro capricho" ou "fantasia" — observe-se o uso da palavra *razão* tanto em "puro capricho e um uso sem *razão*" quanto em "não observaram com a *razão*": na verdade os termos *raison, raisonnement, raisonnable, raisonné* etc. ocorrem praticamente em cada página da obra (de fato, desde o título).

Como vimos ao examinar a teoria linguística de Locke, o verbo *ser* é considerado por este autor como uma "partícula", mera ferramenta gramatical para conectar os conceitos substanciais, expressos no nome (substantivo e adjetivo). Na *Gramática* de Port-Royal, ao contrário, *ser* é, na prática, o único verbo verdadeiro. Segundo Arnauld e Lancelot, a função primordial do verbo é marcar um juízo, isto é, a conexão entre os dois termos de uma proposição (o sujeito e o predicado, ou "atributo"). Na medida em que todos os verbos têm essa função, um único verbo, *ser*, chamado "verbo substantivo", teria sido suficiente em qualquer língua. É somente porque as pessoas quiseram abreviar a fala que elas misturaram outros elementos com o "verbo substantivo". Frequentemente ele é o predicado, como em *Pierre vit* ("Pedro vive"), que é o mesmo que *Pierre est vivant* ("Pedro é/está vivo"), mas às vezes o verbo também é o sujeito, como em *vivo*, uma só palavra que encerra os três elementos da proposição *je suis vivant* ("eu sou/estou vivo"), isto é, o sujeito, o juízo e o predicado. Como se viu em |2.6|, uma primeira sugestão de análise sintática incluiu os adjetivos na categoria dos verbos, precisamente porque todo adjetivo traz embutido o verbo *ser*: uma *casa verde* é "uma casa que *é* verde", o que traz de novo à cena a distinção entre estrutura profunda e estrutura superficial — *casa verde* é a realização, na superfície, de um raciocínio ocorrido na profundidade do pensamento: "Casa *que é* verde".

A alegada universalidade das análises da *Gramática* de Port-Royal desmorona diante de dados empíricos mínimos. Por exemplo, para traduzir o francês *Pierre est vivant*, é muito mais adequado em português o enunciado "Pedro *está* vivo" (como também em espanhol, aliás), porque "Pedro *é* vivo" tem outro sentido: Pedro é esperto, sagaz etc. A distinção *ser/estar*, fundamental em português, inexiste no francês (que usa somente *être* para os dois sentidos) e no latim (*esse*). A "lógica" da língua que, como vimos, é somente a gramática do francês e/ou do latim, não se sustenta quando comparada ao funcionamento de outras línguas, mesmo o de línguas próximas, da mesma família românica.

Embora Chomsky em sua *Linguística cartesiana* (1966) tenha saudado a *Gramática* de Port-Royal como uma precursora de sua própria teoria gerativista — uma teoria que se vincula explicitamente ao racionalismo e ao inatismo (e o título *Linguística cartesiana* é prova disso) —, alguns críticos apontam o anacronismo da obra dos pensadores franceses com relação ao estado da investigação linguística de sua época, marcada por reflexões sobre as relações entre as línguas e pela coleta e comparação de dados. Em lugar de apostar nessas novas tendências, os *Messieurs* de Port-Royal preferiram buscar inspiração numa tradição conservadora, marcada pela concepção de um universo imóvel e imutável, e de costas para todo o conhecimento científico já obtido desde a astronomia de Copérnico até a física de Newton, passando pelos experimentos práticos de Galileu e de Francis Bacon, entre outros.

5.5 Condillac e o empirismo continental

O francês **Étienne Bonnot de Condillac** (1715-1780) tem seu lugar de destaque na história da filosofia por ser o principal representante "continental" do empirismo, uma corrente de pensamento, como vimos, de longa tradição na Grã-Bretanha. Ganhou fama imediata quando publicou seu *Essai sur l'origine des connaissances humaines* ("Ensaio sobre a origem dos conhecimentos humanos", 1746). É uma obra que se inspira, já pelo título, no livro de tema semelhante publicado por Locke, autor explicitamente citado pelo francês. Apesar de ser sacerdote católico, Condillac rejeitava a noção de origem divina da linguagem humana — em linha com sua filiação empirista, para ele é a *experiência*, advinda das respostas às *necessidades* humanas, que levou à constituição da linguagem.

Condillac se opôs à hipótese, frequente nos círculos cartesianos, de que o pensamento é completo e autocontido e de que a linguagem não tem outra função além de representar pensamentos preexistentes. Contra isso, argumentava que o

A noção de que existem universais linguísticos geneticamente predeterminados (inatos), sustentada, como vimos, desde a antiguidade grega e, nos dias de hoje, pela teoria gerativista, é contestada por outras linhagens teóricas que admitem a existência desses universais, mas atribuem sua origem, não à biologia individual, mas à interação entre as capacidades cognitivas humanas e a realidade empírica para atender às necessidades que são as mesmas para toda a espécie. A linguagem participa da *cognição social*, que se constitui pela soma de todas as cognições individuais que operam dentro de dada comunidade *cultural*. Entre os teóricos desta linha se destaca o estadunidense **Michael Tomasello** (n. 1950), autor, entre outros, de *The Cultural Origins of Human Cognition* (1999), publicado no Brasil com o título (um tanto inadequado) de *As origens culturais da produção de conhecimento* (2003). A tradução do título é inadequada porque o autor trata não somente da *produção*, mas também da aquisição e transmissão do conhecimento, de modo que o uso de *cognição*, como no título em inglês, englobaria todas essas noções.

pensamento em si mesmo é confuso e desconectado, contendo simultaneamente diversas ideias. Na fala, em contrapartida, as ideias são representadas em sucessão (como os elos de uma corrente) e só podem ser distinguidas se observadas isoladamente, uma após outra. Para tornarmos nossos pensamentos conhecidos às outras pessoas, é necessário primeiro que os representemos para nós mesmos dessa forma encadeada. A linguagem é exigida, portanto, para a análise do pensamento, e esta tem de ser empreendida antes que a comunicação seja possível. Do ponto de vista histórico, é por meio da interação entre sensações e signos que as ideias abstratas vieram a existir. Cada língua é um modelo analítico que se desenvolveu paralelamente ao conhecimento que ia crescendo gradualmente e em resposta a necessidades específicas.

Condillac ressalta o fundamento universal de todas as línguas. Uma vez que todos os seres humanos têm a mesma constituição biológica (física e mental) e necessidades semelhantes, todas as línguas estão construídas sobre os mesmos princípios. No entanto, esses princípios só muito frouxamente determinam a estrutura das línguas, o que deixa amplo espaço para possibilidades as mais diversas e igualmente naturais. Por conseguinte, é muito mais o costume (hoje diríamos a *cultura*) do que a natureza que faz alguém falar como fala e não de outro modo. Condillac enfatiza a esse respeito que a **ordem das palavras** na sentença não é uma prescrição da natureza, não é um universal, como vamos comentar mais adiante.

Condillac (tal como Locke e Leibniz) dedica toda uma parte específica de seu *Essai* às reflexões acerca da linguagem, especialmente acerca de suas origens (*Da origem e dos progressos da linguagem*). A originalidade de seu pensamento está na elaboração de uma narrativa (que ele mesmo reconhece ser ficcional) para investigar o surgimento e os progressos da linguagem:

> Adão e Eva não deveram à experiência o exercício das operações de sua alma, e, ao saírem das mãos de Deus, foram, por um socorro extraordinário, capazes de refletir e de comunicar entre si seus pensamentos. Mas eu imagino que algum tempo depois do dilúvio, duas crianças de um e do outro sexo tenham se extraviado por desertos, antes que conhecessem o uso de qualquer signo. [...] Quem sabe mesmo se não há algum povo que deva sua origem a semelhante acontecimento? Que se me permita fazer a suposição. A questão é saber como essa nação nascente se dotou de uma língua (*Essai*, t. II, I, intr.).

Desprovido da fala, esse casal primevo teria desenvolvido o que Condillac chama de *linguagem de ação*, conceito pelo qual se tornou famoso.

Para se fazerem entender, usavam o corpo, balançavam a cabeça e os braços, se agitavam. Mais adiante, passaram a emitir gritos. Os gestos e os gritos, à força de se repetirem sempre com referência às mesmas coisas e eventos, foram gradualmente se tornando signos:

> [...] vê-se de que modo os gritos das paixões contribuíram para o desenvolvimento das operações da alma, ocasionando naturalmente a linguagem de ação: linguagem que, em seus começos, para ser proporcional à pouca inteligência deste casal, consistia verossimilmente apenas de contorções e agitações violentas. Entretanto, uma vez aqueles homens tendo adquirido o hábito de ligar algumas ideias a signos arbitrários, os gritos naturais lhes serviram de modelo para se dotarem de uma nova linguagem. Articularam novos sons e, repetindo-os várias vezes, e acompanhando-os de algum gesto que indicava os objetos que queriam ressaltar, acostumaram-se a dar nomes às coisas (*ibid.*, 1, 5 e 6).

Aos poucos, a linguagem de ação e a linguagem articulada vão sendo utilizadas alternadamente até que, bem adiante na história, é a língua falada que se tornará o principal veículo da comunicação humana. Uma observação curiosa é a que tenta explicar a origem da língua tonal dos chineses. Segundo Condillac, os gritos empregados pelos usuários da linguagem de ação não podiam ser muitos, dada a escassez de recursos desse tipo, mas uma forma para remediá-la era empregar diferentes flexões da voz:

> [...] na origem das línguas, como os homens encontravam demasiados obstáculos para imaginar palavras novas, só tiveram durante muito tempo, para exprimir os sentimentos da alma, os signos naturais aos quais deram o caráter de signos de instituição. Ora, os gritos naturais introduzem necessariamente o uso das inflexões violentas, já que diferentes sentimentos têm por signo o mesmo som, variado sobre diferentes tons; "ah", por exemplo, segundo o modo como é pronunciado, exprime admiração, dor, prazer, tristeza, alegria, temor, nojo e quase todos os sentimentos da alma. [...] Na origem das línguas, a maneira de pronunciar admitia portanto inflexões de voz tão distintas que um músico teria podido anotá-las fazendo apenas leves mudanças [...]. Essa prosódia foi tão natural aos primeiros homens que para alguns deles pareceu mais fácil expressar diferentes ideias com a mesma palavra pronunciada em diferentes tons do que multiplicar o número das palavras na proporção do das

O uso de tons distintos para diferenciar palavras ocorre em diversas línguas do mundo, incluindo várias das ameríndias. O chinês mandarim, porém, é a mais conhecida, com seus cinco tons, que, na transcrição em alfabeto latino, recebem acentos próprios para serem identificados. O exemplo recorrente é o da sílaba "ma":

mā	**má**	**mǎ**	**mà**	**ma**
妈	麻	马	骂	吗
mamãe	cânhamo	cavalo	xingar	partícula interrogativa

ideias. Essa linguagem se conserva ainda entre os chineses. Eles têm somente 328 monossílabos que variam em cinco tons, o que equivale a 1.640 signos. Tem-se observado que nossas línguas não são mais abundantes que a deles (*ibid.* 3, 13-15).

A noção de que o chinês é uma língua "monossilábica" perdurou por muito tempo, mas as análises mais atentas feitas a partir do século 20 têm demonstrado o equívoco dessa classificação: a necessidade de exprimir cada vez mais noções levou à formação de incontáveis vocábulos de mais de uma sílaba (a palavra para "formiga", que citamos mais acima, por exemplo se pronuncia [ma-i], com duas sílabas em mandarim). E, evidentemente, a língua chinesa tem muito mais palavras do que as 1.640 calculadas por Condillac.

Uma observação de cunho antropológico é a de que, na ausência de escrita, segundo Condillac, os povos empregaram a *poesia*, isto é, versos rimados e metrificados, para a transmissão dos saberes e dos costumes: "Enquanto os homens não tiveram nenhum caractere para escrever seus pensamentos, essa opinião se fundava em que os versos se aprendem e se retêm mais facilmente" (cap. 8, 67). É uma alusão pertinente à *literatura oral*, que caracteriza todas as sociedades, mas especialmente as que se valem exclusivamente da língua falada como veículo de transmissão da cultura tradicional. Para Condillac, a dança, a música e a poesia são derivações da "linguagem de ação", comum a todos os povos: "Os romanos nos ensinam que os gauleses e os germanos tinham seus músicos e poetas; observou-se, em nossos dias, a mesma coisa com relação aos negros, aos caribes e aos iroqueses" (*ibid.*, 70), de maneira que "a poesia e a música foram cultivadas portanto somente para fazer conhecer a religião, as leis e para conservar a lembrança dos grandes homens e dos serviços que tinham prestado à sociedade" (72).

Condillac oferece em seu *Essai* um relato da evolução das línguas a partir do surgimento de cada uma das **categorias gramaticais** presentes (em sua concepção) em todas as línguas, uma tentativa de explicação desse surgimento que se tornou a marca registrada de seu pensamento linguístico. Assim, os primeiros a emergir foram os *nomes* (substantivos), porque designam os "objetos sensíveis", os mais imediatamente disponíveis à experiência (*árvore, fruto, água, fogo*). Em seguida, "mas pouco a pouco, a gente distinguiu as diferentes qualidades sensíveis dos objetos; observou as circunstâncias em que podiam se encontrar, e criou palavras para exprimir todas essas coisas: foram os adjetivos e os advérbios" (82), num reconhecimento do parentesco dessas duas classes de palavras em suas funções de qualificar as substâncias (adjetivos) e os eventos (advérbios). A seguir, para "dar nomes às operações da alma" foram criados os *verbos*, de modo que "os primeiros verbos foram imaginados somente para exprimir o estado da alma, quando ela age ou sofre" (83). Além da ordem de surgimento das categorias gramaticais, Condillac também propõe uma hipótese para o surgimento da ordem das palavras no enunciado, isto é, da *sintaxe* (termo que ele, porém, não emprega):

> Mas quando se começou a suplementar a ação por meio de sons articulados, o nome da coisa se apresentou naturalmente em primeiro lugar, como o signo mais familiar. Essa maneira de enunciar era a mais cômoda para aquele que falava e para aquele que escutava. [...] Assim, a ordem mais natural das ideias quis que se colocasse o regime antes do verbo: dizia-se, por exemplo, *fruto querer*. [...] É que, como só a linguagem de ação pôde servir de modelo à dos sons articulados, esta teve, no início, de conservar as ideias na mesma ordem que o uso daquela tornara a mais natural (84).

Condillac antecipa desse modo o conceito de *iconicidade*, importante para as escolas linguísticas contemporâneas agrupadas sob o rótulo de *funcionalistas*: a construção dos enunciados verbais tenta *refletir* a disposição dos objetos do mundo e sua relação com o falante ("Assim, as palavras se construíam na mesma ordem em que se regiam; único meio de lhes facilitar o entendimento. Dizia-se *fruto querer Pedro* por *Pedro quer o fruto*", *ibid.*). De fato, o estudo da *ordem das palavras* é central para as teorias funcionalistas.

Outro mérito frequentemente atribuído a Condillac é o de ter sido um dos primeiros a abordar o que, somente no início do século 20 (por obra do linguista francês **Antoine Meillet** [1866-1936] |6.9.2|), receberá o nome de **gramaticalização**, fenômeno que tem merecido cada vez mais a atenção dos linguistas. A gramaticalização consiste na transformação de um item lexical autônomo em instrumento gramatical (preposição, conjunção, advérbio, pronome, afixo, desinência, flexão etc.). Um exemplo sempre citado é o da formação do chamado *futuro*

> Uma das formas possíveis de classificar as línguas do mundo é segundo a **ordem das palavras** no enunciado. Utilizando s (para *sujeito*), v (para *verbo*) e o (para *objeto*), temos:
> sov (*ela te ama*): 45%
> svo (*ela ama te*): 42%
> vso (*ama ela te*): 9%
> vos (*ama te ela*): 3%
> ovs (*te ama ela*): 1%
> osv (*te ela ama*): 0%
> As ordens sov e svo juntas respondem por 87% do total de línguas conhecidas. No entanto, os estudos diacrônicos mostram que há uma tendência geral de passagem de sov a svo (como do latim para as línguas românicas: *Julia canem videt* ⇒ *Júlia vê o cão*), de modo que é possível interpretar svo como a ordem com mais alto grau de *iconicidade*: a expressão parte do sujeito rumo ao objeto, intermediada pelo verbo. A ordem osv é raríssima, ocorre em línguas da bacia amazônica, mas são tão poucas que nem chegam a formar porcentagem. A hipótese de Condillac, de que ovs teria sido a ordem "primitiva" não corresponde aos dados coletados pela pesquisa contemporânea.

românico, como em português: *ver hei*, que tinha inicialmente o sentido de obrigação, "tenho que ver", se transformou em *verei*, em que o antigo verbo *hei* perdeu sua autonomia sintática e se converteu em mero sufixo (no caso, desinência de futuro). Assim, as formas do futuro do latim clássico — *videbo, videbis, videbit* etc. — desapareceram nas línguas românicas, substituídas pelas formas resultantes da junção do infinitivo (*ver*, derivado de *videre*) com as formas de *haver* (< *habere*) no presente do indicativo (*videre habeo* > *ver hei*). Ora, as formas *videbo, videbis, videbit* etc. já eram, no latim, resultantes de um processo de gramaticalização muito mais antigo, em que ao radical do verbo (*vide-*) se juntou um antigo verbo indo-europeu **bheue-* (com a ideia de "existir, crescer", e origem do verbo *to be* do inglês), seguido das desinências de pessoa (*-o, -s, -t, -mus, -tis, -nt*), o que comprova a tese de que a gramaticalização é um processo cíclico, responsável, entre outros fatores, pelas mudanças que as línguas sofrem ao longo do tempo. Pois é justamente essa interpretação dos fenômenos de gramaticalização que aparece em germe no *Essai* de Condillac:

> Os verbos, em sua origem, só exprimiam o estado de coisas de maneira indeterminada. Assim são os infinitivos, *ir, agir*. A ação de que se faziam acompanhar supria o resto, isto é, os tempos, os modos, os números e as pessoas. Ao dizer *árvore ver*, fazia-se conhecer por algum gesto se se falava de si mesmo ou de um outro, de um ou de vários, do passado, do presente ou do futuro, enfim, num sentido positivo ou num sentido condicional. Como o costume de ligar essas ideias a tais signos facilitou os meios de vinculá-los a sons, inventou-se para tal efeito palavras que só eram colocadas no discurso depois dos verbos, pela mesma razão que estes só eram colocados depois do nome. As ideias portanto eram arranjadas nesta ordem: *fruto comer no futuro eu*, para dizer *comerei o fruto*. Os sons que tornavam determinada a significação do verbo, sendo-lhe sempre acrescentados, logo se tornaram com ele uma única palavra, que terminava diferentemente conforme suas diferentes acepções. Então, o verbo foi visto como um nome que, embora indefinido em sua origem, tornara-se, pela variação de seus tempos e de seus modos, apropriado para exprimir de uma maneira determinada o estado de ação e de paixão de cada coisa. Foi assim que os homens vieram a imaginar as conjugações (*ibid.*, 9, 85-87).

A análise de Condillac corresponde, portanto, aos postulados que compõem o paradigma teórico da gramaticalização. Se substituirmos o *je mangerai* ("[eu] comerei") de Condillac pelo equivalente latino *manducabo* (do verbo *manducare*, origem do francês *manger*), poderemos ver que a sequência que ele propõe — *comer no futuro eu* — está perfeitamente cristalizada (gramaticalizada) na forma verbal latina: *manduca-* ("comer") + *-b-* ("no futuro") + *-o* ("eu"). Segundo uma versão "radical" da gramaticalização, toda as terminações que indicam a *pessoa* são resquícios de antigos pronomes pessoais que acabaram por se fundir ao verbo.

Já comentamos de que forma o *-b-* do futuro dos verbos latinos provém de um verbo pré-histórico que se transformou em mera desinência temporal. Nas mudanças que fizeram surgir, do latim vulgar, as línguas românicas ocorreram fenômenos semelhantes, e Condillac os interpreta da seguinte maneira:

Pela ótica da gramaticalização, todas as partículas, terminações, afixos etc. foram, em algum momento da história de uma língua, palavras plenas (itens lexicais) que, por força de diversos fatores, se tornaram formas presas. Assim, as terminações que indicam as *pessoas* dos verbos terão sido, no passado, pronomes pessoais que se fundiram aos radicais verbais. Essa tese será defendida por Franz Bopp em sua obra de 1816, que inaugura a linguística histórico-comparativa do século 19 |6.3.2|.

> Quando dizemos *faço, fazia, fiz, farei* etc., só distinguimos o tempo, o modo e o número variando as terminações do verbo, o que provém do fato de nossas conjugações terem sido feitas pelo modelo das do latim. Mas quando dizemos *tenho feito, tinha feito, tivesse feito* etc., seguimos a ordem que se tornou para nós a mais natural, pois *feito* aqui é propriamente o verbo, já que é a palavra que marca o estado de ação, e *ter* corresponde apenas ao som que, na origem das línguas, vinha depois do verbo, para lhe designar o tempo, o modo e o número. Em [...] *sou amado* [...], *ser* marca apenas o tempo, o modo e o número. Esses tipos de palavras eram de pouco uso nas conjugações latinas, e ali elas se construíam como nas primeiras línguas, isto é, após o verbo, visto que, para significar o tempo, o modo e o número, temos termos que colocamos antes do verbo; poderíamos, colocando-os depois, fazer um modelo das conjugações das primeiras línguas. Isso nos daria, por exemplo, em lugar de *sou amado, és amado* etc., *amadosou, amadoés* etc. (89-90).

Condillac, antecipando muitos postulados da linguística moderna, argumenta que os chamados *verbos auxiliares* (no caso, *ter* e *ser*) não são verbos propriamente ditos, porém meros instrumentos gramaticais que, na língua moderna, correspondem às desinências dos tempos verbais herdados do latim. *Ter* e *ser*, que ainda podem ser usados como verbos de pleno direito em outros contextos (*tenho uma casa; sou brasileiro*), se gramaticalizaram como ferramentas morfossintáticas e não mais como itens lexicais. Em português, por exemplo, existe *falara*, forma herdada do mais-que-perfeito latino, mas também *tinha falado / havia falado*, com o mesmo valor semântico, perífrases que se formaram no transcorrer da história das línguas românicas (em francês e italiano só existe o mais-que-perfeito composto, enquanto em português a forma sintética se confina cada vez mais à escrita monitorada). Em latim, *sou amado* se dizia simplesmente *amor*. O ciclo de gramaticalização também corresponde a um ciclo em que formas analíticas (*canta *bheue *o = cantar no-futuro eu*) se condensam em formas sintéticas (*cantabo*) para serem substituídas mais adiante por novas formas analíticas (*cantare habeo*, "cantar hei"), que se tornam sintéticas (*cantarei*), até serem substituídas por novas formas analíticas (*vou cantar*) e assim ininterruptamente. O mesmo se deu com a forma passiva sintética *amor*, substituída em todas as línguas românicas pela passiva analítica do tipo *sou amado*. E se podemos hipotetizar que as desinências pessoais foram outrora pronomes pessoais que se aglutinaram ao verbo, a erosão dessas desinências levou em algumas línguas à obrigatoriedade da enunciação do pronome-sujeito, como na conjugação do passado em inglês: *I / you / he / she / it / we / they loved*. Desse modo, como bem analisa Condillac, as informações sobre tempo, modo, pessoa e número se alternam, ao longo dos séculos, ora depois do verbo (*cantar-ei*), ora antes do verbo (*vou-cantar*).

Outro aspecto interessante do trajeto de evolução das formas linguísticas proposto por Condillac diz respeito à criação de termos *abstratos*, numa formulação tipicamente empirista, em que da experiência obtida pelos sentidos é que surgem as noções e os conceitos do entendimento:

> [...] os termos mais abstratos derivam dos primeiros nomes que foram dados aos objetos sensíveis. Os homens, tanto quanto está em seu poder, remetem seus últimos conhecimentos a alguns daqueles que eles já adquiriram. Assim, as ideias menos familiares se ligam àquelas que são mais familiares, o que é de grande auxílio à memória e à imaginação. [...] Os homens, tendo sempre percebido movimento e repouso na matéria; tendo observado a propensão e a inclinação dos corpos; tendo visto que o ar se agita, se turva e se aclara, que as plantas se desenvolvem, se fortificam e se debilitam, falaram do movimento, do repouso, da inclinação e da propensão da alma; disseram que o espírito se agita, se turva, se aclara, se desenvolve, se fortifica, se debilita. Enfim, se contentaram em ter encontrado uma relação qualquer entre uma ação da alma e uma ação do corpo para dar o mesmo nome a uma e à outra. O próprio termo *espírito* de onde é que vem? Se não é da ideia de uma matéria sutilíssima, de um vapor, de um sopro que escapa à vista; ideia com a qual vários filósofos se familiarizaram tanto que conseguem imaginar que uma substância composta de um número inumerável de partes é capaz de pensar (cap. 10, 102-103).

Entre os fenômenos que se verificam nos processos de gramaticalização, está precisamente o da transformação semântica de termos *concretos* em termos *abstratos*, paralela à passagem do *léxico* para a *gramática*, de forma *plena* a forma *presa*. O verbo *haver*, em fases mais remotas da língua, significava "ter concretamente, possuir", era um verbo pleno, lexical, que foi se tornando um mero auxiliar e, ao mesmo tempo, perdendo carga semântica e passando a significar "existir", um conceito altamente abstrato. A passagem do concreto para o abstrato se dá por meio da *metáfora*, um dos mais poderosos fatores cognitivos de processamento da linguagem, responsável por muitas das mudanças que ocorrem na língua. Uma incontável quantidade de palavras hoje usadas exclusivamente com sentido abstrato derivam de termos que tiveram no passado significação concreta: em latim, *pensare* era avaliar o peso de alguma coisa, mas por metaforização passou a significar *pensar*, meditar, refletir. No exemplo de Condillac, o termo latino *spiritu*, "sopro, exalação", passou a significar "alma" em contraposição ao corpo, concreto. Os dicionários são repositórios desses processos, indicados normalmente com a marca de "sentido figurado": as acepções contidas nos verbetes sempre partem do mais concreto para o mais abstrato ("*inflamar*: 1. pôr fogo ou pegar fogo em; converter em chamas. [...] 4. excitar(-se); estimular(-se); exaltar(-se); irritar(-se)", *Dicionário Houaiss*). A passagem *concreto* $\Rightarrow$ *abstrato* condiz, no relato de Condillac, à passagem de uma "linguagem de ação", em que toda a expressão se fazia por meios concretos — gestos, gritos, acenos, agitações do corpo — a uma linguagem de signos "por instituição", isto é, arbitrários, capazes de significar tanto a realidade sensível, corpórea, quanto a realidade psíquica ("operação da alma").

A menção ao **corpo humano** também merece destaque entre as reflexões de Condillac. É com o corpo que entramos em contato físico com o mundo que nos envolve, de modo que os nomes que designam as partes do corpo e suas propriedades também têm sido desde sempre empregados com sentido abstrato:

> Ora, as necessidades se referiam unicamente ao corpo. [...] Então, eles [os homens] perceberam não somente qual era a ação do corpo, quando se diz, por exemplo, *eu vejo*, mas notaram ainda mais particularmente a percepção da alma, e começaram a considerar o termo *ver* como próprio a designar esta e aquela. É mesmo provável que esse uso tenha se estabelecido tão naturalmente que não se percebeu que a significação dessa palavra se estendia. Foi assim que um signo inicialmente dirigido a uma ação do corpo se tornou o nome de uma

operação da alma. [...] Tudo confirma pois o que acabo de dizer no parágrafo precedente: que os termos mais abstratos derivam dos primeiros nomes dados aos objetos sensíveis. Esqueceu-se a origem desses signos, tão logo seu uso se tornou familiar, e se caiu no erro de acreditar que eles eram os nomes mais naturais das coisas espirituais (cap. 10, 103-104).

Em todas as línguas conhecidas, as partes do corpo se transformaram em advérbios, conjunções, preposições e outros elementos gramaticais já desprovidos de sua significação concreta: o inglês *back,* que significa "costas, espáduas" quando substantivo, também significa "para trás; de volta" quando é advérbio. A palavra *pé* se tornou uma unidade de medida; pode ser empregada em locuções adverbiais (uma casa *ao pé do* morro); em expressões como *dar pé, de pé atrás, com o pé na cova, com os pés nas costas, com o pé direito, pé no chão* etc., todas metáforas formadas a partir de usos concretos. À passagem *concreto ⇒ abstrato* corresponde a passagem *espaço ⇒ tempo*, em que termos empregados com sentido espacial passam a ser empregados com sentido temporal, mas nunca o contrário: *no* espaço *de dez anos; no* meio *da tarde;* dentro *de dois meses* etc. E as partes do corpo também participam dessa passagem: a *boca da noite* é uma expressão de tempo; e o inglês *back*, inicialmente uma volta no espaço, também se aplica a voltar atrás no tempo. Por fim, cabe mencionar a palavra *homem* que, em diversas línguas, se tornou um pronome indefinido, como o francês *on*, o alemão *man* e o português antigo *homem* ("de Lisboa a Braga *homem* leva muitos dias de a cavalo").

A reflexão de Condillac acerca do verbo *ver* — a de que uma percepção física, a visão de alguma coisa concreta, deu origem, metaforicamente, a uma percepção da alma, isto é, *ver* com o sentido de "saber, conhecer, compreender" — pode ser confirmada pelo estudo comparativo das evoluções da raiz indo-europeia **weid-*, em diferentes línguas da família. O sentido original da raiz era "ver" (como no latim *uideo*, "eu vejo"), mas em sânscrito ela gerou *veda*, "conhecimento, entendimento"; em grego, *idea* (no grego arcaico *widea*), "ideia", e também *eidolon* (arcaico *weidolon*), "imagem, aquilo que se vê", origem de *ídolo*; em alemão, o verbo *wissen*, "saber"; em inglês, *wise*, "sábio, inteligente, sensato" (compare-se *wise* com o latim *uisio*, "visão"). Essa evolução semântica está bem presente em inglês moderno, em que se diz "*I see*" para expressar "*entendo, estou sabendo*".

Uma questão muito debatida no século 17 e especialmente no 18 era a da suposta naturalidade ou racionalidade da ordem dos elementos na sintaxe da língua francesa, o que faria dela a mais "lógica" e seria a causa de sua utilização como língua da erudição e da diplomacia em toda a Europa. É uma inversão, tipicamente ideológica, dos eventos históricos: o francês, como veremos mais adiante, não se tornou amplamente empregado por causa de alguma característica intrínseca sua (como a ordem), mas devido ao peso político e econômico da França no período; no entanto, tentava-se explicar, *a posteriori*, essa expansão do uso internacional da língua como fruto de sua logicidade e clareza. Condillac, no entanto, refuta essas teses:

> Nós nos gabamos de que o francês tem, sobre as línguas antigas, a vantagem de arranjar as palavras no discurso tal como as ideias se arranjam por si mesmas no espírito, porque imaginamos que a ordem mais natural exige que se faça conhecer o sujeito de que se fala, antes de indicar o que dele se afirma, isto é, que o verbo seja precedido de seu nominativo e seguido de seu regime [...]. O que se chama aqui natural varia necessariamente segundo o gênio das línguas e se encontra em algumas mais estendido que em outras. O latim é a prova disso: ele alia construções totalmente contrárias e que, no entanto, parecem igualmente conformes ao arranjo das ideias. [...] Em que estaria fundada a opinião daqueles que pretendem que nesta proposição *Alexandre a vaincu Darius* [*Alexandre venceu Dario*], a construção francesa seria a única natural? Quer considerem a coisa do lado das operações da alma ou do lado das ideias, reconhecerão que se acham dentro de um preconceito. [...] Enganamo-nos a esse respeito só porque tomamos por natural uma ordem que não passa de um hábito que o caráter de nossa língua nos fez contrair (cap. 12, 117).

O fato é que, como vimos, a ordem SVO (sujeito-verbo-objeto) corresponde a uma tendência geral das línguas do mundo na busca de um grau mais elevado de iconicidade. No caso das línguas românicas, especificamente, como o francês, o desaparecimento da morfologia dos casos tornou a ordem mais rígida para evitar ambiguidades quanto aos papéis sintáticos de sujeito e objeto. Assim, no latim clássico, era possível dizer *Alexander vicit Darium*, *vicit Darium Alexander* ou *Darium vicit Alexander*, porque a forma *Darium*, com seu *-m* final, identificava o objeto direto, enquanto *Alexander*, nesta forma, evidenciava seu papel de sujeito.

Ao entrar no domínio da invenção da **escrita**, Condillac se mostra muito coerente com sua tese da evolução de uma "linguagem de ação", fundamentada na concretude da realidade física (incluindo o corpo humano), rumo a uma "língua de signos" arbitrários, decorrente das habilidades de abstração do espírito. Ele começa por dizer que nos primórdios a escrita era, de fato, uma forma de *pintura*, assim como a fala se originou de gestos e gritos (porque a linguagem de ação se deixava pintar mais facilmente). De fato, quando analisamos a evolução dos signos empregados nas escritas que se valem de ideogramas, é muito claro esse percurso desde uma tentativa de "pintura" do conceito representado rumo a um caractere que simboliza o grau maior de abstração de sua forma atual, como nos seguintes exemplos chineses, de sua forma mais remota (c. 1400 AEC) até a forma atual, depois da chamada "simplificação" (iniciada na década de 1950):

E, de fato, é mais uma vez ao chinês que Condillac recorre para tecer suas reflexões.

Finalmente, abordando outro tema muito frequente nas especulações linguístico-filosóficas de seu tempo, o autor do *Essai* trata do "gênio" da língua, uma noção que perdura até os dias atuais no senso comum, quando muitas pessoas atribuem determinadas propriedades aos idiomas, analisando-as ora como "qualidades", ora como "deficiências", sem levar em conta que as línguas não existem como entidades autônomas, autossuficientes, exteriores aos seus falantes: ao contrário, são precisamente esses falantes que, ao longo do tempo, e por diversos fatores de ordem cognitiva e social, vão moldando e remoldando suas línguas. E é essa opinião que parece ser a de Condillac: "Tudo confirma portanto que cada língua exprime o caráter do povo que a fala" (cap. 15, 143) e não o contrário — se é possível dizer que existe um "gênio" da língua, ele é resultante das experiências de seus falantes acumuladas ao longo do tempo (o que, mais uma vez, concorda com a linhagem empirista do pensamento de Condillac). Essas noções acerca do caráter das línguas como decorrente do caráter da "nação" que a fala reaparecerão, na passagem do século 18 para o 19, no pensamento de Wilhelm von Humboldt |6.4.1|, em que o "caráter do povo" será condensado no termo *Weltansicht* ("visão de mundo").

As mudanças, no entanto, provocadas pelos próprios falantes em suas interações, não são, como têm comprovado os estudos diacrônicos, abruptas, mas se processam, quase sempre, de forma gradual: "O caráter de uma língua, sobretudo se for fixado por escritores célebres, não muda tão facilmente quanto os costumes de um povo". De fato, as sociedades dotadas de uma longa tradição de escrita literária, com base na qual se constrói a norma-padrão, tipicamente conservadora em suas prescrições, sofrem o impacto centrípeto dessa tradição normativa, que tenta conter e refrear as forças centrífugas da variação e da mudança, gerando na sociedade a ilusão de uma língua estável, pronta e acabada, em que só as formas "corretas" são admitidas. Mesmo assim, Condillac enuncia algumas ideias correntes à sua época, como a de que o "gênio" da língua depende de dois fatores: o clima e o governo, noções que as investigações linguísticas contemporâneas já abandonaram.

Por tudo o que tentamos demonstrar acima é que Raffaele Simone (2014: 194) afirma:

> A linguagem é, portanto, o verdadeiro pivô do pensamento de Condillac ao longo de sua carreira. Deve-se acrescentar a isso a influência direta ou indireta que ele teve no debate sobre linguagem nas décadas seguintes até o início do século 19, e o reconhecimento generoso que lhe dedicaram diversas figuras importantes (entre outras seus amigos Rousseau e Diderot, mas também, em outros países, Cesarotti e Herder) por causa de sua influência sobre elas. A importância de suas ideias e sua posição de destaque no debate filosófico-linguístico de sua época fazem dele, em vários aspectos, o ponto central da tradição linguística do século 18.

5.6 Tooke e as abreviações

John Horne Tooke (1736-1812) foi um intelectual e ativista inglês, célebre por suas posições políticas em favor da independência dos Estados Unidos, o que lhe valeu um ano de prisão, bem como dos ideais da Revolução Francesa. Teve uma vida repleta de peripécias. Dedicou-se aos estudos jurídicos e também aos filológicos, e é destes que vamos tratar aqui.

Na tradição empirista de Locke e Condillac, Tooke foi um radical defensor da tese de que a mente humana é um instrumento inteiramente passivo, capaz de receber somente impressões dos sentidos (a célebre *tábula rasa*). Para ele, os filósofos se desviaram da verdade ao considerar que existem operações da mente, quando de fato só existem operações da linguagem. O fato de haver diferentes classes de palavras criou a ilusão de haver também diferentes classes de ideias — uma ilusão alimentada pelo equívoco racionalista de que a linguagem é determinada pela mente e, portanto, um reflexo desta:

> A ocupação [*business*] da mente, no que diz respeito à linguagem, me parece muito simples. Não vai mais além do que receber impressões, isto é, ter sensações ou sentimentos. As que se chamam suas operações são meras operações da linguagem. Uma consideração das ideias, ou da mente, ou das coisas (relativas às partes do discurso) não nos levará mais longe do que aos nomes; isto é, os signos dessas impressões, ou nomes de ideias (*Diversions of Purley*, 25).

A obra mais importante de Tooke sobre a linguagem são as *Diversions of Purley*, publicadas em duas partes: a primeira em 1786 e a segunda em 1805. O título se refere às digressões, na forma de diálogos entre quatro pessoas, uma delas o próprio autor, que teriam ocorrido numa propriedade rural chamada Purley, nos arredores de Londres. No entanto, o título completo da obra é *Epea pteroenta, or the Diversions of Purley*. A locução grega *épea pteroénta* significa "palavras aladas" e aparece com muita frequência nas epopeias homéricas, a *Ilíada* e a *Odisseia*, quando o narrador vai dar voz direta aos personagens: "E proferiu palavras aladas". Para Tooke, a ideia de que as palavras têm asas só tem validade se levarmos em conta o que ele chama de **abreviações**: a língua não tem condições de acompanhar a rapidez do pensamento, de modo que as pessoas, para dar remédio a essa disparidade, têm recorrido a processos de condensação de mais de uma ideia em signos únicos — e é por essa tese que Tooke é considerado um dos iniciadores, junto com Condillac, do paradigma da *gramaticalização*, que explicamos mais acima. Segundo ele, "os filósofos têm calculado a diferença de velocidade entre o som e a luz; mas quem tentará calcular a diferença entre a fala e o pensamento?". Para que a fala acompanhe de algum modo a rapidez da mente é preciso dar "asas" a elas, isto é, imprimir-lhes velocidade [*dispatch*], o que é possível por meio das *abreviações*, que são "as rodas da língua, as asas de Mercúrio, e embora pudéssemos ser levados adiante sem elas, isso se daria com muita dificuldade, de maneira muito pesada e tediosa".

Um exemplo do que Tooke chama de abreviação, exemplo que ele mesmo oferece, é o da palavra *that* em inglês. Originalmente, *that* é um demonstrativo, mas acabou por se tornar também uma *conjunção* (equivale à conjunção integrante *que* do português) e também um pronome relativo. De que forma se deu essa gramaticalização de um determinante em um mecanismo sintático (pronome relativo e conjunção)?

A conjunção integrante *que* provém do latim *quid*. Sua origem como conjunção se vincula, de fato, a uma gramaticalização do pronome relativo *que*. Podemos teorizar um processo de mudança assim:

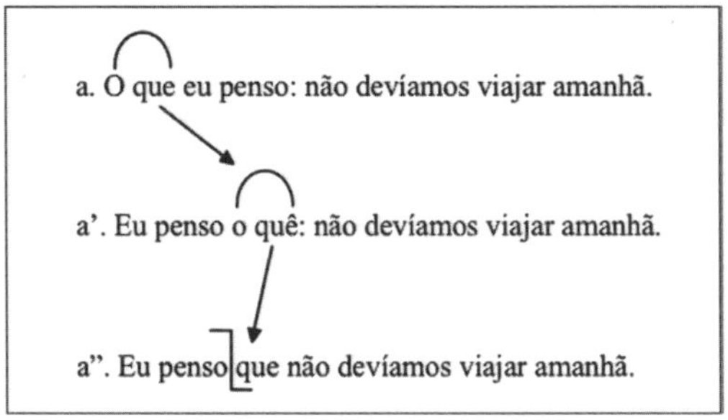

Em (a') temos o pronome relativo *que* retomando o objeto *o* (= *aquilo*) da primeira sentença, que funciona como seu antecedente. Em (a"), o objeto direto *o* sofreu elipse, foi apagado. Desprovido de antecedente, *que* perde sua função de pronome e é reanalisado como conjunção que integra a segunda sentença à primeira, promovendo a transposição da sentença adjetiva em sentença substantiva, objeto direto da primeira.

Transformação semelhante aconteceu em inglês, língua em que a conjunção integrante *that* tem a mesma forma do pronome demonstrativo *that*, que também é um pronome relativo. Etimologicamente, *that* é um demonstrativo: as demais funções vieram depois. O processo de reanálise deve ter sido o seguinte:

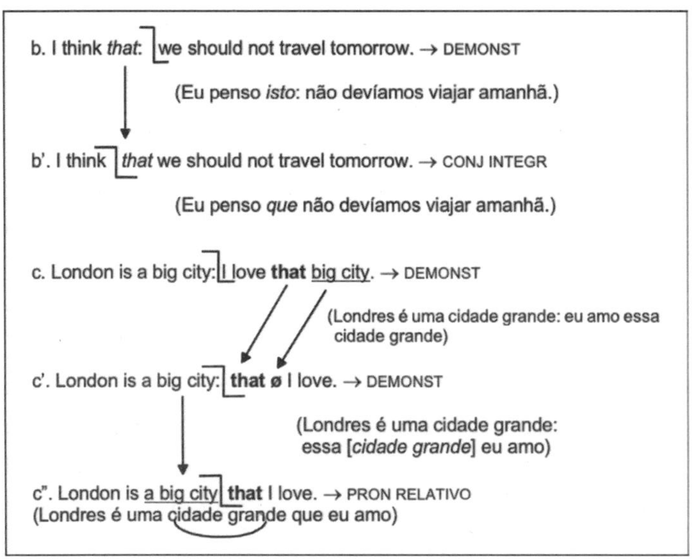

As fases da gramaticalização dos itens *que* e *that* nos fazem compreender o que Tooke tinha em mente ao falar de *abreviações*. No caso de *that*, a abreviação pode chegar mesmo ao apagamento do item: *the house ø I bought is not big*, "a casa [que] comprei não é grande". Em termos filosóficos, para Tooke, a questão é abandonar o erro de considerar que as palavras representam ideias: somente o nome e o verbo podem ser interpretados assim, enquanto todas as demais palavras são, de fato, substitutas de outras palavras. Nomes (substantivos e adjetivos) e verbos constituem, portanto, o núcleo da língua — hoje diríamos o *léxico* da língua —, enquanto as demais palavras são simples ferramentas para a comunicação — *palavras gramaticais* —, resultantes de processos diacrônicos de "abreviação" ou, em termos contemporâneos, de gramaticalização. De fato, o estudo de cada vez mais línguas mundo afora tem comprovado que a oposição *verbo-nominal* está presente em todas elas: outras classes gramaticais podem não existir, mas o verbo (que exprime o *tempo*, a instabilidade do mundo real e do mundo psíquico) e o nome (que exprime a *substância* permanente das coisas) nunca deixam de comparecer.

Para provar seus argumentos, Tooke recorre, como de hábito desde a Antiguidade clássica, à etimologia, e sua obra traça as origens de mais de duas mil palavras (quase todas do inglês). A análise diacrônica é que permite acompanhar os processos de abreviação ocorridos ao longo da história. Muito embora grande parte das etimologias propostas por Tooke sejam equivocadas, sua tese central fez dele um dos precursores do paradigma da gramaticalização.

5.7 A origem das línguas

O debate sobre a origem das línguas e/ou da linguagem humana (termo que abrange não somente os sistemas linguísticos propriamente ditos, mas também as demais formas de produção de significado, como a "linguagem de ação" que vimos acima com Condillac, ou também a pintura, a música, a escrita etc.) é tão antigo quanto a discussão da própria natureza da faculdade humana de simbolização e expressão. As relações entre linguagem e pensamento sempre estiveram no centro das especulações filosóficas, e vimos |2.3| de que forma o conceito de *lógos* evoluiu ao longo dos séculos na cultura grega antiga, recebendo a cada período as mais diversas definições, sendo também responsável pelo entrelaçamento do funcionamento da linguagem (chamada *logos* nos escritos filosóficos gregos mais antigos) e do funcionamento da mente (não por acaso denominado *lógica*, termo derivado de *lógos*). Não admira portanto que, diante do fenômeno da expressão verbal, os pensadores se indagassem acerca de sua origem e evolução.

BOX 5A: ORIGEM E EVOLUÇÃO DAS LÍNGUAS

O linguista congolês **Salikoko Mufwene** (n. 1947) propôs uma lista de questões que desde a Antiguidade até hoje vêm sendo levantadas acerca da origem e da evolução da linguagem e das línguas (2013: 14-15):

1. A linguagem foi dada aos humanos por Deus ou emergiu por evolução darwiniana?
2. De uma perspectiva filogenética, a linguagem emergiu abrupta ou gradativamente? Se a emergência da linguagem se estendeu no tempo, que possíveis estágios intermediários podem ser postulados e o que contaria como evidência para serem postulados? Supondo-se que a estrutura das línguas modernas é modular, a evolução gradativa se aplicaria a qualquer dos módulos, somente a alguns deles, ou somente à arquitetura geral? Qual é a época provável da emergência do primeiro ancestral real da linguagem moderna?

> *Filogenético* é tudo o que diz respeito à evolução de uma espécie ao longo das eras. Opõe-se a *ontogenético*, que se refere ao desenvolvimento de um indivíduo, desde sua concepção até a fase madura.

3. A posse da linguagem, este construto não individual associado exclusivamente aos humanos, pressupõe monogênese ou permite poligênese? O quanto cada uma dessas posições é coerente com as evidências paleontológicas acerca da evolução do gênero *Homo*? Como se iniciou a diversidade linguística? Supondo a evolução darwiniana (variacional em vez de transformacional), a monogênese consegue dar conta da variação tipológica tão plausivelmente quanto a poligênese?

> A *monogênese*, no caso das línguas, postula que todas elas se originaram de uma única língua ancestral. A *poligênese*, ao contrário, propõe que o surgimento das línguas se deu em diferentes momentos e lugares.

4. Qual a relação cronológica entre comunicação e linguagem? Que luz essa distinção lança sobre a relação entre língua de signos/sinais e língua falada? Alguns de nossos ancestrais hominídeos terão se comunicado por meio de vocalizações e gestos ao modo dos símios? Se sim, como podemos explicar a transição disso para línguas fonéticas e de sinais? E como podemos explicar o fato de que os humanos modernos têm preferido a fala à sinalização? Assumindo-se que a linguagem é uma tecnologia de comunicação, em que medida algumas das propriedades estruturais das línguas são consequências da linearidade imposta pelos dispositivos fônicos e sinalizadores usados em sua arquitetura?

> Aqui encontramos duas das teses defendidas por Condillac: a de que a primeira forma de expressão foi a "linguagem de ação" (gritos, gestos etc.); e a de que o pensamento é confuso, mas é forçado à organização por causa da linearidade da língua falada, o que faz dela um instrumento analítico.

5. A evolução da linguagem é mais biológica do que cultural? Ou é o contrário, ou são as duas coisas? As línguas como artefatos culturais são invenções deliberadas ou fenômenos emergentes? Quais são os agentes na emergência da linguagem: indivíduos ou populações, ou ambos?

Referência à tese do *inatismo*, que vem desde Platão e chega à teoria gerativista de Chomsky, que postula a existência, na própria biologia humana, de um "órgão da linguagem", responsável pela existência de uma suposta *gramática universal* embutida em todos os indivíduos da espécie.

Sobre crioulos e pidgnis, ver |6.6.3|. Os "macacos linguísticos" são indivíduos de diversas espécies de primatas que têm sido investigados em estudos de longa duração para determinar em que medida são capazes de aprender e utilizar rudimentos de linguagem, e como (e se) essa forma de aprendizado e uso reflete o que teria ocorrido nos primórdios da humanidade. A "importância heurística" dessas pesquisas estaria em sua capacidade de explicar satisfatoriamente os fenômenos estudados.

6. Qual a relação entre linguagem e pensamento? Essas entidades coevoluíram ou uma causou a outra?
7. Existirá algo como um "órgão da linguagem" ou uma "aptidão biológica para a linguagem"? Como ele pode ser caracterizado com relação à configuração anatômica e/ou mental dos humanos modernos? Quais são os fatores anatômicos, mentais e sociais que facilitaram a emergência da linguagem?
8. Podemos aprender alguma coisa sobre a evolução da linguagem com a mudança linguística histórica, especialmente com a emergência de crioulos e pidgins? Podemos aprender alguma coisa com a linguagem infantil e/ou com a língua de sinais doméstica? E o que se pode aprender com os "macacos linguísticos"? Fará sentido caracterizar esses "sistemas" comunicativos particulares como fósseis da protolíngua humana? Na mesma linha, com que a modelização pode contribuir para o entendimento da evolução da linguagem? Trata-se definitivamente de algo que os estudiosos não puderam fazer antes do século 20, então é crucial avaliar sua importância heurística.

Sendo uma lista publicada no início do século 21, os termos em que ela vem elaborada registram os desdobramentos das reflexões filosóficas e experimentações científicas no ponto em que se encontram neste momento. No século 17 e 18, evidentemente, não se poderia falar de darwinismo, monogênese/poligênese, filogênese, crioulos/pidgins, modelização nem de línguas de sinais. No entanto, pelo que temos examinado até agora, muitas das questões elençadas por Mufwene já estavam presentes naquele período, como a origem divina ou não da linguagem, o caráter biológico ou cultural das línguas, a relação pensamento/linguagem, a possível evolução da linguagem falada a partir de gestos e sinalizações (como a "linguagem de ação" de Condillac) etc.

Vimos que o tema da origem da língua ganhou novo impulso graças às teses de Locke (já encontradas nos escritos de Francis Bacon e Thomas Hobbes) sobre a arbitrariedade da linguagem e a origem sensória das ideias (a tese da tábula rasa). Com o empirismo de Condillac, dada a dialética de linguagem e pensamento, a linguagem se torna uma ferramenta analítica e a base para o progresso cultural e científico. Dois opúsculos do francês **Pierre Louis Moreau de Malpertuis** (1698-1759) contêm reflexões sobre as diferenças originais irredutíveis entre estruturas gramaticais e sobre a segmentação das ideias e das correspondentes expressões linguísticas. Contra ele, **Anne-Robert-Jacques Turgot** (1727-1781), de quem nos ocuparemos mais demoradamente a seguir, tentou oferecer uma explicação empirista para os conteúdos "primitivos" de pensamento. Por seu turno, **Jean-Jacques Rousseau** (1712-1778) explorou a questão de por que a linguagem veio a surgir e a respondeu em termos de uma teoria da pressão social e da cooperação que interfere no instinto natural. A tese de Rousseau tem certa afinidade com a teoria antirracional do italiano **Giambattista Vico** (1668-1744), que enfatizava a origem poética da simbolização linguística e postulava uma correlação entre distinções sociais e níveis de linguagem.

Uma posição muito diferente foi assumida por autores que defendiam a tese da origem divina da linguagem. O porta-voz mais articulado dessa visão foi o pastor protestante alemão **Johann Peter Süssmilch** (1707-1767), tido como um dos pioneiros dos estudos demográficos e das estatísticas populacionais (nas quais também via uma operação divina). A existência de pontos de vista muito divergentes sobre a origem da linguagem fez com que a Academia de Berlim promovesse um concurso em 1771 sobre a questão de como o homem poderia ter inventado a linguagem. O problema a ser enfrentado pelos competidores era: "*Supondo que alguns seres humanos sejam deixados entregues às suas faculdades naturais, são eles capazes de inventar a linguagem? E por que meios realizariam essa invenção por contra própria?*". O vencedor foi o filósofo alemão **Johann Gottfried Herder** (1744-1803), que em seu *Abhandlung über den Ursprung der Sprache* ("Tratado sobre a origem da linguagem", 1772) refutou a visão "sensualista", porque implicava uma linha contínua de desenvolvimento do animal até o homem, e opôs ao instinto animal a "reflexão" (*Besonnenheit*) como uma faculdade humana típica. Na visão de Herder, essa faculdade, que envolve discrição, seleção e abstração, trouxe à tona a linguagem humana e o desenvolvimento mental. O trabalho de Herder está na base de uma importante tradição alemã de reflexão filosófica sobre a linguagem, conforme veremos no próximo capítulo. Entre as vozes proeminentes no debate estão **Moses Mendelssohn** (1729--1786) e **Johann Georg Hamann** (1730-1788), bem como o já mencionado Humboldt. A obra do filósofo russo **Aleksandr Nikolaevič Radiščev** (1749--1802) também deve ser mencionada por causa de sua insistência no aspecto comunicacional da linguagem. No final do século 18, a obra de **Lord Monboddo** (James Burnett, 1714-1799), *Of the Origin and Progress of Language* ("Sobre a origem e progresso da linguagem", em seis volumes: 1773-1792), aliou a tese de Herder sobre a origem da linguagem humana a algumas das posições de Rousseau sobre as necessidades sociais que fazem emergir a comunicação; além disso, Monboddo integrou algumas descobertas recentes sobre a história das línguas europeias bem como a chamada "descoberta do sânscrito", que veremos no próximo capítulo. Na Itália, o *Saggio sulla filosofia delle lingue applicato alla lingua italiana* ("Ensaio sobre a filosofia das línguas aplicado à língua italiana", 1800) de **Melchiorre Cesarotti** (1730-1808) também contribuiu para um debate que aos poucos ia alimentando algumas das principais bases da ideologia romântica, que florescerá no século 19 e terá influência sobre as reflexões linguísticas do período |6.1.1|.

De modo geral, o debate sobre a origem e a formação da linguagem e das línguas transmitiu um legado considerável à cultura linguística do século 19. Do ponto de vista filosófico, serviu para lançar as bases dos estudos sobre os vínculos entre povo e língua e deu contribuições fundamentais para as nascentes ciências humanas, com destaque para a antropologia. Do ponto de vista metodológico, serviu para impulsionar o método comparativo, que se tornaria a espinha dorsal da linguística histórica do século 19.

5.8 As academias, o francês, o purismo e a Revolução

Paralelamente às especulações filosóficas características do período, as questões de linguagem nos séculos 17 e 18 também foram objeto de intensas ações culturais, sociais e políticas. No cenário europeu, ocorre a ascensão do **francês** como língua internacional da erudição e da diplomacia. Na qualidade de agências de uma **política linguística** explícita, surgem as **academias** de língua.

5.8.1 A Accademia della Crusca

Durante mais de mil e trezentos anos — desde a dissolução do Império Romano, no século 5, até a unificação territorial e política, em 1861 —, a **Itália** foi um mosaico de Estados independentes, governados por regimes políticos com os mais diversos nomes (*república, ducado, grão-ducado, reino, marquesato, Estado pontifício* etc.), cujas configurações territoriais se alteraram muito durante todo esse longo período. Essa fragmentação política se fazia acompanhar também de uma ampla diversidade linguística (que persiste em boa medida até os dias atuais): no território da Península, bem como nas ilhas da Córsega, da Sardenha e da Sicília, o latim vulgar da época imperial se transformou em dezenas de variedades distintas, com características fonéticas e morfossintáticas peculiares, tendo dado origem a formas de falar que impedem a compreensão total entre seus usuários — o *piemontês*, por exemplo, falado numa região cujo centro político é Turim, nos limites com a França, é tão diferente do *napolitano*, empregado no sul da península, quanto o português do francês.

Entretanto, apesar das diferenças políticas e linguísticas regionais, já no final da Idade Média começou a se esboçar um problema cultural que passaria à história italiana com o nome de *questione della lingua* ("questão da língua"): qual das muitas línguas diferentes faladas no território italiano — considerado como herdeiro de um patrimônio cultural latino comum — poderia servir de veículo para a produção literária e as negociações diplomáticas? O debate se arrastará por séculos, até a unificação territorial e política, em 1861, quando a decisão recairá sobre o **toscano**, que receberá a partir de então o rótulo oficial de *língua italiana* ou *italiano*. A eleição do toscano se deveu ao grande prestígio que essa variedade foi adquirindo no ocaso da Idade Média e a partir do Renascimento, graças aos monumentos literários que se tornaram as obras de **Dante Alighieri** (1265-1321), **Francesco Petrarca** (1304-1374) e **Bocácio** (Giovanni Boccacio, 1313-1375) e, mais adiante, de **Maquiavel** (Niccolò Macchiavelli, 1469-1527) e **Francesco Guicciardini** (1483-1540). Para o prestígio do toscano também contribuiu o cardeal **Pietro Bembo** (1470-1547), que produziu influentes tratados sobre a normatização da língua. Também cabe destacar a importância política, cultural e econômica da Toscana — especialmente de sua capital, Florença —, que foi o mais importante foco irradiador do pensamento humanista e da arte renascentista |4.1|.

O símbolo da Accademia della Crusca é o *frullone*, o antigo aparelho usado para separar a *flor* da farinha (a parte mais fina e pura) do *farelo* (dito *crusca*, em italiano: a parte grosseira), o que remete à noção de *purismo* linguístico. O mote da Crusca é o verso de Petrarca "*il più bel fior ne coglie*", "colhe a mais bela flor" (da farinha, no caso).

O toscano se viu assim transformado num "novo latim clássico", língua essencialmente escrita, literária, que de fato só passou a ser amplamente falada pela maioria da população italiana na virada do século 19 para o 20 e, com mais intensidade ainda, depois da Segunda Guerra Mundial — até porque, durante o regime fascista (1922-1943), o uso das línguas regionais era explicitamente proibido, o que contribuiu para seu abandono por parte das gerações mais novas. Para defender a "pureza" da língua, um grupo de intelectuais florentinos criou em 1583 a **Accademia della Crusca**, a primeira instituição de normatização linguística da Europa, até hoje responsável pelas regulações e publicações oficiais (especialmente o *Vocabolario della Crusca*) concernentes ao italiano.

5.8.2 A Academia Francesa, o purismo e o prestígio do francês

> Nessa fase, o francês só não dominou a vida cultural da Grã-Bretanha. Contudo, por mais de quatrocentos anos, o francês foi a língua da corte da Inglaterra por causa das dinastias de origem normanda que ocuparam o trono do século 11 até o início do 15. Com **Henrique V** (1386-1422), porém, o inglês se torna língua da administração e da jurisprudência, desalojando tanto o francês quanto o latim.

A **França**, no início do século 17, era o oposto da Itália em termos políticos e territoriais. Unificada em torno da figura do rei e sua corte em Versalhes, aos poucos se tornava o país mais rico e poderoso da Europa continental, além de ser, de longe, o mais populoso. A instituição do **francês**, isto é, da língua da capital, como idioma da administração e da jurisprudência (pelo rei Francisco I, em 1539) no lugar do latim, estimulou o surgimento de uma literatura produzida na língua, marcada principalmente, como se viu no capítulo anterior, pela "defesa" de suas qualidades e pelo esforço em dotá-la de instrumentos de expressão que lhe permitissem ser o veículo de uma cultura erudita, cortesã e sofisticada. Essa criação de um francês literário vai lançar as bases para o surgimento, no século 17, de um **classicismo** cultural que marcará profundamente as sociedades europeias por um longo período em que o francês se firmará como idioma das elites culturais e da aristocracia do continente, desde Portugal até a Rússia dos tsares.

O século 17 passou à história francesa com o nome de *Grand Siècle* ("o século grandioso"). Nele o **absolutismo monárquico** atinge seu ápice, representado pela figura de **Luís XIV** (1638-1715), chamado "o Rei-Sol", que governou por mais de setenta anos e confirmou a posição da dinastia dos Bourbons como uma das mais poderosas da Europa. A ascensão política e cultural da França já se iniciara no reinado de seu pai, **Luís XIII** (1601-1643), que teve como maior assessor político o habilidoso e influente **cardeal Richelieu** (Armand Jean du Plessis de Richelieu, 1585-1642).

Foi ao longo do *Grand Siècle* que se firmaram os nomes daqueles que viriam a constituir os maiores clássicos da língua francesa:

- **François de Malherbe** (1555-1628), poeta.
- **Pierre Corneille** (1606-1684), dramaturgo.
- **François de La Rochefoucauld** (1613-1680), moralista, memorialista.
- **Jean de La Fontaine** (1621-1695), poeta, fabulista.

- **Molière** (Jean-Baptiste Poquelin, 1622-1673), dramaturgo. Sua obra ganhará tamanho prestígio que o francês passará a ser chamado, por antonomásia, "a língua de Molière".
- **Madame de Sévigné** (Marie de Rabutin-Chantal, 1626-1696), epistológrafa.
- **Jacques-Bénigne Bossuet** (1627-1704), pregador, ensaísta.
- **Charles Perrault** (1628-1703), poeta, deu forma literária aos contos populares tradicionais (*Chapeuzinho Vermelho, Gato de Botas, Cinderela, Bela Adormecida* etc.)
- **Madame de La Fayette** (Marie-Madeleine Ploche de La Vergne, condessa de La Fayette, 1634-1693), romancista.
- **Nicolas Boileau** (1636-1711), poeta.
- **Jean Racine** (1639-1699), dramaturgo.
- **Jean de La Bruyère** (1645-1696), moralista.

Em 1635 o cardeal Richelieu funda a **Académie française** (Academia Francesa), uma instituição que se tornará o modelo para muitas similares que surgirão em seguida (incluindo a Academia Brasileira de Letras, em 1897). Pelo contexto político e ideológico em que foi criada, a Academia Francesa já nasceu marcada pelo "absolutismo linguístico", isto é, uma concepção de língua extremamente aristocrática, hipernormativa, de vigilância obsessiva e permanente contra qualquer mínimo "desvio" de um ideal de pureza idiomática. Já em 1653, ao escrever a história da instituição, **Paul Pellisson** (1624-1693) não hesitou em afirmar:

> Quanto a suas funções [dos acadêmicos] [...] elas seriam as de limpar a língua das imundícies que ela tinha contraído, ou na boca do povo, ou na malta do Palácio e nas impurezas da chicana, ou pelos maus usos dos cortesãos ignorantes, ou pelo abuso daqueles que a corrompem ao escrevê-la [...].

O lema da Academia Francesa é "*À l'immortalité*" ("À imortalidade"), de modo que seus 40 membros são chamados "imortais".

A língua deve, portanto, corresponder — em sua forma e em seu conteúdo — à exuberância aristocrática do poder político; precisa compartilhar e refletir o esplendor monumental do Palácio de Versalhes, mandado reformar e ampliar justamente por Luís XIV, e se distanciar ao máximo de qualquer traço popular. A língua se torna um símbolo da **autoridade** real: se, como teria dito Luís XIV, "o Estado sou eu", a língua também tem de ser "a minha", isto é, a língua do rei e de sua Corte. É nesse mesmo período que se consolida a ideologia linguística conhecida como **purismo**. Seu mais célebre representante é o barão **Claude Favre de Vaugelas** (1585-1650), autor das *Remarques sur la langue française, utiles à ceux qui veulent bien parler et bien écrire* ("Observações sobre a língua francesa, úteis aos que querem falar bem e escrever bem", 1647), em que se encontra a famosa definição do que deve ser a língua boa e correta: "*O modo de falar da parte mais sadia da Corte*". A esse respeito, o grande historiador da língua francesa **Ferdinand Brunot** (1860-1938) escreveu:

> A razão de uma submissão tão unânime e tão completa a regras tão espinhosas está no espírito geral da época, toda ela de centralização e de autoridade. O regime ao qual está submetida a língua é o regime de todo o Estado. [...] O desejo de se exprimir livremente, que parece quase tão incoercível quanto o de pensar ou viver livremente, foi sufocado por um apetite de ordem cada vez maior. Sobre todas as coisas reina um poder quase divino, indiscutível e indiscutido. O jugo não é sofrido, é celebrado. [...] A língua foi ordenada, também, com essa persuasão de que "tendo alcançado seu ponto de perfeição", ela devia ali permanecer para sempre (1966: 74-75).

O purismo linguístico se impregnará na cultura francesa, em que o rótulo *bon usage* ("uso correto") se tornará uma obsessão. A influência da França sobre o resto da Europa também contribuirá para a propagação dos empreendimentos puristas em outros países, uma herança cultural autoritária que permanece ainda muito viva na atualidade, a despeito de todas as transformações sociais, políticas, culturais e tecnológicas ocorridas desde então.

Sem dúvida, uma das comprovações mais claras desse espírito aristocrático ou, talvez melhor, antidemocrático do academicismo linguístico francês é sua **ortografia**, que só perde em irracionalidade para a do inglês. Enquanto em todas as demais línguas românicas as instâncias normatizadoras da ortografia vêm procurando simplificar a forma escrita dos idiomas para torná-los mais próximos da realidade falada e, assim, facilitar seu ensino e seu aprendizado (tanto para os falantes nativos quanto para os estudantes estrangeiros), a grafia do francês permanece praticamente a mesma desde o século 17, como se pode observar no quadro comparativo abaixo, com palavras de origem grega, em que o emprego de *ph, y, th, ch* e *rh* não tem nenhuma justificativa senão a etimológica:

francês	**physiothérapie**	**chrysanthème**	**rhinopharyngite**
italiano	**fisioterapia**	**crisantemo**	**rinofaringite**
romeno	**fizioterapia**	**crizantemă**	**rinofaringită**
catalão	**fisioteràpia**	**crisantem**	**rinofaringitis**
espanhol	**fisioterapia**	**crisantemo**	**rinofaringitis**
português	**fisioterapia**	**crisântemo**	**rinofaringite**

Uma grafia como a da palavra *eaux* ("águas"), cuja pronúncia é [o], ou a da terminação das formas do imperfeito da 3ª pessoa do plural *-aient*, que se pronuncia simplesmente [ɛ], como em *ils parlaient* ([il parlɛ] "eles falavam") são impensáveis nas outras línguas do grupo.

Para uma pessoa culta do século 17 e 18, escreve Seguin (1999: 277),

> o impresso assumiu um lugar dominante, e os analfabetos não têm língua: todas as particularidades espontâneas não chanceladas por escrito são incorretas. O francês é — ou deve se tornar — uma língua sem variação, selada na fixidez do escrito.

E prossegue (p. 281):

> Confrontados a uma realidade variável, os grupos dominantes instintivamente reagiram de modo conservador e repeliram tudo o que se opunha à imagem fixa de um privilégio indiscutível, com a ortografia tornando-se pouco a pouco o emblema sagrado de toda a língua.

A vida intelectual francesa — literária, filosófica, científica e artística — muito dinâmica entre 1600 e 1780, junto com a importância geopolítica e econômica do país, leva o francês a se tornar um "novo latim", não só no interior de suas fronteiras como também no resto da Europa continental. O rei **Frederico II**, "o Grande", da Prússia (1712-1786) foi devotado admirador da cultura francesa, escreveu obras em francês e acolheu em sua corte o filósofo Voltaire, com quem manteve intensa correspondência. A tsarina **Catarina II**, "a Grande" (1729-1796), também se nutria da cultura francesa e hospedou em sua corte o filósofo Denis Diderot. Na Suécia, o rei **Gustavo III** (1746--1792), admirador dos pensadores franceses do século 18, demonstrava um competente domínio do francês escrito. Esses monarcas se destacaram entre aqueles que, na segunda metade do século 18, se tornariam conhecidos como "déspotas esclarecidos": sob influência das ideias e dos ideais iluministas, promoveram reformas para modernizar as sociedades sob seu controle (no tocante, por exemplo, à educação e à saúde do povo, às práticas da ser-

Sebastião José de Carvalho e Melo, **Marquês de Pombal** e Conde de Oeiras (1699-1782), primeiro-ministro do rei português **D. José I** (1714-1777), também costuma figurar na lista dos "déspotas esclarecidos" por ter promovido importantes reformas políticas, econômicas e administrativas no reino: aboliu a escravatura no Portugal continental e a prática dos autos de fé (execução de "hereges" na fogueira em praça pública), expulsou os jesuítas do reino e de suas colônias. Depois do terremoto de Lisboa (1755) promoveu uma renovação modernizadora da arquitetura e da urbanística da cidade.

vidão ou da tortura), sem no entanto abrir mão do poder absoluto.

Esse grande prestígio internacional dá então origem a uma mitologia: o francês terá atingido tamanho grau de "perfeição" e "clareza" que sua adoção por outros povos era previsível, quando não inevitável. É a conhecida inversão ideológica dos fatos: a tentativa de explicar um fenômeno eminentemente político, social, por meio de algum atributo "inerente" ou "natural" prévio:

> O espírito de sociedade é o quinhão natural dos franceses; é um mérito e um prazer cuja necessidade os outros povos sentiram. A língua francesa é de todas as línguas a que exprime com mais facilidade, nitidez e delicadeza todos os objetos da conversação das pessoas de bem; e por isso ela contribui em toda a Europa para um dos maiores deleites da vida (Voltaire, *apud* Seguin, 1999: 254).

De fato, a crença nas qualidades supostamente intrínsecas do francês estava tão impregnada que a Academia de Berlim promoveu, em 1784, um concurso que premiaria a pessoa que oferecesse as melhores respostas para as seguintes questões: "*O que fez da língua francesa a língua universal da Europa? Por que ela merece tal prerrogativa? Pode-se presumir que a conservará?*".

O prêmio foi dividido igualmente entre o filósofo alemão **Johann Christoph Schwab** (1743-1821), com uma densa dissertação sobre o tema, e o escritor e polemista francês **Antoine de Rivarol** (1753-1801), com seu breve e inflamado *Discurso sobre a universalidade da língua francesa*, um texto assumidamente propagandístico cujas ideias se enraizaram desde então na concepção que a maioria dos franceses têm de sua língua. Conforme escreve Seguin (1999: 261), apesar de todas as críticas que se pode facilmente dirigir ao *Discurso* de Rivarol, "não se pode negar a elegante coincidência de um ritmo de redação cuja rapidez encanta, e de uma visão ao mesmo tempo desenvolta, inteira, parcial e apaixonada... é uma maravilha de estilo". O grande mito que Rivarol elabora em torno de sua língua é o da "clareza", obtida graças à **ordem direta**, isto é, sujeito-verbo-complemento. Essa seria a ordem natural do pensamento — mais uma vez, a tentativa de correlacionar a "lógica" das ideias à "lógica" das palavras —, ao contrário da ordem sintática de outras línguas, como o latim, que permite muitas inversões: "*O que distingue nossa língua das línguas antigas e modernas é a ordem e a construção* *da frase. Essa ordem deve ser sempre direta e necessariamente clara*". E assim se chega ao mais famoso trecho do discurso:

> O QUE NÃO É CLARO NÃO É FRANCÊS ["*Ce qui n'est pas clair n'est pas français*"]. O que não é claro é ainda inglês, italiano, grego ou latim. Para aprender as línguas com inversão, basta conhecer as palavras e seus casos; para aprender a língua francesa, é preciso ainda apreender o arranjo das palavras. Dir-se-ia que foi de uma geometria absolutamente elementar, da simples linha reta, que se formou a língua francesa; e que foram as curvas e suas variedades infinitas que presidiram as línguas grega e latina.

Como se discutiu acima |5.5|, a ordem sintática sujeito-verbo-complemento caracteriza não só o francês, mas todas as línguas românicas modernas, bem como o inglês e, de fato, é uma tendência geral presente na história dos idiomas mais diversos e sem qualquer parentesco. O *Discurso* de Rivarol, no entanto, tem finalidade assumidamente propagandística, quando não panfletária, e vem coroar, quase um século e meio depois, o projeto da Academia e dos puristas de criar, plasmar e imobilizar um monumento cultural que espelhasse, em seu absolutismo imaterial, o absolutismo político muito concreto. Com isso, "a língua francesa já não é uma língua: é a imagem de uma língua" (Seguin, 1999: 256).

No ano de 1700 o trono da **Espanha** foi assumido por **Felipe V** (1683-1746), nascido no palácio de Versalhes, neto de Luís XIV, e que se tornou assim o primeiro monarca espanhol da família Bourbon (Borbón). Sob seus auspícios, fundou-se em 1713 a **Real Academia Española**, inspirada no modelo francês. Assim como sua congênere parisiense, a RAE (sigla com que é conhecida atualmente) tenta se contrapor às mudanças da língua e construir um modelo de "língua espanhola" com pretensões de valer para todos os seus quase meio bilhão de falantes, distribuídos em mais de vinte países. O lema da RAE é "*limpia, fija y da esplendor*" ("limpa, fixa e dá esplendor"), que resume os ideais puristas ("limpa"), de obstáculo à variação e à mudança ("fixa") e de aristocracia do discurso ("dá esplendor"), próprios da tradição normativo-prescritiva das academias de língua.

5.8.3 A política linguística da Revolução Francesa

A **Revolução Francesa** marcou de tal modo a vida europeia que o ano de **1789** é considerado, por algumas escolas historiográficas, como o início da Idade Contemporânea. Outros preferem situá-la numa fase histórica definida como Idade Moderna tardia, que tem como seu primeiro grande evento a **Revolução Americana**, que levou à independência dos Estados Unidos em **1776** — de fato, o movimento independentista estadunidense teve profundo impacto sobre os desdobramentos políticos e sociais da França, e os principais intelectuais franceses que alimentaram com suas ideias o processo revolucionário de seu país sempre reconheceram a inspiração norte-americana na formulação de seus princípios políticos.

Apesar de todas as transformações sociais e da ruptura radical com relação à própria visão de mundo que vigorava durante o chamado *Antigo Regime* (monárquico, absolutista e com resquícios feudais), J.-P. Seguin (1999: 263) pergunta: "*Por que uma Revolução tão poderosa revolucionou tão pouco a língua?*". Por que os mesmos revolucionários que derrubaram a Bastilha, prisão que simbolizava a arbitrariedade de uma monarquia absolutista, não derrubaram também a Academia Francesa, instituição-símbolo de um absolutismo linguístico, intrinsecamente purista?

A Revolução Francesa foi essencialmente uma revolução *burguesa*, isto é, foi promovida e executada por uma classe social emergente, cada vez mais afluente e influente, que não podia mais se submeter às amarras autoritárias e ao modelo econômico ultrapassado que o Antigo Regime ainda impunha. No tocante à língua, essa burguesia, que já tinha se apoderado das normas elaboradas ao longo do século e meio anterior, alimentou o projeto de impor ao resto da população aquele francês "clássico", resultante de um processo consciente e profundo de normatização. De fato, a língua chamada *francês* não era a mais falada no país: língua da Corte, das classes ilustradas, língua de prestígio internacional, seu emprego na própria França se restringia à região em torno da capital Paris e poucas outras, e às camadas sociais médias e altas. No território mais amplo existiam diversas línguas e variedades regionais, a maioria de ascendência latina (provençal, gascão, auvérnio, burguinhão, champanhês etc.), mas também línguas do grupo germânico (como o alsaciano), céltico (bretão), além do basco, nos limites com a Espanha. A existência dessas línguas era considerada pelos ideólogos da Revolução como resquícios do sistema feudal: para a difusão da nova visão de mundo, para a erradicação de modos de vida considerados arcaicos e para a adesão de todo o povo ao novo regime, era imprescindível um idioma que simbolizasse o lema de "liberdade, igualdade e fraternidade" assumido a partir de 1789:

> Em outras palavras, o grupo de prestígio que impôs suas "variantes", no caso uma ausência de variação, já era antes de 1789 a alta burguesia, os filósofos, os enciclopedistas. [...] Nenhuma variante "popular" se imporá, pois o povo tem de se elevar até a língua ideal, cujos fundamentos racionais garantem a excelência, acredita-se, para além das variantes individuais. Recusa definitiva e fortalecida da variedade dos usos. A política revolucionária da língua tem um só objetivo, indiscutido: conduzir até o fim a francização do povo para que ele coincida linguisticamente com a nação: educação, uniformização pela eliminação dos falares locais, acesso de todos aos textos legais do poder central, desenvolvimento e difusão dos impressos em francês (Seguin, 1999: 264).

Assim, um decreto de 20 de julho de 1794 estabelece: "*A contar do dia da publicação da presente lei, nenhum ato público poderá, em qualquer parte que seja do território da República, ser escrito senão em língua francesa*". O desconhecimento do francês por parte de amplas camadas do povo era tido como um fator de desigualdade e de injustiça. Assim, o presidente da Assembleia Nacional, **Charles Maurice de Talleyrand-Périgord** (1754-1838), um dos nomes mais destacados da política revolucionária, pronunciou, em 10 de setembro de 1791, um discurso que resume bem a situação linguística do país e as intenções do novo governo:

> Uma singularidade chocante do estado do qual nos libertamos é decerto que a língua nacional, que cada dia prolongava suas conquistas para além dos limites da França, tenha permanecido em nosso meio como inacessível a tão grande número de seus habitantes, e que o primeiro elo de comunicação possa ter parecido, para tantos de nossos confrades, uma barreira intransponível. Tamanha bizarria, de fato, deve sua existência a diversas causas que agem fortuitamente e sem desígnio; mas foi de modo refletido e prosseguido que os efeitos se voltaram contra o povo. As escolas primárias vão pôr fim a essa estranha desigualdade: a língua da Constituição e das leis será ensinada ali a todos; e essa multidão de dialetos corrompidos, último resto do feudalismo, será obrigada a desaparecer; a força das coisas assim comanda (*apud* Seguin, 1999: 266).

No ano seguinte à Revolução, o clérigo revolucionário **Henri Jean-Baptiste Grégoire** (1750-1831), mais conhecido como *abbé Grégoire* ("padre Grégoire"), promoveu uma sondagem nacional para determinar o grau de conhecimento da língua francesa por parte das populações regionais. Com base nos dados levantados, apresentou em 1794 à Convenção Nacional o seu *Rapport sur la nécessité et les moyens d'anéantir les patois et d'universaliser l'usage de la langue française* ("Relatório sobre a necessidade e os meios de aniquilar os patoás e de universalizar o uso da língua francesa"), um texto que se tornará famoso nos estudos de política linguística como exemplo de uma postura autoritária, centralizadora, que considera a variação linguística e o plurilinguismo como um "perigo" para a "união nacional". Segundo Grégoire, o francês só era falado em 15 dos 83 departamentos, divisões territoriais definidas após a Revolução.

A mentalidade que levou a essa política linguística já estava presente, de fato, na esfera intelectual antes da Revolução, como se verifica no verbete *patois* ("patoá") da *Enciclopédia* (vol. 12, 1751):

> PATOÁ: (*Gram.*) linguagem corrompida tal como se fala em quase todas as províncias: cada uma tem seu *patoá*; assim, temos o *patoá* burguinhão, o *patoá* normando, o *patoá* champanhês, o *patoá* gascão, o *patoá* provençal etc. Só se fala a língua na capital.

O sucesso da política linguística uniformizadora da Revolução se traduz no fato de que, ao contrário dos países vizinhos — principalmente Alemanha, Itália e Espanha —, a França conseguiu reduzir suas línguas regionais a usos "folclóricos" (no sentido pejorativo do termo), carentes de toda forma de expressão mais ampla, como o ensino, a radiodifusão, a publicação de obras impressas etc., tornando-se um exemplo paradigmático de uma política linguística que se qualifica de *glotocida*, isto é, de "extermínio" planejado de línguas, extermínio já manifesto no termo *anéantir* ("aniquilar"), presente no Relatório de Grégoire.

5.9 O Iluminismo e a *Enciclopédia*

5.9.1 O Século das Luzes

O século 18 é também o século do **Iluminismo** (*Lumières*, em francês; *Enlightenment*, em inglês; *Aufklärung*, em alemão; *Illuminismo*, em italiano; *Ilustración*, em espanhol), uma corrente de pensamento filosófico, político, social, econômico e mesmo religioso que se opunha aos dogmatismos inflexíveis, ao obscurantismo e às superstições, às arbitrariedades dos governos autoritários, monárquicos e absolutistas, e reivindicava mais espaço para os progressos científicos obtidos por meio das experimentações e da teorização rigorosa. São as ideias iluministas que vão inspirar alguns importantes movimentos de transformação social e política, como as já mencionadas revoluções estadunidense e francesa.

Assim como o século 17 se tornou o *Grand Siècle* para a cultura francesa, o século 18 será o *Siècle des Lumières*, o "Século das Luzes", convencionalmente fixado entre 1715 (ano da morte do rei Luís XIV) e 1789 (ano da Revolução francesa). Em toda a Europa ocidental — assim como nos Estados Unidos recém-criados — se deu um amplo florescimento nas mais diversas áreas do saber e das artes. Na filosofia, por exemplo, além dos filósofos já mencionados acima, também se destacou o alemão **Immanuel Kant** (1724-1804), que se esforçou por superar a dicotomia entre empirismo e racionalismo. O pensamento econômico vai ser revolucionado pelas obras do escocês **Adam Smith** (1723-1790), autor do clássico *The Wealth of Nations* (*A riqueza das nações*, 1776), que estuda o capitalismo em ascensão como um modo de produção inovador e moderno, e é tido como a primeira grande obra de teoria econômica. A inglesa **Mary Woolstonecraft** (1759-1797) se tornará uma importante pioneira das lutas pela emancipação feminina com sua obra *A Vindication of the Rights of Woman* ("Uma reivindicação pelos direitos da mulher", 1792). Tudo isso também explica o nome de **Idade da Razão** às vezes aplicado a esse período histórico: já não se trata da *razão* tal como definida na corrente filosófica racionalista, mas como um modo de abordar a vida e o mundo sem as travas das crenças infundadas, das superstições e dos dogmas — a recusa da religião institucional e da própria noção de divindade (tida como o contrário de toda racionalidade) estará presente nas reflexões e no trabalho de vários dos principais nomes do período. Pela primeira vez, o **ateísmo** será publicamente assumido por diversos pensadores, apesar dos riscos que implicava.

Um papel de primeira importância para a difusão das ideias iluministas será desempenhado na França por diversas mulheres de origem quase sempre aristocrática e de apurada sensibilidade intelectual (as chamadas *femmes de lettres*) em seus **salões**. Neles se reuniam as figuras mais destacadas das letras, das artes e da política do período. As que se tornaram mais famosas foram:

- **Madame du Deffand** (Marie de Vichy-Champrond, 1696-1780), manteve intensa correspondência com as personalidades mais importantes de seu tempo, além de receber várias delas em seu salão parisiense.
- **Suzanne Curchod** (1737-1794), também conhecida como **Madame Necker**, do nome do marido, **Jacques Necker** (1732-1804), ambos de origem suíça, o qual foi ministro da Economia do rei **Luís XVI** (1754-1793), precisamente o que será deposto e guilhotinado pela Revolução.

Os Necker se destacaram por seu empenho na criação de um hospital para crianças, até hoje em funcionamento em Paris. Após a morte de Suzanne, o marido publicou textos até então inéditos de sua autoria.

- **Olympe de Gouges** (1748-1793), militante política e pioneira das ideias feministas na França. Defendeu a abolição da escravatura negra. Morreu guilhotinada aos 45 anos. Autora prolífica, escreveu peças de teatro e textos políticos.
- **Madame de Staël** (Anne-Louise-Germaine Necker, 1766-1817), filha do casal Necker, casada com o barão sueco Erik Magnus Staël de Holstein, embaixador de seu país junto à corte de Versalhes. Seu romance *Delphine* (1802) discute a situação de restrição das mulheres numa sociedade aristocrática e lhe valeu o exílio decretado pelo imperador **Napoleão I** (1769-1821).
- **Émilie du Châtelet** (1706-1749), matemática, física, traduziu para o francês a obra principal de Isaac Newton (*Philosophiæ naturalis principia mathematica*). Foi por quinze anos companheira do filósofo Voltaire. Publicou obras sobre física, teologia e questões sociais.

No campo das ciências, o francês **Georges-Louis Leclerc de Buffon** (1707-1788), naturalista e biólogo, entre outras ocupações, formulou hipóteses que viriam a influenciar mais tarde os também biólogos **Jean-Philippe Lamarck** (1744-1829) e **Charles Darwin** (1809-1882), elaboradores pioneiros das teorias da evolução dos seres vivos. A química moderna se desenvolve com **Antoine Laurent de Lavoisier** (1748-1794), guilhotinado aos 50 anos por causa de intrigas políticas. Na Itália, **Alessandro Volta** (1745-1827) faz grandes avanços nos estudos da eletricidade e cria a primeira pilha elétrica, chamada precisamente *pilha voltaica*; derivado também de seu nome é o *volt*, unidade de medida da tensão elétrica. Igualmente italianos são os pensadores da jurisprudência **Cesare Beccaria** (1738-1794), autor do clássico do direito penal *Dos delitos e das penas* (1764), redator do primeiríssimo manifesto contra a pena de morte, e **Francesco Mario Pagano** (1748-1799), formulador de princípios de direito constitucional, além de dramaturgo e polemista.

5.9.2 Os *philosophes* e a *Enciclopédia*

Os mais célebres iluministas franceses serão os chamados *philosophes*, termo em geral mantido em francês por não coincidir totalmente com a noção mais tradicional de *filósofo* como elaborador de um sistema de pensamento unificado em torno de postulados centrais que podem ser aplicados às investigações sobre ética, estética, política, metafísica, epistemologia, ontologia etc. Os *philosophes* do Iluminismo francês são, bem mais, romancistas, poetas, dramaturgos e ensaístas de talento, divulgadores de um conjunto de postulados políticos e éticos próprios do espírito de sua época, o qual, de fato, eles ajudaram a criar. Os nomes mais famosos do grupo são:

- **Montesquieu** (Charles-Louis de Secondat, barão de La Brède e de Montesquieu, 1689-1755), propositor da divisão política entre **três poderes** (Executivo, Legislativo e Judiciário), base das modernas democracias burguesas ocidentais.
- **Voltaire** (François-Marie Arouet, 1694-1778), romancista, contista, poeta, dramaturgo, ensaísta, autor do romance *Cândido, ou o otimismo* (1759), em que satiriza a tese de Leibniz de que vivemos "no melhor dos mundos possíveis". É sem dúvida a maior celebridade intelectual de seu tempo na França e na Europa.
- **Denis Diderot** (1713-1784), autor de romances e de obras de pensamento político, dramaturgo, crítico de arte, tradutor, impulsionador do projeto da *Enciclopédia*, conselheiro da tsarina russa Catarina II, a Grande. Ateu assumido, recusava qualquer autoridade religiosa.
- **Jean-Jacques Rousseau** (nascido em Genebra, Suíça, 1712-1778), autor do *Discurso sobre a origem e os fundamentos da desigualdade entre os homens* (1755) e *Do contrato social* (1762), formulador da célebre teoria do "bom selvagem", que será uma das bases ideológicas do Romantismo do século 19. Também escreveu romances e obras sobre educação.
- **Jean Le Rond d'Alembert** (1717-1783), físico e matemático, colaborador da *Enciclopédia*, elaborou um princípio teórico matemático conhecido como "teorema de d'Alembert" e fundou o cálculo das equações derivadas parciais.
- **Helvétius** (Claude-Adrien Schweitzer, 1715-1771), tal como Diderot, ateu e contrário a toda religião. Seu nome literário é a tradução latina de *Schweitzer*, "suíço" (a Suíça era chamada *Helvetia* pelos romanos). Sua obra *De l'esprit* (*Do espírito*, 1758) foi censurada e proibida no ano seguinte à sua publicação por conter ideias anticristãs.
- **D'Holbach** (Paul Thiry, barão d'Holbach, 1723-1789), alemão radicado na França, igualmente ateu, colabora na *Enciclopédia* com verbetes sobre metalurgia, geologia, medicina, mineralogia e química.

ENCYCLOPÉDIE,
OU
DICTIONNAIRE RAISONNÉ
DES SCIENCES,
DES ARTS ET DES MÉTIERS.

Diderot e d'Alembert serão os editores do ambicioso projeto da *Encyclopédie ou Dictionnaire raisonné des sciences, des arts et des métiers* ("Enciclopédia ou Dicionário racional das ciências, das artes e dos ofícios") publicada entre 1751 e 1772. A ideia inicial era fazer uma tradução para o francês da obra editada na Inglaterra a partir de 1728 por **Ephraim Chambers** (1680-1740), a *Cyclopaedia or Universal Dictionnary of Arts and Sciences* ("Ciclopédia ou Dicionário universal de artes e ciências"). Diversas peripécias editoriais e financeiras, no entanto, acabaram substituindo o projeto inicial de tradução pela elaboração de uma enciclopédia original feita com a colaboração dos principais intelectuais franceses do período. Diderot assumiu a editoria do empreendimento, ao qual dedicará os próximos vinte e cinco anos de sua vida. A *Enciclopédia* se torna, assim, um repositório dos conhecimentos disponíveis à época nas mais variadas áreas do saber e, principalmente, um monumento ideológico que recolhe as principais teses revolucionárias abraçadas pelos "enciclopedistas", entre os quais alguns dos *philosophes* citados antes, além de vários outros colaboradores. No total foram 17 volumes de texto, 11 volumes de pranchas ilustrativas e 71.818 verbetes.

5.9.3 A língua e a linguagem na *Enciclopédia*: a etimologia de Turgot

Num empreendimento de tal magnitude, não poderiam faltar discussões em torno de língua e de linguagem em geral, temas de vivos debates entre os intelectuais da época. Os mais importantes verbetes nesse campo ficaram a cargo de dois *grammairiens-philosophes* ("gramáticos-filósofos", uma figura típica da França do século 18), **César Chesneau du Marsais** (1676-1756) e, após a morte deste, **Nicolas Beauzée** (1717-1789). Ambos tentaram empreender uma síntese entre a tradição logicista da gramática francesa clássica e o pensamento empirista de Locke, intermediado, como vimos acima, por Condillac. Assim, Du Marsais e Beauzée, em seus verbetes, arriscam postulados mais próximos de uma teoria moderna da linguagem, que se baseia na análise dos fatos de língua e não somente em especulações metafísicas, mas não se desprendem das visões mais convencionais sobre a correspondência entre "lógica" e "gramática". Desse modo, por exemplo, no verbete *gramática*, que contou com a participação de Beauzée, lemos:

> GRAMÁTICA. [...] É a ciência da palavra pronunciada ou escrita. A palavra é uma espécie de quadro cujo original é o pensamento; ela deve ser uma fiel imitação deste, tanto quanto essa fidelidade possa se encontrar na representação sensível de uma coisa puramente espiritual. A Lógica, pelo recurso à abstração, dá conta de analisar de certa forma o pensamento, todo indivisível que ele é, considerando separadamente as ideias diferentes que são seu objeto, e a relação que o espírito percebe entre elas. É essa análise que é o objeto imediato da palavra; e é por isso que a arte de analisar o pensamento é o primeiro fundamento da arte de falar ou, em outros termos, que uma sadia Lógica é o fundamento da *Gramática*.

Aqui se tem a retomada clássica das relações entre pensamento e linguagem e, decerto, sob a influência da *Gramática* e da *Lógica* de Port-Royal, em que esta segunda obra serve de fundamento para a primeira. Ela permite a enunciação do postulado de que todas as línguas, por serem reflexos do pensamento, que é igual para todos os seres humanos, apresentam características universais:

> Com efeito, sejam quais forem os termos cujo uso agrade aos diferentes povos da terra fazer, as maneiras como lhes apeteça modificá-los, a disposição que lhes deem: eles sempre terão de traduzir percepções, julgamentos, raciocínios; precisarão de palavras para exprimir os objetos de suas ideias, suas modificações, suas correlações; terão de tornar sensíveis os diferentes pontos de vista desde os quais terão observado todas essas coisas [...]. Em todas as línguas encontraremos proposições que terão seus sujeitos e seus atributos; termos cujo sentido incompleto exigirá um complemento, um regime: numa palavra, todas as línguas submeterão indispensavelmente sua marcha às leis da análise lógica do pensamento; e essas leis são invariavelmente as mesmas por toda parte e em todos os tempos, porque a natureza e a maneira de proceder do espírito humano são essencialmente imutáveis.

Mas essa universalidade é logo em seguida contraposta ao princípio da arbitrariedade:

> Mas sente-se bem que nenhuma palavra pode ser o tipo essencial de nenhuma ideia; ela só se torna o símbolo da ideia por uma convenção tácita, mas livre; seria possível dar-lhe um sentido totalmente oposto. Há uma igual liberdade quanto à escolha dos meios que se pode empregar para exprimir a correlação

das palavras na ordem da enunciação, e a das ideias na ordem analítica do pensamento. Mas as convenções, uma vez adotadas, é uma obrigação indispensável segui-las em todos os casos semelhantes; já não é permitido afastar-se delas senão para se conformar a alguma outra convenção igualmente autêntica, que revoga as primeiras em algum ponto particular, ou que as revoga inteiramente. Daí a possibilidade e a origem das diferentes línguas que têm sido, são e serão faladas sobre a terra.

É sempre importante acompanhar a história do desenvolvimento das ideias de um campo de saber para relativizar pretensas "revoluções" de paradigmas que são, muitas vezes, retomadas e reelaborações de teses anteriores e, assim, menos inovadoras do que se supõe. Por exemplo, a oposição entre uma *gramática geral*, comum a todas as línguas, e uma *gramática particular*, que atualiza em uma língua específica as propriedades tidas por gerais a todas, vai reaparecer na década de 1980 no modelo chamado *princípios e parâmetros* da teoria gerativista de Chomsky: os princípios configuram a *gramática universal* (equivalente da *gramática geral* do século 17 e 18), enquanto os parâmetros se referem às manifestações desses princípios em cada língua particular. De fato, após um longo período de abandono dos pressupostos racionalistas no estudo da linguagem (o século 19 e a primeira metade do 20), eles retornam com força na linguística chomskiana que, talvez justamente por isso, tenha sido acolhida com entusiasmo como algo intrinsecamente inédito e revolucionário do modo de se fazer linguística. O próprio Chomsky, no entanto, reconhece sua dívida para com a tradição racionalista clássica.

É possível portanto estabelecer "duas espécies de princípios": os que definem uma *gramática geral*, válidos para todas as línguas, e os que definem *gramáticas particulares*, que são os modos como cada língua individual se organiza em função das convenções firmadas entre si por seus falantes. Desse modo, "a *Gramática geral* é uma *ciência*" porque seu único objeto é a "especulação racional dos princípios imutáveis e gerais da fala", ao passo que "uma *gramática particular* é uma *arte*", na medida em que visa a aplicação prática das "instituições arbitrárias e usuais" de uma língua específica aos princípios gerais da fala. É notável a consideração da mudança linguística como algo natural, próprio dos usos sociais da língua, e não como uma forma de degeneração, como era a visão mais tradicional e, sobretudo, a dos racionalistas como Leibniz. As línguas mudam, mas conservam, em sua essência, os princípios fundamentais derivados da identidade dos processamentos lógicos com que a mente opera e se manifesta na fala.

As contradições e flutuações entre a tradição logicista e os postulados empiristas se dissipam, no entanto, no verbete *Etimologia*, que consta do volume 6 da *Enciclopédia* (1756) e é assinado pelo já mencionado **Turgot** (1727-1781), economista, ministro das finanças do rei Luís XVI, mas partidário de ideias políticas e econômicas que influenciariam os revolucionários de 1789. Contribuiu com outros verbetes da *Enciclopédia* ("Existência", "Expansibilidade", "Feiras e mercados", "Línguas"). Seu verbete sobre etimologia é uma obra-prima de estilo e de uma modernidade inegável com relação às ideias linguísticas de seu tempo. O tratamento do tema lhe serve para construir, mais do que um verbete, um verdadeiro ensaio em que se vê, de fato, o desdobramento de uma concepção de língua muito próxima da de teorias que viriam a se firmar nos séculos 19 e 20. Antecipa diversos postulados da sociolinguística, da antropologia linguística, da linguística histórica e mesmo da pragmática linguística. Abraça sem rodeios o empirismo, recorrendo a Locke e a Condillac, o que se comprova já nas primeiras linhas do texto:

> As palavras não têm nenhuma relação necessária com o que exprimem; é simplesmente em virtude de uma convenção formal e fixada invariavelmente entre os homens que certos sons despertam em nosso espírito certas ideias. Esse vínculo é o efeito de um hábito formado na infância à força de ouvir repetir os mesmos sons em circunstâncias mais ou menos semelhantes; ele se estabelece no espírito dos povos, sem que eles pensem; pode se apagar pelo efeito de outro hábito que se formará tão surdamente quanto, e pelos mesmos meios. As circunstâncias em que a repetição determinou no espírito de cada indivíduo o sentido de uma palavra não são jamais exatamente as mesmas para dois homens; são ainda mais diferentes para duas gerações. Assim, considerando-se uma língua independentemente de suas relações com as outras línguas, ela tem em si mesma um princípio de variação. A pronúncia se altera ao passar dos pais aos filhos; as acepções dos termos se multiplicam, se substituem umas às outras; novas ideias vêm acrescentar as riquezas do espírito humano; é preciso desviar a significação primitiva das palavras por metáforas; fixá-la em certos pontos de vista particulares, por inflexões gramaticais; reunir diversas palavras antigas para exprimir as novas combinações de ideias.

O verbete se abre, portanto, com uma negação implícita do postulado racionalista das *ideias inatas* e recusa a consideração da mudança linguística como uma dissolução degenerativa de um suposto vínculo original entre a palavra e seu referente no mundo real. Há um fundamento *social* e *histórico* explícito na consideração do tema. O emprego do termo *variação* antecipa as teses da **sociolinguística variacionista** que se firmará na década de 1960: a heterogeneidade é constitutiva de uma língua em qualquer recorte temporal, e é a disputa entre formas variantes que vai provocar alguma mudança futura — a mudança pode ser observada enquanto acontece pelo exame dos modos de falar de duas gerações de usuários da língua convivendo num mesmo lapso temporal.

Turgot recorda que, para os gregos, conhecer a origem de uma palavra era alcançar a “verdade” primordial oculta em seu significado, de modo que *étymon tes léxeos* era "o verdadeiro sentido de uma palavra" |2.4.1|. O termo *etimologia*, no entanto, avançou no tempo para significar a investigação das origens de um vocábulo, indiferente a uma suposta significação "verdadeira" primitiva. A primeira parte do verbete se dedica a explicitar um método rigoroso para o estudo etimológico, que o autor divide em duas fases: a *invenção*, isto é, a formulação de uma hipótese, e a *crítica*, a submissão da hipótese a testes que a possam comprovar (do ponto de vista histórico, articulatório, das transformações semânticas, do contato entre línguas e povos etc.):

> [...] às vezes (e eis a pedra de toque das *etimologias*, como também de todas as verdades de fato), todas as circunstâncias concordam perfeitamente com a suposição feita; a concordância de cada uma em particular forma uma probabilidade; essa probabilidade aumenta numa progressão rápida, à medida que a ela se juntam novas verossimilhanças; e logo, pelo apoio mútuo que estas se emprestam, a suposição deixa de ser suposição e adquire a certeza de um fato.

As mudanças ocorridas no modo como as palavras são pronunciadas podem apagar todos os vestígios da forma original da raiz. A ortografia, especialmente uma ortografia tão conservadora quanto a francesa, sempre pode servir de "testemunho bastante seguro do antigo estado da língua". Realmente, mesmo em convenções de escrita normatizadas em que há uma correspondência mais próxima entre som e letra, como no caso do português, é possível hipotetizar pronúncias antigas: o par *cassar* e *caçar*, por exemplo, deixa supor que, em algum momento da história da língua, existia uma distinção sonora audível entre o que se escrevia com *-ss-* e o que se escrevia com *-ç-* (e também com *ce* e *ci*). Turgot sugere o recurso aos "dialetos" para a investigação desses aspectos fonéticos. De fato, em variedades rurais do norte de Portugal se conserva até hoje uma distinção entre *cassar*, com um [s] predorsodental, e *caçar*, com um [ś] apicoalveolar, que é um desenvolvimento de um antiga consoante [ts] que perdeu sua oclusão fricativa inicial. Em inglês, o dígrafo *-gh-* de palavras como *light, night, eight,* ("luz", "noite", "oito"), hoje não pronunciado, era uma consoante fricativa aparentada ao *-ch-* do alemão em *Licht, Nacht, acht,* nitidamente pronunciado até hoje.

As mudanças na língua não atingem somente a pronúncia, mas igualmente o *sentido* das palavras por "toda sorte de tropos e metáforas", o que corresponde, como vimos ao tratar das teses de Condillac, a uma das características dos processos de gramaticalização, em que termos de significado original concreto podem chegar a perder completamente esses primeiros sentidos e se tornar na atualidade um conceito puramente abstrato (como o latim *pensare*, "pesar", que se tornou *pensare/penser/pensar* nas línguas românicas com o sentido de "meditar, refletir" — a metáfora, no caso, é a de "pesar as ideias"). A confluência desses dois tipos de mudança (sonora e semântica) pode dificultar o trabalho do etimologista, que deve estar sempre atento a ela.

Antecipando as propostas metodológicas da **dialetologia**, que se firmará no século seguinte |6.6.2|, Turgot alerta que para remontar uma palavra da língua atual, como o francês, à sua raiz original, latina, "é muito bom estudar esta língua [latina] não somente em sua pureza e nas obras dos bons autores, mas também os torneios mais corrompidos, na língua do povo mais baixo e das províncias". Os linguistas do século 19, imbuídos da ideologia romântica de que os habitantes da zona rural, por viverem distantes da "corrupção" e da "preguiça" da vida urbana, conservam a "pureza" e a "autenticidade" da cultura nacional (do *folk-lore*, "saber do povo", termo que será cunhado precisamente nessa época), consideravam — acertadamente — que aqueles falantes rurais também conservavam em seus modos de falar usos mais antigos da língua — fonologia, sintaxe, léxico —, o que permitia avançar hipóteses sobre as formas mais remotas do idioma. No caso do latim, as fontes mais importantes para o estudo da história das línguas derivadas dele não podem ser buscadas no chamado "latim clássico" preservado na obra dos escritores consagrados, mas sim no "latim vulgar" ou "latim imperial", levado para as terras conquistadas por Roma pelos soldados, comerciantes, pequenos funcionários etc., um conjunto de variedades populares muito distantes do padrão escrito, sempre mais conservador.

Anunciando o conceito-chave da linguística histórica oitocentista, a **comparação**, Turgot escreve:

> Quando dessa língua primitiva várias se formaram ao mesmo tempo em diferentes países, o estudo dessas diferentes línguas, de seus dialetos, das variações que sofreram; a comparação da maneira diferente como elas alteraram as mesmas inflexões, ou os mesmos sons da língua-mãe, tornando-as peculiares; a das direções opostas, se assim ouso dizer, segundo as quais elas desviaram o sentido das mesmas expressões; a sequência desta comparação, em todo o curso do progresso [dessas direções opostas] e em suas diferentes épocas, servirão muito para dar vislumbres das origens de cada uma delas: assim, o italiano e o gascão, que vêm do latim, como o francês, apresentam frequentemente a palavra intermediária entre uma palavra francesa e uma palavra latina, cuja passagem pareceria demasiado brusca e muito pouco verossimilhante se se

quisesse tirar imediatamente uma da outra, ou porque o termo só se tenha tornado efetivamente francês porque foi tomado de empréstimo do italiano ou do gascão, o que é muito frequente, ou porque outrora essas três línguas foram menos diferentes do que são hoje.

O que vale para as línguas românicas valerá, mais adiante, para as línguas da família maior indo-europeia, objeto primordial de investigação da linguística histórico-comparatista. O exemplo que o autor oferece é o do francês *jour* ("dia"), que não guarda semelhança com o latim *dies* ("dia"), mas cuja forma pode ser explicada por intermédio do italiano *giorno*, derivado do latim *diurnu-*, um adjetivo que se substantivou (e no qual o caráter palatal da semivogal [ɪ] da sílaba *diu-* influenciou a consoante [d] inicial, palatalizando-a em [dʒ], como permanece em italiano, enquanto em francês a consoante se reduziu a [ʒ]; o mesmo fenômeno se deu no português brasileiro, em que a primeira sílaba de *diurno* é pronunciada [dʒi]). Assim o italiano *giorno* serve de intermediário para confirmar a etimologia *diurnu* do francês *jour*.

O **contato** é outro fator aventado pelo enciclopedista como causador da mudança:

> Todos os povos da terra se misturaram em tantas maneiras diferentes, e a mistura das línguas é uma consequência tão necessária da mistura dos povos, que é impossível limitar o campo aberto às conjecturas dos etimologistas.

O estudo das palavras não pode dispensar o estudo da história, que "indicará as invasões feitas nos tempos mais recuados, as colônias estabelecidas nas costas pelos estrangeiros, as diferentes nações que o comércio ou a necessidade de buscar um asilo conduziram sucessivamente para uma região". Turgot atribui ao contato a coincidência de "raízes" encontradas em línguas europeias diferentes, o que demonstra o valor heurístico do método comparativo: o grego *amelgein*, "tirar leite, ordenhar", em que ocorre um radical *melg-* ("leite"), se assemelha ao latim *mulgeo* ("ordenhar"), assim como ao inglês *milk* e ao alemão *Milch*; o sueco *styern*, o inglês *star*, o grego *aster*, o latim *stella* têm "evidentemente a mesma raiz, assim como a palavra *méne* [grego], *a lua*, de onde *mensis* em latim, e as palavras *moon*, inglês, *maan*, dinamarquês, *mond*, alemão". Outra perspicácia comparativa demonstrada pelo autor é o estabelecimento de correlações som-sentido capazes de explicar a origem das palavras: o "espírito rude" (isto é, a consoante aspirada [h]) inicial de várias palavras gregas como *hyper, heks, hys* foi substituído por um [s] em latim — *super, sex, sus* ("sobre", "seis", "porco"). O estabelecimento dessas correlações (sempre por meio da comparação) levará à formulação das chamadas **leis fonéticas**, marca registrada da linguística histórico-comparativa do século 19 para demonstrar o parentesco entre línguas.

O verbete é dedicado em seguida ao estabelecimento de algumas "regras de crítica" para a boa formulação de etimologias, sendo a primeira delas "rejeitar toda etimologia que só se torne verossímil à custa de suposições multiplicadas". Mais uma vez, Turgot enfatiza o papel dos contatos históricos entre povos e línguas:

> A natureza da migração, a forma, a proporção e a duração da mistura que dela resultou também podem tornar prováveis ou improváveis diversas conjecturas; uma conquista terá trazido muito mais palavras para um país quando tiver sido acompanhada de transplantação de habitantes; uma possessão duradoura, mais que uma conquista passageira; mais quando o conquistador tiver dado suas leis aos vencidos do que quando os tiver deixado viver segundo seus costumes; uma conquista em geral, mais que um simples comércio. É em parte a essas causas combinadas que é preciso atribuir as diferentes proporções na mistura do latim com as línguas faladas nas diferentes regiões submetidas outrora aos romanos; proporções segundo as quais as *etimologias* tiradas daquela língua terão, tudo permanecendo igual, maior ou menor probabilidade; na mistura, certas classes de objetos conservarão os nomes que lhes dão o conquistador; outras, o da língua dos vencidos; e tudo isso dependerá da forma do governo, da maneira como a autoridade e a dependência são distribuídas entre os dois povos; ideias que devem ser mais ou menos familiares àquele do que a este, segundo seu estado e os costumes que lhe dá esse estado.

Turgot também distingue aquilo que nos estudos históricos passou a se chamar *formação erudita* e *formação popular* na constituição do léxico de uma língua |4.9.3|. Na formação por via popular, as palavras estão sujeitas às regularidades das transformações fonéticas próprias da língua, enquanto na formação por via erudita os termos criados conscientemente para fins específicos, técnicos, guardam maior proximidade com o étimo latino: existem assim em francês *inclinaison* e *inclination*, ambos derivados do latim *inclinatione-*, mas

> o primeiro, que conservou o sentido físico, é mais antigo na língua; passou pela boca dos agrimensores, dos marinheiros etc. A palavra *inclination* nos veio pelos filósofos escolásticos e sofreu menos alterações. É preciso então atentar para a suposta alteração maior ou menor de uma palavra, conforme seja mais antiga na língua, que a língua estivesse mais ou menos formada, que estivesse

sobretudo fixada pela escrita quando a palavra foi introduzida, enfim, conforme ela exprima ideias de um uso mais ou menos familiar, mais ou menos popular.

Essa dupla corrente de entrada de termos na língua é responsável pelos chamados *dobretes* (ou *dobletes*), também designados como *formas divergentes*, duplas de palavras (mas às vezes também trios ou quartetos) que remontam a uma origem comum, mas que correspondem a processos diferentes de formação do léxico, o popular e o erudito: *dedo/dígito; macho/másculo; mascar/mastigar*; *mancha/mágoa/malha/mácula*; *chaga/praia/praga/plaga;* etc. |4.9.3|.

Após afirmar que a regra mais geral da pesquisa etimológica é "duvidar de tudo", Turgot se dedica a reflexões mais amplas sobre a importância dessa ciência que "fornece à filosofia materiais e observações para elevar o grande edifício da teoria geral das línguas":

> A aplicação mais imediata da arte etimológica é a busca das origens de uma língua em particular: o resultado deste trabalho, levado o mais longe possível sem cair em conjecturas demasiado arbitrárias, é uma parte essencial da análise de uma língua, isto é, do conhecimento completo do sistema desta língua, de seus elementos radicais, da combinação de que são suscetíveis etc. O fruto desta análise é a facilidade de comparar as línguas entre si sob toda espécie de relações: gramatical, filosófica, histórica etc.

Nesse trecho é digno de nota o emprego do termo *sistema*, que se tornará o objeto teórico central da **linguística estruturalista** do início do século 20, inspirada nas teses esboçadas por Saussure e compiladas postumamente no *Curso de linguística geral* |6.8.3|. O prosseguimento do mesmo parágrafo é mais um exemplo da formulação já então clássica da dicotomia *gramática geral* e *gramática particular*, mas desta vez com uma forte visada empirista e num movimento que, ao contrário da tradição, vai do particular como fonte de dados para a teorização do que pode ser universal a todas as línguas, um programa de trabalho que voltará a ser defendido, no início do século 20, pelo francês Antoine Meillet |6.9|:

> Percebe-se facilmente o quanto estas preliminares são indispensáveis para apreender em grande e sob seu verdadeiro ponto de vista a teoria geral da fala [*parole*] e da marcha do espírito humano na formação e nos progressos da linguagem; teoria que, como qualquer outra, precisa, para não ser um romance, aproximar-se continuamente dos fatos. Esta teoria é a fonte de onde decorrem as regras dessa gramática geral que governa todas as línguas, à qual todas as na-

ções se assujeitam crendo seguir apenas os caprichos do uso e da qual enfim as gramáticas de todas as línguas não passam de aplicações parciais e incompletas.

Se no trecho anterior destacamos o termo *sistema*, neste agora é *fala* ou, mais precisamente *parole*, que convém realçar, como argumento de que a célebre dicotomia *langue/parole* apresentada no *Curso de linguística geral* (1916), atribuído a Saussure, está longe de ser uma originalidade. É por meio da comparação entre as línguas, da coleta dos fatos semelhantes oferecidos por essa comparação, que é possível deduzir as regras de uma gramática geral (que, no gerativismo chomskiano do século 20, será chamada *gramática universal*). A vertente racionalista, como se pôde ver na seção dedicada acima a Leibniz e sua *characteristica universalis*, tentava apreender essas regras gerais, não do funcionamento empírico da língua, mas de princípios *lógicos*, que governariam as modalidades de pensamento, as quais por sua vez encontrariam vazão na *gramática*, modalidades de pensamento atribuídas às ideias inatas:

> Sabemos quantos sistemas têm sido fabricados sobre a natureza e a origem de nossos conhecimentos; a teimosia com que se tem sustentado que nossas ideias eram inatas; e a multidão inumerável desses seres imaginários com que nossos escolásticos encheram o universo, emprestando uma realidade a todas as abstrações de seu espírito: virtualidades, formalidades, graus metafísicos, entidades, quididades etc. etc. etc. Nada, e falo de acordo com Locke, é mais apropriado para se desenganar disso do que um exame rigoroso da maneira como os homens vieram a dar nomes a essas espécies de ideias abstratas ou espirituais, e mesmo a se permitir novas ideias por meio desses nomes. [...] Alguém me dirá que a metafísica sadia e a observação assídua das operações de nosso espírito devem bastar sozinhas para convencer qualquer homem sem preconceito de que as ideias, mesmo dos seres espirituais, vêm todas dos sentidos: terá razão; mas essa verdade não é ela mesma posta de algum modo sob os olhos de uma maneira bem mais flagrante e adquire toda a evidência de um ponto de fato pela *etimologia* tão conhecida das palavras *spiritus, animus, pneuma, rûaḥ* etc., *pensamento, deliberação, inteligência* etc.?

Aqui o autor retoma, não só Locke, mas Condillac (citado também nominalmente), para argumentar que as ideias abstratas e metafísicas procedem de "analogias muito finas e muito justas" feitas a partir de dados fornecidos pelos sentidos e que, decorrentes dessas experiências, surgiram "os torneios singulares que os primeiros homens imaginaram para explicar ideias novas partindo de objetos conhecidos". E um exemplo preciso a confirmar essa tese é a palavra *spiritus* (e seus equivalentes grego *pneuma* e hebraico *rûaḥ*, cujo sentido primeiro é "sopro", isto é, uma atividade física do corpo humano da qual, por abstração, surgiu a ideia de "alma, mente" etc., exemplo, como vimos, também usado por Condillac. Ainda na esteira de Locke e Condillac, o autor do verbete refuta a obsessão de vincular a lógica do pensamento à organização da linguagem, diante da

> impossibilidade em que os homens se encontram de fixar exatamente o sentido dos signos aos quais só aprenderam a ligar ideias por um hábito formado desde a infância, à força de ouvir repetir os mesmos sons em circunstâncias semelhantes, mas que nunca o são inteiramente; de sorte que nem dois homens nem talvez o mesmo homem em tempos diferentes vinculem precisamente à mesma palavra a mesma ideia.

Ora, para o funcionamento da lógica clássica, é preciso que as palavras tenham sempre o mesmo sentido:

> No entanto, todo o artifício deste cálculo engenhoso cujas regras nos deu Aristóteles, toda a arte do silogismo é fundada no uso das palavras no mesmo sentido; o emprego de uma palavra com dois sentidos diferentes faz de todo raciocínio um sofisma.

Para ilustrar essa afirmação, Turgot se dedica a uma investigação minuciosa, mais uma vez, da palavra e da ideia de *espírito*, que vale a pena transcrever ao menos em parte porque é, de fato, uma aplicação das teses empiristas à ciência da etimologia:

> Recorde-se a profusão das acepções da palavra *espírito*, desde seu sentido primitivo *spiritus*, "hálito", até os que lhe são dados na química, na literatura, na jurisprudência, *espíritos ácidos*, *espírito de montanha*, *espírito das leis* etc.; tente-se extrair de todas essas acepções uma ideia que seja comum a todas, e se verá evanescer todas as propriedades que distinguem o espírito, em qualquer sentido que se tome, de toda coisa outra. Nem sequer restará a ideia vaga de *sutilidade*; pois esta palavra não tem sentido algum quando se trata de uma substância imaterial; ela nunca foi aplicada ao espírito no sentido de *talento* a não ser de maneira metafórica. Mas ainda que se pudesse dizer que o espírito, no sentido mais geral, é *uma coisa sutil*, a quantos seres esta qualificação não caberia? E seria esta uma definição que deve convir ao definido, e só convir a ele? [...] Se nos limitarmos mesmo só à língua francesa, a profusão e a incompatibilidade das acepções da palavra *esprit* são tamanhas que ninguém, creio, já foi tentado a compreendê-las todas assim em uma única definição e a definir o espírito em geral. [...] Ouso dizer que quase todas as definições em que se

anuncia que se vai definir as coisas no sentido mais geral têm esse defeito, e não definem realmente nada, porque seus autores, ao querer encerrar todas as acepções da palavra, empreenderam uma coisa impossível, isto é, reunir sob uma única ideia geral ideias muito diferentes entre si, e que uma mesma palavra jamais pôde designar a não ser sucessivamente, deixando de algum modo de ser a mesma palavra.

Para evitar esses problemas recorrentes encontrados nas definições, os meios estão no estudo histórico da geração dos termos e de suas transformações:

> [...] seria preciso observar a maneira como os homens têm sucessivamente aumentado, restringido, modificado, mudado totalmente as ideias que vincularam a cada palavra; o sentido próprio da raiz primitiva, tanto quanto é possível remontar a ela; as metáforas que lhe sucederam; as novas metáforas enxertadas frequentemente sobre as primeiras, sem nenhuma relação com o sentido primitivo.

Em síntese, o verbete *etimologia* da *Enciclopédia* recusa a longa tradição (inaugurada por Platão) de tentar descobrir no étimo, no termo original mais remoto, o sentido "primeiro" e "verdadeiro" atribuído às palavras por uma divindade ou por um nomeador mítico (como o Adão bíblico), que transformou em linguagem as ideias supostamente inatas, incutidas no espírito humano por essa mesma divindade — as transformações sofridas pelas palavras ao longo dos séculos são, nessa perspectiva, contempladas com pessimismo e com censura, por representarem "degenerações" dessa linguagem primordial, tradução exata e perfeita da verdade. Aqui, ao contrário, as palavras são artefatos humanos, arbitrários, sujeitos às convenções sociais, às vicissitudes e às peripécias históricas dos povos e de suas línguas, de seus contatos e suas influências recíprocas. É preciso reconhecer a variação social e a variação linguística, empreender comparações bem fundadas entre línguas diversas aparentadas, reconhecer os fenômenos da mudança fonética e da mudança semântica, admitir que os termos abstratos derivam de transferências metafóricas e analógicas de coisas conhecidas pela experiência para as especulações do pensamento. Assim, "as *etimologias* confirmam as conjecturas históricas, tal como vimos que as conjecturas históricas confirmam as *etimologias*". A conclusão é que

> se esses detalhes sobre as línguas e as palavras de que se ocupa a arte etimológica são grãos de areia, é precioso coletá-los, pois são grãos de areia que o espírito humano tem lançado em seu caminho e os únicos que podem nos indicar a trilha de seus passos.

5.10 O legado do período

Um balanço dos desdobramentos das ideias linguísticas nos séculos 17 e 18 nos apresenta, de um lado, o caráter anacrônico de algumas correntes de pensamento (como o logicismo dos racionalistas com seus postulados inatistas e mecanicistas) que terminarão por desaparecer quase totalmente no século 19 e pelo menos até a metade do 20 e, do outro, o fortalecimento de teses bem mais próximas do conceito moderno de *ciência*, decorrente das reflexões dos empiristas. É digno de nota o surgimento da consciência do parentesco entre as línguas, o qual pôde ser usado pelas correntes racionalista e teológica (que muitas vezes, aliás, coincidiam) como argumento em favor da origem comum (e divina) de todas as línguas humanas (como em Leibniz), mas também, pelo empirismo, como fundamento para uma metodologia de estudo rigoroso assentado na *comparação*. O grande acúmulo de dados provenientes das mais diversas línguas dos vários continentes estimulou esse empreendimento que lentamente conduzirá a um **conceito histórico de língua** no século 19 — o verbete *etimologia* da *Enciclopédia*, como se viu, mostra de que modo a noção de *diacronia* (termo que no entanto não aparece ali) subjaz ao desenvolvimento desse método comparativo, capaz de explicar satisfatoriamente a mutabilidade inerente a todas as línguas, tanto quanto reforça o papel da dinâmica social e cultural em tal processo.

O marcado ateísmo de alguns importantes pensadores iluministas ou, pelo menos, o deísmo da maioria deles (isto é, a crença num divindade-razão, mas sem vínculo com nenhuma religião institucionalizada) faz retroceder drasticamente, com o avanço do tempo, as perspectivas de cunho teológico que postulam a necessidade de criação de uma "língua universal" capaz de "resolver" os problemas gerados pela variação e pela mudança:

> Com isso, o motivo da reforma da língua e o projeto de linguagens "filosóficas" também diminui até desaparecer: um dos grandes objetivos do pensamento linguístico do século 17 não resiste à crítica "secular" de Locke e do século seguinte. O entendimento recém-adquirido da dimensão histórica da linguagem destrói a própria legitimidade do plano de uma linguagem "filosófica" (Simone, 2014: 215).

5.11 O sânscrito e o futuro da linguística

O possível parentesco entre as línguas faladas na Europa vinha sendo postulado desde o século 16 por diversos estudiosos de forma mais ou menos sistemática e aprofundada. Mais adiante, no século 18, Leibniz, em defesa de sua tese da universalidade das ideias inatas, tentou mostrar a semelhança entre diversas línguas. O objetivo dessa tese era provar que todas as línguas tinham uma origem comum devida à comunidade de formas de pensamento de toda a espécie humana, o que tornaria possível o empreendimento de criação de uma língua filosófica, racional, capaz de eliminar todos os problemas de incompreensão mútua entre os povos. Esses postulados que, no fundo, alimentavam uma perspectiva teológica, acabaram por confluir numa corrente de estudos linguísticos que, mais adiante na história, ia abandonar o misticismo e se tornar "científica". Humboldt, como se verá |6.4.1|, representou um elo entre uma perspectiva idealista-espiritualista dos fenômenos da linguagem (relacionados sempre ao pensamento e à "nação") e a investigação linguística criteriosa dos fatos propriamente estruturais. Foi a chamada "descoberta do sânscrito", porém, que alavancou os avanços desse tipo de investigação.

O **sânscrito** é a língua escrita em que se produziu o mais rico patrimônio literário do mundo — basta mencionar que o *Mahabharata*, o grande épico da religião hindu, tem mais de 200.000 versos, enquanto a *Ilíada* e a *Odisseia*, os fundamentos literários da cultura ocidental, juntas não chegam a 30.000. Como se viu em |1.2|, à medida que o tempo avançava e a língua das grandes obras literárias e religiosas ia se transformando, sábios hindus produziram manuais destinados a preservá-la em sua forma clássica, produzindo uma reflexão gramatical sofisticada que só surgiria na Europa mais de um milênio depois. Os mais antigos monumentos literários de todas as línguas indo-europeias são os hinos religiosos que compõem o *Rigveda*, cuja elaboração remonta a 1500-1200 AEC. Essa antiguidade dos textos sânscritos foi o que permitiu aos comparatistas obter o maior número possível de dados para seu trabalho filológico. A forma mais antiga documentada, o chamado *sânscrito védico* (no qual foram escritos os hinos do *Rigveda*) é uma língua de extrema riqueza morfológica — por isso, justamente, foi considerada por Humboldt como a mais "desenvolvida" das línguas flexionais (abaixo somente do grego clássico):

> O sânscrito é a primeira e mais antiga das línguas por nós conhecidas que dispõe de uma verdadeira construção de formas gramaticais em um organismo tão perfeito e completo que pouco foi acrescentado com o decorrer do tempo (Humboldt, 2021: 76).

As relações entre a Índia e a Europa são muito antigas, mas foi principalmente graças ao ciclo das navegações moderno que os contatos se intensificaram. A interdição da passagem dos europeus pela Ásia Menor, conquistada pelos turcos no século 15, estimulou a busca do chamado *caminho marítimo para as Índias*. Os portugueses foram os "descobridores" desse caminho: **Vasco da Gama** (1460 ou 1469-1524) e sua esquadra aportaram em Calecute, na costa ocidental indiana, em 1498. Diversas potências coloniais investiram na exploração do subcontinente indiano a partir de então, mas foi a Coroa britânica a que durante mais tempo exerceu controle sobre a mais vasta área: a chamada "Índia Britânica" foi uma entidade colonial que existiu entre 1793 e 1947 e englobava não só a Índia atual como também o Paquistão, Bangladesh e a Birmânia.

Essas relações de todo tipo entre a Europa e a Índia também tiveram sua contrapartida linguística. Estudiosos e, sobretudo, missionários enviados para cristianizar as populações da região viram o interesse despertado pela longa e volumosa tradição literária e gramatical do sânscrito. Talvez o pioneiro dessa linhagem tenha sido o viajante e mercador florentino **Filippo Sassetti** (1540-1588), que, em cartas privadas, mostrou sua admiração pela semelhança encontrada entre palavras sânscritas e italianas: *deva/divo* ("deus"/"divino"), *sarpa/serpe* ("serpente"), *sapta/sette* ("sete"), *ashta/otto* ("oito"), *nava/nove* ("nove"). Essas cartas, no entanto, só foram publicadas em meados do século 19. Seus principais sucessores nessas investigações foram, principalmente:

- **Abraham Rogerius** ou **Abraham Roger** (1609-1649), holandês, um dos primeiros a descrever a cultura indiana e particularmente a religião hindu. Traduziu textos do sânscrito para o holandês. Sua obra principal é *De Open-Deure tot het verborgen Heydendom ofte Waerachtigh vertoogh van het leven ende zeden, mitsgaders de Religie ende Gotsdienst der Bramines op de Cust Chormandel ende der landen daar ontrent* ("A porta aberta para o paganismo oculto ou relato verídico da vida e dos costumes, assim como da religião e do culto dos brâmanes da costa de Coromândel e terras circundantes"), publicada em Leiden em 1651 e traduzida para o alemão (1663) e o francês (1670). Escreveu em **português** um *Breviário de religião cristã, em maneira de diálogo* (1689), testemunho da importância da língua portuguesa para os empreendimentos coloniais e catequéticos naquela parte do mundo.
- **Heinrich Roth** (1620-1688), alemão, autor de uma *Grammatica Linguæ Sanscretanæ Brachmanum Indiæ Orientalis* ("Gramática da língua sâns-

crita dos brâmanes das Índias orientais"), concluída por volta de 1660. Também reuniu material para um dicionário sânscrito-latim, estudou o alfabeto **devanágari** e deixou três dezenas de cartas com observações linguísticas. É considerado o verdadeiro iniciador dos estudos do sânscrito na Europa.

- **Johann Ernst Hanxleden** (1681-1732), alemão, sacerdote e missionário jesuíta, escreveu poesia em **malaiala** (língua indiana do grupo dravídico, não indo-europeia) e sânscrito com o nome de Arnos Pathiri; produziu o poema *Puthen Pana*, sobre a vida de Cristo, um dicionário malaiala-português entre outras obras.
- **Gaston-Laurent Cœurdoux** (1691-1779), missionário jesuíta francês. Num texto enviado à Academia das Inscrições e Belas Letras da França em 1767, enfatizou as semelhanças entre sânscrito, grego, latim, alemão e russo.
- **Paulinus a Sancto Bartholomæo** ou **Johann Philipp Wesdin** (1748-1806), missionário carmelita austríaco de origem croata, a quem se credita a produção da primeira gramática da língua clássica dos hindus, *Grammatica samscrdamica* (1790), bem como da obra *De antiquitate et affinitate linguae zendicae, samscrdamicae et germanicae* ("Da antiguidade e afinidade das línguas zende, sânscrita e alemã", 1799) — o **zende** é uma língua iraniana em que foi produzido o *Avesta*, livro sagrado que compila os ensinamentos do profeta **Zoroastro** ou **Zaratustra** (século 7 AEC).

Mas aquele que se tornaria o mais célebre indologista na história da linguística foi sem dúvida *Sir* **William Jones** (1746-1794), funcionário da Coroa britânica, juiz em Bengala, erudito que se especializou em cultura indiana, conhecedor do árabe e do persa. Fundou em 1784 a **Asiatic Society**. Foi diante dos membros dessa sociedade científica que ele pronunciou, em 2 de fevereiro de 1786, o famosíssimo discurso considerado como a "certidão de nascimento" da linguística comparativa indo-europeia do século seguinte. O trecho que comparece obrigatoriamente em qualquer narrativa histórica das ideias linguísticas no Ocidente é o seguinte:

> A língua *sânscrita*, seja qual for sua antiguidade, é de uma estrutura maravilhosa; mais perfeita que o *grego*, mais copiosa que o *latim* e mais sofisticadamente refinada que qualquer das duas, carregando contudo uma afinidade mais forte com ambas, seja nas raízes dos verbos e nas formas da gramática, do que teria

sido possível produzir-se por acidente; tão forte de fato que nenhum filólogo poderia examinar as três sem acreditar que tenham jorrado de alguma fonte comum, a qual, talvez, não exista mais; há razão semelhante, embora não tão forçosa, para supor que tanto o *gótico* quanto o *céltico*, apesar de misturados a outros idiomas, tenham a mesma origem do *sânscrito*; e o antigo *persa* poderia ser acrescentado à mesma família.

No entanto, o linguista-antropólogo estadunidense **Dell Hymes** (1927--2009), fundador da chamada *etnografia da comunicação* e elaborador da noção de *competência comunicativa*, escreveu:

> Assim como a abordagem histórico-comparativa tem seu fundador mítico em Sir William Jones, também a abordagem estrutural tem tido seu fundador mítico em Ferdinand de Saussure. O grande respeito que devemos ter por ambos não deve impedir o questionamento sobre o verdadeiro papel que desempenharam; em ambos os casos, este se deveu, de modo bem dramático, ao uso simbólico que se fez postumamente de cada um (Hymes, 1983: 375).

Veremos no próximo capítulo as causas e consequências da mitificação de Saussure como "pai da linguística moderna". Quanto a William Jones, por que é preciso ter cuidado para não mitificá-lo como inaugurador da linguística histórica que se desenvolverá no século 19? Porque, como vimos, fazia muito tempo que circulava na Europa a hipótese de uma origem comum para as principais línguas faladas no continente, hipótese que podia ter como suporte o desejo de reconduzir todos os idiomas humanos a uma origem comum, talvez a linguagem como dom conferido ao homem pela divindade. Além disso, como sublinha J.-P. Demoule (2014: 22),

> Aquele trecho é citado com tanta frequência que a gente se esquece de ler o resto da conferência. Ora, nem antes da frase famosa nem depois dela, *Sir* William Jones trata desse parentesco linguístico; aliás, em nenhum outro lugar de sua obra (morrerá em 1794 e está sepultado em Calcutá), existe demonstração filológica. A conferência se intitula "Sobre os hindus" e se apresenta como uma exposição muito geral da civilização indiana sob todos os seus aspectos — religião, filosofia, escrita, arquitetura —, domínios aos quais *Sir* William Jones aplica igualmente seu zelo comparatista. Ele aproxima as pirâmides e a Esfinge do Egito das estátuas colossais dos Budas indianos, compara os traços físicos dos modernos abissínios aos dos montanheses de Bengala, o que o leva a formular, com base em referências a autores gregos ou latinos, "a opinião em nada errônea de que a Etiópia e o Hindustão foram povoados ou colonizados pela mesma raça extraordinária".

Desse modo é que prossegue então o discurso do erudito inglês:

> Os hindus [...] têm uma afinidade imemorial com os antigos persas, etíopes e egípcios, fenícios, gregos e etruscos, citas ou godos, e celtas, chineses, japoneses e peruanos; como não há motivo algum para se pensar que foram uma colônia de alguma dessas nações, ou que uma dessas nações foi colonizada por eles, podemos seguramente concluir que todos provêm de alguma região *central*, cuja identificação será objeto de minhas próximas conferências... (citado em Demoule, 2014: 23)

Essas afirmações em nada se distinguem das ideias que circulavam no ambiente intelectual europeu quanto a uma fonte "adâmica" única de todas as línguas, unidade rompida depois do desastre de Babel. Na opinião de Demoule (*ibid.*),

> um dos administradores de um império colonial, sobre o qual em breve o sol nunca se porá, só pode pensar o mundo nos termos de uma colonização universal a partir de um ponto *central. Sir* William Jones é um precursor, muito mais ainda, porém, do que normalmente se entende: desde sua primeira entrada em cena, a gramática comparada é indissociável de um modelo adâmico e colonizador, que dela transborda por todos os lados.

No volume 2 desta obra (*Do século 19 ao limiar do século 20*), veremos de que modo a "descoberta" do sânscrito levou à "invenção" do conceito (muitas vezes mistificado) de *indo-europeu*, que terminará por se ver estreitamente vinculado à noção de uma "raça ariana", suposta portadora de uma civilização superior pelo simples fato de falar uma língua do tipo flexional! A ideia de uma origem comum para todas as línguas do mundo será substituída pela excelência intrínseca de uma única língua pré-histórica, cuja estrutura transforma todas as demais em quase não-línguas, uma vez que não permitem o raciocínio sofisticado e o aprimoramento do espírito... Os desdobramentos dessa formação ideológica não se interromperão ao longo de todo o século 19 até desaguar, nas primeiras décadas do 20, no pesadelo genocida promovido pelo nazismo em nome da pureza da "raça ariana".

Em 1767, quase vinte anos antes do citadíssimo discurso de Jones, o jesuíta francês Gaston-Laurent Cœurdoux, já referido, tinha enviado à Academia de Belas Letras e Inscrições de Paris uma monografia movida pela pergunta: "Por que na língua sanscrutana [*isto é, sânscrita*] se encontra um grande número de palavras que lhe são comuns com o latim e o grego, e sobretudo com o latim?". O documento apresentava, ao contrário da conferência de Jones, elementos concretos de comparação, como os pronomes pessoais e o nome dos números, o *a*- privativo, o número dual, entre outros. A Academia, no entanto, não publicou o texto, apesar de ter sido lido em sessão plenária. Encarregou um de seus membros de responder à pergunta feita por Cœurdoux, e a resposta veio na forma de uma influência exercida sobre os indianos pelos reinos gregos formados no atual Irã depois das conquistas de Alexandre Magno! O resultado foi que somente quarenta anos depois, em 1808, a Academia reconheceu a perspicácia das indagações do jesuíta e publicou seu relatório. No entanto, "já era tarde demais para que o padre jesuíta entrasse para a história. A conferência de *Sir* William Jones datava de mais de vinte anos, e a máquina da filologia alemã já tinha se posto em marcha" (Demoule, 2014: 24).

A SEGUIR

Tomo 2: Do século 19 ao limiar do século 20

Esta obra foi composta em Cambria 11/15
e impressa em papel Luxcream 70g
para a **Parábola Editorial** em março de 2024.

Impressão e acabamento:
Vox Gráfica